# 五代十国全史

VII

## 契丹强横

麦老师
——
著

中国出版集团　现代出版社

图书在版编目（CIP）数据

　　五代十国全史．VII，契丹强横 / 麦老师著 . — 北京：
现代出版社，2023.9
　　ISBN 978-7-5231-0505-4

　　I . ①五… II . ①麦… III . ①中国历史 – 五代十国时
期 – 通俗读物　IV . ① K243.09

　　中国国家版本馆 CIP 数据核字（2023）第 150004 号

五代十国全史．VII，契丹强横

作　　　者：麦老师
责任编辑：姚冬霞
出版发行：现代出版社
通信地址：北京市安定门外安华里 504 号
邮政编码：100011
电　　　话：010-64267325　64245264（传真）
网　　　址：www.1980xd.com
电子邮箱：xiandai@vip.sina.com
印　　　刷：北京飞帆印刷有限公司

开　　本：710mm×1000mm　1/16
印　　张：29　　　　　　　　字　　数：441 千
版　　次：2023 年 9 月第 1 版　　印　　次：2023 年 9 月第 1 次印刷
书　　号：ISBN 978-7-5231-0505-4
定　　价：65.00 元

目录

# 第一章

# 儿皇时代

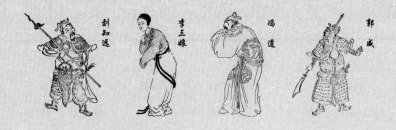

刘知远　李三娘　冯道　郭威

# 二镇反晋

石敬瑭就在李从珂自焚的当天晚上，进入洛阳，暂住于自己的私宅。后唐驻京的全体禁军无一人反抗，全部归顺待罪。石敬瑭自然加以安抚。然后，石敬瑭命令刘知远负责京城治安，管理各军。刘知远令行禁止，让新、旧各部晋军各自回营，又将一路助战的契丹军全部迎进洛阳天宫寺，好酒好肉加以款待，避免他们出来"自己发财"。刘知远有管理才能，避免了军队一遇大乱便烧杀抢掠的现象。几天后，原本大量出城避难的洛阳百姓听说城中秩序井然，没有乱兵杀人抢劫，又纷纷回到城中恢复旧业。

当然不是所有人都能涉险过关。李从珂死后第二天，洛阳的百官来朝见新君。身兼三司使的宰相张延朗赫然在列，石敬瑭勃然大怒，下令将其逮捕，暂时关押在御史台，吓得群臣连连叩头，感谢不杀之恩。

原来，张延朗在主管朝廷财政期间，力主削夺藩镇的财权，规定地方上的赋税收入大部分必须上缴朝廷，只有少量留给藩镇自用。而且，张延朗财税改革的主要试点，正是石敬瑭担任节度使的河东镇。另外，李崧、吕琦设计联络契丹，阻断石敬瑭后援的计划，张延朗也是积极的支持者。虽然以上两件事没有完全成功，但石敬瑭对张延朗恨之入骨。

闰十一月二十九日，石敬瑭下诏大赦天下，但有些人不在赦令之中，张延朗、刘延皓（李从珂妻刘皇后的弟弟，贪腐傲慢，曾任魏博节度使，激起兵变）、刘延朗（李从珂心腹旧臣之一，枢密副使，大肆索要贿赂、贪赃枉法）三人不容宽赦。另外，宰相马胤孙、枢密使房暠、宣徽使李专美、护国节度使韩昭胤（他们都是李从珂在凤翔时的旧人）等人罪行相对较轻，一并革职。

刘延皓和刘延朗，没有与张延朗一同被抓，因为他们已经逃走了，没去朝见。刘延皓逃到洛阳城南的龙门广化寺，藏了几天，见追捕他的风声越来越紧，寻思不可能逃掉，就找了一根绳子上吊自杀了。刘延朗出逃时，路过自己在洛阳的豪宅，看着带不走的荣华富贵，心痛地道："我白白攒下三十万巨款存在这儿，不知将来会被谁拿了去！"可能是牵挂太重，跑得不够快，刘延朗还没逃进南山，就被追兵抓到，押回洛阳，与张延朗一并被斩。

刘延皓和刘延朗算得上奸臣，但张延朗不是。张延朗被杀后，石敬瑭想提拔一个精通财政的官员顶替他，一时竟找不到合适的人，这才后悔起来：唉，对于人才，不该轻易杀掉的。

不知是不是悔于杀张延朗的缘故，对于曾替李从珂设计对付自己的李崧和吕琦，石敬瑭要宽大得多。两个月后，这两名藏匿民间的大臣被找到，石敬瑭均不责备，还表示不会忘记李崧推荐自己出任河东节度使的恩情。然后，石敬瑭任命吕琦为秘书监，李崧为兵部侍郎并主管户部。

在朝廷之外，很多藩镇节帅也对这次改朝换代感到了危险，他们安全感的缺失，造成了更大的影响。

比如，在洛阳之南千里外的安州（今湖北安陆），有咱们的一位老熟人——安远节度使卢文进。卢文进听说石敬瑭进了洛阳，国号已经由"大唐"变成"大晋"后，感到后怕。他自然和后晋皇帝无怨无仇，但他曾经背叛中原投靠契丹人，之后又背叛契丹回归中原，一来一往，把后晋王朝的后台老板得罪狠了。从耶律德光杀光"契丹银鞍直"的事来看，咱们新皇帝的干爹，对背叛过他的人可是毫不手软的。

卢文进思来想去，决定早点儿逃亡，不去和张延朗他们"做伴"。好在安远镇紧挨吴国，逃跑比较容易。卢文进放弃职务，带着心腹亲军弃城而逃。路上每经过一座城池，卢文进都向守城将领说明自己逃亡的原因。卢文进在安远镇当节度使期间，颇有善政，声名不错，于是各城将领没有为难他，都与老长官叩头道别，送他们安全出境。而后，卢文进被吴国权臣徐知诰任命为宣润节度使、天雄统军。他在南唐低调做人，谦恭处事，八年后于金陵善终。

在李从珂还当皇帝的时候，如果给后唐藩镇节帅按资历、威望来排名，那么，石敬瑭和赵德钧大概是并列第一，紧随二人之后的必然是范延光。现在石敬瑭升级当皇帝了，赵德钧被俘到了契丹，范延光自然就成了诸藩镇节帅中新的第一。他处于这样刺眼的位置，即使没发生什么事，也该轮到被重点猜忌和防范了，更何况在后晋建国时范延光是讨伐石敬瑭的大将之一，是唯一没被打败，保存实力全师而退的主将。因此，范延光是除了卢文进之外，对后晋朝建立最为不安的藩镇大帅。

由于地位更显赫，范延光的感觉还和卢文进不太一样。传说范延光还是一介平民的时候，找过一个姓张的算命先生看相，张先生对他的相貌啧啧称奇，称赞说："你不是常人，将来一定会出将入相。"不知道在这位张先生口中曾经有多少人出将入相，幸运的是，这次让他蒙对了。范延光真的成了权势显赫的大人物后，特地派人找到张先生，请到身边当高参。

有一天，范延光做了一个噩梦，梦见有一条蛇从肚脐眼儿钻进他的肚子里。他吓醒后赶紧请张先生来释梦，看看主何吉凶。张先生口中自然是吉兆："蛇就是龙啊，神龙附体，这是预兆大帅有帝王之命。"

如果换个年代，范延光未必敢信，但这些年变化太快了。庄宗皇帝失国，没有皇室血统的李嗣源成了明宗皇帝；明宗皇帝死后不久，没有明宗血统的李从珂又成了皇帝；李从珂还没有将皇座焐热，连养子身份都没有的石敬瑭也加冕成了新朝皇帝。昔日传说中神圣的皇统，惨遭现实一次又一次践踏，越来越不值钱了。既然当皇帝的底线已经降到石敬瑭这一级别，那我范延光有天子命，也是完全可能的吧？

于是，范延光率军撤回魏州（此时的魏州，被石敬瑭改了一个对后晋吉利的名字——广晋府）后，一面公开向石敬瑭呈递降表，表示臣服于新朝，一面又在暗地里联络藩镇，拉帮结伙，准备聚众起兵。

范延光认为最有可能拉为同伙的是成德留后秘琼。之前，在讨伐石敬瑭的战争打响前，成德节度使是董温琪，而秘琼是董温琪最信任的心腹，被提拔为牙内都虞候，掌管成德镇的军纪。后来，石敬瑭反叛，赵德钧以奉命出师为名，路过成德，合并了董温琪和他的军队，一同带去团柏谷，然后一同战败，一同当俘虏，一同被押往契丹。

秘琼惊喜地发现对他恩重如山的老长官回不来了，这个真小人，贪念顿起，翻脸快过翻书，立即发动了一次兵变，率兵冲进节度使府衙，残忍地将董温琪的家人全部杀光，埋进了一个大坑里。然后，秘琼心安理得地住进可能还飘荡着冤魂的董温琪的宅子，占有了董温琪的家产并自称留后，上表请求新皇帝石敬瑭批准。

范延光听到成德发生的事，觉得秘琼吃相这么难看，得到石敬瑭批准并顺利就任成德节度使的可能性不大，毕竟石敬瑭已经是皇帝，总得要张秉公执法的脸皮吧？

于是，范延光派人送密信给秘琼：别指望石敬瑭会让你当成德节度使，你只有跟我干，才有前途。秘琼收下了信，但什么表示也没有，好像什么事也没有发生。看来，他虽然有胆屠杀没有反抗能力的老长官家眷，但要真刀真枪地造反，心还是虚的。

石敬瑭果然不想让秘琼顺顺当当地当上节度使，他还想用成德节帅之位来犒赏他的一位开国功臣呢！石敬瑭随后下诏，任命在他起兵反叛时主动倒戈投靠的大将安重荣为成德节度使，原成德留后秘琼必须离开成德，改任齐州（今山东济南）防御使。

天福二年（937）正月二日，新的成德节度使安重荣来到镇州城外。安重荣是带着军队来的，不光有他本部的后晋军队，还有赵思温（与述律平抬杠，逼得契丹太后断腕的那位契丹汉将）统领的契丹军队，对董温琪当俘虏后实力大损的成德军构成了压倒性优势。

有了强大的武力做后盾，谈判就会变得比较容易。安重荣派了一名以口才著称的将领王景崇入城，劝说秘琼：你最好接受圣旨，乖乖去齐州上任，反正你已经发财了，去哪儿都不失为富家翁，如果抗拒，失去的就不仅仅是财富！

秘琼果然是个欺软怕硬的主儿，匆匆收拾细软，尽可能多地带上原属于老长官的财宝，听话地离开了镇州，前往齐州上任。秘琼的做法让范延光气不打一处来：这么快就认输啦？之前真是太高看他了！而且，谁知道他是不是正打算出卖自己，去"戴罪立功"？

想到这里，一股杀意从范延光的心头涌起。正好，秘琼去齐州要路过魏博的地盘，于是，等秘琼一行人途经贝州夏津县时，发生了一起精心策划的"意外"事件。事后范延光向石敬瑭奏报：贝州当地驻军与衙役在一次搜剿盗匪的执法行动中，发现有一伙可疑的人携带大量钱财过境，他们出于责任心上前阻拦，结果发生冲突，造成伤亡，据查，齐州防御使秘琼被误杀。

石敬瑭接到报告的反应是：哦，是误杀啊，既然不是故意的，那就这样吧，不用追究了。于是，人见人厌的秘琼，大快人心地踏上了前往地府的旅程。董温琪攒下的大批财宝，在秘琼的手中转了个圈儿，又流进了新主人范延光的口袋。

范延光确实需要钱，他此时开始扩编军队，打造武器，并把天雄镇所属的五个支州（贝、博、卫、澶、相）的刺史全部集合到了魏州（广晋府），防止将来起兵时这些人有二心。范延光想干什么，石敬瑭再清楚不过了。一次新的反叛，已经只是什么时候发生的问题了。

后晋朝廷此时财政困难，洛阳的国库早已空空如也，要供养大量的官员、驻军，已力不从心。面对以上两个挑战，石敬瑭的第一号心腹谋士，身兼同平章事与枢密使的桑维翰，提出了一个一石二鸟的建议——迁都。

桑维翰说："汴梁北控燕赵，南通江淮，是中原最大的水陆要冲，那里漕运便利，物资丰富，能够极大缓解朝廷面临的经济困难。而且，范延光反心已露，从汴梁到广晋，相距不过十个驿站（约三百里），且有大运河直接相连，大道便捷，他一旦有什么异动，朝廷大军可立即兵临广晋城下，以迅雷不及掩耳之势将其扑灭！"

于是，三月十三日，石敬瑭下诏，强调了洛阳在漕运上的劣势和在经济上的困难后，宣布迁都汴梁。随着这道不起眼的避重就轻的诏书发下，洛阳，这座在中华文明史上唯一可以与长安并列的顶级古都，至此耗尽了王气，之后再也没有成为任何王朝的都城。

迁都的诏书中一个字也没有提到范延光，但范延光显然很清楚，这是冲着自己来的。不过，范延光运气不好，还没等完全做好起兵准备，就突然病了，多日卧床不起。他只能将军政大权交给心腹左都押牙孙锐。

有些时候，抬轿子的比坐轿子的还狠，比如在起兵问题上，孙锐就比他的范长官要积极。孙锐私下与澶州刺史冯晖商量之后，认为朝廷对天雄军不怀好意，他们不能坐以待毙，要力劝范大帅起兵。如果他不同意，就以武力逼他起兵。

范延光病还没治好，石敬瑭又刚刚加封他为临清郡王，这虽然不能证明皇帝的信任，但至少证明皇帝暂时不想和他撕破脸，因此他不打算马上起兵。但看到两个手下斗志昂扬，再加上张先生也说过他注定是要当天子的，那还有什么好怕的，于是，范延光改了主意，同意起兵，并将具体工作交给孙锐和冯晖负责。

六月十三日，义成节度使符彦饶向石敬瑭奏报，魏博方向有士兵叛逃滑州，说范延光正式起兵，前锋已至黄河北岸的黎阳，请求朝廷赶快发兵支援。石敬瑭马上命侍卫马军指挥使白奉进率骑兵一千五百人前往滑州，进驻黄河南岸白马渡，作为第一批先遣队支援符彦饶。然后，石敬瑭又接连调动洛阳巡检使张从宾、侍卫都指挥使杨光远、护圣都指挥使杜重威等，分别统兵北上，组成对范延光的讨伐大军。

在此介绍一下石敬瑭任命的这几位主将。

其中杨光远咱们很熟悉了。自从杀掉张敬达，率晋安守军投降后晋，杨光远觉得自己的形象受损了，想设法弥补，所以每次晋见石敬瑭时，都拧紧眉头，拉下嘴角，摆出一副遗恨千古的苦瓜脸。石敬瑭看到后，怀疑他嫌自己对他的封赏不满意，就派人私下询问。

杨光远就等着这一问，说了一番"肺腑之言"："臣已经贵为将相，对荣华富贵哪还有什么不满意的？只是我一想到死得其所的张生铁，就感到自己太渺小了！只为救多数人的性命，就放弃了忠义的节操，每每想到这里，都十分惭愧，实在无法高兴起来。"石敬瑭听了这番表白，觉得杨光远能忍辱负重，是个忠义之臣，因此对他颇为信任，加以重用。

张从宾是李存勖时代的小校，在梁晋争战中从征有功，明宗末年刚刚以资历代替张希崇，升任朔方节度使。等石敬瑭进洛阳之后，张从宾急急入见，向新皇帝表忠心，石敬瑭大概为他表面上的殷勤所惑，为了西北边疆的安全，就将他留在洛阳任巡检使，让他的前任，在西北较有威望的张希崇再次出镇朔方。但张从宾其实是个霸道强横的人，觉得自己投机失算，蚀了本，怀恨在心，时不时还找机会发泄一下心中的邪火。

比如，石敬瑭迁都前的某一天，张从宾与一个朝廷官员在天津桥相遇，彼此的仪仗队挤在一起，谁也走不了。张从宾大发雷霆，竟将那位官员从轿子里揪了出来，扔下洛水。他后来奏报称该官员因酒醉失足落水。可惜这样明显的发泄不满没有引起石敬瑭的注意。不久，这个小小的疏忽就会让石敬瑭付出难以承受的代价。

杜重威是石敬瑭着意提拔的新人，此人没什么才华，也不曾有过什么功绩，论道德品质，较之杨光远或张从宾也毫无亮点。石敬瑭之所以特别看重他，打算重用他，仅仅是因为杜重威的妻子是石敬瑭的妹妹宋国大长公主。不过，杜重威将来是一个重要人物，他的故事还很长。

在这一轮军队调动中，还发生了一个对未来影响很大的小插曲。按计划，原属刘知远的一支军队要转拨给杨光远，这支军队中有个叫郭威的人。郭威在本系列图书中已是第三次出场，第一次是在十四年前集市杀恶屠，第二次是在十一年前小客栈内与柴家小姐喜结良缘。他接到调令，对朋友说："杨光远为人奸诈，毫无英雄之气，我要跟着他，今后就废了！能识我用我的，只有刘公。"于是，郭威并不坐等命运的安排，赶紧去走了刘知远的门路，成功让刘知远将他留了下来。

且说晋军先锋白奉进一到白马渡，就向石敬瑭奏报说："抓到一名叛军士兵，他供认范延光没有亲自来，领兵的是他手下的冯晖和孙锐。"

看到这份奏报，石敬瑭放心了，对左右说："朕虽然寡德寡谋，但自问不比范延光差。范延光自己不来，只让冯晖、孙锐这两个成事不足的统军，他们早晚会被生擒，岂能抗拒朝廷大军？可以放心了，他们惹不出多大的祸。"随后，石敬瑭下令，讨伐范延光的各个将领，以杨光远为主帅，张从宾为副，以便统一指挥，又加派昭义节度使高行周的军队参战。

谁能想到，就像《三国演义》中曹操逃离赤壁后那句不吉利的口头禅，"我笑周瑜无谋，诸葛亮少智"，石敬瑭刚刚发表了不用把叛军放在眼里的必胜言论，他以为安全的地方就接连出事了。

范延光做了一件乍看很离谱的事，派人游说讨伐自己的大军副帅张从宾：不要为石敬瑭卖命了，和我一起造反吧！这次游说取得了让石敬瑭，甚至是范延光都没有想到的成果，早已心怀不满的张从宾，竟然没有一点儿犹豫，点火就着，立即率麾下全军反晋。

此时，张从宾所部刚行至河阳，就近袭击孟州（河阳镇总部）（今河南孟州）。时任河阳节度使不是别人，正是石敬瑭唯一的嫡子，最有可能继承皇位的人楚王石重信。石重信完全没想到会变生肘腋，手下带兵的河阳行军司马李彦珣又临时倒戈，投奔了叛军，他只能束手就擒。张从宾也真是狠，完全不给自己留余地，马上将石重信斩首。

然后，张从宾命张全义之子，上将军张继祚为河阳留后。这个当年因妻子受辱差点找朱温拼命的冲动青年，不知是因为上了年纪，对张从宾的要挟不敢不从，还是因为与范延光有旧交，怕受牵连（两种原因都有记载），反正是接受了任命，一脚踏上了贼船。

在河阳，还有一名失意政客胡饶加入了张从宾的叛军。胡饶原为后唐老将王建立的心腹幕僚，自认才高，一直想做一番惊天动地的大事业。当年王都叛乱时，胡饶就想鼓动王建立与王都联手，但未获成功。李从珂称帝后，胡饶被调到同州任节度副使，正使是咱们熟知的冯道。冯道对胡饶，不像大老粗王建立那样亲密。胡饶深感受到冷落，常常借酒闹事，跑到衙门的大门口指名道姓地骂冯道。冯道每次听到，都请他入内，好酒好菜招待一番，再送他回家。冯道身边的人都愤愤不平："何必对这个酒疯子如此客气？"冯道淡然道："如果他不行善事，上天自会给他报应，我有什么好生气的？"等张从宾起事，闲居河阳的胡饶觉得终于等到了自己施展才华的机会，主动请见，要为张从宾出谋划策。

不知是不是出于胡饶的主意，张从宾没有前往魏州与范延光会合，而是率军杀回洛阳。因为迁都工作还没有完成，大量官员的家属、宅第仍在洛阳，拿下此城，确有可能动摇后晋王朝的人心。原先驻防洛阳的军队，不是随石敬瑭迁都汴梁，就是随张从宾出征讨伐魏州，留在洛阳的兵力很少，于是，张从宾不费吹灰之力拿下了国家的故都。石敬瑭的另一个儿子，代理东都留守寿王石重义，随即被斩杀。至此，石敬瑭还活着的儿子，只剩下尚是孩童的石重睿。

拿下洛阳的张从宾在城内作威作福，杀掉不肯屈服的留守判官李遐，取出左藏库的余财犒赏军队，另行任命原副留守张延播代理河南府事，然后率兵东进，准备先拿下汜水关（虎牢关），再杀向汴梁。

张从宾突然造反，连杀两位皇子的消息，传到了汴梁。石敬瑭急忙调整部署，原计划派去讨伐范延光的杜重威所部，迅速掉头向西，去对付张从宾。光靠杜重威不一定是张从宾的对手，于是石敬瑭又从护卫禁军中抽调五千人，由久经沙场的老将侯益率领，与杜重威合兵，协助杜重威指挥作战。然后，石敬瑭又让宣徽使刘处让从前方杨光远那里抽调一部分军队，参与讨伐张从宾。

这一道接一道的军队调令下发，传送命令和军报的使节往来不停，汴梁城内人心惶惶。随驾百官有担心妻儿的，有担心家产的，有担心皇帝撑不过这一关连累大家的，人人惊惧难安。这时，唯有身兼宰执的桑维翰镇定如常，不论在朝堂上定计决策，还是在私下待人接物，都非常从容。有他做出表率，显得形势还没那么糟糕，京城的人心才稍稍安定。

但紧接着又是一个坏消息传来，张从宾再一次击败了朝廷军队，斩巡检使宋廷浩，攻下了汜水关。从那里到汴梁，已是一马平川。这下子连石敬瑭都慌了，他赶紧命手下准备快马，打算抛下朝廷逃回老家太原避难。

桑维翰听到消息，急忙觐见皇帝。只见后晋皇帝毫无数日前的从容自信，已脱下皇袍，穿上戎装，即将出奔。桑维翰大惊，老大怎么能做这么愚蠢的事？现在胜负未定，天下人正坐在墙头，判断应该往哪边倒的时候，你就主动认输？说句难听的话，一旦离开汴梁，示弱于人，能不能活着走到太原都是个大问题。

桑维翰赶紧拦住石敬瑭，跪下苦苦劝阻："叛军现在虽然声势浩大，但没有强有力的根基，势必不能坚持太久，陛下请再坚持一下，千万不要做出轻率的举动！"石敬瑭自身缺乏过人的胆略，但好在能听懂正确的建议，这才停止了逃跑的打算，从而也没有让他的后晋刷新王朝寿命的最短纪录。

再说范延光的煽动书信在张从宾身上收到奇效，如此成功的经验当然不能只用一回。于是，范延光派出了更多的密使，携带蜡丸密信前往各地，煽动那些可能对现状不满的军人、政客，起事响应自己，很快有了成效。

在许州，有盗墓贼温韬的三个儿子温延濬、温延沼、温延袞。自从父亲被明宗皇帝赐死以后，温家三兄弟在政治上压抑已久，愤懑难平，好容易等到有人想起他们，立即拿出家财，私下里招兵买马，悄悄聚集起一千多人，准备起事。

温延沼的女婿，右武卫上将军娄继英正在汴梁，护卫在石敬瑭身边，也参加了密谋。石敬瑭身边的右卫大将军尹晖，当初在凤翔城下倒戈，帮助李从珂得天下，从而得以高升。李从珂被石敬瑭干掉之后，尹晖这个前朝功臣时时担心遭到清算，所以也接受了范延光的鼓动，参与反晋密谋。

人多力量大，也意味着更容易暴露。计划还没有开始，反叛密谋便泄露了，娄继英和尹晖在第一时间逃出了汴梁。

尹晖想学习卢文进，去投奔吴国。但从汴梁到吴国，可比从安州去吴国远多了，尹晖走到半途，被追兵捕获斩杀。

相比之下，娄继英逃亡的目的地要近一些，他成功地逃到许州投奔岳父温延沼。这时，由于汴梁传来叛乱未遂的消息，忠武节度使苌从简马上在许州加强了戒备，每个关键地段都增派了军队把守。

温家三兄弟一看这情况，不敢按计划起事，可又怕夜长梦多，汴梁那边一追究，这边难免不暴露。温延濬和温延袞觉得，不如杀掉娄继英，来个大义灭亲，用他的人头来换取温家自保。但温延沼坚决反对：不是你们的女婿，你们灭什么亲？何况那样做也不见得能脱罪。

商量来商量去，温家三兄弟最后决定：乘着还没有暴露，与娄继英一起逃出许州，奔到洛阳，去投奔张从宾。不久，娄继英得知温家兄弟曾打算出卖自己，极为愤怒，便向张从宾诬告温家人有异心。于是，温韬的三个儿子全被张从宾抓了起来，一并斩首。不知那个时候温延沼是否后悔救女婿。早知如此，按另外两个兄弟的办法，可能不至于被"团灭"。

因为就在娄继英、尹晖的密谋泄露后，为防止人心浮动，石敬瑭仿效刘秀、曹操之故智，在第一时间下了一道诏书："请大家注意范延光的阴谋，他正在故意伪造书信，诬陷朝廷忠良。今后凡捕获范延光密使或间谍者，获得赏赐，密使或间谍一律处死，他们携带的密信就地销毁，不用上报。"这道诏书是石敬瑭在范、张叛乱发生后做出的一个比较明智的举措，有温氏三兄弟的下场作为比对，不知有多少潜在的谋反者中止了冒险计划。不过，整体形势并未得到立竿见影的好转，后晋王朝就像风暴中的小舟，一个波浪迎面打来，就随时有倾覆的危险。

## 燕云割地

此时，在汴梁的北面，白奉进与符彦饶的联军驻守于黄河南岸的滑州，杨光远部则驻军于滑州东北面的白皋渡口，排开战线，正与北岸范延光部将孙锐、冯晖统领的叛军对峙。

暂时没有战事，后晋军中的一些骄兵悍将便无视军纪，自己找机会发财。一天晚上，有军士擅离军营，闯入民家抢劫。白奉进得报，马上去维持秩序，当场抓住五名犯事的军人，一查，其中三个人是自己的手下，另外两个隶属符彦饶。

白奉进有个女儿，是刚刚遇害的楚王石重信的王妃，他正得亲家翁石敬瑭的倚重，因此自作主张，不通知符彦饶，下令将五人一起斩首了。

符彦饶虽是一代名将李存审的儿子，但从去年奉李从珂之命北征的事就看得出来，他对部下违法乱纪毫无约束之力，治军能力远不及其父。当夜，符彦饶得知白奉进不知会一声就杀了他的人，十分恼火。

第二天一早，白奉进在左右的劝说下，决定面见符彦饶，表达一下礼节上的歉意。符彦饶一见白奉进，怒气上涌，斥责说："军中法度，一向是各部管各部的事，你杀你的人就好了，为何将我滑州的军士也一并处斩？什么时候主人家的事，轮到客人来管？"（符彦饶身为义成节度使，滑州是他的辖地。）

白奉进理直气壮，见符彦饶也不给好脸色，道："军士犯法，何分你我？我已经表示歉意，你还不罢休？难道你要和范延光一起造反不成？"

话不投机半句多，白奉进一拂衣袖，站起来就走。符彦饶一扭头："不送！"仅仅是不送还好，可义成军在软弱的符彦饶管理下骄悍成性，一看杀了自家兄弟的白奉进要走，根本不等主帅将令，就大声喧哗着围了上来，将仅带了几名护卫的白奉进当场拿下，乱刀砍杀。

导火线被点燃了！白奉进的随从拼死逃出，直奔本部军营告急。整个联军军营像炸了锅，各军穿上盔甲，拿起武器，展开不知所谓的大乱斗。白奉进的副手都校马万，不知所措，正好遇上严整军队，开出营房的次校卢顺密。

卢顺密先制止本军骚乱，然后高声大喝："符公擅自杀害了白公，他肯定是和魏州的叛军串通了。这里距离汴梁只有二百里，咱们的妻儿老小可都在那里，咱们只能誓死报国，绝不能附从叛逆，自取灭族之祸！现在，跟我来，抓住符公，献给皇上，建立大功！听令的重赏，不听令的砍头！谁也别想有二心！"

这时，马万的部下有人不服：咱们的马都校都还没说话，你一个从后梁归降的卢次校充什么老大？于是，有几个人跳起来高喊，要煽动士卒抗命，卢顺密立即揪住这几个带头闹事的，手起刀落，当场处决。这下子场面被镇住了。白奉进的三个主要部将，由排在第二位的卢顺密带头，加上都校马万、都虞候方太，统领全军进攻符彦饶，为主将白奉进报仇。

滑州发生兵变的消息，很快扩散到距离滑州不远的杨光远军驻地白皋渡，只是他们还不清楚详情。杨光远大营的士卒蠢蠢欲动：咱们该不是又要换皇帝了吧？如果滑州那边出了个新天子，咱们也没有参与，顶多受下等赏赐。不如就近拥立杨大帅为帝，咱们都当上开国功臣，受上等赏赐。

一大帮士卒拥到了杨光远的面前，请求大帅登基称帝。在这一刻，如果杨光远同意士卒的请求，加入造反队伍，很难判断得国不正、根基又薄弱的后晋王朝，能不能撑过这一轮大乱。

不清楚杨光远此时是怎么想的，从他之前和之后的事迹来看，这个人不是忠义之士，但他既然叫杨光远，那眼光肯定比这群拥在他面前要他当皇帝的大兵长远。中原最近出现的三位创立新朝的天子（李嗣源、李从珂、石敬瑭），明显不同于之前的朱温、李存勖，他们没有一个是靠实力硬打天下的，都是倚仗起事之前积累的声望或强大外邦的介入，使中央禁军与地方藩镇重新站队，进而轻取社稷。

那么，这样的成功经验能否在杨光远身上复制呢？至少暂时不能。首先，众多战功赫赫的前辈已被岁月带走，还活着的藩镇大帅中，杨光远进不了前列。就算石敬瑭真不行了，禁军和藩镇真要找个声望较高的头目重新站队，那个人多半是范延光，而不会是杨光远。其次，石敬瑭目前仍然有强大的契丹的全力支持，虽然由于距离，这种支持可能会缓不济急，但比起没有外援的杨光远，优势仍然巨大。就算杨光远运气好，获得短暂的成功，又如何对付契丹大军的报复？

最终，杨光远抵住了诱惑，拒绝了士卒的拥戴，大义凛然地道："皇帝大位岂是任由你们贩卖的商品？当初晋安寨投降，事出不得已，现在咱们如果再有二心，就变成真正的反贼了！"于是，有可能挑翻后晋朝的白皋兵变，在发生之前被制止了。这件事仿佛是一个转折点，这一轮大乱达到高潮，之后局势便开始向着有利于石敬瑭集团的方向发展。

滑州大乱斗之后，卢顺密等击溃义成军，攻入子城，生擒符彦饶，押送汴梁，滑州之乱遂被平定。石敬瑭下令，在汴梁东郊的班荆馆将符彦饶斩首，同时强调罪过只限于符彦饶一人，不波及亲属，其兄弟们的官职没有变动。符彦饶的死不算冤枉，但要说他谋反，就有些冤枉，他只是治军不力，担当了一个自己难以胜任的职务。

因为从滑州送来的奏报是由马万领衔署名的，石敬瑭任命马万为义成节度使，接替符彦饶，排第二的方太任赵州刺史，排第三的卢顺密只得到一个空头的果州刺史（果州是今四川南充，在后蜀境内，不属于后晋）。

稍后，石敬瑭了解到卢顺密才是此次平乱的关键功臣，马上升卢顺密为昭义留后。

滑州事变的另一个作用，是让后晋在讨伐范延光的战场上突然少了白奉进、符彦饶两员大将，站在叛军角度看，这好像是个好消息。杨光远决定将计就计，假装后方不稳，率军后撤，引诱黄河对面的叛军渡河追击。

孙锐、冯晖果然上了当。他们鼓动范延光造反，而后受命统军南下，一个月过去，却一直没打什么像样的仗，只是隔黄河与朝廷军队对峙。闲得无聊，孙锐就找来十几个妓女相陪，每日在军营中花天酒地，让众多远离家人的叛军将士看了，多有不满。现在听说对岸的后晋军内乱，杨光远要逃，孙锐、冯晖忙下令渡河追击。只要打了胜仗，士兵都捞到好处，他们的不满自然就该消失了吧？

但杨光远并不是真的要逃，等叛军渡河渡到一半，杨光远突然率军发起大反攻。这是一次经典的击敌于半渡，孙锐、冯晖大败，叛军在南岸登陆场抛下了三千多具尸体，还有大量的叛军在混乱中被滔滔黄河水吞没。杨光远乘胜渡河追击，叛军的主力损失大半，孙锐、冯晖只率少量败卒逃回魏州。范延光的天子命基本上没戏了。

在叛乱期间，范延光因身体不太好，一直没有离开魏州，有充分的不在场证明，现在见孙锐等败回，就想把黑锅全推给这位惹是生非、还丧失军心的心腹去背，让自己能够脱罪。于是，范延光杀光了孙锐一族（冯晖未受追究），派使节出城求见讨伐军主帅杨光远，谎称之前是自己患病，大权让孙锐架空了，他瞒着自己掀起了大乱。如今，罪魁祸首已被处决，希望朝廷能够了解事实真相，赦免自己的失察之罪。但是，后晋朝廷已处于优势，石敬瑭接到范延光的表白书后，不予理睬，命杨光远再进一步，彻底铲除祸根。

与此同时，另一个方向也传来好消息。由杜重威统领，但实际指挥很可能是侯益的西路讨伐军，与张从宾部叛军大战于汜水关。这一战的详细经过没有记载，只知道之前连连得手的张从宾大败，损兵一万余人，汜水关也被后晋军队收复。张从宾慌慌张张地撤退，骑马渡河，一步踏空，竟淹死在河里。这一路叛军便彻底崩溃了。张继祚、张延播、娄继英等同党被擒，押送汴梁，石敬瑭下令全部处决，一并灭族。史官李涛上疏，提醒皇帝，张全义有再造洛阳的功勋，不该让贤良无后。石敬瑭同意了，于是赦免了张全义其他的儿子，只杀张继祚一门。

主动投靠张从宾的谋士胡饶侥幸逃脱，但天下虽大，还有何处可以容身？胡饶想起来，与他感情深厚的老长官王建立还在任平卢节度使，便昼伏夜行，躲避重重追捕，千里迢迢奔往青州，前去投靠。王建立听说胡饶来投，立即将这位老朋友迎进城，然后马上斩首，奏报朝廷。昔日冯道对胡饶的评语，而今果然应验。

在张从宾的所有同党中，最幸运的当数背叛楚王石重信的河阳行军司马李彦珣，他成功地逃到魏州，加入范延光的军队，暂时没事。

就在石敬瑭的后晋朝廷与范延光、张从宾两路叛军交战于中原之际，另一件影响更深远的大事，正在靠北的地方发生，耶律德光按照协议，开始接收干儿子石敬瑭献给他的一份大礼包——"燕云十六州"。

燕云十六州，在地图上看，是一条不规则的带状地域。东西长约六百千米，南北宽约两百千米，总面积约十二万平方千米，差不多等于一个福建省的大小。顾名思义，十六州里面有两个是中心城市，即山南地区的幽州（今北京）和山北地区的云州（今山西大同）。后来，契丹人将幽州改为"南京析津府"，云州改为"西京大同府"，列入辽朝的"五京"之中，政治地位十分显赫。

按谭其骧版《中国历史地图册》画出的疆域测算，辽朝中后期的国土高达四百八十九万平方千米，因此，如果按面积计算，燕云十六州只占辽朝国土的四十分之一，好像不算特别重要。不过，比较国土的价值，面积大小通常都是次要的指标，人口数量的多少和经济产值的高低才是关键，在古代更是如此。十六州一经割让，便毫无疑问地成为契丹帝国境内人口最密集、经济最发达的区域。它的面积只占辽国的四十分之一，但它的统计人口数占据辽国的百分之四十二，经济产值的比例还要更高。可见它被耶律德光占有并消化后，将会对契丹帝国的国力产生多么大的提升。

还有更重要的一点,十六州之地是此前历代中原王朝防御北方游牧族群进犯的主要屏障。它的北面依托绵绵群山,沿山脊建有长城这项古代世界规模最大的国防工程,能够很大程度上减少北方游牧族群对中原内地的侵扰。但是,现在这片土地即将易主,困扰中原王朝数百年的一个梦魇即将开始。

回到石敬瑭的割地条约开始执行之时。这时的十六州分属五个藩镇:卢龙镇,包含幽州、顺州、檀州、蓟州、涿州、莫州、瀛州等七州,节度使为赵德钧,此时已变成契丹人的俘虏,被押往塞外;威塞镇,包含新州、妫州(今河北怀来)、儒州、武州等四州,节度使为翟璋;大同镇,包含云州、蔚州等两州,节度使为沙彦珣;彰国镇,包含应州、寰州等两州,节度使为尹晖(尹晖是遥领的节度使,本人在朝,后又卷入范延光之乱被杀,不在彰国镇内);振武镇,包含朔州、胜州(位于黄河河套内的胜州,此前似已被契丹人攻陷、拆毁而荒废,不在割让的十六州之中)等两州,节度使为安叔千。

石敬瑭被立为皇帝,签署割地条约的时候,这五镇十六州还都是后唐的疆土,没有一寸土地实际掌握在石敬瑭的手中,石敬瑭是用自己没有的东西,给义父耶律德光打了一张大白条。但等到条约开始执行时,后唐已灭,各地藩镇按当时的惯例重新站队,都成了后晋的臣子。

天福二年(937)初,耶律德光率契丹大军北归,到达应州(另一说云州),借儿子皇帝的命令,要求大同、彰国、振武三镇的节度使来觐见他。沙彦珣和安叔千不敢怠慢,马上赶来觐见。尹晖当然没来,但可能有个在应州代理其职务的官员参加了觐见。耶律德光马上将此二人扣押,另行指派契丹官员去接管他们的辖区。

耶律德光亲自驾临的彰国镇,契丹的接收大员没有遇上太大阻力,顺利入驻。但在应州城内掌兵的将军郭崇威,不愿当契丹的臣下,悄悄放弃职位,逃往南方。而在另外两镇,契丹人都遇到了麻烦,尤其是在大同镇的云州,耶律德光派去的官员受到了强烈抵制,吃了个闭门羹。节度使沙彦珣被契丹扣押后,他属下的一个文职官员挺身而出,率先扛起反抗契丹的旗帜，他就是大同镇节度判官吴峦。

吴峦，字宝川，汶阳卢县（今山东茌平）人，少时好学，后参加科举失败，只能投奔沙彦珣为幕僚。其人迂直，深受儒家文化中"礼义廉耻"之说的熏陶。现在节帅被契丹人捉去，眼看全城人要沦落为异邦的二等臣民，云州军民群情激愤，吴峦乘势慷慨激昂地对云州军民发出号召："咱们都生于堂堂的礼仪之邦，岂能屈膝臣服于蛮族？"于是，众人推吴峦为首，登城防守，拒绝契丹人入城。

契丹派来的新任大同节度使名叫崔廷勋，是一个幼时被掳，在契丹长大的汉人，可见耶律德光在用人上还是考虑到了以汉制汉的重要性。当然，不管崔廷勋血统如何，他是早早加入了契丹军队，累积功劳升为大将，才得到今天的重任。崔廷勋上任被拒，也没太当回事，虽然作为边防重镇，云州是一座坚城，但之前大同镇的兵马大多被调去讨伐石敬瑭，在晋安寨全军覆没，残存的守军不可能有多强。更何况主将都被抓了，只有一个不知兵的文官领头，对这样的弱敌，一顿猛攻就可以把他们灭了。

然而，崔廷勋失算了，原来文官与不知兵之间，并没有必然的联系。身为沙彦珣的幕僚，吴峦是经历过战事的文官，他为人清廉正直，能与士卒同甘共苦，很得人心。崔廷勋猛攻多日，毫无进展。耶律德光得知云州不肯归附，非常恼火，毕竟云州可不是小地方，是山北各州的中心，如果不能拿下，契丹就不能真正控制山北之地。于是，契丹皇帝亲征云州，准备严惩这些不识时务、不肯乖乖就范接受命运的孤军。

《辽史·太宗本纪》在此处记载，耶律德光神勇无比，一到云州城下，吴峦就吓得投降了。但是，这条记载与其他所有相关记载都南辕北辙（包括《辽史》在其他章节的记述）。实情是吴峦没有投降，而是带领云州军民，勇敢地迎接了更大的挑战。

契丹皇帝亲自督军攻城，同样连续被守军打退，不能越雷池一步。耶律德光很烦躁，他不可以在云州城下久留，东边的威塞、卢龙两镇还没有正式接收，如果那两镇的人听到风声，也不愿当契丹的顺民，再冒出第二个吴峦，麻烦就更大了。于是，耶律德光留崔廷勋继续围攻云州，自己东下，奔往新州（今河北涿鹿，威塞镇总部）去收取威塞镇，派卢龙镇出身的降将赵思温去幽州，接收已经没有节度使的卢龙镇。

耶律德光来到新州，下令让威塞节度使翟璋马上出钱十万贯，犒劳契丹大军。翟璋是一员猛将，有个和三国名将许褚相同的绰号——"虎痴"。他知道自己的辖区被新皇帝割让了，既不愿当契丹的臣子，又不敢反抗两国君王的意志，遂决定全力配合契丹的要求，站好最后一班岗。耶律德光怎么要求，他就怎么做，只是提出了一个请求，威塞镇的交割工作完毕，希望契丹皇帝能够放他南归。

耶律德光答应了翟璋的请求，于是翟璋在威塞镇内强刮地皮，逼得不少百姓上吊，总算凑够了契丹皇帝索要的钱财。但耶律德光没有放他走。

原先在阿保机统一塞北的过程中，有一支奚人部落怨恨契丹人贪婪残暴，不肯臣服，但又没有能力对抗，便在首领去诸的率领下入塞，寻求刘仁恭的保护，后被刘仁恭安置于妫州一带，号称"西奚"。之后，在契丹帝国内部犯罪或斗争失败的人，往往遁入西奚，得到庇护。因此，西奚部落成为契丹很讨厌，但手一时够不着的眼中钉之一。现在，耶律德光取得了威塞镇，西奚部落背靠的大树已倒，第三代首领拽剌不敢抵抗，只好主动迎降。耶律德光安慰他说："你没有罪，有罪的是你的先人。"然后，他下令将西奚部落的上代首领扫剌以及逃亡至此的契丹叛臣逐不鲁的两座坟墓挖开，取出尸身，锉骨扬灰。这样一来，拽剌虽然投降了，西奚部落的大部分人仍畏惧契丹人，不愿跟随首领投降，纷纷逃亡。

于是，耶律德光把翟璋叫来："你帮我讨平这些作乱的西奚人，我就会找合适的人来接替你，让你回南方。"

翟璋一面带兵出征，追歼逃亡的奚人，一面上疏石敬瑭，请求调自己去南边。翟璋的表现很出色，没过太长时间，逃亡的奚人基本上被招降或消灭了。作为一个族群，西奚从此不再见诸史册。然而，耶律德光还是没有兑现承诺放翟璋南归。而只要"父皇帝"不点头，石敬瑭也是无二话。

契丹皇帝又给翟璋安排了新任务：云州的吴峦仍然抗命，你把他拿下，我就让你回去。于是，翟璋再次西上与崔廷勋会合，共同进攻云州。城外大军云集，兵力原本就比较薄弱的云州守军处境日渐艰难。

到天福二年（937）六月（张从宾响应范延光造反的那个月），云州孤军坚守了半年之久，在几次出击袭营失利后，吴峦虽然仍能一次次挫败翟璋与崔廷勋的进攻，但也认识到云州城不可能仅靠自身力量解围，只有取得朝廷的援军，才有可能保住代北之地。所以，吴峦派勇士从小道突出重围，向汴梁的后晋朝廷紧急求援。

结合时势，吴峦的努力注定不可能成功。比如已经反叛的范延光，就悄悄派使节求见耶律德光，请求与契丹人合作，一起推翻石敬瑭。由于记载不详，不知道范延光给契丹人开出了多大的价码，但显然契丹皇帝很满意姓石的干儿子，完全拒绝了范延光的示好，表示会继续支持石敬瑭。

叛乱最猛烈的时候，石敬瑭的心腹大将刘知远为安慰老大，也这样说过："如今天下已定，在内，咱们握有雄兵；在外，又有强大的契丹人当靠山，范延光、张从宾这几个鼠辈能有什么作为？"显然连刘知远都认为，后晋王朝要战胜叛乱，存在的关键条件是有契丹人当靠山。且不说十六州本来就是石敬瑭自己下诏割让的，就算不是，"儿皇帝"也绝对不敢在这个时候得罪契丹"父皇帝"，因为"儿皇帝"二号还在后边排队等着呢！

于是，石敬瑭写信给"父皇帝"，表示会处理云州的事，请契丹军队稍稍后撤，暂时解除包围。然后，石敬瑭派使臣进入云州传旨，征调吴峦南下，就任武宁节度副使。没有援助的孤城迟早守不住，吴峦无法抗拒，只得遵旨南下，坚持了半年多的云州抗战就此结束。石敬瑭成功替"父皇帝"拔出了一枚硬钉子，将原本不肯顺从的云州割让了出去。

云州不是翟璋攻下的，但在攻打云州的过程中，翟璋也立了功。契丹人要求做的，我全做了，该让我回去了吧？然而，耶律德光好像又一次忘记了承诺，绝口不提让翟璋南归的事。翟璋忧郁成疾，不久病死。说不清楚翟璋生命的最后几个月，他究竟是后晋的威塞节度使，还是契丹的官员，但在他的服从下，威塞四州未受阻碍地割给了契丹。

《旧五代史·折从阮传》记载，石敬瑭原本割的地不止十六州，而是十九州，还包括河套内的河西三州（府州、胜州、麟州）。这三州军民最初没有反抗，但稍后传来消息说，契丹人不打算要河西三州之地，只想要河西三州之人，计划将三州百姓全部迁往辽东。于是，府州刺史折从阮（本名从远，避刘知远的讳改名从阮）联合麟州土豪杨氏，据险而守，阻止契丹军入境。折氏从此据府、麟二州，成为一支半独立的小势力，只有胜州被契丹拆迁，在黄河对岸另建东胜州以安置。

《辽史》中对此事无记载，《旧五代史·晋高祖本纪》以及《资治通鉴》相关年份内提到石敬瑭割地的范围都不包括河西三州。折从阮抗命后，不管是契丹还是后晋，都不像对付云州吴峦那样大动干戈，基本不见反应。所以，不知这是折从阮的传记不实，还是仅仅因为契丹人嫌河西三州贫瘠，对三州并不重视。

再说十六州中最重要的卢龙镇，由于节度使赵德钧早已被俘，耶律德光派来幽州接收的又是原卢龙军降将赵思温，故卢龙镇是十六州中割让最顺利的。尽管如此，这里仍然出现了意想不到的波折。

天福三年（938）秋，石敬瑭任命了一个叫赵延照的人出任祁州（今河北无极）刺史。由于割地，原本属于中原内地的祁州，现在已是后晋的边境城市，与契丹帝国的南京道相邻。正巧，这赵延照正是契丹的南京留守赵思温的儿子。赵思温在后梁贞明三年（917）于平州战败后投降了阿保机，从此滞留契丹，与家人分离已有二十一年。突闻儿子到了祁州，赵思温触动了埋藏已久的故国之思，他想家了。于是，赵思温写密信给儿子赵延照，让赵延照转奏石敬瑭，说契丹国内矛盾重重，迟早要发生变乱，只要石敬瑭同意，自己愿献出幽州回归。

此时张从宾已被平定，后晋度过了建国后最危险的阶段，但这密信还是把石敬瑭吓了一大跳：如果同意赵思温回归，肯定会触怒契丹，那可了不得。不论是干爹的实力，还是干爹的用兵水平，做儿子的石敬瑭都自愧不如，要打起来，肯定没自己的好果子吃。更何况干爹对自己恩重如山，自己也不能忘恩负义。于是石敬瑭坚决拒绝了赵思温的回归请求：你已经是契丹的臣子，就应该尽忠于"父皇帝"。我已经割让出去的地方又岂能背信弃义再拿回来？至于你那封密奏，就当我从来没见过好了。

石敬瑭的答复让赵思温大失所望，如果说此前他的故国之情只是被埋藏，那之后就是被埋葬了。国已回不去，但家还能再团圆。赵延照干脆放弃在后晋的官职，带着家人投奔幽州。从此，这个家族完全变成了契丹的臣民，连同一度可能被收复的卢龙之地，渐渐契丹化，成为后来辽帝国基本盘的一部分。

## 石晋辱国

燕云十六州就这样不太顺利地割让完毕。石敬瑭刚刚被立为皇帝，与干爹签订割地条约的时候，后唐还存在，十六州所在的五个藩镇全部服从后唐中央，没有一个州在后晋手中。在割地条约签订时，这条约只是一份耶律德光与石敬瑭之间的合作意向，压根儿就没有真正执行。即使等到李从珂自焚，后唐灭亡之时，十六州也没有一个被契丹占领。在后晋朝确立在中原的主导地位之后，耶律德光北归，契丹才真正开始按照条约接收十六州。这时它们被契丹接收，与后晋朝是有很大关系的。

经过朱温与李存勖的统一进程，北方的中央集权已经重建，虽然李存勖的失败导致藩镇势力出现一定程度的回潮，但没有从根本上改变中央强于地方的新常态。这种状态，与唐末那种朝廷虚弱无力，藩镇跋扈争雄的情况有着根本不同。不过，站在石敬瑭自身的角度，他遵守条约割完十六州，拒绝所有收复失地的诱惑，守住了自己对异国主子的诚信，避免了一次又一次对他和后晋王朝来说后果难测的巨大风险，这基本可以算作他个人的理性最优选。更何况，此时范延光的叛乱虽已进入尾声，却还没有彻底平定。

杨光远围攻魏州（广晋府）时间很久了，无奈城池坚固，守军也不弱，所以一直无法攻克。杨光远打听到，跟着张从宾一起造反的叛将李彦珣逃入广晋城中后，被范延光任命为步军都监，负责一段城墙的防守，觉得有机可乘。杨光远便派人去李彦珣的家乡邢州，找来他的老母，带到城下召唤其投降。谁知李彦珣是出了名的不孝子，见此情景，不但不降，还亲手将母亲一箭射死。杨光远的计划落空。

不过，并不是每个叛军都像李彦珣这样。八月，当初积极鼓动范延光起兵的澶州刺史冯晖，既对范老大屠杀孙锐一族感到兔死狐悲，又觉得造反大势已去，就借着率兵出击的机会，出城投降了杨光远。

投降后，冯晖介绍叛军的情况说："城中存粮即将耗尽，撑不了太久。"石敬瑭闻讯，心里有了一个新想法，不仅不追究冯晖过去的罪责，还提拔他当义成节度使，用宽大甚至是恩宠来给范延光及其部众展示一条可让他们脱离苦海的金光大道。

石敬瑭原本是想快点儿解决范延光，但久拖不决的战事改变了他的想法。做好了铺垫，石敬瑭派了一个叫朱宪的宦官带着诏书去广晋府，向范延光及其同党许下了无比宽大的投降条件：范延光只要离开魏博，可以换个藩镇继续当节度使，以前的一切过错都不再追究。同时，范延光的同党也都加以赦免，并保持与现在相同的官阶。为了让范延光放心，石敬瑭还赌咒发下毒誓："如果你投降之后，我还杀你，那请天上的太阳做证：我当身死国灭，社稷不得保存！"

石敬瑭平时也算言而有信，身陷困境的范延光感到有了一条生路，高兴地对节度副使李式说："主上最重承诺，他说不杀我们，那就一定不会杀！"然后，范延光投降了，先派两个儿子出城充当人质，接着又派牙将携带奏章前往汴梁请罪。石敬瑭派使臣到广晋府受降，范延光率城内全体将领出城迎降。很多人不用丧命了，化干戈为玉帛，大家都很欣慰。

只有一个人不太高兴，那就是讨伐军主帅杨光远。他眼看就要建下的人功，以及攻破城池后可以靠洗劫获得的巨额财富，都因为范延光的投降而大大缩水，甚至没有了。他只能向范延光投过充满恨意的一瞥：别以为这就没事了，等着瞧！

九月二十五日，石敬瑭正式下诏，改任范延光为天平节度使，并赐免死铁券。同时，广晋城中一切军民，在当日之前犯下的所有罪过，全部赦免，再不许追究。范延光的手下将领也得到了安置，异地为官，果然都没受到追究。比如反叛主谋之一冯晖，因为提前一步投降，从此官运亨通，成为五代后期的名臣，甚至受封王爵。

在河阳倒戈，间接害死石重信，又在广晋府亲手射死生母的李彦珣，居然也被石敬瑭赦免了，并被任命为坊州（今陕西黄陵）刺史。这项人事命令一经公布，舆论大哗，都认为李彦珣这种不忠不孝、凶残忤逆之徒，什么样的赦令也不该被赦免。但石敬瑭还是坚持："诏书上写得清楚，赦免诏书颁布之前的一切罪行。君无戏言，朕说过的话怎么可以不算数呢？"石敬瑭不顾民意沸腾，坚持让李彦珣前往坊州上任。《旧五代史》中此后不再有李彦珣的任何记载。但到了北宋中期，欧阳修编写的《新五代史》中，李彦珣不久便因贪污案发被杀头。

最耐人寻味的还是造反的大头目范延光的结局。按投降条件，范延光去天平镇当节度使，但仅仅过去一个多月，他便离开郓州又一次进京入觐，然后就回不去了。据说是在范延光自己的反复恳请下，石敬瑭不得不同意了这位昔日战友的退休请求，让他以太子太师的身份致仕，留在汴梁养老。每逢盛大的朝会、宴席，石敬瑭都会派人把范延光请来，待之与群臣无异，好像他们之间从来没有发生不愉快。

大家对这个"剧本"是不是有点眼熟？以前有个叫李继韬的，倒戈降后梁，造了李存勖的反，后梁一完蛋，又赶紧向李存勖认罪，那时李存勖待他也是亲密无间，像极了如今的石敬瑭待范延光。不过，范延光和李继韬还是不同的，李继韬认罪后不老实，惹了一大堆小辫子让人抓，范延光投降后很老实，让人完全找不出什么新的罪名。

就这样过了一年多，一天夜里，石敬瑭派宣徽使刘处让到范延光家赐酒，顺便告诉他一件朝中发生的新闻。刘处让说："你知道吗？今天有契丹的使者来到京城，向我朝传达了北朝皇帝的旨意：'魏博的叛臣是不是还在啊？如果晋朝没有本事处理自己的叛乱分子，那就把人绑缚到北朝来，我帮你们处理，不要让其为祸中国！'"

范延光一听，吓得哭出声来。契丹使者在后晋朝就是上国钦差，很多时候说话的分量比石敬瑭还重呢！他们不放过自己，自己还能有活路吗？刘处让忙安慰他说："这样吧，你不妨搬去洛阳居住，让契丹使者见不着，避避风头，也许就过去了。"

此时，杨光远正任西京留守，驻防洛阳。范延光不敢去，哀求刘处让道："洛阳的杨光远对我有敌意，正好我还有些房产、田地在河阳（今河南孟州），可以让我去河阳吗？"刘处让代表石敬瑭同意了范延光的请求，于是范延光带着从秘琼那里抢来的巨额财产，装了好多辆大车，举家搬迁到河阳居住。

不知道是不是因为范延光退休了，消息不够灵通，不知道此时的杨光远除了是西京留守，还兼任河阳节度使。他去河阳与去洛阳其实差不了太多。杨光远得知眼中钉范延光和昔日跑脱的那笔大财富现在又送上门来，便上奏道："范延光是个反复无常的叛臣，如果不把他看牢了，他不北投胡人，也会南投吴越。这样吧，让他搬到洛阳来，由我看住，以免出事！"石敬瑭同意了。

于是，杨光远便派儿子杨承勋（也记作"杨承贵"）率铁甲武士包围了范延光的私宅，强行给他搬家。武士们把刀架到了范延光的脖子上，要他识相，自己了断算了。范延光不肯死，哀号道："天子在上，赐我免死铁券，答应过永远不杀我！你们父子怎么能这样？"

当初读史至此，在下有些恍惚：这与当年那条被梁军俘虏后，受尽酷刑，一言不发的硬汉，会是同一个人吗？

杨承勋将范延光押上马背，一路驱赶南行，等走到黄河浮桥时，将他推入黄河中淹死。随后，杨光远上疏：范延光突然自己投黄河身亡。石敬瑭得到奏报后，非常痛心，但人死不能复生，只好下令辍朝两日，以示哀悼，并追赠范延光为太师。

《资治通鉴》上说石敬瑭完全知道范延光死亡的真相，只是因为杨光远势力强大，为免出乱子，不敢追究他的责任。恐怕这一事件的背后，最想让范延光早点儿死的人，不是杨光远，只是石敬瑭不能自己动手，所以引诱别人动手。

比如，范延光之所以主动请求搬家，是因为石敬瑭让刘处让告诉他，契丹使臣要追究其反叛责任，要拿他开刀。但这件事在契丹方面没有记载。

毕竟范延光也曾派使臣向耶律德光示好，没有得罪过契丹人。耶律德光此时正在国内大力推动对新领土的消化进程，对中原降人比较优待。

得到十六州后，为了减少汉人对胡人统治的排斥感，耶律德光更改了国名，改用汉人更易接受的地域名称"大辽"，同时大量任用汉官治理汉地。像赵德钧的养子赵延寿，就被耶律德光起复并加以重用，任命为幽州节度使，封燕王，坐镇卢龙之地，取代了老资格的降将赵思温。赵思温被派去担任出使后晋的副使，回到辽国后被升了一个有名无实的虚职，不久便去世，追赠太师、魏国公。赵延寿的妻子燕国长公主（李嗣源之女）和儿子赵匡赞仍住在洛阳，耶律德光特别下旨给石敬瑭，要后晋赶紧把人送来幽州，帮助赵延寿一家团聚。

还记得当初在潞州郊外，赵家父子投降时的情景吧？那时石敬瑭趾高气扬，对赵德钧的讨好不闻不问，都不用正眼看赵家父子一下。可现在，天知道赵延寿怎么突然变成"父皇帝"身边的红人，石敬瑭的态度马上发生了一百八十度的大转变，变得和蔼可亲，马上将赵匡赞母子送了过去，还派人向赵延寿赠送了大笔钱财，叙叙连襟之情：在大辽皇帝面前，多给哥哥说两句好话吧！

当然，石敬瑭的"银弹攻势"不会只针对赵延寿，严格地说，赵延寿只是其中较小的一个目标。当时后晋与辽国的使臣往来频繁，双方有一点很相似，往南走的使团总是行囊空空，而往北走的使团总是载满了财物。

每逢喜庆、丧日以及各种节日，后晋的使团都恭恭敬敬地赶到辽国，向"父皇帝"耶律德光、应天太后述律平，以及元帅太子耶律李胡等献上厚礼。另外如伟王耶律安端、南院大王、北院大王以及重要汉臣如韩延徽、赵延寿等，都能收到一笔不菲的贿赂。毕竟国格有高下，辽国官员虽然收了钱，也很少给后晋的使团好脸色看，使团成员稍稍不到位，就会遭到指责辱骂。这些细节随着使团成员的口传回后晋，朝野之人多感到是中原的奇耻大辱，唯有石敬瑭、桑维翰很淡定。

有趣的是，石敬瑭在联络感情，走辽国官员后门方面毫不吝啬，在真正履行条约义务时却常常玩弄小动作。原先说好后晋每年要向契丹进贡绢帛三十万匹，但石敬瑭年年哭穷，竟没有一年如数缴纳。这笔钱对后晋来说并不多，完全能够支付。辽国的主要官员都收到了好处，对于公家的损失就没人在意了，两国之间完全没有因为后晋的违约而产生冲突。因为没有账簿留下来，不知道石敬瑭的这种操作有没有为后晋节省开支。

与之相反，南下的辽国使团总是趾高气扬，一路吃拿索要，稍不如意就指着石敬瑭的鼻子大骂。后晋皇帝脾气极好，不恼不怒，端着笑脸赔礼道歉，尽最大可能让契丹使者高兴而来，满意而去。通常的结果是，辽国使臣的好心情保住了，但后晋皇帝在臣民心中的形象又一次下跌。

天福三年（938）十月（范延光投降的第二个月），辽国派使者南下，祝贺后晋平定内乱，并赐给石敬瑭一个新的称号——英武明义皇帝。"明义"的石敬瑭当然不敢怠慢，赶紧派兵部尚书王权回访辽国，代表自己叩谢"父皇帝"的大恩大德。

这王权出身仕宦名门，从曾祖起四代为官，他本人在唐末任右补阙，后梁朝干到御史中丞，后唐朝升任户部尚书，后晋朝转任兵部尚书，到此时已是七十二岁的老翁，侍奉过六个皇室的足足十位皇帝。王权在他漫长的官僚生涯中从未成为核心人物，所以之前没有事迹，但如果只论资历，连冯道（时年五十六岁）都得恭恭敬敬地叫他一声前辈。

王权是一位混日子型的职业官僚，与什么忠义之士毫无关联，从不会为跳槽或换老板产生任何心理负担。但是，王权觉得，此前不管怎么换老板，都是咱们中原王朝内部的事，要是向胡人也屈膝叩头，还被那些胡人和降胡的汉官呼来喝去，才真正是斯文扫地，他这辈子的最后一点儿尊严也没了。所以接到诏书后，王权对身边人说："我都一把年纪了，怎么能再去契丹受辱？就算是违诏被治罪，也心甘情愿。"于是，王权上疏称自己病了，坚决不上路。

石敬瑭大怒，斥责他说："要是说嫌路远，朕的宰相刚刚才出使契丹回来（此时后晋宰相有四人，分别是桑维翰、赵莹、李崧、冯道，其中冯道在两个月前任'太后册礼使'，与左仆射刘昫一道出使辽国）；要是说身体不好，你不是刚刚去了一趟凤翔执行公务吗？"当然，不管皇帝怎么发火，王权铁了心，"病情"就是不见好转，气得石敬瑭只好将他革职了事。

但不管王权去不去，"父皇帝"的好意还是必须回报的。石敬瑭只好再把好脾气的冯道找来："能不能请冯公再辛苦一趟？"好在冯道是一位唾面自干的高手，就是好说话："陛下受契丹的大恩，臣又受陛下的大恩，让臣去契丹报恩，有何不可？"这件丢脸的事才算找到合适的背锅人。

如果说文官对石敬瑭的不满还掀不起什么大乱子，那武臣对其皇权的轻视就蕴藏着不容忽视的巨大危险了。其中最有代表性的人物，当数成德节度使安重荣。

安重荣，小字铁胡，朔州人，从祖父起三代在沙陀军中为将，他本人膂力过人，善于骑射，可能与石敬瑭在战场上有过交情，曾经将石敬瑭奉为偶像。石敬瑭在太原起兵反叛时，悄悄派人去联络时任巡边指挥使的安重荣，邀请他加入自己的造反队伍。

那时，石敬瑭还没有向契丹借兵，天下大势看起来还是李从珂的朝廷一方更有优势，故而安重荣的母亲和哥哥都强烈反对安重荣加入叛军。但安重荣更愿意相信偶像的实力，他仿照汉末吕布玩过的游戏，竖起一支箭，走到一百步外，对母亲说："石公如果能当皇帝，我当一箭射中。"果然一箭中的。然后，他又竖了一支箭："如果我能当节度使，当一箭射中。"当然又中了。天意如此，他的母亲和哥哥才表示同意。于是，安重荣率先带着一千余名骑兵反叛，进入太原，成为后晋朝的开国元勋之一。

但接下来发生了一系列事件，让安重荣对石敬瑭渐渐转变了态度。

后晋王朝初定中原，石敬瑭论功行赏，提拔安重荣为成德节度使，去取代兵变自立的秘琼，但在让安重荣出发之前，又悄悄嘱咐说："如果秘琼不愿意离开，以武力阻止你到任，我自然会另外给你安排一个藩镇，不要轻易与他开战，以免酿成大祸。"安重荣一听愕然，后来常常对人提起此事，并感叹道："就秘琼那个乘乱抢钱，啥能耐都没有的小蟊贼，当今天子居然会怕他！那以我今天的将相之高位，手下统领的士民之多，还用得着说吗？"

安重荣不同于多谋但不善断的石敬瑭，他是一位简单粗暴、好断，但从不多谋的武夫，认为天下事没有什么是劈头一大棒子解决不了的，如果真的一棒子没能解决，大不了再来一棒子。

曾有一对夫妇到安重荣面前状告儿子不孝。安重荣没听两句便勃然大怒：当儿子的，怎么可以不孝？于是他抽出剑递给父亲，让他将儿子杀了。那父亲一惊，流泪了，不忍动手："不必吧，我儿子罪不至死啊！"不想当妈的大骂当爹的没用，抢过剑，就要去杀儿子。安重荣奇怪了，怎么这当妈的比当爹的还狠啊？再一问，原来爹是亲爹，妈只是后妈。安重荣又怒了，顷刻间他的判决出现了一百八十度大转变，他马上将这后妈斥骂而出，再从其身后一箭射杀。

原先以为那个人英明神武，必能顺应天命，重建太平，谁知他当个皇帝都要向契丹人借兵，接受契丹人的册封，如果只是权宜倒也罢了，这都得到中原了，还这么软弱，且是对内对外都软弱，就算他自己不觉得丢人，自己都拉不下脸了！

安重荣在统辖的成德镇内，处处与石敬瑭的国策反着来。朝廷对辽国来的使者有多么恭敬，他就对那些人有多么无礼。每见辽使，安重荣一定用最不礼貌的坐姿破口大骂，甚至派骑兵截杀辽使。不仅如此，安重荣还私下里资助十六州内的反契丹力量，收留不愿受契丹统治的南逃军民。

安重荣所做的桩桩件件，让耶律德光极为愤怒，多次派人到汴梁痛骂石敬瑭：你这个"儿皇帝"是怎么当的？忘恩负义不说，还有没有一点儿孝心？石敬瑭自然是有苦难言，他不是不想管安重荣，而是他真的管不动安重荣了。何况范延光与张从宾的叛乱虽已平定，但后晋内部不把他这个皇帝当皇帝看的藩镇大有人在，比如山南东道节度使安从进。

## 姑息纵容

与安重荣不同，安从进是前任皇帝李从珂的大功臣，一开始就不是石敬瑭的人，对后晋王朝充满了天然的不信任。为防备新朝皇帝对前朝功臣有可能的清算，坐镇襄阳的安从进苦心经营自己的地盘。凭借地利，他一面大量招募亡命之徒扩充军力，一面截留南方各国送往后晋的贡赋以充实自己的财力，有客商途经襄阳都被他抓了壮丁，刺字当兵。

石敬瑭对安从进的做法深感忧虑，担心迟早引发大乱，便想试试能不能用比较温和的手段削弱这个危险的策源地。他派人去对安从进说："王建立入朝，请辞退休，现在已经回上党老家，把平卢节度使的位子空了出来，卿如果有意，朕马上下旨。"安从进回答道："好啊，只要陛下把青州（今山东益都，平卢总部）搬到汉水南岸（襄阳位于汉水南岸）来，我马上就去上任！"

面对安从进近乎挑衅的答复，石敬瑭害怕引发新的叛乱，也只好听之任之，不敢稍有责备。但就是这样的软弱，也没有让安从进暂停自己造反的脚步，他开始四面寻找盟友，试图组建对抗后晋朝廷的同盟体系。

安从进看中的第一个潜在盟友，是与其辖区相邻的后蜀帝国。然而，此时的后蜀根本没有资助中原内乱，进而扩张领土的念头。这不是说后蜀对更大的国土毫无兴趣，而是因为它的内部正在经历一轮持续了很长时间的大规模权力重组，富有实战经验的开国元勋，有的被逐步架空，有的被消灭，他们留下的空位正在由缺少军事历练的新人填补。

创建后蜀的一代英主孟知祥，早在李从珂当上皇帝的当年（934年）七月便已病逝。临终前，孟知祥曾召见宰相赵季良、武信节度使李仁罕、保宁节度使赵廷隐、枢密使王处回等重臣，命他们辅助时年十五岁的太子孟仁赞继位。

当晚，孟知祥病逝，尚未得到主上死讯的李仁罕已在集结军队，似有异心。赵季良和王处回决定暂时封锁消息，安排布置，在孟知祥逝世后第三天，拥立刚刚改名为孟昶（用生僻字方便臣民避讳）的孟仁赞登基，成为后蜀的第二代皇帝。

心高气傲的李仁罕，这才发现自己被老同事们算计了，错过了最佳的夺权黄金期，颇为懊恼。但他还是看不起皇座上那个十五岁的半大孩子，又仗着自己在后蜀诸武将中排名第一的战功及老资格，气势凛凛地向小皇帝要求加授自己为判六军诸卫事，即统领全体禁军。

孟昶，字保元，是孟知祥的第三子（另一说第五子），生母为贵妃李氏（据说原为李存勖嫔妃，又一说为琼华长公主婢女）。除去早夭的兄弟，孟昶至少还有一个由李皇后（李克用之女，后唐的琼华长公主）所生的哥哥，论嫡论长都比孟昶更有资格继承孟知祥的大位。但那个人被留在中原当人质，之后便下落不明了，连名字都没被史书记载。而孟知祥来到蜀地的其他儿子，都比孟昶小。

不过，李仁罕可能不太了解的是，孟昶能毫无争议地当上孟知祥的继承人，除了排行原因，还由于这个孩子非常聪明，对政治的敏感度拥有超出其年纪的成熟。在李仁罕的要挟下，孟昶批准了李仁罕的请求，任命他判六军，但同时又任命后蜀军界另一元老，与李仁罕一向不和的赵廷隐为六军副使，牵制李仁罕的权力。

即便如此，为防备李仁罕发难，孟昶马上在皇宫新设了一支护卫亲军，号称"殿直四番"。为了让只服父亲不服自己的诸位元老相信，新君是体恤老臣的，他们已获得的权力不会受到挑战，孟昶特别挑选李仁罕的儿子李继宏、赵季良的儿子赵元振、张业的儿子张继昭、侯弘实的儿子侯令钦、赵廷隐的儿子赵崇韬等功臣子弟担任殿直四番的指挥官，一时间皆大欢喜。

后蜀的昭武节度使李肇，原本对孟知祥没有多少忠诚，此时听说新君即位，便按常规离开利州（今四川广元），前往成都觐见新君。一路上，李肇都在观望，走走停停，光在汉州（四川广汉）就停留了十几天，与亲戚朋友欢宴聚会，顺便探听成都传出的各种消息。

孟昶最初的表现让他放心了：新君就是个懦弱无能的小孩子罢了，对自己毫无威胁。在得意忘形之余，李肇大摇大摆地来到成都，觐见新主孟昶，声称自己有足疾，所以拄着拐杖，不肯跪拜。

李肇没有想到的是，他眼中的小孩子孟昶，向所有元老功臣示好，显得那么温良无害的同时，其内心却十分清楚：元老功臣虽然强大，但从来不是一个集团，是可以被分化的。有些需要严加防备，尽早清除，比如现在最冒头的李仁罕；有些可能依靠或至少暂时利用，比如与李仁罕不和的赵季良与赵廷隐。

孟昶不动声色地派了一个与自己关系亲密，但又不容易引人注意的医官韩继勋，借着给元老们看病的名义，穿针引线，秘密联络赵季良和赵廷隐，取得了这一文一武两位大佬的明确支持。然后，孟昶在二赵的支持下，于某日上朝时突然逮捕了毫无防备的李仁罕，向天下公布其未必属实的谋逆罪状，与此同时，李仁罕刚刚被升任殿直军官的儿子李继宏也被拿下，父子俩一并被诛。

还在成都的李肇突然听闻李仁罕被杀，大惊失色，急忙觐见孟昶请罪。第二次见面，李肇将手中的拐杖扔到了一边，头叩得又响又标准。

哟，李公的足疾好得这么快啊！孟昶的左右显然不相信，因而弹劾李肇对君上倨傲无礼，其罪当诛。但孟昶很明智，知道过犹不及，于是下诏，鉴于李肇年事已高，身体不好，就不再拿昭武节度使的繁重工作来辛苦老臣了，任命他一个没有实际工作的高官太子少傅，让他全家搬到成都旁边的邛州养老。就这样，又一个可能的潜在危险被孟昶清除了。

相较之下，二赵比较忠诚，李仁罕比较跋扈，但让某一派重臣一家独大，显然是不符合平衡原则的。所以，孟昶特别优待了李仁罕的外甥——另一员大将张业。于是，据调查，张业虽然是李仁罕的至亲，但确实没有参与谋逆，孟昶提升张业为武信节度使兼同平章事，让他重新整合被大大削弱后，危险性没那么大的李仁罕集团，以便平衡赵季良和赵廷隐在朝中的影响力。

对赵季良和赵廷隐两位大功臣，孟昶表现得极为尊敬，但对于能够"减轻"二人工作负担的机会也从不放过。赵季良是一代贤臣，看出新主想干什么，便帮他一把，主动请求将原本由自己独掌的三司（户部、盐铁、度支，其中户部掌管国家税收收入，盐铁掌管国家专卖的收入，度支掌管国库的支出，三司合起来便是国家的财政权）大权分摊给孟昶提拔的另两位新宰相张业、毋昭裔。于是孟昶顺水推舟，让赵季良继续管理户部，让毋昭裔判盐铁，张业判度支。

对于赵廷隐，孟昶将他尊为太傅。据说每遇国有大事，孟昶都会亲自到赵廷隐府上征求老将的意见。但换句话说，如果国家没遇上大事，老将军也就不必太辛苦了。

后来，等赵季良病逝，孟昶又设计除掉了张业，罢免了王处回，安排赵廷隐退休，将元老功臣的权力全部收回自己手中，再分配给自己提拔的新人。孟昶重新集权的过程长达十五年，其间竟没有发生过一次大的动乱，其手腕不可谓不高明。不过，在安从进向后蜀请求结盟反晋的时候，这个进程才进行了不到一半，对于此刻的孟昶而言，当然是多一事不如少一事。对后晋作战，且不说胜负难料，就算胜了，难道让赵廷隐、张业这些人再建大功吗？那不是给自己找不痛快吗？于是，孟昶便以出川路途遥远且险峻，无法保障军队供给为由，拒绝了安从进的结盟请求。

安从进不肯就此罢手，再派使者到江陵（今湖北荆州），请求与南平王高从诲联手。安从进认为自己这么做是有道理的，因为此前高从诲曾主动派人来襄阳，与他有过私下联络，还拍过胸脯：有道是远亲不如近邻，你有事尽管说，咱俩谁跟谁啊？但这位兵微将寡的近邻，一看安从进送来的密信，大吃一惊，咱说的"有事"可不包括这种要命的事啊！何况南平刚刚与后晋强化过"双边关系"。

不久前，石敬瑭曾派翰林学士陶毂出使南平，给高从诲祝贺生辰。高从诲在长江边上的望沙楼上宴请后晋使臣，同时举行了一次水上阅兵，让南平的战船都驶到楼下，排成战阵，请陶毂观看，暗示咱南平虽小，还是有些武力的。当然，暗示不能让大国理解为示威，不然真要引来讨伐，会让小小的南平国吃不了兜着走。所以高从诲又解释说："江南和蜀地一直不肯向大国臣服，我义愤填膺，故而在此整修武备，就是为了在大国兴师的那一天，出兵助战。"

陶毂回报石敬瑭，石敬瑭装作对高从诲的"忠贞"深信不疑，大喜，赏赐南平王盔甲一百套、战马一百匹。高从诲也忙进贡金器一百两、御衣锦缎一百五十匹、白银五百两，还有白龙脑香、金花手剑等回礼谢恩。后晋与南平的关系，至少在表面上十分融洽。

这里简单介绍一个人。此次出访的后晋使臣陶毂，他原姓唐，字秀实，邠州新平县人，早年丧父，但天资聪颖，又勤奋好学，十几岁时已以文章知名，自负甚高，对功名富贵充满了渴望。后晋建立后，因为新皇帝叫石敬瑭，虽然"瑭"字与其姓氏"唐"同音，按常理这不用避讳，但为了最大限度避开阻碍自己仕途的隐患，他还是抛弃了祖姓，改名陶毅。

陶毅主动写信给当朝宰相李崧，自我推荐。李崧发现这个年轻人很有才华，也愿意当伯乐，就将他提拔为集贤校理，这个官虽然不算大，但容易接近最高层。同时，李崧常常向石敬瑭提起这个很有前途的新人，使他在皇帝心中留了一个好印象。总之，陶毅遇上了贵人李崧，从此走上人生的快车道。关于陶毅的故事还有很多，以后会提到。

回到主线。话说南平王虽然不是什么至诚君子，但人家也就是赖点儿小钱，绝不敢拿自己的小命开玩笑。权衡利弊，高从诲认为安从进造反成功的可能性无限接近于零，于是写信给安从进，帮他分析天下大势，力劝他不要造反，尤其是不要把南平拖下水。

安从进大怒，那姓孟的叫不动倒也罢了，反正我和他原本也没交情，但你姓高的可是和我拍过胸脯的，怎么一到关键时候也掉链子？一怒之下，安从进上奏石敬瑭，反过来诬告高从诲企图背叛大晋。高从诲与安从进的兄弟情就这样走到了头，他也将安从进企图谋反的事密奏后晋，并表示如果朝廷要讨伐叛徒，南平愿出兵相助。

石敬瑭对安重荣再三宽容，还可以说成厚待有功之臣，但像安从进这种对后晋朝毫无寸功的大刺头，行事如此嚣张，意图谋反的证据已如此确凿，是不是该到重拳出击的时候啦？然而，即使收到了高从诲的密奏，石敬瑭依然没有做出任何反应，对安从进的策略仍然是执行了多年的姑息纵容。后晋皇帝不知道在条件许可时应该防患于未然，非要等到叛乱发生才想起动手吗？事实当然不是这样。石敬瑭"好谋无断，多疑少决"，但在桑维翰等谋士的辅佐下，做出的各项决策、选择算得上理性最优。

在下认为，石敬瑭一直有意无意地纵容安重荣与安从进，既是因为后晋朝得国不正，对外软弱，导致软实力偏弱，不敢轻易对藩镇用强，更是因为在他眼中，还有一个比"二安"更具危险性的藩镇大帅，需要优先对付。那个人，就是在平定范延光之乱中为后晋朝立下大功的杨光远。

早在讨伐军仍在围攻广晋，范延光尚未开城投降之时，石敬瑭就已经从杨光远的一些作为中嗅到了让人不安的迹象。那时，借助前线主帅的身份，杨光远经常通过宣徽使刘处让向朝廷提出要求，不少要求甚至超出他的职权。对于这种过分的索取，石敬瑭不想让自己当恶人，便装糊涂，不置可否，将皮球踢给当时身兼同平章事和枢密使的桑维翰和李崧。

两位宰执大臣中，李崧比较软，只能顺从桑维翰的意见。而桑维翰公事公办，凡是不合理的，一律不予批准。见自己的要求一次次被驳回，杨光远十分恼火，便对刘处让发牢骚，抱怨朝廷不公。正好刘处让也对桑维翰和李崧不满，便来了一次大爆料："其实皇上对你是非常支持的，请求被驳回，全是因为桑维翰、李崧这两个宰相从中作梗！"

真的如刘处让所言，石敬瑭非常支持杨光远吗？早在张从宾被消灭时，范延光就曾将造反责任推给替罪羊孙锐，想借他的脑袋向石敬瑭服软求饶。石敬瑭拒绝范延光的请降，指示杨光远攻下广晋，彻底消灭范延光。然而，在平叛战争的最后阶段，范延光已陷入绝境，灭亡只是时间问题，石敬瑭突然改变态度，主动赦免范延光，让杨光远的功绩大打折扣。

不知杨光远是没看出来，还是他不在乎那位弱势皇帝的猜忌，等平定范延光的战事结束，他便上奏抨击桑维翰、李崧的"误国之罪"。石敬瑭当然知道桑维翰、李崧在替自己背锅，但鉴于形势，不能说破。他解除了桑维翰、李崧二人兼任的枢密使之职，由与杨光远有交情的刘处让担任枢密使，以免破坏与杨光远的关系。与此同时，在桑维翰的建议下，石敬瑭乘胜将范延光的根据地魏博镇 分为二：以贝州、博州以及从成德镇割出的冀州，组成永清镇；魏州（广晋府）再次改名邺都，单独设置留守；以相州、卫州、澶州设立彰德镇。

经过这次分割，魏博这个从唐朝中叶以来最主要的动乱策源地不复存在，石敬瑭做到了当年朱友贞想做却没能做到的事。同时，它使杨光远接替被他打败的范延光成为新的魏博节度使的理想，落了空。当然，石敬瑭也没敢亏待杨光远，马上将他转任西京留守，使他有机会在不久帮助范延光"自杀"。

既然洛阳已经不是首都，又位于内地，就没有必要配备太多军队了。石敬瑭以此为由，削夺了杨光远的部分兵权。杨光远非常窝火，虽然石敬瑭将女儿长安公主嫁给了杨光远的长子杨承祚，表示君臣亲如一家，但杨光远还是觉得亏大了，内心酝酿更大的计划。他悄悄派人携带珠宝出使契丹，贿赂上下，并找机会向契丹皇帝申诉自己在后晋遭遇的不公正对待，甚至尝试与石敬瑭争夺干爹。

要与当朝皇帝同台竞技，去异族主子那里比试行贿的功力，那当然需要很多钱。杨光远在洛阳巧立名目，出台了各种横征暴敛的土政策，狂刮地皮，使辖区内百姓的负担更重了。石敬瑭听说了这些事，让伶人编成戏剧讥讽，但杨光远顶着一张刀枪不入的厚脸皮，毫不在意。

另外，在被迫裁军之时，杨光远挑选悍勇的军士一千余人，组成一支只忠于自己的私人部曲。为了让这群武夫死心塌地地跟随自己，杨光远放纵他们在洛阳、河阳境内任意抢掠，无恶不作。杨光远这一系列举动，让后晋皇帝如坐针毡。看来还是得出手，否则后果难料。

于是，在范延光被"自杀"之后一个多月，杨光远受邀入京觐见，石敬瑭高调设宴款待这位亲家公。席间，满面春风的后晋皇帝追忆功臣，关切地问："之前围攻邺都之时，爱卿的左右部将多立功勋，可好多人现在还没有得到应得的赏赐，这是朕的过失啊！这个错误现在就改过来，有功诸将各授刺史，让他们也有机会光宗耀祖。"

杨光远好像一时没反应过来，或是当时喝醉了，只觉得提拔自己的手下，就等同于增强自己的影响力，欣然同意。石敬瑭马上将杨光远的几个心腹部将任命为各州的刺史，天南地北分散安插，让这些人离开杨光远的直接管辖。

然后，等入见完毕，杨光远离开汴梁，准备回洛阳的路上，石敬瑭突然派人追上去，一道圣旨便将安从进不要的平卢节度使之职送给杨光远，同时自然而然地解除其西京留守兼河阳节度使的职务。自当年王师范让朱温灭掉之后，平卢镇的额定军力就比较弱，《旧五代史》称为"素无兵众"，所以为了让这次调动看上去不像是降级，石敬瑭还加封了杨光远一个"东平王"的高贵头衔。

杨光远这才发现自己被算计了。他通过晋安投降和讨伐范延光构建起来的小集团，基本上被石敬瑭拆散了。杨光远压下刚刚萌芽的野心，老老实实地去青州上任。如果说与从前有什么不同，那就是在洛阳任上，杨光远发财了。他的儿子杨承勋组织搬家，为了将杨家的钱财、姬妾、仆从等运到青州，竟动用了一千多匹马，号称"满盈僭侈，为方岳之最"。

杨光远没有满足于自己在"富豪排行榜"上已有的显赫位次，到了平卢节度使任上，仍以搜刮民财为重心。但石敬瑭就不管了，他对杨光远的压制到此为止，只要杨光远对朝廷的威胁程度缩小到可控范围，那他贪点儿财，就让他贪吧！

其实，石敬瑭对各地藩镇的各种不法行为，只要不是造反或预谋造反，基本上都是听之任之，哪怕那个藩镇没什么功劳，也并不强大。

比如当年在爬墙时，被皇甫晖抓住腿拽下来，被迫成为首领的赵在礼，此时正在宋州（今河南商丘）任归德节度使。赵在礼能力有限，没什么野心，当上节帅就是专心盘剥百姓，宋州百姓对此苦不堪言，都盼着他早点儿离任。一次，石敬瑭打算调赵在礼去长安任永兴节度使，消息传来，宋州百姓喜出望外，奔走相告，彼此祝贺说："赵在礼要走了，眼中钉总算可以拔去了！"赵在礼也听说了民间对他调动的反应，勃然大怒，于是上疏请求在宋州多留一年。石敬瑭对藩镇总是宽宏大量，欣然同意。赵在礼马上开始对百姓展开报复。他命人在归德镇内清查户口，每户强征一千文铜钱，号称"拔钉钱"。拔钉钱的催逼力度远超皇粮正税，不交或交不齐的，一律抓起来，大刑伺候。很快，在百姓的呼冤喊痛声中，一百多万拔钉钱被强征上来。赵在礼一面得意扬扬地将这笔钱财装进私囊，一面居高临下地讥讽治下的百姓：看你们以后谁还敢说拔钉？

又比如，因追随杨光远，在平定范延光之乱时立功，而得到提拔重用的诸将中，地位最显赫、最值得一提的，是荣升彰义节度使的张彦泽，一个粗暴残忍的蛮横武夫。张彦泽祖上出自突厥，已在中原生活了几代人，仍未完全汉化。张彦泽自小勇悍过人，相传他长着一双类似猫科动物的眼睛，黄色的虹膜，到夜晚能放出寒光，让人不寒而栗。张彦泽有个儿子，经常遭他毒打。这个儿子受不了这种看不见尽头的折磨，从泾州（今甘肃泾川）的家中逃走，流亡异乡。张彦泽大怒，上奏朝廷，在全国通缉儿子。最终，张彦泽的儿子在齐州（今山东济南）被捉住，之后石敬瑭特别为此事下诏，将他遣送回家。换句话说，张彦泽的儿子一路亡命，几乎横穿了整个后晋，也没能逃脱自己恶魔般的父亲的手掌心。

张彦泽吩咐将儿子处死。张彦泽手下有个掌书记张式，本是张彦泽的远亲，平时两人的关系好像还不错，见此情景，急忙出言相劝：他是你的亲儿子，又没犯什么大错，何必把事做绝呢？史书没有记载张彦泽的儿子究竟有没有因为张式的劝说而逃得一命，但张式的一句善言让他自己很难逃命。张彦泽马上将怒气转移到劝阻的人身上，张弓搭箭，就要射张式，吓得张式赶紧逃走。退下后，张式再也不敢留在泾州，一面称病辞职，一面带着妻子逃往邠州（今陕西彬州），投奔静难节度使李周（当年夹河大战时死守杨刘的英雄）。但这样就能逃脱张彦泽的毒手了吗？

李周将此事上奏石敬瑭，石敬瑭便下诏将张式流放商州，希望就此帮张彦泽消气，让这件事就这么过去。但张彦泽不肯罢休，竟派使者到汴梁，用威胁的口吻吓唬皇帝："如果不把张式交给张彦泽，西边会发生什么可怕的事情，就谁也说不清了！"

石敬瑭再次展示他遇硬就软的橡皮泥属性，下诏将张式遣返泾州，交给张彦泽。张式被送回泾州的当天，张彦泽将这位远亲砍断四肢，再用刀从口中插入，一直向下剖开胸膛，挖出心脏。然后，张彦泽将张式的妻子纳为小妾。

张式的无辜惨死成了轰动一时的大案。张式的父亲张铎赶到京城上告，为儿子喊冤。此前曾劝石敬瑭要保全张全义之后的史官李涛，此时已转任刑部郎中，得知此案细节，义愤填膺，决心为死者讨回公道。

在朝野舆论的压力下，石敬瑭调原永清节度使王周前往泾州，接手彰义，让张彦泽入京接受调查。事实证明，张彦泽并没有能力实践他之前威胁朝廷时表现出的嚣张，圣旨一下，他就乖乖入京受审了。

王周是此时后晋诸镇节度使中少有的勤政爱民的好官，泾州之民重见青天，感激之余，纷纷向他控诉前任节度使的暴政。王周大为吃惊，经过整理，他向朝廷奏报张彦泽在彰义镇上犯下的二十六项严重罪行，以及造成至少五千户百姓逃亡他乡的恶果。

那么，对于这样一个恶行累累，惹得天怒人怨的家伙，应该怎么惩处呢？石敬瑭向有关部门做出指示，张彦泽是有功之臣，还是东平王杨光远的亲戚，关于对他过错的处理，应该尽量宽大。

右谏议大夫郑受益看不下去，上疏提醒石敬瑭："陛下把张式交给张彦泽，等于变相鼓励他无法无天，肆意逞凶。张彦泽的所作所为，无论看到的还是听到的，无人不切齿痛恨，陛下却连一句责备的话都不肯说，让是非没有了分别，赏罚没有了章法。您可知道，外边都在传说陛下是收受了张彦泽骏马百匹的贿赂，才处处替他开脱？臣等不忍心看陛下蒙受污名，现在只有按律法严惩张彦泽，才能让天下人重新敬拜陛下的圣德。"

李涛等刑部官员齐聚宫门，讨论应该惩处张彦泽，群情激愤，众人都认为不能轻饶。讨论之后，众人将合议结果上报给石敬瑭。

第二天，后晋皇帝力排众议，做出了裁决：张彦泽的官阶、爵位各降一级，另行任用；张式的父亲、子弟都拜官，作为抚恤；让在张彦泽任上逃亡的彰义百姓回乡复业，酌量减免他们的赋税、徭役。

这份处理结果一经公布，群臣哗然，万钧雷霆之后，就这点儿毛毛雨？于是由李涛领头，聚集了中书、门下、御史台等部门的官员前往宫门抗辩，众人指出，对张彦泽的处罚太过轻微，应当依律处死。

石敬瑭只好召见李涛，想用皇帝的权威压服这个带头的法官。可李涛自恃公义，毫不屈服，逐条逐款与皇帝展开辩论。后晋皇帝本来就不占理，更何况论对法律条文的熟悉，他也不是专业法官的对手，不一会儿便理屈词穷，只得气急败坏地命令李涛退下。但李涛毫不退缩，继续与皇帝硬顶。石敬瑭只好换了口气，用权大于法的理论给最终决定定调："不管你怎么说，我已经答应过不让张彦泽死，岂能反悔？"李涛也不给皇帝留面子，直揭石敬瑭的软肋："陛下答应过张彦泽不死，是不该反悔。但不知范延光被杀的时候，他的免死铁券在哪儿？"

被李涛直踩痛脚，石敬瑭又羞又怒，却无话可说。石敬瑭一甩衣袖，起身回后宫，这次当廷抗争就这样不了了之。在那一刻，李涛的强项不输于董宣，无奈他的对面不是光武帝，没能成就一段佳话。不过，石敬瑭至少也没因为李涛不留情面的顶撞而惩处他，守住了底线。数日后，张彦泽被石敬瑭任命为左龙武大将军，作为高级将领到京城禁军中上班。

通过这几个藩镇节度使的故事，大家对石敬瑭治下的后晋王朝是个什么样子，应该已有所了解。公平地说，作为皇帝，石敬瑭是比较俭朴的，"以绨为衣，以麻为履"；石敬瑭也是比较仁厚的，除非造反，否则他几乎不会杀大臣，甚至该杀的都不杀；石敬瑭还多次下旨减轻百姓负担，但效果嘛，自然是一言难尽……

## 两面受气

随着时间的推移，石敬瑭曾经的粉丝安重荣，对后晋皇帝的观感，最终由崇拜发展到蔑视，直至产生了"彼可取而代之"的念头。安重荣公开对身边人说："天子这玩意儿哪有什么真的龙种啊！只要是兵强马壮，谁都可以干！"那么其中包不包括安大帅呢？安重荣很快故技重施，给了左右一个答案。安重荣在自己节度使衙门的大门外，竖起了一根数十尺高的旗杆，然后张弓搭箭，对左右官员说："我如果能一箭射中大旗上的龙头，就一定是真命天子！"很明显，安重荣的箭术功夫一直没落下，所以就像上次证明石敬瑭要当皇帝一样，这次弓箭又证明了安重荣也有皇帝命。

不过，就算按照安重荣自己的说法，天子这玩意儿也是"兵强马壮者当为之"，不是箭射得准者当为之，所以要实现当皇帝的美好梦想，光靠射龙头是没用的，关键还是要加强自己的武装力量。那要怎么做才能加强自己的军力呢？

之前石敬瑭造反时自身武力不足，靠给契丹人当干儿子拉来强大外援，才补足短板。这种方法不是谁都能用的，从实践来看，失败的概率更高：赵德钧想与契丹结盟反唐，结果到述律平那里聆听教训去了；范延光想与契丹结盟反晋，结果被赶下黄河长期潜水去了；杨光远想让契丹扶植自己取代石敬瑭，结果毫无回应，他也被削去兵权到青州闭门数钱去了。

安重荣采用了与以上几人完全相反的方法，来扩大自己的声势与实力。安重荣公然与后晋朝廷的国策作对，向天下宣扬他的主张，牢牢占据舆论的道德制高点：反对向契丹进贡称臣，废除卖国条约，大量收容从辽国逃来的难民，将他们编组成军，准备收复失地。就这样，安重荣以准备收复十六州为名，不管不顾地扩充了自己的兵力。

看着安重荣在成德任上越来越肆无忌惮的出格举动，石敬瑭感到了来自两方面的巨大威胁：一方面，国内不堪屈辱，反对向契丹臣服低头的朝野舆论，因为有了安重荣的煽动，越来越难以忽视，这种思潮演变成一场大乱的可能性正一步步增长；另一方面，辽国的"父皇帝"因为后晋境内反辽声浪高涨，对干儿子石敬瑭的指责也越来越频繁，越来越严厉。无论哪一边的威胁扩大化，都有可能成为后晋王朝的灭顶之灾。

正忧心间，石敬瑭打听到一个加大他忧虑的消息：成德节度使安重荣与义武节度使皇甫遇联姻，结成了儿女亲家。成德与义武两镇，地域紧邻，自唐末以来长期唇齿相依，有悠久的结盟传统，因此现在两镇节度使结亲，对朝廷而言显然不是好事。不能让安重荣再增加帮手了！现在直接给安重荣下令肯定没用，于是石敬瑭先从他相对听话的亲家入手，一道圣旨将皇甫遇调往潞州，改任昭义节度使。

义武节度使的位置暂时空了下来，石敬瑭一时没想好让谁去顶替，这个新人选应该比较可靠，不能与安重荣穿一条裤子。没想到石敬瑭尚未做出决定，他的干爹耶律德光就派使节送来了指导意见。

前文提到，前义武节度使王处直在被干儿子王都篡位之时，他的儿子王郁和王威跑到了契丹避难。现在王郁已死，但王威还活着，既然义武节度使的职位空了出来，耶律德光便顺势提出让王威子承父业，出镇义武。

让一个已经当了十多年契丹大臣的人来当义武节度使？这与将义武割

让给辽国有多大区别？纵然你们契丹人对我有大恩，可我也尽全力报答了，不能得寸进尺啊！王威是不可能与安重荣穿一条裤子，但与辽国穿一条裤子也是石敬瑭无法接受的。

但石敬瑭也不敢强硬回绝，只好软弱地拒绝干爹："按照咱们中原长久以来形成的制度，当节度使的人，要先从刺史干起，刺史干好了升团练使，团练使干好了升防御使，最后才能升到节度使。这样吧，让王威先回国，我会尽快安排他一级一级地升迁。"

耶律德光大怒，再派使节来责问石敬瑭："你从节度使到皇帝，中间升了几级？"

面对耶律德光的紧逼，石敬瑭灵机一动，使出两招来化解危机。

第一招，是摆事实讲道理，从继承权角度推出一个比王威更合理的人选。首先，义武王家的开创者，是参与平定黄巢的大功臣王处存，王处存死传子王郜，王郜遭到朱温进攻出逃太原，王处直才得以接侄儿的位。这样论起来，显然王处存的后代比王处直的后代更有资格继承义武节度使一职。正好，王处存有个孙子叫王廷胤，同张彦泽一样，也是跟随杨光远在平定范延光之乱中立功的人员，此前刚刚升任彰德节度使，也满足了节度使要一级一级升上去的条件，由他出镇义武，法理上无懈可击。

然后就是第二招了，石敬瑭派使节出访辽国，在将中原已经让王廷胤孙承祖业的情况与合理性报知"父皇帝"的同时，大把砸钱，贿赂辽国上下，让耶律德光伸手不打笑脸人，同时贴心地嘘寒问暖："父皇帝"还有什么吩咐，只要是不违背礼法的，下国办得到的，一定会全力满足。耶律德光没能实现自己的图谋，但起码也没什么损失，要为此事兴师问罪，也缺乏足够的理由，只好佯装转怒为喜，同意了干儿子的安排。

但安重荣的问题还没解决，不断增加的量变，正在向着质变前进。

后晋天福六年（941），石敬瑭按往年常规，遣使向辽国的"父皇帝"进贡。耶律德光也礼尚往来，派拽剌为使臣，回访后晋。不料，这次辽国使团刚进入后晋境内，就让安重荣中途截和，拽剌也被扣押在镇州。

【作者按：在《旧五代史》《资治通鉴》与《辽史》中，这一段后晋与辽国间发生的一系列重大事件，虽有对应的记载，但时间大都对不上，普遍存在一年到数月的偏差，原因不明。本书时间以中原史书为准。】

这个拽剌是生活在十六州境内的西奚部落第三代首领，西奚人本与契丹有仇，后因石敬瑭割地，不得已投降契丹，当时耶律德光还顺手刨了他爹扫剌的坟墓。当时安重荣正全力招揽辽国的逃人，他扣留拽剌很可能就是为了以其为号召，吸引辽国境内的奚人来投奔。不能排除一种可能性：安重荣扣押拽剌，其实是合演的一出双簧，一个愿打，一个愿挨。

在这段时间内，安重荣的煽动在辽国掀起了更大的波澜。

年初，寄居代北的吐谷浑部落受不了契丹苛暴的统治，首领白承福等率全体部民经五台山，南下投奔后晋。石敬瑭听说此事，担心惹怒辽国，急忙下令关闭边界，不允许吐谷浑人入境。但安重荣置若罔闻，大开边界，接纳白承福，同时将大量吐谷浑骑兵收入囊中。石敬瑭再派供奉官张澄前往边境各镇，驱赶逃入后晋境内的吐谷浑人返回辽国，但在安重荣阻挠下，这些大失人心的举措收效甚微。

当年六月，朔州发生兵变，将军赵崇赶走了辽国的振武节度使（《旧五代史》称被赶跑的节度使叫"刘山"，《辽史》叫"耶律画里"，鉴于阿保机曾给自己取汉名"刘亿"，可能此时辽国宗室仍然会使用刘姓），宣布回归晋朝。

安重荣感到形势一派大好，向石敬瑭上了一道著名的公开奏疏，树立自己抗战派首领的形象：

"先是年初吐谷浑部的白承福、赫连公德各率三万余帐南下，归附我大晋。然后是草原上的两突厥、浑部、契苾部，还有代北的沙陀、安庆、九府等部族人（留在代北的沙陀三部旧人，他们与后晋大量的将士、官员沾亲带故），纷纷牵着牛羊，赶着马车，带着武器兵甲，分成七八路南下投奔国家。我问过他们归化我大晋的原因，他们都说，契丹人动不动就抓他们的部民为奴，任意抢夺他们的羊马，统治太过残暴。

"另外，自今年二月以来，契丹皇帝给他们下令，要他们准备精甲壮马，说是等到入秋之后将大举南侵。但各部民都不愿意给凶残的契丹人当炮灰，只要大晋兴师北伐，他们愿自备组织十万大军，配合我军作战。不止各部，十六州的汉民，同样意气风发。朔州的节度副使赵崇已经起事，驱走契丹的节度使刘山，光复了振武镇。

"陛下屡次下旨，要臣好好侍奉契丹，不要惹事，但陛下您可知道，天道人心，难以违拒，机不可失，时不再来。陷身虏廷的中原节帅，都伸着脖子跷着脚，日夜盼望王师北进的消息。是到决定大计的时候了！"

这份火力十足的奏疏全长达数千字，安重荣又让人将它复制了很多份，四处传送，基本上做到朝中稍有影响力的官员以及各地藩镇节帅人手一份。文中那些激动人心的慷慨词句，对屈辱外交的猛烈抨击，以及对武力抗争重现中原荣光的乐观展望，很快便四方传扬，沉重打击着后晋皇帝本来就不算太高的威信。

石敬瑭当然清楚这一切，在看到这份奏疏时，心态也出现了微妙的变化。怎么办？安重荣肯定是没安好心，但要无视他所代表的那一派的呼声，恐怕也不行吧？需不需要顺应舆论，修改既定国策？但那种改变，必将触怒辽国，让耶律德光很生气，那很严重的后果，后晋王朝能否承受？

就在石敬瑭万分纠结之际，一封密奏送到案前。写密奏的人，是他的第一谋臣，此时身为泰宁节度使的桑维翰。桑维翰自然也收到了一份安重荣的奏疏，深恐石敬瑭会顶不住舆论的压力，做出错误的决定，便急忙写了一篇长文，上呈天子：

"陛下可不能忘记，当初咱们能够逃过晋阳之难，进而夺取天下，全是人家契丹人的功劳！如此大恩，岂能辜负？更何况安重荣自恃骁勇，过分轻敌；吐谷浑人更是只想借咱们的手，报他们的私仇。他们都没有从大晋的国家利益出发来考虑问题，所言根本不能信！

"据我观察，契丹这些年来，军事实力越来越强，可以说是战必胜，攻必取。割取中原的大量土地，原本是中原独有的精良装备，他们也都有了。他们的君主耶律德光，智勇过人，他们的文臣武将上下和睦，团结一心。他们国内经济也正处在良好状态，牛羊繁盛，没有天灾。从各个角度看，不是我们可以轻易挑衅的敌人。

"而且，中原最近与契丹的几次大战（指晋安、团柏两役）全都是惨败。就凭咱们那如同惊弓之鸟的士气，与屡战屡胜的契丹人相比，如何是人家对手？一旦断绝交好，我们就必须向边塞增派军队。派去的人少了，不足以抵抗强敌的进攻；派去的人多了，所需的大量兵粮、辎重又会拖垮国家孱弱的经济。而且契丹多是骑兵，有机动优势。我们出击，他们撤退，我们追不上；等我们回来，他们马上又可以进攻，不给我们休整的机会。只怕一旦开战，禁卫将士将疲于奔命，临近契丹的成德、义武两镇将化为赤地，不再有幸存的百姓！

"现在，国家只是刚刚恢复安定，战争创伤远未修复，国库空虚，百姓穷困。这点儿国力，本本分分地保卫边疆，都不一定够用，岂能再去主动挑事？契丹对我国的恩情不能算轻，也没有做过破坏条约，违背承诺的事，我们怎么能不讲信用，率先背约？突然出击，就算侥幸取胜，也是为将来埋下祸根，而一旦战败，就大势去矣！

"安重荣那帮人说，年年向契丹进贡，会虚耗国力，对契丹卑躬屈膝，是国家的耻辱。可他们就不想想，一旦开战，兵连祸结，遥遥无期，与送给契丹的那点儿绢帛相比，哪一个对国力的伤害更重？更严重的是，战争一旦开始，国家就不得不加重前方将领的权力。如果他们倚仗功劳，提出过分的要求怎么办？中央实力凋零，藩镇再次坐大，像唐末那样，以下压上，那才是真正的耻辱！

"我希望陛下平时多训练民兵，提高百姓的军事素质，养兵息民，耐心地积蓄国力。等国家没有了内忧，百姓有了余力，再等待合适的时机，采取行动。一定要做到不动则已，动必成功！"

石敬瑭看了桑维翰的密奏，非常欣慰，这才合乎他的想法，便让使节转告桑维翰说："朕这些天一直忧心忡忡，不知道该怎么办，现在看了卿的密奏，如大醉方醒。卿尽管放心，朕不会再被迷惑了。"

平心而论，桑维翰对当时局势的看法，对辽国与后晋之间军事力量对比的判断，比安重荣更客观，也更符合后晋王朝的自身利益。不过，安重荣可以将他的言论公告天下，桑维翰却不敢公开驳斥，只能写成密奏上报给石敬瑭一人，由此可以清楚地看出，桑维翰的主张是不得人心的。

决定采纳桑维翰的主张之后，两件大事便提上了石敬瑭的工作日程，一是设法清除安重荣的势力，二是修复与辽国那种不平等的友好关系。

为了钳制安重荣，石敬瑭决定起用原先的第一号心腹大将，能力与功勋都比较出众的刘知远，让他出任紧挨成德的河东节度使。为什么说是起用呢？原来，这几年发生了一些事，让石敬瑭与刘知远之间的关系，已经不复太原起兵时的君臣一心了。

有意思的是，石敬瑭与刘知远关系的第一次恶化，竟然源于一次升职。天福四年（939）三月，石敬瑭下诏，加授归德节度使刘知远为同平章事，成为国家的名誉宰相。这当然是一种褒奖，但问题是，那道诏书上加授同平章事的人有两个，除了刘知远，还有一个是忠武节度使杜重威。

前文提过，杜重威是石敬瑭的妹夫，不但没有什么像样的功绩，能力也比较平庸，人品还比较差。比如说，杜重威极为贪财，每出任一镇节度使，除了大量贪污公款，还要在其辖区内私自增加赋税，中饱私囊，其对百姓敲骨吸髓的凶狠程度不亚于赵在礼、张彦泽。辖区内的百姓不堪暴政，多有逃亡，但杜重威毫不在意。一次，他出行路过集市，得意地对左右说："大家瞎说我把百姓都赶走了，你们看，集市上不是还有这么多人吗？"

和杜重威这样的人渣同时升职，刘知远感到是对自己的莫大侮辱，于是，他连续四次上表请辞，宁可不升官，也不愿意与杜重威出现在同一道诏书里。石敬瑭很恼火，杜重威是他准备重点培养的，刘知远不给杜重威面子，就等于公开打皇帝的脸。

愤愤不平的皇帝对宰相赵莹说："杜重威是朕的妹夫，刘知远虽然有功，怎么可以公开抗拒朕的诏令？削去他的兵权，让他回家养老怎么样？"同为石敬瑭旧日心腹的赵莹忙劝解："陛下当初在晋阳的时候，兵不过五千人，被十多万名唐军围困（这两个数字是古人论事常用的夸张手法，不用当真），如果不是刘知远心如铁石，坚决指挥抵抗，如何能成就今天的大业？这样的功臣，怎么能为了一点儿小小的过错，就将他革职罢黜？这种事如果传到外边，也不利于彰显陛下的人君气度。"

石敬瑭终究还是比较宽大的，听从了赵莹的劝说，派学士和凝（就是当初在胡柳陂大战时救了梁将贺瓌一命的和凝和成绩）到刘知远家里传话，劝说他接受诏命。和凝确实是好口才，也不知道他说了些什么，刘知远不再固执，不情不愿地升了官。但君臣嫌隙已生，关系再不能恢复如初。

稍后，石敬瑭任命刘知远为邺都留守，但刘知远到任不足半年，又命他入京觐见。之后，刘知远滞留京城长达一年，石敬瑭既不让他回邺都，也不给他安排新的职务。此时的刘知远，有点像当初被李存勖留在洛阳的李嗣源，实际上被挂起来了。当然，对待功臣，石敬瑭要远比李存勖仁慈，所以刘知远的处境并不像当时的李嗣源那样凶险。

可现在，为了对付安重荣，石敬瑭觉得非用刘知远不可。于是，在汴梁坐了一年冷板凳之后，刘知远被石敬瑭任命为北京（太原）留守、河东节度使，迅速前往太原上任。从那一刻起，刘知远不再是昔日的刘知远，不再是石敬瑭忠心耿耿的跟班，他开始了属于自己的事业。

刘知远生于太原，年轻时身份低微，家徒四壁。在一次放牧时，刘知远放的马匹无意间踩踏了属于寺庙的一块田地，住持和尚大怒，指挥寺里人员把刘知远抓住，一顿痛打。现在，刘知远以一把手的位置回到了故乡，第一件事就是仿效韩信、石勒，把当年打他的住持和尚找来，共坐叙旧，谈笑风生，完了派人将其送回寺庙，还送了大批礼物。刘知远达到的效果也与那两位前辈相同，太原百姓听说了这件事，人心欢腾。新来的刘大帅对与自己有仇的人都能这么好，还能亏待咱们吗？

石敬瑭让刘知远来太原的主要目的是对付安重荣，所以紧接着，刘知远就出了大招，派心腹将领郭威密访入塞的吐谷浑人，劝说白承福脱离安重荣。不久，郭威回来向刘知远报告说："那几个吐谷浑人都是见利忘义之辈，安铁胡（安重荣的绰号）没钱，只赏给他们一些袍服，我们如果能给吐谷浑人更多的好处，他们一定会背叛安重荣，投靠我们的！"

同时，在桑维翰的建议下，石敬瑭正准备离开京城汴梁，御驾亲征，进驻邺都（魏州），集结各军，以武力威慑安重荣，争取不战而屈人之兵。刚刚升任同平章事的和凝提醒道："陛下一旦离开汴梁，安从进如果反叛，该怎么处置呢？"石敬瑭问："卿怎么看？"和凝提出建议：留下空白的宣、敕（枢密院发布的命令称为"宣"，中书门下发布的命令称为"敕"）数十道，交给留守京城的郑王石重贵，让他在紧急关头能快速做出反应。

石敬瑭同意了。当年八月（安重荣向天下发表那篇慷慨激昂的宣言之后两个月），石敬瑭离开京城，抵达邺都，同时给安重荣下诏，最后一次尝试将他拉回来："你身为国家重臣，家里还有年迈的老母，怎么能因为小小的怨恨，就不顾君与亲？我是靠着契丹的帮助，才得到天下，而你是靠着我，才有今天的富贵。我不敢忘记别人的恩德，你怎么就忘了呢？我而今领有天下，仍要向契丹人称臣，而你仅有区区一个藩镇的力量，就想跟大辽对抗，不是太难了吗？你好好想想我的话，不要做出让自己后悔的决定。"

此时，安重荣还不知道自己招兵买马的成果已经被人渗透，正雄心万丈，觉得自己就是当为天子的兵强马壮之人，因此毫不退缩。他看看天下诸藩镇，觉得最有可能与自己一同起兵的，莫过于山南东道节度使安从进了。于是安重荣秘密遣使赴襄阳，与安从进取得联系，缔结了同盟。

与此同时，刘知远再派人密访吐谷浑，对白承福等人恩威并施："朝廷将你们的牧地割让给契丹，你们不愿接受，想找新的牧地也是可以理解的，但怎么能这么蠢，去帮助安重荣呢？安重荣预谋叛乱，已为天下所唾弃，其败亡就在朝夕之间！你们要想免受池鱼之殃，只有早点儿归顺朝廷，我会帮你们安排。如果还犹豫不决，等朝廷大军进剿，你们南不能归晋，北不能归辽，后悔也来不及了！"

由于后晋皇帝已亲统大军进驻邺都，刘知远的威胁看起来非常真实，白承福等吐谷浑首领一听就慌了，果然将刘知远当成了救命稻草。当年十月，原本依附安重荣的吐谷浑人举部迁入河东，投奔刘知远。

刘知远将投奔过来的吐谷浑部落安置于太原东面以及岚、石二州之间，同时上疏后晋皇帝，请求任命白承福为大同节度使（大同早已割让给辽国，就算是虚衔，石敬瑭也不敢同意。但刘知远这么做，给了吐谷浑人一种打回老家去的远景，有利于自己收买人心）。至于那些被安重荣准备当作起事主力的吐谷浑骑兵，则全数被刘知远收编，纳入麾下。

发现吐谷浑人走了，安重荣势力衰退，原本答应和他共同进退的鞑靼、契苾、突厥等部，也都打起各自的小九九，纷纷与安重荣划清界限。于是，安重荣还没有起兵，他的实力就遭受重创，即使是长久跟随他的嫡系军队，也军心浮动，多怀异志。

修复与辽国的关系，是石敬瑭面临的另一大挑战。此前，辽国皇帝耶律德光也为安重荣的反辽震怒，派遣使臣绕过成德，质问石敬瑭："你竟然放纵手下拦截使团、扣押拽剌、收留逃人、煽动叛乱，意欲何为？"

赶到邺都的石敬瑭在派人劝说安重荣回头未果后，另派以宣徽使杨彦询为首的高级别使团，携带大量贡品出使辽国，向耶律德光解释："安重荣干了什么，南朝皇帝是完全不知道啊，更不可能授意了。这就像家里出了个不孝子，父母虽然痛心疾首，可真的管不了他。"但这种解释无法平息耶律德光的怒气，辽国皇帝下令将杨彦询收押，除非后晋给辽国一个满意的处理结果，否则绝不放人。

## 油尽灯枯

石敬瑭还派了一个使臣前往宣布反正归晋的振武镇总部朔州，可能打算套用当年处理云州吴峦的方法，用一纸调令将赵崇调到南方，好帮助辽国"收复"振武。但此时朔州已被辽国宣徽使古只统领的辽军团团围住，通往城内的所有道路均被封锁，根本进不去。晋使请求辽军让开一条道，准许他入城传旨。古只估计不相信后晋的诚意，对晋使的态度非常不友好，不允许他们穿越辽军的封锁线，还把他们当成战俘，派兵押送到临潢府，献给耶律德光。

两拨使臣都一去不返，石敬瑭不敢有怨言，又派出更多的使节，携带更多的贡物出使辽国，希望能让"父皇帝"息怒。耶律德光还是不给面子，直接下令：晋朝最近送来的贡物就不用运到临潢府来了，可以直接赏给正在围攻朔州的辽军将士，激励将士尽快剿灭城中自称晋军的叛贼。这样一来，别说后晋朝廷的支援指望不上，就是安重荣也来不了。尽管如此，赵崇领导的朔州守军仍顽强抵抗，辽军一时进展甚微。

回到后晋方面。就在安重荣部众叛离，进退维谷之际，十一月，襄阳的安从进可能不清楚北边情况有变，率先竖起反旗，出兵北上进攻邓州。守卫邓州的威胜节度使安审晖兵少，干脆放弃外城，全军收缩进内城抵抗。安从进急攻数日，不能克城。

邓州交战之际，威胜镇下辖的唐州（今河南泌阳）刺史武延翰向京城发出紧急警报，京城留守石重贵马上动用空白的宣、敕，任命洛阳留守高行周为主帅、匡国节度使宋彦筠为副、宣徽南院使张从恩为监军、护圣指挥使郭金海为先锋，统领京城禁军及河南藩镇的军队南下，讨伐安从进。

安从进见邓州一时不能攻克，便移师向东，进攻唐州，不料才行军到唐州南郊的花山，便与石重贵派来的讨伐军前锋遭遇。安从进之前像三国时的孟达一样盲目乐观，认为石敬瑭已经带着后晋朝廷北上邺都，那么面对南方发生的战事，反应应该会很慢，万万没有想到朝廷军队会来得这么快。安从进毫无心理准备，仓促对阵，顷刻便被打败。溃败中，安从进的儿子、内牙都指挥使安弘义断后，被讨伐军生擒。安从进借着这一短暂的逃命窗口期，在数十名骑兵的保护下摆脱追击，逃回襄阳。

石敬瑭也接到了报告，下诏让高行周主持南方战事，同时下诏给臣服后晋的南平王高从诲、楚王马希范，命两国出兵出粮，帮助讨伐安从进。不久，南平与楚国的战船堵住了水路，高行周统领的后晋大军断绝了陆路，安从进以残兵困守襄阳，败局已定。

这时，安重荣听到了安从进起兵的消息。他此时处境也不妙，但如果坐等安从进失败后再起事，情况只会更糟。安重荣只好硬着头皮，于当年十二月举兵起事。不出所料，原先信誓旦旦，说好一定会支持安重荣的吐谷浑、鞑靼、突厥、契苾等部人马，此时全部背弃了约定。友军不至，仅靠安重荣本部，兵力明显不足，为了虚张声势，安重荣裹挟了境内的数万饥民，让他们掺杂在军队中以显得人多。这样一来，这支军队的平均战斗力就可想而知了。随后，安重荣带着这支临时凑成的军队，以朝见天子的名义，南下直逼邺都。

安重荣造反的军报终于传至邺都，石敬瑭就像等待楼上的第二只靴子落地那样，为这一刻准备很久了，所以朝廷军队的反应非常迅速。石敬瑭立即下令，以天平节度使、妹夫杜重威为主帅，安国节度使马全节为副，前永清节度使王周为马步都虞候，统领包括皇家禁军、藩镇军、契丹雇佣军等共计三十九指挥的兵力（五代时每指挥兵力不固定，在五百人至二千五百人之间浮动，故杜重威的总兵力也没法儿确定，从不足两万人到接近十万人都有可能，估计不少于五万人）迎击安重荣。

十二月十三日，安重荣与杜重威两军在贝州西面的宗城县相遇。看着对面精锐的朝廷大军，安重荣很清楚，自己表面庞大的军团人数虽不少，但真正能力战的不多，一对攻就会露馅儿。于是，安重荣摆了一个防守型的偃月阵，坐待杜重威先动手。

所谓偃月阵，就是一个形似半月的军阵，弧面向前突出，步兵摆出密集队形位于中央，依靠厚度承受敌方的主要攻击。由于阵形密集，除非大败，士兵不容易逃亡，对于掺杂大量新兵的安重荣军来说，比较安全。少量精锐的骑兵布置于月牙形的两翼，掩护步兵阵形的侧面，可根据战况伺机反击。熟悉西方战史者可知，这与汉尼拔在坎尼会战中的布阵类似。

安重荣算不上名将，但好歹是一员战将，与其相比，杜重威对于怎么用兵打仗，几乎没有概念，见对面摆了一个阵形，想也不想就命令军队发起无脑冲锋。有了杜重威的"配合"，偃月阵的优点充分体现了出来，朝廷军队连冲两次，都在叛军阵前撞了个头破血流，损失不小。

看着连连得手的叛军，杜重威慌了，就要下令全军撤退。好在朝廷军队的质量高于叛军，石敬瑭配属给杜重威的将领素质也远高于安重荣的手下。指挥使王重胤赶紧阻止主帅的盲动："临阵退缩乃兵家大忌，现在一撤就完了！安重荣的全军都在这里了，杜公可抽调精兵攻击其左右两翼，使其骑兵不能机动支援，我再率契丹军冲击其中军，他们一定支撑不住！"

杜重威听进了行家的意见。于是朝廷军队没有撤，而是按王重胤的建议发起了第三轮攻势。调整方案后，朝廷军的表现有所改善，安重荣的偃月阵被压得稍稍后退，但战况依然胶着。

当然，这件事只证明了杜重威的手下不错，尚未证明安重荣的手下不行。不过别急，就在这个关键时刻，安重荣叛军中一个叫赵彦之的将领突然临阵倒戈，一举决定了宗城会战的胜负。

赵彦之本是安重荣的老战友，两人还是小军官时便意气相投，关系亲密，只差烧黄纸斩鸡头拜关二爷了。等安重荣混出头，高升为成德节度使之后，赵彦之就辞去在关西的职务，千里迢迢来投奔好兄弟。之后，赵彦之专门负责为安重荣广交亡命，招兵买马，为扩充军力立下不小的功劳。

《资治通鉴》上说，凭借与安重荣的交情和功绩，赵彦之自认地位显赫，怎么也该在军中当个二把手。结果等起兵了，赵彦之仅被安重荣任命为排阵使，他大失所望。其实排阵使并非不重要，这个职务负责演练军队，训练阵法，监督士卒作战，特别是让新兵知道自己在战时该干什么。唐末宦官名将杨复光，去劝降王仙芝时的职务，就是排阵使。但排阵使没有达到赵彦之的期待值，于是他就对老朋友安重荣大为不满，有了二心。

不过，这并非赵彦之自己的解释。他更可能是觉得安重荣已经赢不了了，要为自己找条活路。

不管真相如何，反正赵彦之是在交战最激烈的时候倒戈了。排阵使投敌，叛军顿时阵形大乱。安重荣大惊失色，在他眼中，不管有多少人背叛自己，赵彦之也应该是心如铁石，永远站在自己身后的好兄弟啊！安重荣自信心顷刻间崩溃了，放弃了指挥，转身而逃。紧接着，就是叛军整体崩溃，各自奔逃，战场局势转为单方面的屠杀。朝廷军阵斩叛军一万五千余人，在接下来的追击战中，叛军又有两万余人被击毙或被冻死，侥幸没死的不可能再跟着安重荣，最后安重荣仅带着十余名骑兵逃回镇州。

不过这一战中最扯淡的事，要算赵彦之的结局。这位安重荣的"好兄弟"，在投降时行头太过华丽，配有大量银饰，朝廷军士见财起意，一刀就将这个最大的"功臣"剁了，然后将他的盔甲和战马瓜分了。这也是赵彦之没有解释自己行为动机的原因。真是早知如此，何必当初啊！

安重荣大势已去，其所属的赵州又被朝廷军队攻陷，杜重威进军，将镇州团团包围。十多天后，天福七年（942）正月二日，叛军中一个牙将为求自保，向朝廷投降，悄悄打开水门，引导朝廷军队入城，镇州于是也被攻陷。杜重威入城后大开杀戒，斩首两万余人。连那个打开水门帮助朝廷军队拿下镇州的牙将，也落了个赵彦之式的下场，杜重威借故杀了他，好将克城的功劳全部揽为己有。

安重荣自然更不可能逃脱，这位自诩兵强马壮、有天子命的武夫，到了最后关头，没有"天子死社稷"的自觉，被朝廷军生擒，随即被斩首。安重荣是一个有争议的历史人物。有人认为，他反对向契丹割地称臣，并做出很多努力，试图北伐收复失地，虽未成功，但也算得上当时的一位英雄。也有人认为，安重荣所做的一切，全出于想当皇帝的野心，所谓抗击契丹也好，收复失地也罢，都是口号喊得响，实际做得少，所以没有值得肯定的地方。

依在下看，安重荣有野心是毫无疑问的，但因此就将他所有行为的动机全盘否定，恐怕失之简单。安重荣选择了艰难的道路，然后失败了，他的首级被杜重威送到邺都，向后晋皇帝告捷。石敬瑭大喜，总算可以在契丹干爹面前还自己一个清白了！他马上命人将首级刷上漆防腐，再送往辽国，请耶律德光检视，同时祝贺辽国平定了朔州的赵崇。

原来，在安重荣被后晋击灭的同时，辽国经历了整整半年的战事，打着后晋旗号、孤立无援的朔州终于被辽军攻陷。关于这一战，史书中找不到详细的记载，但辽军应该胜得并不轻松，因为主将古只都在此役中战死了。耶律德光因为伤亡惨重，怒不可遏，克城后下令将朔州城中的男丁全部处决。奇怪的是，首领赵崇的下落没有记载，可能是失踪了。

余怒未息的耶律德光，听说安重荣造反了，之后又见到后晋方面送来的安重荣的人头，怒气稍减，放杨彦询回后晋。不过，这事还不算完，耶律德光再派使者责问石敬瑭："先前，安重荣收留了从我大辽叛逃的吐谷浑部落，现在安重荣既已伏诛，叛逃的吐谷浑人何时遣返？”

这下麻烦了，“父皇帝”的要求让石敬瑭备感为难。本来石敬瑭连十六州的国土和人民都能出卖，自然不会在意那些与他并不亲密的吐谷浑人，但问题是，那些吐谷浑人已在刘知远的庇护之下，并成为其武装力量的一部分。而如今的刘知远，石敬瑭不能再任意摆布。石敬瑭虽然给刘知远下令，但刘知远装聋作哑，拖着不办，后晋皇帝也毫无办法。

去掉一个安重荣，又来一个刘知远，如之奈何！“父皇帝”毫不体谅干儿子的难处，在契丹使臣一拨比一拨更严厉的逼问下，仅靠送钱和赔笑脸已经越来越难忽悠，这让石敬瑭痛苦万分。祸不单行的是，后晋这一年的年景还不好，有五个州奏报发生了水灾，十八个州奏报发生了旱灾、蝗灾，天下饥馑。偏偏刘知远主政的河东风调雨顺，毫无灾异，这难道是连老天爷都看不下去了吗？

五月十六日，在焦头烂额中苦苦挣扎的石敬瑭突然病倒了，不到一个月，后晋皇帝就感到大限将至。但石敬瑭没法儿安心离去，他所有成年的儿子都已死于非命，只剩下一个尚是孩童的幼子石重睿，很显然，自己一旦离去，这个孩子别说在这危机四伏的时代坐稳江山，就连能不能躲过动乱，活到成年，都是未知数。

不知道那几天躺在卧榻上的石敬瑭经历了怎样的心理煎熬，最后，他下旨单独召见了重臣中有忠厚长者之名的宰相冯道。冯道入宫，见到了让他难忘的一幕：石敬瑭让小皇子石重睿出来，向老宰相下拜，又命宦官抱起石重睿，送到冯道的怀里。很明显，在那个时候，石敬瑭还没有失去表达自身意图的能力，但在整个会见过程中，他没有做出任何明确的指示。

古史大多认为石敬瑭临终前召见冯道的举动，是想让冯道辅佐石重睿继承帝位，在下存疑。如果那个时候石敬瑭还没有病得失去理智，应该很清楚，仅靠托孤给冯道，根本不可能保障石重睿的皇位继承权。

第一，谁都知道冯道是一个好人，但并不是一个忠臣，每次到改朝换代，他只能做到不对旧主落井下石，从来不会为了维护旧主而对新朝抵死不从。石敬瑭与冯道私交颇深，不可能不了解冯道的为人。

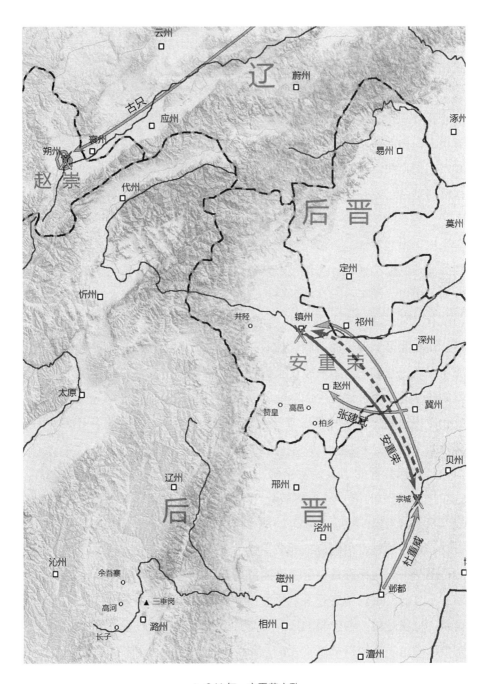

▲ 941 年，安重荣之乱

第二，就算冯道愿以国士之礼来报答石敬瑭的知遇之恩，也完全没有能力保障石重睿平平安安地继承皇位。冯道是一个纯粹的文臣，手中没有兵权，在军队中也没有影响力，身处这个武力至上的时代，他能做的事其实非常有限。

看看距此时最近的一次托孤。三十四年前，临终的李克用同时召来了五个人——弟弟李克宁、监军张承业、老将李存璋，以及处理机务的吴珙和掌书记卢质，基本把当时太原城中最重要的人物都叫到了。李克用交代得清清楚楚，就是让他们辅佐李存勖。李存勖已经成年，当时还是出了大乱子，差点将李家基业完全葬送。

出于人之常情，石敬瑭自然希望将皇位留给自己的儿子，但如果他在临终前依然保持理智，大概已经认识到，他留下的那个皇位就是个即将喷发的火山口，如果没有足够的修为，坐上去必死无疑。那么，有必要让自己仅存的幼子去承受那样的风险吗？因此，李克用没有让李存勖向李克宁、张承业等下拜，而石敬瑭让石重睿向冯道下拜了。石敬瑭不明说，可能还存有一丝幻想：如果能让重睿继位，就请你辅佐他；如果做不到，他就如同你的子侄，请至少保全他的性命，拜托了。

做完这些事，六月十三日，石敬瑭病逝。他共计在位五年零六个月，享年五十岁。

石敬瑭去世的当天，皇家禁军的头牌人物，侍卫马步都虞候景延广（此时皇家禁军的第一号人物是侍卫马步都指挥使刘知远，但他远在太原，故二号人物景延广成了实际上的禁军首脑）找到冯道，与其商议说，国家多难，宜立长君，咱们应该拥戴皇侄、齐王石重贵为帝。识时务的冯道自然是同意了。立石重贵为帝，可能也是石敬瑭没有说出来的本意之一。

不久前，石敬瑭将石重贵爵位由郑王改封齐王，职务由开封尹改为广晋尹。也就是说，在生命的最后几个月，石敬瑭已将石重贵召来邺都，召来自己身边。还记得朱温临死前，想废掉朱友珪，改立朱友文时是怎么做的吧？他让敬翔拟诏，打算将朱友珪贬出京城，调朱友文入京。如果石敬瑭真的要传位给石重睿，最该防范的人就是名为侄儿、实为养子的石重贵。

不将石重贵贬往偏远的州郡，也不该将他调到身边啊！

正因为同在邺都，事情就比较好办了。石重贵连一天都没有多等，就在石敬瑭去世当天，在景延广与冯道这一武一文两大重臣的拥戴下，于叔父的灵柩前即皇帝位。但不管怎么说，石敬瑭确实从未明确过自己的继承人是谁，景延广因此认为，石重贵能当上皇帝，主要是自己的功劳。石重贵也认可这一看法，因此，以前一直不显眼的景延广一步登天，升任同平章事，兼侍卫马步都指挥使（顶替了刘知远在禁军挂名的一把手位置），成了新皇帝最器重的朝中重臣。

据说石敬瑭死前有旨，打算召河东节度使刘知远到邺都，让他辅佐新君。但石重贵不想让既重兵在握，政治态度又不明朗的刘知远进京。而景延广也不希望名望、功绩都在自己之上的刘知远来抢自己的风头。于是那道圣旨就被扣下了，压根儿没有离开邺都。后来刘知远知晓，从此对新朝廷怀恨在心，更加不把朝廷的命令当回事。

再来说一说造反比安重荣还早的安从进。直到石敬瑭病逝，石重贵继位，景延广高升之后，他仍在苟延残喘。襄阳是天下坚城之一，安从进的手下也比较忠心，明明已无希望，却连一个赵彦之式的叛徒都没有出现。高行周以大军围困襄阳，久攻不下。

石敬瑭去世两个月后，被围达九个月的襄阳城内终于存粮耗尽，守军的士气和体力都濒临崩溃。天福七年（942）八月，高行周集合全军发起对襄阳城的总攻。奉国都指挥使刘词奋勇当先，率军第一个登上城头，大军随后杀入，守军再也抵挡不住，襄阳城终于被攻克。安从进见已无逃生的可能，召集全族举火自焚。至此，"二安"之乱最终被平定，后晋境内暂时恢复了平静。

十一月，新皇帝石重贵将叔父石敬瑭安葬于显陵（位于今河南省洛阳市宜阳县盐镇乡石陵村西侧），谥圣文章武明德孝皇帝，庙号高祖。石敬瑭和他的时代，至此被埋入地下，下一个前途莫测的新时代即将开始……

# 第二章
# 岭南与安南

刘知远　李三娘　冯道　郭威

# 岭南刘氏

如果说后晋割让燕云十六州，割开了一道让中原数百年不能愈合的大伤口，那么同时发生在南方的另一件事，伤害就更加长远，更加不可逆。虽然此事在当时看起来远没有北方的割地引人注目。要了解南方发生的事，需要先介绍一下唐末大乱中称雄岭南的刘氏兄弟及其创建的南汉国。

刘氏兄弟的来源，历来有多种说法。按南汉官方论述，刘氏兄弟的祖先出自彭城刘氏楚元王刘交的后代，与宋武帝刘裕同宗。到唐末，其家族移居蔡州，刘氏兄弟的爷爷刘安仁（也记作"刘仁安"）一度出任潮州长史（按唐制，州分上中下三等，上等州才设长史，而潮州是下等州）。后刘安仁弃官从商，从事海外贸易，为方便做生意，刘家先迁往泉州。到刘氏兄弟的父亲刘谦时，又举家迁往广州，再弃商从军，当上广州牙将。随后，刘谦得到当时清海节度使、曾任宰相的韦宙赏识，得娶韦家女为妻，刘家在岭南的身份地位逐渐显赫。

南汉官方的说法有明显漏洞，今人又提出两种猜想。

第一种猜想，南汉刘氏系到中国经商的波斯或大食商人后裔。理由包括：韦宙准备把侄女嫁给刘谦时，家人曾以刘谦"非我族类"阻拦；刘谦曾孙刘䶮留下的铜像貌似"番鬼"，刘䶮特别宠爱一个波斯女子，唐代的广州有大量冒用刘姓的胡商等。但上述理由破绽也不少。当时大食与波斯早已伊斯兰化，而南汉官方崇信的是佛教。因此，又有学者提出第二种猜想，南汉皇室长得不像汉人，是因为他们出自岭南土著俚僚人（俚人今已不存，分别融入汉族、壮族、瑶族等），论证很多，此处不赘述。

不过，历史上南汉皇室反复强调自己是汉人。

却说身世不显的刘谦，娶了名门望族的韦氏女，稍后生下了长子刘隐，后来又有了次子刘台。可是，妻强夫弱的结构让这个家庭并不和睦。在韦夫人的威压之下，刘谦虽不敢纳妾，却出轨了。

一天，韦夫人得到一个消息：刘谦在外边偷偷养了一个姓段的女子，都生下孩子了！韦夫人怒发冲冠，立刻带着家仆，提着一柄剑到达刘谦的藏娇之地。韦夫人说："把小孽种拎出来！"她准备一剑了结那个孩子，谁知等真看到啼哭的婴儿时，下不去手，迟疑了半天，最后说道："这也是我家的宝贝啊！"她将孩子取来由自己抚养。这个差点夭折的孩子，从此成为刘谦的第三子，取名刘岩。

但韦夫人没有饶过孩子的母亲。段氏当天被杀，韦夫人不允许任何人再提她，连刘谦都不敢多嘴，只是悄悄将段氏掩埋。要到很多年之后，刘岩才知道自己的生母并不是韦夫人。

那么，韦夫人门第虽高，身份不过一牙将之妻，这样草菅人命就不用担一点儿风险吗？确实不用，早在刘岩出生前十一年，黄巢大军入粤，攻下了广州。待黄巢北上，唐朝在岭南地区的正常统治，就如一面从高处坠落的镜子，碎成了一地玻璃碴。刘谦乘乱聚众，割据一方，成为其中一块比较大的碎玻璃，以封州（今广东封开）为根据地，拥兵万人，有战船百艘。唐朝新派来的清海节度使，号令不出广州，只能承认岭南已然是小军阀林立的现实，给他们授官，以求相安无事。其中，刘谦官拜封州刺史，兼贺江镇遏使，势力不算大，却也是一方土皇帝，不用受人节制。区区一桩人命案，对这时的刘家来说，真不算什么。

岭南出现了一堆小军阀，彼此之间却没有发生激烈的兼并战争，大家相处比较和平。比如刘谦在封州十多年，领地既没有增加，也没有减少。

刘岩五岁那年（894年），刘谦病逝，封州小集团内部有人想乘机造反，取刘氏而代之。刘谦二十岁的长子刘隐反应神速，一夜之间尽诛密谋分子百余人，稳住刘氏在封州的小政权。唐朝清海节度使刘崇龟遂上奏朝廷，让刘隐继承了刘谦的官职。

第二年，刘崇龟去世，万里之外的唐昭宗李晔得到这个消息，任命宗室薛王李知柔出镇广州，接替刘崇龟。岭南另外两个势力比刘隐大一点儿的小军阀卢琚、谭弘玘一合计：朝廷还想插手咱们岭南的事？咱们干脆不让他来上任，自己做主，日子不是过得更惬意吗？于是，卢琚、谭弘玘一个据广州，一个据端州（今广东肇庆），在乾宁三年（896）结成同盟，拒绝李知柔入境。李知柔见这阵仗，停在湖南，不敢再往前走。

端州与封州相邻，谭弘玘觉得要对抗朝廷，团结封州刘氏也是很重要的，一旦三家结盟，在岭南自然无敌手。何况他也很欣赏刘隐年轻有为，于是派人到封州说媒，愿将自己的女儿嫁给刘隐，从此成为一家人。

刘隐大喜，表示今后唯谭前辈马首是瞻，并且马上在封州组织了一支庞大的迎亲船队，带着丰厚的彩礼，亲自到端州来迎娶新娘。不清楚他们是否知道，十年前另一对岳父齐克让与女婿朱瑾的故事，至少谭弘玘应该不知道，所以他没料到年轻人会不讲"武德"。等封州伏兵乘夜从迎亲船中跃出，奇袭端州时，他毫无防备。

刘隐出其不意，一举拿下端州，杀掉了准岳父，又马不停蹄奇袭广州。广州的卢琚认为西边是自己盟友的地盘，也是毫无防备，于是刘隐又顺利轻取广州，斩杀了卢琚。随后，刘隐派人以盛大的礼仪，前往湖南迎接李知柔来广州，就任节度使。李知柔一到任，立即任命刘隐为清海行军司马，掌据全镇兵权。

光从这件事就看得出，刘隐的眼界比卢琚、谭弘玘高多了，两位前辈输得一点儿也不冤。刘隐将自己扩张领土的行为，包装成了替天行道的讨逆之战，利于稳定人心，消化战果。至于朝廷空降的节度使李知柔，在当地无军队、无人脉，除了老老实实充当刘隐的"橡皮图章"，能有何作为？总之，经此一役，刘隐在岭南众多小军阀中脱颖而出，成为一方霸主。

再说刘隐的崛起，让岭南一些原先与封州刘家势力不相上下的小军阀很不习惯，其中最不服气的是割据韶州（今广东韶关）的曾衮。姓刘的小子不就是会要诈吗，阴谋诡计谁不会啊？于是，曾衮派人潜入广州，悄悄收买内应。广州牙将王怀，不知是被糖衣炮弹命中，还是有什么把柄被抓住，反正一脚踏上了曾衮的贼船，答应与韶州军里应外合，驱逐刘隐。

光化元年冬十二月（899年初），曾衮自认时机成熟，从韶州出兵南下，进攻广州。但刘隐显然比他以为的更难对付，大败韶州军。曾衮偷鸡不成不仅是蚀把米，而且把老本都蚀干净了，他的残部退守浛洭、浈阳（今广东英德附近），也很快被刘隐消灭。

相当于今广东省绝大部分的领域被刘隐直接控制，但在广西及广东西部，尚有桂州（今广西桂林）的刘士政、邕州（今广西南宁）的叶广略、容州（今广西容县）的庞巨昭、高州的刘昌鲁、新州（今广东新兴）的刘潜等小军阀，另外还有地方小土豪七十余家，距离岭南一统，尚有些日子。岭南之外的势力，也开始把触手伸过五岭。

光化三年（900），已雄霸湖南的马殷派军南下，灭掉了广西军阀中最强大的静江节度使刘士政，控制了广西北部数州，辖境直逼刘隐的发家之地封州。刘隐的邻居不再都是软柿子了。不过好在马殷的强敌在北边，不能将主力投入岭南，其人野心也不太大，故暂时与刘隐相安无事。

另外，乘着曾衮被灭，韶州空虚，虔州（今江西赣州）小军阀卢光稠，挥师越过五岭，拿下了韶州，交给儿子卢延昌，随后又攻取潮州，直接抢走刘隐盘中的熟鸭子。对没与自己产生直接冲突的马殷，刘隐可以先避一避，但面对杀上门来的卢光稠，他不可能再退让。

天复二年（902），就在朱温将李茂贞按在凤翔城中反复摩擦的时候，刘隐集结了能够动员的数万大军，向虔州军展开反攻。刘隐大军一举收复潮州，然后以水师沿北江而上，进攻韶州。这时，十三岁的刘岩向哥哥刘隐建议说："韶州不同于潮州，这里距离虔州不远，如果受到攻击，虔州方面肯定会派援军来，那时我们很容易腹背受敌。所以此城最好不要强攻，应用计夺取。"刘隐觉得这是小孩子学说大人话，只是笑笑，没当回事。

不承想刚到韶州，刘隐就让卢延昌杀了个下马威。刘隐的水师沿江而上，行至一个叫双石的地方，此地江面较窄，正逢天降大雾，数十步外白茫茫一片。卢延昌伏兵于江两岸，一听到战船接近，突然杀出，用铁缆系巨钩，抛向江中战船。一旦被钩住，战船便动弹不得，成为任人宰割的活靶子。混乱中，刘隐的座船没能幸免，幸而他手下第一号大将苏章十分冷静，一面派人放箭与两岸对射，一面带人抡起大斧猛砍铁缆，一番恶斗，总算有惊无险地避免了战败。然后，刘隐凭借兵力优势包围韶州。

听到韶州被攻，卢光稠果然与其军师谭全播一道，尽发虔州之兵，南下救援。闻敌方援军将至，刘隐决定围点打援，先以主力迎战卢光稠。谭全播为卢光稠设计，虔州军不是直接前往韶州，而是绕了个弯儿，先迂回到韶州的南面，切断刘隐回广州的大道，逼得刘隐与己方决战。

刘隐先是北上迎敌，扑了个空之后，得知虔州军出现在自己的南面，忙又南下，在一片山势崎岖之地，与卢光稠军"偶遇"，立即爆发了战斗。刘隐发现，卢光稠的兵不多，战斗力也不像想象中那么强，于是放开手脚，猛冲猛打。卢光稠招架不住，急忙往山谷中撤退，刘隐直追而入。但他没想到，卢光稠出现在这个地方以及战败都是假象，谭全播早已率真正的虔州军精锐埋伏在山谷两侧，只待刘隐上钩。于是，刘隐军中伏，大败。在苦斗中，刘隐的战马被射死，好在忠勇的苏章将马让给刘隐，自己步行断后，勇猛拼杀，直杀得虔州军一时不敢近前，才将刘隐救出重围。

这一战的失败，迫使刘隐暂时放弃了收复韶州的打算，同时也使他发现三弟可能比自己更适应这个乱世。于是，刘隐开始重点培养弟弟刘岩，之后的用兵、征伐，他多让刘岩出马。史书记载，刘岩"及长，善骑射，身长七尺（用唐代度量算，约 2.15 米），垂手过膝"。

得到大哥重用的刘岩很明智，先拣软柿子捏，攻打那七十多家小豪族。经过数年征战，小豪族或降或逃，全被刘岩荡平，然后再由刘隐设官治理，巩固了刘氏对岭南东部的统治。

其间，李知柔病逝于广州，唐昭宗又派了徐彦若来出任清海节度使。刘隐依然欢迎朝廷来的人。徐彦若很识相，随后表奏刘隐为副使，将自己名义上拥有的权力都委托给刘隐。在有名无实的节度使任上混了两年之后，徐彦若也病死了，临死前上疏朝廷，请求让刘隐出任清海留后，朝廷就不要再派人来了。但李晔不同意，再派兵部尚书崔远前往广州出任节度使。崔远走到江陵，打听到岭南多盗，且刘隐强悍难制，觉得还是不去为好，就再也不往前走了。李晔只好让崔远回京，但还是不肯给刘隐一个节度使的正式名分。

这个叫人烦恼的问题最终让朱温解决了。天祐元年（904）八月，唐昭宗在洛阳皇宫内被弑，其子李柷继位，是为哀帝。刘隐乘机遣使重赂朱温。第二年，经朱温推荐，特别听话的唐哀帝终于任命刘隐为清海节度使，加使相。为了报答朱温的恩情，刘隐与马殷、钱镠一道，积极上疏劝进，请求梁王顺应天命，就皇帝之位。

开平元年（907），朱温终于篡了唐，建立后梁，同时加封马殷为楚王、钱镠为吴越王、刘隐为大彭王。刘氏自称楚元王刘交之后，祖籍徐州，徐州古称彭城，故得大彭王之封，但刘隐好像并不太满意，后梁后来又改封他为南平王、南海王。

得到朱温的册封，刘隐开始将扩张矛头指向岭南的西部。开平四年（910），刘隐派刘岩为主帅，进攻高州。高州防御使刘昌鲁奋力坚守，刘岩铩羽而归。随后刘岩转攻容州，宁远节度使庞巨昭闭城坚守，刘岩无法攻克，只好撤军。刘昌鲁和庞巨昭虽然打了胜仗，但都感到与刘隐相比实力悬殊，故一同向有仁义之名的楚王马殷请降。于是，楚国的领地直达南海之滨，压迫着南海王刘隐不算广阔的生存空间。

乾化元年（911），刘隐得了重病，向后梁奏请让三弟刘岩接替南海王的官职爵位后，与世长辞，享年三十七岁。刘岩建国称帝，将刘隐追尊为"襄皇帝"，庙号"烈宗"，墓称"德陵"。三国时，吴国的基业明明是由孙权之兄孙策一手创建的，但孙权称帝后仅追尊孙策为"长沙桓王"，就是害怕兄长的儿子与自己的儿子争位。依此看来，刘隐可能没有男嗣。

尽管没有称帝，刘隐统治时的控制区还小于今天的广东省，只有后来南汉国正常疆域的一半左右，但习惯上刘隐被视作南汉国的第一代君主。更让人吃惊的是，就精神状态而言，他竟是南汉五位君主中唯一的正常人，从刘岩开始，之后的南汉君主都不太正常。

与同时代的杨行密、王建、马殷、钱镠等南方创业者相比，刘隐的能力偏弱，好在他崛起于一个菜鸟扎堆的地方，故也能成就一方霸业。在政治上，刘隐发动战争较少，注重保境安民，礼贤下士，很多躲避战祸的士人从北方逃到岭南，得到了刘隐的庇护和任用。他们之中比较有名的，有王定保、倪曙、刘浚、周杰、杨洞潜等，后梁派来的使臣赵光裔、李殷衡也被刘隐留用。在这些人的作用下，岭南地区的整体文化水平有所提高，开始了对北方发达地区的追赶，这也算是刘隐对中国历史的一项贡献。

就在刘隐去世，刘岩接手的这一年，曾让刘家大失体面的虔州百胜镇发生内乱。先是卢光稠去世，传位于子卢延昌，紧接着卢延昌被将军黎球杀死，谭全播称病避祸。然后黎球暴亡，部将李彦图自立为节度使。

听到这些消息，刘岩立即发兵进攻韶州，虔州方面再没有能力派来援兵，于是韶州被刘岩收复。旗开得胜的刘岩没有收手，马上又出兵进攻新州、容州。楚王马殷因其大敌在北，无意为了偏远的岭南之地与刘岩大打出手，便派将军姚彦章前往两州，接引那里的官吏、百姓迁往湖南，两州地盘则主动让给了刘岩。

马殷这次妥协，使双方有了和睦相处的基础。乾化三年（913），经过后梁的调和，刘岩遣使至潭州，请求迎娶马殷之女。经过一番讨价还价，楚王马殷同意了这门婚事，不过不让刘岩来迎亲，而是派弟弟马存送女儿至广州。看来在五代当岳父，得防着女婿一手。

再说容、新两地的得手，帮助刘岩打开了通往邕州的大道，于是刘岩雄心勃勃，出兵进攻岭南西道节度使叶广略。历史上广西多数时候都不是广东的对手，何况刘岩已占有广东全部与广西一部分，而叶广略只控制了三分之一个广西，胜负已无悬念。史书上叶广略何时被刘岩吞并，是一笔糊涂账，但肯定在刘岩称帝建国之前。

拿下岭南西道之后，刘岩占有了今天两广的绝大部分土地，疆域比兄长刘隐时代扩充了近一倍，基本确立了后来南汉国的势力范围。不过按照后梁帝国给刘氏兄弟的官位，他们是身兼清海、静海两镇节度使的。所以按照名分，刘岩还有一个静海镇的控制权，没能真正落到实处。

## 南汉扩张

静海镇，之前是唐朝的安南都护府，大致对应今越南社会主义共和国的北半部（越南南半部当时属于占城、吴哥两国），如今已经不属于中国，它从中国脱离最关键的时间点，就在五代。

黄巢起义之后，唐朝对岭南的控制力已弱，对于更加偏远的安南自然更加力不从心。已知唐朝派到安南的最后一任静海节度使，是李克用部将安元信（在李嗣源面前戏辱霍彦威的那个安元信）之子——羽林军将安友权。安友权大约在乾宁四年（897）出镇安南，但之后中国方面的记载缺失，越南方面的记载不可信，所以安友权在安南干了多久，能不能镇住局面，甚至有没有真正上任，通通不清楚。

在安友权之后，唐朝在名义上又给安南任命了两任节度使。

先是朱温的大哥朱全昱，他不知在哪一年被任命为静海节度使兼同平章事，但这个朴实的老农，实际上一直留在砀山老家种地，对弟弟给他安排的官职没什么感觉。直到天祐二年（905）二月，朱温奏请取消了朱全昱身上各种有名无实的官位，让他以太师的身份致仕。

同年三月，宰相独孤损不幸上了朱温清洗朝臣的黑名单，受命出任静海节度使。但独孤损根本没有机会启程去安南，他在五月先被贬为棣州刺史，再被贬为琼州司户（都没去上任），六月在黄河白马渡口，与三十多名同僚一道被朱温杀害。

李唐中央长期无力对安南之地实施有效管理，于是当地豪族便在天高皇帝远的大背景下，各自成长，逐渐形成鸿州曲氏、爱州黎氏、杨氏、峰州矫氏、骥州吴氏、丁氏等几大家族势力，顶替了唐朝在当地设置的各级机构，实际掌控了安南。

大概就在独孤损被抛尸黄河之际，鸿州曲氏的大土豪曲承裕，在安南诸豪族中脱颖而出，以其"宽和爱人"，被推举为大盟主。既然静海节度使的位子在名义上空了出来，曲承裕便宣布自己就任静海节度使，顺便上疏唐廷请求批准。第二年（906年），唐廷顺水推舟，承认安南现状，同意曲承裕担任静海节度使，还给他加了个同平章事的头衔。

地方土豪兴起在唐末司空见惯，但由于安南在后世不再是中国的一部分，这件事被越南史书记载下来，大书特书。越南没将曲氏家族统治安南的这段时间称作"曲朝",而是给曲承裕加了个"曲先主"的称号,让人隐隐觉得他已是一国之主。

仅过了一年,即后梁开平元年(907),"曲先主"就病逝了,其子曲颢继承了父亲的权力。曲氏政权只是一个豪族联盟,在安南的根基并不稳固,为了给自己的权力增加一份合法性保障,曲颢一上台就急急向后梁进贡,请求朝廷承认自己接任静海节帅。

朱温未做任何刁难就同意让曲颢子承父业。越南史书称曲颢为"曲中主"。地位稍稍巩固之后,"曲中主"对安南之地进行了行政改革,设置了路、府、州、甲、社等五级行政区,并安排相应管理人员。同时在安南清查户口,编写户籍,以便用统一的标准分发田地,征收赋税和劳役。很明显,曲颢想打破当地豪族并立的社会结构,实现中央集权。不过,从后续历史来看,地方豪族的势力并没有因为这一纸政令就消除了,曲颢改革的效力比较有限。而且,曲氏统治面临的威胁,不仅有内忧,更有外患。

朱温从来不是什么诚信君子,在他同意曲颢担任静海节度使的同一年,后梁又加授刘隐为静海节度使、安南都护。也就是说,朱温给同一块地皮同时办了两张产权证,理论上都是合法有效的。如果两家人拿着各自的产权证打起来怎么办?那他就管不着了。在朱温看来,刘隐和曲颢都是遥远的不怎么听话的藩镇,一个大点儿,一个小点儿,不存在本质区别。

不过,刘家人与曲家人暂时没有打起来,这不是因为刘家人大度,而是因为刘隐当时只控制了岭南东部,与安南几乎不接壤,即使有心也无力。但随着刘岩上台,刘家人在岭南的扩张连连得手,控制了除广西北部以外的岭南全部,有机会将手中那份产权证落实了。刘岩对后梁处理安南问题时的不规范做法也心存不满。

就在马、刘两家谈婚论嫁的时候,两家共同的宗主国后梁的政局,发生了天翻地覆的变化。重病中的后梁太祖朱温,被儿子朱友珪弑杀,仅仅二百五十天之后,朱友珪又让弟弟朱友贞干掉了。经过这一轮皇室相残,后梁王朝在其各附庸国中的威信大减。

刘岩乘机要挟梁主,要求封自己为南越王并加都统,让自己至少在名义上能指挥南方各附庸国的军队。朱友贞虽然刚刚当上皇帝，也是要面子的。刘岩不过一个偏远之地的小诸侯，还能要什么就给什么？开了这个坏头，今后大梁还怎么号令天下？于是，朱友贞明确拒绝了刘岩的要求。

刘岩也不在乎，也许这就是他等待的结果。他现在越来越相信，中原王朝的势力，至少在很长一段时间内都不可能威胁岭南，自己完全可以换一个更高贵的身份，载入史册。此时门客中有个王定保，平日里经常谈论忠义，如果自己建国称帝，他会不会公开反对？刘岩为人并不仁慈，但对文士较宽容，不想学刘守光杀孙鹤，给自己的好事抹上血色。刘岩干脆派遣王定保出使荆南，跑趟远差。

把最可能反对的人打发走后，刘岩召集文武臣僚，对他们说："如今中国战乱纷纷，谁知道谁是真命天子？咱们何必还派人万里远航，去向一个伪朝称臣纳贡！"

有了理论依据，刘岩于后梁贞明二年（916）八月，在广州称帝，建国号"大越"（第二年改国号为"汉"，历史上称为"南汉"），大赦境内，改元"乾亨"，成为后梁建国后第三个称帝的地方势力（前两个是王建、刘守光）。刘岩任命后梁派来的官告使赵光裔为兵部尚书，原节度副使杨洞潜为兵部侍郎，原节度判官李殷衡为礼部侍郎，这三个人一起加同平章事，组建大越国的宰相班子。又立马殷的女儿为越国夫人，后立为皇后。

刘岩任命精通占卜历算的前唐进士周杰为司天监，请他算一算国祚几何。周杰推辞不过，只好卜了一卦，然后回奏："卦象里有两个土，土对应的数字是五，二五一十，两个五加一个十，应该是五百五十年！"刘岩大喜，历史上只有上古三朝有这样的寿数，而自己能与三朝比肩，是何等荣光啊！欣喜之余，刘岩重赏了周杰。后来，南汉国实际存在的时间是五十五年差一点儿，后人认为周杰确实是神算，只是不敢说实话罢了。

当上皇帝之后，刘岩觉得原先的名字不够威猛，打算再改一改。因为他不是第一次改名，也不是最后一次，我们一次性总结一下他让人眼花缭乱的改名史。

最初，刘谦因为挖到一块刻着"隐台岩"三字的石板，便给三个儿子分别取名刘隐、刘台、刘岩。后来不知在何时，刘岩改名为"刘陟"。等兄长刘隐去世，他接掌岭南的大权，名字又改回"刘岩"，其间可能还用过"刘俊"这个名字。等当了几年皇帝，认为自己是真龙天子了，他决定给名字加条龙，于是改名"刘龑"。再后来，他发现有图谶传言"灭刘氏者龑也"，所以刘龑也不能叫了，便取《周易》中"飞龙在天"之意新造了一个字——"龑"，改名"刘龑"。为避免麻烦，从现在起，统一称他为刘龑，虽然这个名字他暂时还没用上。

回到当时。王定保完成公务，返回广州，才知主公已经升级当皇帝了。刘龑有点不好意思与他见面，就派了一个人去探一探口风，看他怎么评价自己称帝。没想到王定保也是好龙的叶公，压根儿没打算在不适合谈忠义的时候谈忠义，非常贴心地指出刘龑的一处疏忽："既然建国，就应该有建国的制度，我今天进南门，见'清海军节度使'的牌匾还高高地挂在上头，这要让别国人看见，不会笑话我们吗？"刘龑听人回报后，放下心来，笑道："我一直担心他唱反调，竟把这件事忘了。"

再说武力并不强大的曲氏政权，得以自立一方的基本条件，就是安南这地方天高皇帝远，后梁王朝武力纵然强大，却够不着。但现在安南旁边突然冒出了一个声称要让四方臣服的刘家皇帝，这对安南曲氏来说不是好事。为试探南汉有无并吞安南的意图，到刘龑称帝的第二年（917年），曲颢特意派儿子曲承美（有记载称曲承美是曲颢的弟弟）担任"欢好使"，出使广州。

这次外交行动好像并未给双方留下"欢好"的印象。曲承美很不愉快地返回了交州宋平城（又叫"大罗城"或"紫城"，今越南首都河内）。就在这一年，曲颢去世，曲承美继承其权位，越南史家称为"曲后主"。

曲承美一上台，并不肯按刘龑的希望向南汉称臣，而是不远万里地向后梁派出使臣，进贡了一大批安南的珍奇特产，请求后梁批准其就任静海节度使，赐予节钺。由于距离遥远，沿途又不太平，大道常为列国所阻，直到后梁贞明五年（919），曲承美才如愿以偿，拿到了后梁的册封诏书。

其间，刘龑对于曲承美一直拖拖拉拉，不肯向自己这个皇帝老老实磕头很不满。等到曲家再次得到后梁册封的消息被证实，自己的产权又一次被无视，南汉皇帝非常恼火，他遣使至安南，指责曲氏不守臣节。曲承美当然不给面子：老子守的是中原大朝的臣节，你区区一个岭南的节度使，竟然弄个伪朝出来，才是真正的不守臣节！

刘龑出离愤怒了，决计出兵，将安南真正纳入南汉版图。

在安南方面，曲承美也认识到南汉的军事威胁在加重，大力扩军备战。但在安南那种豪族并立、中枢权威有限的社会结构中，效果并不好，反而弄得大失人心。越南史家称其执政"渎于干戈，赋繁役重，百姓怨嗟"。

经过一段时间的准备，刘龑派将军梁克贞、李守鄘率军进攻安南，一路势如破竹，一举攻破了交州，生擒了曲承美，吞并了安南之地。南汉的疆域一时间达到了最大范围。仗打得太顺利，梁克贞意犹未尽，又进一步南下，攻入占城国，在今越南南部大肆抢掠，满载战利品而归。

关于这次战争，中越双方的史料都极简略，还有个非常重要的数据对不上。按中国史书说法，这件事发生在后唐长兴元年（930年，孟知祥与董璋联手造李嗣源反的那一年）。按此说，曲氏政权统治了安南二十四年。按照《大越史记全书》记载，此战发生在后唐同光元年（923）。按此说，安南的曲氏政权几乎与后梁王朝相始终，存在了十七年。从逻辑判断，在这件事上，可能越南人的记录更可信。

曲承美被押回广州，刘龑亲自登上义凤楼受俘。看着数年来的眼中钉被五花大绑押上来，刘龑一股快意涌上心头，得意扬扬地问道："你不是常说我大汉是伪朝，今天怎么反缚双手，跑到我的伪朝来？"

曲承美不是宁死不屈的硬骨头，当然不能说"不是我要来，是被你逮来的"这种实话，所以这个被迫当上"后主"的倒霉蛋，连连叩响头。刘龑的虚荣心得到了极大的满足，下令赦免了曲承美，准其在广州居住。

至于新取得的安南之地，刘龑派了一个叫李进的文官，出任交州刺史，前往治理。这倒不是特例，与五代同期的其他国家，大多以武将担任刺史、节度使不同，南汉建国没打什么大战，早早就开始了文官政治，地方官吏多由文人担任。不过，这种做法放在南汉的其他地方没什么错，放在安南，就是个明显的失误了。

南汉只是拿下了一个曲氏，并没有能力清除安南的豪族势力，对当地的统治只能浮于表面，有效控制的就一个交州，其他地方仍然是当地势力说了算，而且他们对南汉的统治认同度不高，南汉对他们"但可羁縻而已"。在这样一个地方配一个不懂军事的最高长官，肯定会出乱子。

不过，这一年刘䶮关注的重点不再是安南。李存勖的惊天一击，把之前看起来很强大的后梁灭了，虽然那些事发生的地方离南汉国很远，但如果后唐的统一进程持续推进，波及岭南也不会是太久的事。心虚之余，刘䶮也放低姿态，派宫苑使何词，带着"大汉国主致书大唐皇帝"的国书出使洛阳，去探一探中原新朝的虚实。

何词回来后，带回让刘䶮安心的结论："唐主骄奢淫逸，不足以畏惧，中原不久就会发生大乱，哪里还有能力顾及远方。"刘䶮大喜。安全感一回来，他马上恢复了傲慢，其自称由"国主"变回"皇帝"，还蔑称后唐皇帝为"洛州刺史"，完全断绝了与中原的官方往来。

不知与刘䶮对中原的自大有没有关系，或是受到后唐王朝的指使，到后唐天成三年（928）三月，刘䶮的岳父，一直老老实实地向中原称臣的楚王马殷，在配合后唐教训了南平王高季兴之后，突然中断了楚汉之间维持了多年的和平，甚至不考虑女儿的安危，出动水军过灵渠，入漓水、珠江，包围了南汉的龙兴之地封州。

以往湖南与岭南发生冲突，岭南大多不是对手，因此闻知新一轮"楚汉战争"开始，刘䶮也有些心虚，不敢轻易决断，就先用《周易》占卜一下此战吉凶。那一天，刘䶮手气很好，得到了一个上上签"大有"，卦曰："自天祐之，吉无不利！"刘䶮大喜，立即宣布改年号为"大有"，大赦天下，然后派南汉战功卓著的名将苏章为主帅，带着神弩（不清楚这是指精锐的弓弩手，还是指某种强弩）三千、战船百余艘，救援封州。

苏章似乎是从贺州出发，南汉水军经贺江南下，一旦进入珠江，就能从后方切断围城楚军的后路。于是，楚军决定分兵进入贺江，阻击南汉的援军。苏章判断，身处军人鄙视链上端的楚军，很可能会看不起下端的南汉军队，因此可以诈败诱敌。于是，苏章先在贺江上选择了一个合适的地段，沉两道铁索于江底，铁索两端连接在两岸的机关上，筑起河堤，将机关挡住，然后再率小船越过设置铁索的地段，攻击迎上来的楚军战船。

果不其然，楚军见南汉军队舡小人少，轻敌之心大起，毫不经意地杀过去。两军迎头相撞，南汉军先头部队稍一交锋，就逆流向北而逃。楚军认为岭南的"土包子"不经打，毫不怀疑，挥军追击，渐渐追入了苏章的预设战场。苏章看准时机，一声令下，两道铁索同时被拉了起来，楚军水师被夹在两道铁索之间，一时间不能进又不能退，处境被动。与此同时，埋伏于两岸的神弩齐发，向着活靶子似的楚军战船拼命倾泻火力。

一场大战后，前来阻击的楚军大败，几近覆没。还在围攻封州的楚军闻讯，赶紧撤走，苏章也没有追击，只是率胜利之师进驻封州，见好就收地结束了这次战争。贺江之战，是刘家称霸岭南以来，最拿得出手的一次胜利，刘䶮随后任命苏章为封州团练使，防备楚国有可能的进犯。也就是说，虽然这是一次了不起的胜利，但此役后，南汉最强的一批精兵良将都必须用于防卫自身安全，不可能投入其他遥远的战场了。

其间，坐镇交州的李进开始感到安南的土豪越来越难管理，情况似乎在渐渐失控。诸豪族之中最不安分的，当数爱州（今越南清化省绍化县）杨氏家族的首领杨廷艺。杨廷艺曾在曲氏政权中当过将军，曲氏败亡后，他退回老家爱州，一面接受了南汉授予的官位，一面又到处收揽豪杰，扩充私兵，怎么看都是一副即将图谋不轨的样子。

虽然杨廷艺经常派人向李进行贿，让李进数年来一直对他睁一只眼闭一只眼，但随着屋子里的小猫渐渐长成了老虎，李进再糊涂，也还是对杨廷艺势力的壮大越来越感到不安。

后唐长兴二年（931），李进上疏刘䶮，报告安南的情况，专门提到爱州的杨廷艺野心勃勃，传闻竟收义子多达三千人。那个年代以收义子出名的，都有些什么人？田令孜、杨复恭、王建、李克用……有一个安分守己之辈吗？杨廷艺这么做，如果不是准备造反，还能想干什么？现在事情还没有发生，愿陛下赶快派人来，尽早将其制服！

李进没想到的是，杨廷艺长年以来的行贿对象，不仅有他自己，也包括他的左右心腹，其中很多人早就被收买成了内线。所以奏疏一发出，杨廷艺便先于刘龑知道了里边的内容，决定先下手为强，在南汉大军反应之前起兵拿下安南，制造出对自己有利的既成事实。

杨廷艺立刻兴兵北上，直接进攻交州。这一刻，杨廷艺多年来招兵买马的成果得到了展示，在他的军队中，集结了一大批在越南历史上赫赫有名的人物。比如杨廷艺的义子之一，出身峰州矫氏家族的牙将矫公羡；杨廷艺的女婿，号称智勇兼备，出身骥州吴氏家族的吴权；可能也是杨廷艺义子之一，出身骥州丁氏家族的丁公著等。这个阵容，在越南历史上算得上豪华。同时也证明杨廷艺本事不错，至少暂时将安南的豪族团结到了一起，共同对南汉开战。这一条，曲承美可没有做到。

安南发生叛乱的消息传来，惊醒了南汉皇帝刘龑，他忙派将军程宝（越南人记作"陈宝"）率军救援交州。但援军还在路上，李进已经弃城而逃，他不会打仗，却长了两条飞毛腿，一路奔回广州。刘龑大怒，将李进斩首，再派人严令程宝，一定要平定叛乱，收复交州。

程宝军遂与杨廷艺军在交州城下展开决战。这次会战的具体经过缺少记载，但结果很清楚，南汉军大败，程宝战死。

这个结果，让刘龑无比尴尬。很明显，杨廷艺远比曲承美难对付，不尽出南汉的精兵良将，交州之乱恐难以平定。但南汉的精兵良将还在用于防备北方的敌人，根本调不动，要怎么做才能扳回面子呢？

刘龑举棋不定之时，杨廷艺主动给他送来了下坡的台阶。虽然拿下交州，又打败了南汉一支偏师，但杨廷艺还是很清醒的，深知论实力对比，南汉大大强于安南，更不用说自己还没有真正整合安南的各家豪族。杨廷艺见好就收，主动向刘龑称臣、认错，自称愿意就任南汉的静海节度使，以前的事就是一场误会，其实自己一直满腔忠义，报国无门。

虽然对杨廷艺恨得牙根痒，但仔细评估局势，刘龑不得不承认，接受杨廷艺的臣服，是南汉此时收拾安南烂摊子的诸方案中最现实也是成本最低的选择。于是，刘龑正式任命杨廷艺为静海节度使，安南名义上仍是南汉疆域的一部分，但在实际上已再次独立。至于这块土地能不能真正收回，刘龑只能等待，等待着也许会出现的时机。

# 白藤江之战

后晋天福二年（937）三月，就在石敬瑭将都城由洛阳迁至汴梁的同时，安南又发生了让刘龑期待已久的内乱。大将矫公羡以无法忍受杨廷艺的暴政为名，发起兵变，一举攻杀义父杨廷艺，然后宣布自己继任静海节度使。杨廷艺的儿子杨三哥（大概是个绰号，真名有"杨绍洪""杨主将"两种说法）成功逃脱，奔往爱州投靠姐夫（也有记载说是妹夫）爱州刺史吴权，准备起兵复仇。安南的杨氏政权由此解体，分裂为两大阵营。

矫公羡知道自己地位不稳，认为当务之急，是找一条强有力的大腿来抱。他放低身价，主动向南汉献上大米百船、黄金千两，向刘龑称臣讨好。刘龑见矫公羡比曲氏和杨氏政权都要恭顺，就顺势承认了他的静海节度使之位。不过，安南本来就不富裕，库府里就这么点儿东西，用来进贡南汉，自然就拿不出多余的钱财来犒赏三军了。拥护矫公羡登台的兵变士兵因此大为不满，为矫公羡的快速失败埋下了伏笔。

矫氏政权要存活，还有一个更紧迫的大问题：怎样对付吴权、杨三哥这些杨氏余党？如果能以武力铲平，当然是最好的，但矫公羡感觉自己做不到。矫公羡很清楚，那个吴权，可不是一个好对付的人物。

吴权，爱州人，与杨廷艺同乡（另一说吴权为唐林州人），"世为贵族"。据《大越史记全书》记载，吴权一出生就很不平凡，与中原的众多帝王相似，家里出现了超自然的不明发光现象。这个孩子相貌奇特，背上长了三颗黑痣。父亲吴旻请相士给刚出生的小婴儿看相，相士看了，连连称奇，说这孩子将来一定能成为一方之主，所以给他取名为"权"。

吴权长大成了一个身材魁梧、力能扛鼎且具有智慧的英武青年。杨廷艺正招揽英雄，对这个同乡晚辈非常重视，同时也想拉拢吴家的势力，便将女儿许配给吴权。而后，杨廷艺成功击败李进、程宝，将南汉势力驱逐出安南，吴权积功，被任命为爱州刺史，从此雄据故乡，在诸豪族中最为兵强马壮。

如果武力解决没把握，就试试怀柔吧？矫公羡上疏南汉皇帝，奏请加封杨三哥为"红河公"，提拔吴权为统军使兼交州刺史。但吴权认为彼可取而代之，杨三哥则负杀父深仇，怎么可能接受小恩小惠？他们仍在卧薪尝胆，加紧复仇的军事准备。

后晋天福三年（938），吴权终于在爱州起兵，攻打矫公羡。由于军心不附，矫家军队节节败退。矫公羡一看大事不妙，急忙遣使向南汉皇帝求救。接到矫公羡的求救，刘龑非常兴奋，他等待这一天好几年了，显然，这是让南汉收回安南实际控制权的天赐良机。刘龑决定出动军队。

按刘龑的计划，南汉大军这次将乘坐战船，从海路进发，取道海口（今越南名胜，有"海上桂林"之称的下龙湾），入白藤江，直上交州。刘龑本人率军留在海门（今广西合浦），以为策应。

在越南历史上极著名的白藤江，发源于今云南红河，向东南流入安南境内，为安南之地带来了一块最大、最肥沃的冲积平原，交州城就在这块平原的中心。过交州城再往下，便是红河三角洲，红河在这里分散成多条河道，流入南海的北部湾。在众多的河道中，水面较宽阔，航运条件最好的一条，就是白藤江。因此，这里成为从海上攻入交州的最佳捷径。

刘龑为这次出征任命的南汉军主将，是他的儿子刘弘操。据《十国春秋》，刘龑有十九位皇子，刘弘操排行第九，在诸子中不算突出。刘弘操原本已受封为"万王"，此时因为刘龑打算让他收复安南就担任静海节度使坐镇交州，便改封他为"交王"（在一些越南史书，如陈重金的《越南通史》中，为了夸大胜利，将刘弘操的身份改为南汉皇太子）。

出征安南的大军即将扬帆出海，刘龑向大臣征求意见："你们觉得，此次出师，胜算几何？"崇文使萧益对出征前景不太看好，提醒刘龑说："如今下了十多天的雨，士卒易疲，海上波涛险恶，路途遥远，吴权这个人十分狡猾，不是可以低估的对手。大军出征，应该慎重行事，最好先配备足够的向导，充分了解沿途的水文、地理，有充分把握再进军不迟。"

萧益的建议，刘龑没有接受，也许南汉皇帝认为矫公羡可能撑不了太久，汉军如果行动太迟缓，内应也许就不存在了。等吴权灭掉矫公羡再出兵，还有什么战机可言？于是，刘弘操的舰队，冒着冬日的海风，驶入绵绵的雨幕之中，驶向他们未曾涉足的遥远海域。

让刘龑失算的是，南汉水师紧赶慢赶，还是晚了不止一步。刘弘操的舰队还没有看见安南的海岸，交州城已经被吴权、杨三哥的军队攻陷，矫公羡突围未成，被吴权斩杀。

这时，关于南汉已经出兵救援矫公羡的消息，在安南不是什么秘密，甚至连经下龙湾入白藤江的进军路线都泄露了。虽然南汉算不上什么强国，但那是放进此时中原列国对比的结果，如果只以安南人的眼光来看，南汉还是一个骇人的庞然大物。

吴权给手下众将鼓气说："刘弘操，不过是一个什么都不懂的纨绔小儿，没什么了不起。他带着军队跨海远征，一路风浪，行至海口，士卒必然已十分疲惫。现在他们又听说矫公羡已灭，内应已经不存在，士气自然也不行了。我们以逸待劳，肯定能打败他！"

然后，吴权率军顺江而下，抢先控制南汉水军必争的咽喉通道——白藤江入海口。选择这里当战场，是吴权知道这里涨潮和落潮时的水位相差很大，心中已经有了计划。

吴权先命人制作了很多大木桩，顶部削尖，再包上铁皮，选择了白藤江中一个合适的江段打入江底。同时注意让木桩的尖顶隐藏于水下，与水面保持一定距离，保证让南汉的水师战船能在涨潮时顺利通过，而在退潮时无法通行。然后，吴权将其主力布置在木桩江段之后，严阵以待。

等一切准备停当，海水涨潮，吴权派一些小船冲出白藤江，向驶入下龙湾的南汉舰队发起挑战，引诱南汉军入伏。说起来，吴权的这个作战计划，除了设备有点差异，活脱脱就是此前苏章在贺江之战中的战术翻版。南汉军队几年前用相似的方案痛扁了楚军，他们会被同样的战术打败吗？

答案是会。因为来的不是苏章。吴权军这支小船队兵力不足，装备也比不上南汉军，一经交手，果然被刘弘操的舰队击败，急忙退入白藤江躲避。年轻气盛，未曾经历大战的南汉皇子见敌人败退，顿时傲气大增，完全没有想到，此情此景，与之前苏老将军给敌人的表演有多少相似之处。他毫不犹豫地下令全军追击，跟着败退的安南水军，也杀入了白藤江。

南汉舰队沿江而上，顺着吴权的意愿，抵达他预设的战场。吴权命全军死战，牢牢顶住，绝不让南汉军队再向前推进一步。河道不像海面宽阔，使南汉舰队船大人多的优势难以发挥，吴权果然顶住了刘弘操的进攻，两军僵持于白藤江上，一时难分胜负。

退潮的时间到了，战局开始逆转。南汉的战船一艘接一艘地撞上了江底的木桩，被架住后动弹不得，更多的船被木桩的尖顶刺破船底，纷纷沉没。吴权再次投入吃水浅的小船，攻击落水的南汉军士，并对那些无法开走的南汉战船展开跳帮攻击。南汉军队再没有能力抵挡，没能看见交州一眼的"交王"刘弘操与手下半数的南汉军士一同战死，余众仓皇逃走。

稍后，刘龑得知前方大败，儿子的命也给交待了，又惊又痛，当众恸哭。南汉皇帝失去了再战的勇气，收拾败兵，返回广州，从此南汉再也没有收复安南的尝试。越南历史上著名的第一次白藤江之战就这样结束了。

越南史家对此役极尽夸张之能事，《大越史记全书》称"前吴王能以我越新集之兵，破刘弘操百万之众"。南汉在亡于赵宋时，仅有十七万户，由此推算，其政府可控人口数不到百万，哪里有本事在一个次要战场投入"百万之众"？

第一次白藤江之战的规模并不宏大，但对历史的触动非常大。如果从影响后世的时间之久这个维度来看，此役也许在整个五代十国的众多会战中都要排名第一。吴权凭借此战的胜利，无可争议地取代了杨氏和矫氏，成为新的安南之主。稍后，吴权正式称王，立杨廷艺之女为王后，定都于交州古螺城（今越南河内东北），并且"置百官，制朝仪，定服色"，开始创立国家制度。越南历史上的吴朝就此建立。

回顾一下此前安南土豪建立的自治政权。曲氏家族名义上是后梁的节度使；杨廷艺是靠赶走南汉军队而领有安南，但一转身马上向南汉称臣；矫公羡更不用说，可以算南汉的模范藩属。等吴权称王，吴氏政权既不向中原的后晋王朝称臣，也不向身旁的南汉称臣，从名义到实际都完全与中国脱了钩。按越南人的说法，这是结束了他们的"第三次北属时代"。

【作者按：越南史书将赵佗建立的南越国算作一个朝代，以汉武帝灭南越（前111年）为开端，到东汉初年徵氏姐妹暴动（公元40年）为止，算第一次北属时代（计151年）；从马援平定徵氏姐妹（公元43年），到梁武帝时的李贲之乱（544年），算作第二次北属时代（计501年）；从隋文帝攻灭李贲族子李佛子（602年），到吴权称王（939年），算作第三次北属时代（计336年）。但越南所谓"赵朝""徵朝"（公元40—43年）和"前李朝"（544—602年）的独立，有滥竽充数的成分。赵佗、李贲都是从北方来的正宗中国人。徵氏姐妹是安南土著，但压根儿不曾建立起稳固的政权，东汉大军一到即灭。】

总之，从吴朝开始，才是越南真正独立建国。陈重金《越南通史》用了三次北属的说法，却也认为这次独立不同以往："赖有吴权这样的英雄人物，我南国始能摆脱1000余年的北属枷锁，同时为丁、黎、李、陈诸朝日后得以在此南境建立自主政权开辟了道路。"

越南从中国脱离是一个渐进的过程，并不是由单独一件事决定的。第一次白藤江之战与吴朝的建立，是里面比较重要的节点，而不是唯一的关键。就其内部来说，吴权的吴朝仍然是安南豪族的有限联合体，没有建立有效的中央集权，本质比之前曲氏、杨氏、矫氏诸政权进步有限。

吴权本人凭借着开国之威，尚能稳住局势，但等他在位五年后，于944年病逝，吴朝便陷入混乱。临终前，吴权委托小舅子杨三哥辅佐自己的儿子吴昌岌。但杨三哥身为杨廷艺之子，觉得安南本来就应该是杨家的，于是他背弃誓约，自立为"杨平王"。吴昌岌逃亡，杨三哥派兵追捕未果，为安抚人心，收吴昌岌的弟弟吴昌文为养子，表示自己死后会传位回吴家。但没能等到他死，吴昌文发动兵变，推翻义父杨三哥，降为张杨公并软禁。吴昌文自称"南晋王"，还迎回兄长吴昌岌，吴昌岌称"天策王"，两兄弟共理国事，吴朝出现了奇特的"二王共治"。

其间，吴朝对地方豪族的控制力进一步下降。骥州刺史丁公著，原本在吴权时代就属于半独立，等丁公著之子丁部领继承家业，更不把吴朝的号令当回事。为此，吴家二王统兵亲征，谁知兴师动众，最终无功而返，吴朝中央在安南诸豪族中的威信一落千丈。各地豪族的反叛此起彼伏，吴家二王疲于奔命。"天策王"死后，"南晋王"迫于无奈，再次遣使至广州，厚着脸皮请求臣服，欲借南汉的声威来压制地方豪族。

于是，吴昌文在名义上又成为南汉的静海节度使（这也是学者认为吴朝不算越南独立的主要理由之一），但这通操作的实际效能非常有限。965年，吴昌文在没完没了的平叛战争中阵亡，吴朝彻底分裂，大大小小的豪族割据一方，展开混战，越南史称"十二使君之乱"。

十二使君中，有吴昌岌之子吴昌炽，他在吴昌文死后继承了叔叔的吴王之位，但再没人承认他是安南共主；有号称"吴览公"的吴日庆，他也是吴朝宗室，带头不承认吴昌炽；有号称"矫三制"的峰州矫公罕和号称"矫令公"的矫顺，这两位使君的存在，证明吴权在杀死矫公羡时，并没能消灭矫家势力……

从这几个小孔管中窥豹，可知吴朝对安南的统治多么脆弱，以及它失败的大致原因。但在十二使君中，没有丁部领，因为最后的赢家不屑于与众多输家站在一起。在吴昌文死后，经过三年的混战，丁部领于968年最终平定了各路使君，使安南归于一统。丁部领建立丁朝，自称皇帝，号"丁先皇"（此后越南历朝养成一个习惯，开门接见中国使臣时自称国王，关起门来就自称皇帝）。各豪族势力在混战中被极大削弱，丁朝成为安南第一个真正实现中央集权的政权，没有任何争议地脱离了中国。之后它的故事，就不在我们的讲述范围之内。

视角转回南汉。白藤江的惨败让刘龑大受打击，其执政风格也由积极进取转向内敛保守，不再有开疆拓土的打算。在此前提下，为减轻国防压力，宰相赵光裔力主与马楚恢复友好邦交，于后晋天福四年（939）派遣使臣出使长沙。楚国第三代楚王马希范是个胸无大志、喜欢享乐的人，对于能够节省军费，提高自己生活品质的建议很有兴趣，双方一拍即合，一同削减针对彼此的武备，南汉算是迎来了一段较长时间的和平时期。

但办完了这件大事，赵光裔便于当年逝世。赵光裔本是长安人氏（另一说洛阳人），生于一个学霸家庭，其父是唐尚书左仆射赵隐。赵光裔与兄赵光逢、弟赵光胤都在唐末考中进士，之后同为后梁的臣子。朱温任命刘隐为清海、静海两镇节度使时，以赵光裔为官告使，传旨于岭南。刘隐看中了赵光裔的才华，将他留在岭南，不予遣返。刘䶮当政时，又派人到洛阳，设法将其妻和子接到岭南，使他一家团聚。赵光裔感念刘氏兄弟的诚意，尽心竭力辅佐刘隐、刘䶮二十余年，其施政平和，注重民生，尽可能清明吏治，和睦四邻，是南汉公认的贤相。

南汉另一个贤相杨洞潜死得比赵光裔还早，于是赵光裔死后，刘䶮只好提拔赵光裔的儿子赵损为相，接替其父的工作。赵光裔之兄赵光逢曾任后梁的宰相，其弟赵光胤一度是后唐的宰相，而赵光裔父子又在南汉相继为相，一门四相，显赫一时。赵损延续了其父的为政风格，但没有其父的寿命，为相不到一年就病逝。刘䶮又任命王定保接替赵损，但那几年南汉的相位好像被诅咒了，王定保接手后没几个月也死了！

南汉首席宰相的位置又空了出来，于是刘䶮便让群臣举荐："你们认为这个重任谁能担当？"群臣多提议："非黄损黄益之不可。"

黄损，字益之，岭南连州人，少负大志，才气过人。据说黄损在年轻时曾往庐山求学，与另外两个年轻才俊相识，三人意气相投，一同纵论天下大事，黄损常常胜过两个同学一筹。现在，黄损的这两位老同学都已是名震天下之人，其中一个叫桑维翰，另一个叫宋齐丘。本来黄损有机会在职务上追上他们。他在后梁末帝年间中进士，但觉得后梁已呈亡国之相，便南归故里，随后进入刘䶮的幕府。黄损成了刘䶮最重要的智囊。据说在刘䶮平定岭南各支势力，以及与马楚的争斗过程中，其谋划多出自黄损，黄损也因功升任尚书左仆射，如果放在唐初，这个职务已经是宰相了。

由此看，黄损入相（担任同平章事）顺理成章，但黄损有让刘䶮受不了的另一面。黄损为人太直，说话不留情面，没有赵光裔的好脾气。刘䶮在本质上是个喜欢享受的人，取得了一定成就，就打算改善居住条件，于是开工兴建南薰殿，柱子都用镂空结构，中间能置炉燃香，使其远望如仙境，居之如登仙。这个工程难度特别大，质量考核又特别严，刘龑稍不满意，就对工匠开刀，一连有十几个工匠被杀。黄损得知此事，极力劝阻，甚至和刘龑吵了起来。刘龑大怒，从此将黄损打入心中的黑名单。

现在，见众人推荐黄损，刘龑发怒说："我特别不喜欢这个老狂生！"自然，黄损追上两位老同学的可能性便不复存在了，他干脆再帮刘龑一把，自称足疾，辞职隐居，免得让大家不小心见面时糟心。

赵光裔父子与王定保相继去世，黄损不能接任，成为继白藤江之战后南汉国的另一个转折点。从此，南汉的政治生态结束了相对清明的前期，渐渐迈入越来越黑暗的后期。刘龑本人也越来越放飞自我，越来越讲求享受，越来越远离曾经的励精图治。

刘龑不再重视向他提反对意见的士人，更多重用看起来听话的宦官吴怀恩和邵廷琄等，以及自己的儿子们。以黄损劝谏的南薰殿为典型，刘龑给自己兴建了大量离宫，数量据说达数百处，处处装修豪华，满目金银珠玉，反正南汉盛产这些奢侈品。住着当时最上档次的宫殿，刘龑对着左右自我陶醉说："纵不及尧、舜、禹、汤，亦不失做风流天子。"

刘龑还有一种不同于常人品位的特殊嗜好，喜欢看别人受罪，喜欢看那些人在种种酷刑的凌虐之下，求生不得、求死不能的惨状。刘龑为此制作了大量专业设备，配备了熟练的行刑人员，具体刑法有灌鼻、割舌、肢解、刳剔（开膛破肚）、炮烙、烹蒸等。除了这些前人用过的旧刑，刘龑及其团队还弄出了一些新刑。比如，挖一个大水池，塞满了毒蛇，再把人投进去与蛇共浴，称为水狱。又比如，将人投入大锅，煮到全身肌肤溃烂，还剩一口气时捞出来，用盐腌制，曝晒于日光之下。

据说刘龑兴致上来，手下就会马上从牢中提取囚犯，送到便殿行刑。不一会儿，随着刑具启动，便殿内就血肉横飞，充斥着呼冤惨叫之声。刘龑则瞪大眼睛，兴奋得摇头晃脑，甚至连口水都滴下来。

后晋天福七年（942）四月，刘龑这种建立在别人痛苦之上的快乐时光即将走向终点，他身染重病，卧床不起。

此时，刘䶮有记载的十九个儿子中，除了早夭的老大刘耀枢、老二刘龟图，以及战死的老九刘弘操，还有十六个活着。刘䶮认为，里面最年长的秦王刘弘度（老三）、晋王刘弘熙（老四）都不是合格的继承人，唯独越王刘弘昌（老五）孝顺恭谨且有智谋，可以继承大业。于是，刘䶮打算下一道诏书让刘弘度出镇邕州、刘弘熙出镇容州，以便立刘弘昌为太子。

诏书拟好准备发下之时，在白藤江会战前劝刘䶮谨慎从事的萧益入宫问疾，见刘䶮有此意，劝阻道："立嗣当以嫡长排序，废长立幼，一定会出大乱子。"于是，刘䶮放弃了自己的想法。从事后看，这可能是个错误。

四月二十四日，刘䶮逝世，享年五十三岁，归葬康陵，谥号"天皇大帝"，庙号"高祖"。这样，他就成了中国历史上第二个正牌的"汉高祖"。

【作者按：第一个正牌汉高祖是十六国时的刘渊，而非我们熟悉的刘邦。刘邦真正的庙号是"汉太祖"，谥号"高皇帝"。】

刘䶮的才干高于兄长刘隐，但毛病比兄长突出，更糟糕的是，他之后的南汉君主，没一个继承他前期开疆拓土的才干，却全都继承了他残忍凶暴的变态基因。刘䶮认为不行，后来也证明确实不行的老三刘弘度，改名刘玢，继承了帝位，南汉的历史掀开了新的也是黯淡无光的一页。

刘䶮死后六年，隐居于永州乡间的黄损病逝。隐居期间，黄损不改其轻财重义的品行，常常接济贫民，还出资兴修当地水利，十里八乡多受其恩惠。知道的人，都十分敬爱这位曾经为民请命的长者。也许正因如此，在他死后，民间出现了传言，说黄损其实没有死，而是得道成仙了。不信？可以去看黄老爷留在自家墙壁上的遗诗：

> 一别人间岁月多，归来人事已销磨。
> 惟有门前鉴池水，春风不改旧时波。

第三章

南唐建国

刘知远　　李三娘　　冯道　　郭威

# 吾弟千岁

说过桑维翰、黄损，以及他们各自效忠势力的事迹后，让我们转一下视角，看看"庐山三学霸"中出道最早的宋齐丘和他侍奉的主公徐知诰，在这些年中又经历了些什么事。

吴国权臣徐温死后，他留下的基本盘便分裂成了相互敌对但暂时还没有撕破脸的两大集团。一派以徐温的养子徐知诰为首，控制着扬州吴国中央的行政大权，能挟天子以令老弟，总体居于优势；另一派以徐温的次子徐知询为首，大本营在徐温晚年的驻地金陵，虽整体处于弱势，但手中也握有相当强大的军队，甚至可能比扬州的兵力更强，故而并不甘心向一个没有血缘关系的名义兄长低头。于是，两派开始了明争暗斗。

引爆双方斗争的第一根导火线，在后唐天成四年（929）八月被点燃。"三十六英雄"之一，吴国老将、武昌节度使李简，去世了。李简还有一个身份——徐知询的岳父，因此，他的死是徐知询派的一个损失。为了止损，徐知询上疏推荐李简的儿子即自己的大舅哥李彦忠接任，反正父死子继，天经地义不是？

谁说的？朝廷名器，就应该大公无私，论功行赏。很快天子杨溥下诏，以战功卓著的另一老将，与徐知诰私交不错的龙武统军柴再用，接掌武昌。这下没法子了，且不说人家打着天子的旗号，名正言顺，就算不要脸不讲规矩武力抗拒，李彦忠显然也不是柴再用的对手。徐知询只好暂时认栽。

输一招不代表胜负已分。同年十月，徐知询再出奇招，给死去两年的父亲徐温补办盛大的葬礼，然后派人到扬州通知徐知诰："咱们的父亲过世之时，你一个当儿子的不在身边侍候也就罢了，现在父亲要再下葬，你还不来金陵奔丧，怎么也说不过去吧？"很显然，假如徐知诰真的来金陵参加徐温的葬礼，那他十之八九就别想再回扬州了。

因此，徐知诰没来，只送来了一封"感情真挚"的回信："在惊闻父亲过世的那一刻，我就悲痛万分，恨不得立即赶至灵前尽释哀思。但当今天子因国事艰难，政务繁重，强令我移孝作忠，圣意不可抗，皇命不可违，故愚兄实在是万般无奈，无法分身。"

那个偷走了自己东西的假兄长不上钩，徐知询非常生气。好在这时，也发生了一件让徐知询高兴的事，稍稍抵消了他心头的不快。父亲徐温多年的老对头，吴越王钱镠给徐知询送来了一份大礼——装饰着龙凤图案的金玉鞍勒和各种金器、玉器，全都是按照帝王使用的规格制造的。难道吴越王已经认可自己才是吴国合法的主宰者，故早早进贡讨好吗？

徐知询一高兴就全部收下了，部分地享受起帝王的待遇，轻轻松松便授人以柄。原先支持徐知询的一些人，也渐渐认为徐知询必然不是徐知诰的对手，暗地里重新站队。例如，在徐温生前力劝徐温用徐知询换下徐知诰的行军副使徐玠，此时便悄悄遣人向徐知诰表归附之意，并且将徐知询一方的虚实全盘密告。

徐知询另有个心腹，名叫周廷望，假装急主人之所急，建议说："其实徐知诰资历浅薄，也没什么了不起的功业，您要和他一决胜负的关键，在于谁能够拉到更多朝中老臣的支持。您不妨准备大量金银珠宝，让我带到扬州收买那些朝中的勋旧重臣，让他们都归心于您，您便可不战而胜！"徐知询一听，有道理，那你好好做，办好这件事，绝对亏待不了你。

没想到周廷望一到扬州，就秘密与徐知诰的心腹周宗联系上了。周宗，字君太，广陵人，本是乱世中一个家破人亡的孤儿，后被同病相怜的徐知诰收留，他口齿伶俐，精明机警，渐渐得到徐知诰的宠信与重用。他在徐知诰心腹圈中的位置仅次于宋齐丘。

起初，徐温刚去世时（不是两年后徐知询给父亲补办葬礼那次），徐知诰就派周宗代表自己去金陵参与治丧。徐知询正窝着一肚子火，见只来了个周宗，怒道："仆射大人（指徐知诰）真是公务繁忙啊！来不了的话，就不用来了！"周宗一听，赶紧拿了一张纸，恳请徐知询将这重要的指示写下来，自己好回去禀报。徐知询赌气，立即写下了"不必奔赴"四个大字扔给周宗。二公子当时是痛快了，却正好为他的义兄不来金陵增加了口实。

现在周廷望找到周宗，表示自己愿意弃暗投明，秘密投靠徐知诰，并将徐知询方面策划过的阴谋一一告知。但周廷望一回到金陵，为了表现他在扬州的工作卓有成效，他告诉徐知询，自己已经成功收买了徐知诰的心腹周宗，打听到了那边的种种阴谋，咱们可以将计就计。徐知询大喜，对周廷望仍然十分信任，让他再回扬州布局。

接下来发生了一件看起来不太合理的事。周宗与周廷望再次会面，周宗对周廷望说："现在朝中人都在传言，说侍中（徐知询）犯下七项不臣之罪，侍中最好能来一趟扬州，将事情解释清楚。"周廷望马上回报金陵，结果当年十一月，徐知询便真的离开大本营金陵，前往扬州朝见吴帝杨溥。

徐知询刚刚在金陵给义兄设了个套，义兄不肯钻。现在很明显，是义兄在扬州给他设了个套，他怎么能这么轻易钻进去？徐知询算不上多聪明的人，可也不能笨到这种程度吧？所以，这件事背后很可能藏有未被史书记载下来的内情。以下是在下的猜想。

周廷望对徐知询说，朝中元老早对徐知诰一伙的倒行逆施积怨已久，经过我秘密联络，都愿意拥戴二公子。只要您一到扬州，大家一起发动，立即可以将徐知诰拿下。（有记载说，周廷望反对徐知询入朝，但不符合逻辑。）

另外，徐温的第四子徐知谏，虽然是徐知询的亲弟弟，但私下一直与义兄徐知诰交往密切，早就成为徐知诰安排在徐知询身边的卧底。在鼓动徐知询前往扬州这件事中，徐知谏肯定参与了，只是细节缺乏记载。两年后，徐知谏病死，徐知询抚着他的棺材大哭："兄弟你用心如此，我也没有什么好说的，但你有何面目见先王于地下啊！"

总之，徐知询很可能是在周廷望、徐知谏（或许还有别人）的轮番忽悠下来到了扬州。毫无意外，徐知询期待中的政变没有发生，只有在徐知诰指使下群臣对他的弹劾。到了人家的主场，徐知询只剩下了任人摆布的份儿，想后悔也晚了。

徐知询原本有一大堆显赫的官位——诸道副都统、镇海和宁国两镇节度使、侍中、辅国大将军、检校太尉、守中书令、金陵尹。一番论罪后，由杨溥下诏，徐知询只剩下禁军统军和镇海节度使两个官位。更要命的是，徐知询不能回金陵了，父亲徐温在那里经营多年积攒下的班底，从此与他无关。

徐知询气不过，当面质问徐知诰："先王逝世的时候，你身为人子，丧礼时却连面都不露一下！像你这样的不孝之人，还想给我论罪？"徐知诰不慌不忙地拿出一张纸，就是当年周宗带回来，那张徐知询亲书的"不必奔赴"，徐知询顿时语塞。然后，徐知诰道："听说你在金陵拔出剑来等着我，这是欢迎我去的礼节吗？当然，我没去也不是因为怕你，实在是迫于君命，不得前往。"

徐知诰话锋加重，责问徐知询："可你呢，身为人臣，无视君上，竟然使用天子级别的器具，难道想要造反吗？"徐知询愣了，赶紧甩锅："这些都是谁说的？我本没那个意思，是周廷望给我出的主意。"徐知诰一听，也火了（可能是装的）："对我说你要设计害我的，也是周廷望！"

好家伙，敢离间我们兄弟！于是，徐知诰下令将周廷望逮捕斩首。自以为聪明过人的周廷望，就这样稀里糊涂地结束了悲惨的双面间谍生涯。

杀掉了周廷望，徐家兄弟假装和好如初，但从弟弟手中剥夺走的权力是不会再还回去的。由徐温之死开启的吴国权力内斗，至此告一段落，徐温的亲儿子大败亏输，再没有与徐温干儿子一较高下的可能性。

然而，徐知诰好像一时还没想好要怎样发落手下败将，以至于干了一件画蛇添足的事。

徐知诰与徐知询这对假兄弟，在扬州又相聚了十来天，每日都是说不完道不尽的手足深情，场面动人。不过，天下没有不散的宴席，终于，到了徐知询即将离开扬州，去润州（镇海节度使驻地，今江苏镇江）上任的日子，徐知诰再次设宴，为兄弟饯行。

酒宴上，徐知诰取过一只金杯，斟满了一大杯酒，满含深情地敬给徐知询："愿吾弟活到一千岁！"虽然这些天两人一直在谈感情，但徐知询还是起了疑心，便又取过一只空杯，把酒平分成两份，然后将其中一杯反敬徐知诰："愿与兄长各活五百岁！"

徐知诰一下子愣住了，好像没想到会出此变故，支支吾吾就是不肯接酒，徐知询更加怀疑，端着酒杯往上递，徐知诰不接他就不退。就在场面尴尬的时刻，一个叫申渐高的伶人主动凑了上来，先说个笑话逗得众人一乐，随后抢过两杯酒一饮而尽，说是要独享那一千岁的寿命，然后再把两只金酒杯揣在怀里，仿佛偷盗得手似的飞奔而出，惹得众人大笑。这场酒宴危机方得以化解。

稍后，徐知诰寻了个空子，悄悄派人给申渐高送去解药，但晚了一步，申渐高已毒发身亡。

申渐高的为人，与后唐的敬新磨类似。他原本靠采药卖药为生，见惯了小商贩如何被税吏勒索。一次，吴国大旱，好容易等到降雨，雨水却只下到扬州郊外就停了。徐知诰很忧虑，问左右："雨都下到郊外，却不进城，这是怎么回事？是不是最近有什么冤狱？"申渐高在一旁道："我看不是冤狱，而是进城要抽税，所以雨不敢来！"徐知诰被逗得大笑，第二天便开始整顿杂税，减少关卡，扬州小商贩的经营环境大为改善。很可惜，为了给一次蹩脚的谋杀计划擦屁股，一个好人就这样没了。

不过很明显，以徐知诰此时的权势，如果他真要徐知询死，那徐知询几乎是不可能逃脱的，大不了直接撕破脸，再打造一桩谋反大案就行了。但事实是，在这次失败之后，徐知诰就收了手，再没有对包括徐知询在内的徐温任何一个儿子进行迫害。

徐知询认栽服输，去润州上任后没多久，徐温生前的头号谋士，徐知诰曾经的大敌，以神机妙算著称的严可求在扬州去世，徐温时代的余波渐渐平息。关于严可求的死，有一种说法称他其实是被徐知诰的头号谋士宋齐丘害死的，但真假难辨。不过仅从利益上判断，宋齐丘确实有足够多的理由，渴望严可求早点儿死。而徐知诰，多半也不希望那个忠于义父的谋士活在这个世上。如果这是真的，似乎也可以解释为什么在徐家兄弟相争的关键时刻，吴国的两位大谋士好像双双隐身了。

严可求死了，他在朝中辅政的位置空了出来，自然而然，徐知诰打算用宋齐丘来接任。但宋齐丘认为徐知诰不能没有自己，而且自己的资历还比较浅，对自己服气的人不多，欲升高位，还需要好好包装，打响品牌。

于是，宋齐丘决定以退为进，他先请了个长假，表示要回洪州好好安葬自己的父亲（宋齐丘的父亲宋诚死了很多年了，并非丁忧）。徐知诰表扬了他的孝道，批准。谁知等宋齐丘给父亲重修大墓之后，却不肯回扬州，而是转身上了九华山，住进一个叫应天寺的庙宇中。在这里，宋齐丘给扬州朝廷上了一封表面谦逊，实则牛哄哄的请辞表章：

"想当年高宗（商王武丁）梦到筑城的苦力傅说，西伯（周文王）遇到渭水垂钓的非熊（姜子牙），可知上古先贤都可以隐没于乡间，何况臣的才能没法与两位先贤相比，更不应该贪图禄位，还是隐居山野更好。"

果然不出宋齐丘所料，徐知诰需要他，先是让吴主杨溥下诏征召他入朝。宋齐丘不从，表示自己无意功名，只想当个隐士。徐知诰又亲笔写信请他回来，宋齐丘再次拒绝，说富贵于我如浮云。最后，徐知诰派长子徐景通赶到九华山应天寺，殷勤备至地将"宋叔叔"请回来。宋齐丘展示够了"高风亮节"，在人前挣够了面子，才"万般无奈"地重新入朝为官。随后，杨溥下诏改"应天寺"为"征贤寺"，让宋齐丘在吴国一时风头无两，好像"公若不出，唯天下苍生何"。

但随着官位增高，年龄资历增长，那个曾经关心天下苍生，并且做出过巨大努力的热血青年已经不在了，留下的是一个越来越自私、越来越不顾道德底线的官场"老油条"。宋齐丘回到朝中十的第一件大事，是参与探讨如何满足另一个人的私心。

徐知诰的志向可是要比义父远大，徐温满足于当个权臣，而徐知诰当上完整版的吴国权臣不久，心思就放在了比权臣更高的位置之上。于是，他在私下与最倚重的宋齐丘商议此事。但宋齐丘认为，杨溥这个皇帝在位十余年，表现实在是太听话、太本分了，没什么把柄可抓。与此对应，徐知诰虽然在摆平徐知询后，完全掌握了吴国的大权，但当政时间不长，也不曾建有经天纬地的大功业，如果就这样冒冒失失地篡位，恐怕人心不服，会出乱子。因此，宋齐丘建议，篡位这件事不宜操之过急，最好等杨溥去世，立一个幼儿为帝，然后再动手。

徐知诰想了想，同意了宋齐丘的建议，这事便暂时搁置。同时，按照这个以退为进的方案，徐知诰多次拒绝臣下劝进的暗示，表示自己将尽忠杨氏，矢志不渝。宋齐丘也在朝内尽力配合，发动舆论，赞颂徐知诰的盛德，帮助他打造一副忠义千秋的光辉人设。

后唐长兴二年（931），徐知诰上表，表示自己辅政的时间已久，年岁已高（时年四十二岁），想急流勇退，回金陵退休养老，朝政的事就交给年轻人了。这真是太不图名利，太高风亮节了！吴主杨溥在"被感动"之余，给徐知诰加镇海、宁国两镇节度使（原镇海节度使徐知询不久前调任镇南节度使），坐镇金陵，原有的官职不变，一切依徐温的前例。而在首都扬州，徐知诰的长子、司徒徐景通，中书侍郎宋齐丘，门下侍郎王令谋等三人加同平章事，组成吴国新一代宰相班子，事实上向徐知诰负责，替他管理吴国朝政。

本来，一切都按宋齐丘建议的既定方针稳定推进，但随着岁月流逝，徐知诰的心态发生了变化。毕竟自己比杨溥大了十一岁，按正常情况，自己参加杨溥葬礼的可能性可没有杨溥参加自己葬礼来得大。怎么办？难道自己要像义父一样一辈子当个臣子，把开国称帝的好事留给儿子吗？

后唐应顺元年（934年，李从珂被逼反干掉李从厚的那一年）初的一天，四十五岁的徐知诰正对着镜子，用镊子拔去腮旁的白胡须，身边只有心腹周宗。徐知诰突然一声叹息："国家虽然获得平安，我却已经老了，该怎么办呢？"周宗是何等精明的人，立刻听出徐知诰的弦外之音，马上提议自己回一趟扬州，提醒杨溥，让他赶快下诏禅位，至于之后陛下登基的具体操作，可以通知宋齐丘，让他好好安排。

于是，周宗来到扬州，上下活动，并告诉宋齐丘：咱们要好好配合，干好这项大工作。

宋齐丘先是大惊，既而大怒。虽然同为徐知诰的心腹，但身为高级知识分子的宋齐丘，一向看不起少年失学的周宗。何况暂缓篡位出于自己的谋划，周宗却将其否决，不是在打自己的脸吗？就算水到渠成，主公将登基称帝，排在劝进功臣榜首的也应该是我宋齐丘，什么时候轮到你个小小的周宗？妒恨交加的宋齐丘决定将这件事搅黄，马上写了一封亲笔信派人送至金陵。宋齐丘在信中摆事实，讲道理，反复论证现在天时、人事还没有满足条件，不是称帝的最佳时机。

原本徐知诰以为，凭自己和宋齐丘的交情，宋齐丘一定会支持自己称帝，现在见他竟然是最反对的那个人，大吃一惊。还没等徐知诰做出决定，几天后，宋齐丘亲自赶到金陵见徐知诰，指控说，周宗在朝中散布谣言，说什么"天子必须禅位，神器归于有德"，严重败坏了您的忠义清名，请斩周宗以谢天子。

杀周宗？那当然不行，否则以后谁还帮自己做事？但宋齐丘说得这么义正词严，徐知诰也不好当作没听见，只好妥协一下，将周宗贬为池州团练副使。这样可以了吧？

宋齐丘赢得了这个回合的表面胜利，高兴地回扬州去了。但这个胜利显然并不稳固，因为等得不耐烦，想要快一点儿改朝换代的那个人不是周宗，你扳倒周宗容易，还能扳倒周宗背后的那个人吗？

宋齐丘走后，金陵的官员如镇海节度副使李建勋、行军司马徐玠等人，马上将周宗未完成的工作继续下去。他们一致盛赞徐知诰功德盖世，认为应该尽早顺应人心，将上天授予的重任担下来。另外，周宗只不过是说出了天下人的心里话，有功无过，不该被贬官。

过了没几天，徐知诰又将周宗召回金陵任都押牙，从此，徐知诰与宋齐丘之间的友谊，不再像以前那样亲密无间，开始渐渐疏远。但经过这一事件，徐知诰篡位的进程还是被推迟了，因为宋齐丘已经用事实证明，反对他称帝的力量仍然不容低估，需要花一些时间来慢慢消除。

周宗回到金陵后的第三个月，徐知诰曾经最危险的敌人，镇南节度使徐知询在洪州去世，隐患减少了一个。徐知询可能是自然死亡，反正没有任何他死于谋杀的证据。第四个月，徐知诰动手对付另一个隐患。有人告发，昭武节度使、兼中书令、临川王杨濛，在驻地藏匿亡命，私造兵器，图谋不轨。然后由吴主杨溥下诏，将其削去一切职务，贬为历阳公，安置于和州，并派了控鹤军使王宏率两百名士兵加以看管。

这临川王杨濛，本是吴太祖杨行密的第三子，现任吴睿帝杨溥的亲哥哥。本来，在吴高祖杨隆演死后，继位的应是杨濛，但之前杨濛在私下里说了一句犯忌讳的话："我们杨氏的国家，就这样为别人所占有了吗？"当时徐温听到风声，觉得这倒霉孩子不会是个安分的主儿，就撇开他立了他的弟弟，绝对老实听话的杨溥。

杨濛可能是杨行密的儿子中最有心振作的一个，犯忌讳的话他不说了，但私下仍为恢复杨氏之国在准备。也许由于徐温死后，徐家兄弟都将主要精力用于防备对方，忽略了杨濛，竟然让他又有了一定的活动能力。吴国昭武镇位于今江西东部，辖地包括抚、信（今江西上饶）二州，杨濛当节度使坐镇抚州，而信州刺史是杨行密的女婿，杨濛的姐夫（或妹夫）蒋延徽。乘着没人注意，杨濛与蒋延徽倾心结交，渐成同盟，并悄悄招揽勇士，积蓄军力。正好，在他们秘密准备期间，吴国昭武镇对面的闽国发生了不小的乱子，让杨、蒋二人怦然心动。

## 建州交兵

闽国发生的事，还得从头说起。自从用诈术干掉义兄王延禀，自认坐稳了闽王之位，闽主王延钧就开始放飞自我，尽情享受人生了。但闽国是个仅有五个州的小国，经济也不算发达，铺张浪费一点儿的话，光靠正常税收就明显不够花了。

为了缓解不能敞开花钱的痛苦，王延钧"求贤若渴"，还真找到了一个善于敛财的人，叫作薛文杰。王延钧任命薛文杰为国计使，帮他弄钱。薛文杰创收的方法，类似当年的吕用之，先派人探听谁家有钱，然后指使人诬告，给那家人弄一个严重的罪名，抓起来酷刑拷问。一番操作过后，运气好的破财消灾，运气差的抄家灭门。在很多起家破人亡的悲剧作为基石的支撑下，王延钧高兴地发现自己不缺钱了。他对薛文杰越加宠信。

但伤天害理的事干多了，薛文杰就不担心仇家报复吗？就不担心其他大臣向王延钧揭他的罪行吗？对此，薛文杰认为，只要牢牢抓住君王的宠信，同时先发制人，提前把可能威胁自己的人干掉，危险就不存在。

薛文杰先是贴心地提醒王延钧，宗室往往最危险，最不可信，需要小心提防。想想自己和王延禀的往事，王延钧深以为然，加大了对王氏宗族的限制。王延钧的侄子王继图气不过，想发起兵变诛杀薛文杰，事泄失败，被杀。薛文杰乘机兴起大狱，株连了上千人，一举清除了不少潜在危险。

闽主王延钧是个有"追求"的人，除了薛文杰帮助他实现的物质追求，他还有更高层次的精神追求，而这方面追求好像薛文杰帮不上忙。因此，在薛文杰之外，王延钧还有个更宠信的人，一位大名叫陈守元的道士。王延钧为他修建了豪华的道观"宝皇宫"，尊他为"洞真先生"，相信他能洞察天界的真理。

洞真先生说了，他接到宝皇大帝的仙旨，请王延钧暂时退位当几天道士，然后还位，之后便可以当六十年天子。六十年，在此前的中国历史，排除那些不可信的上古帝王，只有南越王赵佗达到过。王延钧一听大喜，但想了想，仍然不满足，又请洞真先生向宝皇大帝问一问：那六十年之后，我将如何？洞真先生和宝皇大帝果然交情不浅，很快又从仙界带回答复："六十年后，大王将功德圆满，飞升上天，为大罗仙主。"

精神得到极大满足的王延钧，便按照洞真先生的指示，开始执行自己先当皇帝后升仙的辉煌计划。后唐长兴四年（933），有人向王延钧报告：在王延钧称王前的旧居真封宅，看见一条真龙。王延钧大喜，下令将真封宅更名为"龙跃宫"，前往宝皇宫感谢宝皇大帝赐予的仙恩，随后停止了向后唐的朝贡，以闽王的身份登基称帝，定国号"大闽"，定年号"龙启"，并更名王璘（本书仍用其原名王延钧），后世称为"闽惠宗"。

闽惠宗王延钧组建了闽帝国的中央政府，如以自己和南汉公主所生的长子王继鹏为中书侍郎、同平章事，掌管朝政；以心腹亲史吴勖为枢密使，掌管军队；薛文杰继续管财务和刑法等。

看着这些人上位，自己不能一枝独秀，薛文杰心里很不是滋味，不过他没有气馁，毕竟饭要一口一口吃，政敌要一个一个对付。王延钧不是非常喜欢鬼神之说吗？那就投其所好，天上的事已经让陈守元那个道士垄断了，但人间事还有竞争的机会。

薛文杰向闽国皇帝推荐了一个名叫盛韬的巫师，推荐词是这么说的："陛下身边可能会有很多奸臣，但奸臣这玩意儿又不会把'奸臣'二字写在脸上，要分辨很不容易，除非请示鬼神。盛韬身有异能，可以看见鬼神，帮助陛下铲奸除恶的重任，非他莫属！"

过了一段时间，枢密使吴勖生病请假，薛文杰灵机一动：下一个待清除目标出现了！薛文杰来到吴勖家探望，假装好心地对吴勖说："陛下听说你病重，已经不能履职，打算免去你枢密使的职务。我赶紧奏报说，你只是有一点点头痛，马上就要痊愈，这才让陛下打消了念头。如果陛下派人来探问，你可要和我统一口径，就说有点头痛，不要说漏了。"吴勖以为薛文杰真是为了自己，非常感谢地一口答应下来。

第二天，在薛文杰的指使下，盛韬向王延钧奏报："昨晚我看见北庙崇顺王在审理吴勖谋反的罪行，用铜钉钉他的脑，又用金锤击他的头！"王延钧大吃一惊：吴勖可是我一手提拔的心腹，表现一向不错，他怎么也会谋反？薛文杰道："我也觉得吴勖不是会谋反的人，此事不能轻信！不妨先派人去问一问他的病情怎么样了。"

不多时，派去探问的人回来禀报：吴勖果然是头痛！王延钧叹息：真是知人知面不知心啊！他下令将吴勖逮捕入狱，交由薛文杰审理。让别人承认自己都不知道的"罪行"，这本来就是薛文杰的强项，他让狱吏用烧红的熨斗烙吴勖的前胸和后背，吴勖惨叫着，按照薛文杰的要求全招了！

谋反大罪你都敢犯，那满门抄斩也就理所应当，吴勖全家被杀。但吴勖长期替王延钧管理军队，在军中声名不错，人缘很好，他被冤杀，使闽国军队上上下下都对制造这起冤案的薛文杰攒满了怒气。

吴勖事件发生后不到一个月，又一起大案波及了闽国军界。以前薛文杰提醒王延钧要防备宗室，王延钧一直不曾忘，干掉王继图之后，哪个宗室看起来最有造反的可能？应该是那些比较能打，因而在军队中比较有威信的人吧？按照这个标准一排查，王延钧的从子，曾在平定王延禀之乱中立下头功的亲从都指挥使王仁达，便成了王延钧的清洗目标之一。

一天，王延钧试探着问王仁达："我听说赵高指鹿为马，来欺蒙秦二世，这件事是真的吗？"王仁达没有领会皇上的不怀好意，答道："秦二世是个笨蛋，所以赵高才有可能指鹿为马。如今陛下这么英明，朝廷内官员不满百人，每个人是贤是愚，做了什么，陛下全都知道。如果真有哪个逆臣敢作威作福，只要陛下一声令下，便杀他满门。"

这个充满霸气的答案让王延钧坚定了自己的判断，他在表面上夸奖了王仁达一番，退朝后却对左右心腹说："王仁达多智略，我还能驾驭他，但看他的言辞，不可能成为将来幼主的忠臣！"问题是：你不是要当六十年皇帝吗，现在着什么急啊？一到这个时候，王延钧就忘记了自己向神仙预订的高寿，立即动手铲除这个骁勇善战的子侄。

有薛文杰在，这一切办得干净利落，马上就有人出面举报王仁达密谋造反，还没等亲从都指挥使弄清楚发生了什么事，他已经被逮捕入狱。一番拷问后，证据"确凿"，然后王仁达一家像他自己说的那样，被杀了个满门。消息传来，又一次震惊了闽国军界。

短短两个月，连续发生了吴勖与王仁达两起重大冤案，还直接引爆了闽国潜在的边境危机。

之前，闽国有个叫吴光的官员，本是建州（今福建建瓯）的大土豪，曾经是王延禀的旧部，在闽国西北一带很有影响力。吴勖案发生前五个月，吴光按程序前往福州朝见皇帝王延钧。薛文杰早听说吴光家资丰厚，又有历史问题，是一个不错的勒索目标，就准备乘他来福州的机会将他扣押，然后问出个大罪，抄他的家。

但这一次，薛文杰的保密工作没有做好，还没动手，已有人将这阴谋泄露给吴光。吴光大惊，急忙逃出福州，奔回老家建州。到家后再一想，薛文杰心狠手辣，多半不会就此放过自己，于是吴光心一横，带着宗族、部曲共一万余人向西北越过边界，投奔吴国。随后，他们被吴国的昭武节度使杨濛、信州刺史蒋延徽等人收留。

吴光人到了吴国，但在闽国内部仍留有大量眼线。半年过去，吴光得知闽国连续有两位军界高官遭冤杀、军心不稳，仿佛看见了打回老家的希望，便向蒋延徽建议：由自己的人带路，进攻闽国。

蒋延徽心动了，如果乘福建内部不稳的机会一举灭闽，这将是杨吴自立国后最辉煌的武功。自己与杨濛的发言权将大增，徐家的专权将有可能被动摇。想到此，蒋延徽下定了出兵的决心。他不向扬州的朝廷奏报，以免徐知诰知道后阻挠。他也不与杨濛协商，以免事若不成牵连杨家最后的希望。因此，他对闽国的入侵，将只动用信州的军队以及吴光的部众。

后唐应顺元年（934）正月，由蒋延徽、吴光指挥的吴军跨过武夷山，攻入闽国境内，兵锋直指建州。当时在闽地，建州是仅次于福州的第二重镇（所以那个地方后来被叫作"福建"），原先是王延禀盘踞多年的大本营，又是吴光的老家，对王延钧政权的忠诚度是要打折扣的。王延钧闻讯，也很惊慌，命建州当地的军队固守待援，又在福州组织援军，并且紧急向邻国吴越求救。

两军很快在建州之北的浦城爆发了第一次会战，吴军击败闽军，乘胜南下，一举包围建州。形势危急，王延钧急命自己的弟弟、骠骑大将军王延宗，以及上军使张彦柔，率领匆匆集结的军队一万人北上救援建州。

出于很好理解的原因，王延宗是痛恨薛文杰的，军中上下也都蓄满了怒潮。于是，援军走到中途，突然全军大哗，不再前进，公开宣称："如果不把薛文杰交给我们，我们就不打仗！"消息传回长乐府（王延钧刚刚将福州改名长乐府），闽国朝野震动。

此时，薛文杰刚刚完成一项"研究项目"：一种能够加快嫌疑人认罪效率的囚车。之前，薛文杰认为，传统的囚车内部空间太大，犯人坐在里边太过舒适，起不到惩戒的效果。于是，他重新设计，制造了一辆新式囚车，车内空间狭小，仅能容身，四壁装满铁钉，钉尖朝内，车辆只要在行进间有颠簸，里面的犯人就会新增几个血窟窿眼。薛文杰满意地看着自己的研究成果：估计有些犯人，只要让他们看一眼囚车，就会招了吧？但没等他享受完自己的成就感，一道紧急通知召他入宫，要他参加御前会议。薛文杰忙带上他的新发明，入宫参会。

这次会议的主题，是怎样应对前方援军发生的事变。薛文杰这才知道出大事了，立刻义正词严地提出，对于这种犯上作乱的恶劣行为，应该严厉打击，坚决镇压，绝不能将国家的高级官员交给这些乱兵去处置。

但他的话没有引起在场哪怕一个人的共鸣，更多的人主张接受前方将士的请求，其中有两个人的分量特别重。一个是王延钧的生母黄太后，另一个是王延钧的长子福王王继鹏，他们向王延钧哭求："薛文杰捉弄权柄，残害无辜，国家上下对其痛恨已久。如今吴兵深入，而将士不愿出战，一旦社稷倾覆，纵然留下薛文杰一条狗命，又有什么用？"

王延钧虽有些舍不得薛文杰这个"人才"，但也感到众怒难犯，便对这位宠臣说："我现在也不知道该怎么处置你了，你好自为之。"薛文杰一看形势不妙，急忙出宫，想来个三十六计走为上。他刚出宫门，就被王继鹏伏下的人抓住，然后顺势塞进了他带来的新式囚车里，让他第一个亲身体验自己的研究成果。

城中百姓听说薛文杰被抓了，纷纷出来看热闹，并捡起石头瓦砾，雨点般投向囚车，为害人精送行。虽然又被瓦砾砸，又被钉子扎，鼻青脸肿、一身窟窿眼的薛文杰依然处变不惊，警告押送他的人："我算过一卦，顶多三天，皇上就会下诏大赦，我就会官复原职！所以你们对我好一点儿便罢，否则有你们的好看！"

众人一听，这确实是个问题。于是押送他的人不分昼夜，加快赶路，仅用两天就将薛文杰押到王延宗军的前方大营。闽军将士见薛文杰被押到，纷纷上前，一人一小刀，伴着薛文杰震天的惨叫声将他活剐并吞吃下肚。等第三天王延钧派来的使节带着赦免令赶到军营时，薛文杰只剩下一副血淋淋的白骨。

王延钧为了不让薛文杰白死，只能牺牲他的党羽来换取人心，于是又下令将盛韬斩首。闽军的要求得到满足，士气重振，重新开拔北上，杀向建州。与此同时，吴越王钱元瓘已接到闽国的求救，唇亡齿寒，他发兵入闽，救援建州。

不过，这时最担心吴军在建州取胜的，要数吴国权臣徐知诰。在他看来，如果让蒋延徽得手，杨氏复兴，危害可比吴军在前方打一次败仗大多了。徐知诰马上让杨溥下诏，命吴军立即撤回国内，不得再战。

蒋延徽军的胜利，没有得到任何嘉奖，反而遭到本国打来的当头一棒，士气顿时跌落。同时，听说闽国与吴越的援军都已接近建州，蒋延徽无奈，只得下令撤军。在撤退途中，吴军被闽军追上，大败，士卒死伤惨重，狼狈逃归。事后，蒋延徽归罪于都虞候张重进，将其斩首，想让这件事就这么过去。但哪有这么便宜？徐知诰已经看清，不能对杨氏余党掉以轻心。蒋延徽先被免职，降为右威卫将军，然后就是前文提到的，免去杨濛的一切职务，囚禁和州。

徐知询已死亡，杨濛已罢黜，还有一个重要的反对者在朝，不过对于那个人，徐知诰的处理方式要温和得多。

后唐清泰元年（934）七月（杨濛被囚的第二个月），徐知诰将宋齐丘由扬州调到金陵，名义上原有的职务一切不变，还加授了诸道都统判官和司空两个显赫的新职。但在实际上，宋齐丘不在扬州，扬州朝廷的事，他自然是没法管了，而金陵幕府有什么大事小情，徐知诰也不再让他参与。宋齐丘就这样被明升暗降地挂了起来，只能偶尔充当顾问。宋齐丘十分恼火，一再请求退休归隐，徐知诰为安抚其情绪，将旧居南园赐给他，但不同意他退休。

没了宋齐丘在朝阻挠，篡位程序重新启动，慢慢进行。当年十月，杨溥下诏，加授徐知诰为大丞相、尚父，继承徐温的齐王爵位，并加赐九锡。徐知诰"恳切"地表示，自己德行浅薄，功业未建，实在是担当不起如此崇高的荣誉，所以坚决推辞。当然，大家都知道这是常规程序，谁也不会把徐知诰的那几句客套话当真，所以徐知诰每推辞一次，扬州的提线木偶杨溥就复读机般再下诏一次，一次比一次加码。这样折腾了足足一年，徐知诰才勉为其难接受了杨溥的奖励。

此时，这份重奖已经加码到让人瞠目的高度，增加了太师、天下兵马

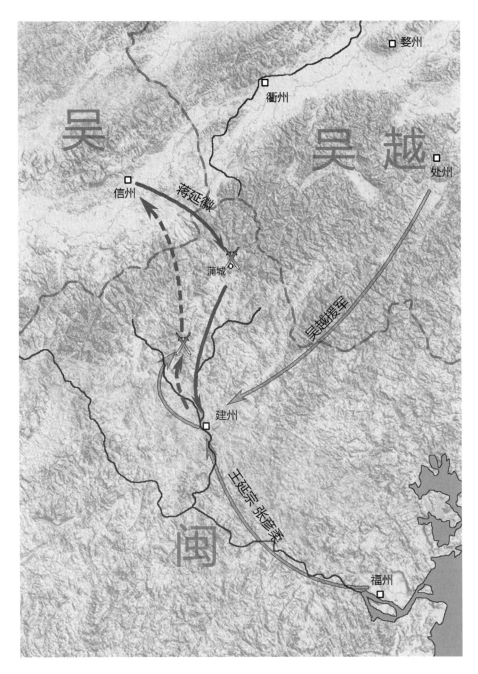

▲ 934 年，建州之战

大元帅两个荣誉官职，更厉害的是，从总计二十八个州府的吴国领土中，划分出十个州府（金陵、润、常、宣、池、歙、江、饶、信、海）成立齐国，作为齐王徐知诰的领地，真正裂土封疆。

## 芳兰当户

显而易见，吴国快要变天了，去年刚与吴国打了一仗的闽和吴越两国，都遣使至金陵，对齐国的建立表示了祝贺，并衷心地劝徐知诰再进一步，早登大位。说起来这也挺合理，毕竟两国能够取得建州之战的胜利，徐知诰的配合功不可没。而且战事一结束，徐知诰马上采取措施，与两国恢复正常邦交，也是和平的功臣。不过，徐知诰并没有马上称帝，他还是要等等，把切香肠的动作尽量拉长，尽量温和过渡。

其间，天天嚷嚷着要退休养老的宋齐丘，并不甘心就此退出政治舞台，他用心思索自己怎么跌的跤，以及要怎么再爬回去。思来想去，宋齐丘决定把宝押在徐知诰的次子徐景迁身上。如果我不能左右主公，那就放长线，钓大鱼，制造一个未来的新主公。

从当时的表现来看，徐景迁是一个标准的"别人家的孩子"，从小就生得聪明伶俐，读书号称过目不忘，长得还特别帅，风度翩翩，性格温和，是一位智商与情商俱佳的气质型美少年。稍长，美少年娶了杨溥的女儿上饶公主，为驸马都尉，尽管身份高贵，徐景迁平日仍生活俭朴，不尚奢华，几乎将贵族子弟所能有的优点集于一身。

但宋齐丘与徐景迁接触较多，深知这位贵公子在优秀的表象下，还有一个让所有喜欢操弄权柄的手下都看重的"优点"：个性软弱，缺乏主见，容易被旁人的意见左右。正好，宋齐丘手下有个叫陈觉的门客，以其博学多才出任过徐景迁的家庭老师，与这个学生的关系十分良好，正可以用于帮助自己操控徐景迁。而与之相比，徐知诰的长子徐景通就太有自己的想法了，不像是一个容易被操纵的人。

宋齐丘决定发动全部资源，扶植可控的徐景迁夺嗣，取代难控的徐景通。一次，徐知诰想请人给儿子们看看相，宋齐丘事先买通了相士，于是，相士得出的结论是，诸子中唯徐景迁的相貌最为尊贵，也最为长寿。徐知诰本来就最喜欢这个次子，听了相士的话，更加心动，起了更换继承人的念头，便将徐景通召回金陵，给徐景迁加了同平章事的头衔，代替哥哥管理吴国的朝政，锻炼其政治能力。

不过，这时的徐景迁才十六岁，显然还没有能力独担大任，必须有得力的人辅佐。宋齐丘乘机推荐尚书郎陈觉，品行端正，才气过人，又与徐景迁相知，是合适的辅臣人选。徐知诰是念旧情的，他知道陈觉是宋齐丘的人，但还是接见了陈觉，对他说了一段可能还想让第三人知道的话："我年轻时，喜欢与宋子嵩（宋齐丘）辩论，常常为了一个观点而争执不下，吵得面红耳赤，末了不是我把子嵩扔下，自己气呼呼地回府，便是子嵩拂袖而起，掉头就走。有几次，他收拾好行李，直奔秦淮门，想离我而去。而我则会早早地吩咐守门官员，不许放他出城。我现在老了，还有很多东西需要向子嵩请教，何况景迁这么年少便主持政务，太需要人教导，所以委屈先生了！"

陈觉当上徐景迁的辅臣，徐知诰改朝换代的计划，与宋齐丘扶植听话新主的计划，都在顺利推进中。三个月后，吴国的元老功臣柴再用病逝，杨行密时代重量级的开国元勋，至此只剩下了两位，都是原赵锽部将，后归降杨行密的。一个是德胜节度使周本，另一个是镇南节度使李德诚。

李德诚当年被派去劝降周进思，瞬间"得病"不能行，反把老同事韩球送进鬼门关。此人平时表现不错，做事认真负责，但其实一直就是个"识时务"的老滑头，对徐知诰改朝换代的图谋不会产生任何阻力。周本要麻烦一点儿，他算得上此时吴国硕果仅存的第一名将，性格刚毅，有忠义之名，不过他年事已高（时年七十三岁），身体又不好，藩镇内的日常事务基本上都交给其儿子周弘祚代理，而周弘祚是比较好说话的，因此他也可以被搞定。

于是，周宗、徐玠向徐知诰提出一个计划，让周本、李德诚领衔上疏劝进，再顺势发动百官跟随，制造一次拥戴徐知诰为帝的朝野舆论。试想，如果连周本、李德诚这两大元老都发了话，认可徐氏当兴，那么剩下的吴国官员谁还敢幻想让杨氏重振？徐知诰认为这个计划不错，便让人私下去劝说周本、李德诚。

宋齐丘得知眼中钉周宗又一次抢了自己的风头，心实恨之，就想再次将他的计划搅黄。两相比较，宋齐丘觉得周本不会轻易同意劝进，搅黄此事的关键在于李德诚。宋齐丘私下给李德诚写了一封密信，以徐知诰头号心腹的身份悄悄给他打招呼：别听周宗的，那不是齐王的本意。但李德诚活到今天，是只老狐狸，没有上当，很快做出了正确的判断：宋齐丘没说实话，周宗说的才是徐知诰的本意。

就在宋齐丘与周宗开始新一轮明争暗斗之际，突发的一件事给予了宋齐丘沉重的打击。后晋天福元年（936）六月，在扬州主管朝政的徐景迁突然得了重病，无法履行职务，只得回家静养，宋齐丘为未来布下的关键棋子还没发挥作用就退场了（一年后，相士口中"最长寿"的徐景迁病逝，享年十八岁，成为徐知诰诸子中的第一短命鬼，甚至没来得及看见父亲登上皇位。徐知诰惊觉，如果不是相士胡说八道，就是有人在暗中搞鬼）。

接着在另一个战场也分出了高下，宋齐丘又输了。周宗的倡议，李德诚积极响应，主动率百官上疏劝进。周本原先不同意，还对左右说："我受吴国厚恩，现在这么老了，还能再去侍奉异姓吗？"但他的儿子周弘祚见老父有些不识时务，干脆瞒着他代替父亲在联名劝进的表章上签了名。

当年十二月，周宗、徐玠又策动新行动。光上个表文还不够，李德诚、周本两位元老最好能亲自来一趟，让全吴国的人都看到改朝换代已是人心所向。李德诚自然没问题，周本突然得知自己是带头劝进人之一，大怒："先王对我恩重如山，自徐温父子掌权，我就一直痛恨不能替杨家解除危难，现在还要我做这种事，怎么可能？"周弘祚忙发动全家来胁迫父亲："您都一把年纪了，还要给咱们家带来灭门之祸吗？"

僵持一番，一家老小的安危战胜了心头残存的忠义，老将军周本还是屈服了。两位元老上了路，由他们领头，各藩镇官员齐至扬州，上疏杨溥，陈述了徐知诰对国家的功绩和对百姓的恩德，请天子效法尧舜，禅位于有德之人。然后，李德诚、周本率百官再到金陵，恳请徐知诰早受天命。

宋齐丘看着这完全脱离自己控制的一幕，心里很不是滋味，尤其是那个李德诚，自己白做工作了。他气不过，便私下对李德诚的儿子李建勋说："尊令公本是武皇帝（杨行密）的开国元勋，今天算是名声扫地了！"

群臣跑去金陵劝进，扬州朝堂一时变得冷冷清清，吴国的皇宫内接连闹出有人见到鬼魂的传闻，看着这凄凉的景象，一直兢兢业业当傀儡的杨溥也忍不住哀叹："吴的国祚，真的就要这样终结了吗？"左右答道："此乃天意，非人力所为也！"

但并不是所有人都相信吴国将亡是天意，仍然有人想倾尽全力做最后一搏。杨行密最有骨气的儿子，被囚禁在和州的历阳公杨濛，尽管身陷囹圄，但并不消沉，还在努力寻找最后一丝翻盘的机会。

后晋天福二年（937）八月的一天，不知经过了怎样的谋划与努力，杨濛实施了一次奇迹般的越狱。他打穿了一面墙壁，冲出囚室，反杀了负责看管他的控鹤军使王宏，狂奔而出。王宏的儿子发现父亲被杀，怒不可遏，急忙带兵追杀杨濛。眼看追上，杨濛张弓一箭，将王宏的儿子射死，追兵才不敢再追。

杨濛暂时重获自由，但下一步该怎样做？历史上类似杨濛这样的情况，多数都会投奔一个与本国不怎么友好的外国，以便寻求庇护。只要向北一直走，渡过淮河就是后晋的领土，石敬瑭肯定会欢迎他这样的流亡者，那时就安全了。但杨濛没有往北走，而是向西行，前往庐州（今安徽合肥），那里是父亲杨行密的故乡，还是德胜节度使周本的驻地。

可能杨濛认为，他一旦离开吴国，就无法阻止徐知诰篡位了。而留在吴国，还有一线生机，因为最后一个身经百战的常胜老将周本还活着。只要德高望重的周老将军还记得先王的恩德，站出来振臂一呼，打倒徐氏仍有可能。当然，更大的可能是大势已去，人心不古，自己以卵击石……但即使那样，至少不会辱没先王的名声了！

数日后，周本突然接到门丁的报告，说历阳公杨濛求见，马上吩咐将人请进来。正在一旁的周弘祚大惊，急忙劝阻："非常时刻，您千万不能与杨濛见面！"周本大怒："是我家郎君来找我，你们怎么能不让我相见？"周弘祚见状，命众家丁上前强行将年迈体衰的老父架入内室，然后关闭房门，不准他出来。年轻时能打虎的周本，此刻在儿子和家丁面前，已无还手之力（五个月后，周本抑郁而终，享年七十六岁）。然后，周弘祚布置人手，将杨濛诱入。杨濛发觉情况不对，奋起反抗，力杀数人，但还是被周弘祚生擒。随后周弘祚派人将他押往扬州。

在杨濛不顾一切与"天意"抗争的时候，徐知诰正与扬州的吴国朝廷玩弄例行的推让游戏。杨溥在众臣劝说下，下诏禅位，诏书送到金陵，"忠臣"徐知诰自然不能接受，恳切推辞，又将诏书送回去，这样来来回回，已经好几轮了。

这时突然接到杨濛从和州逃脱的报告，让徐知诰吃了一惊。好在随后杨濛被周弘祚捉住，正押送扬州，他才稍稍放心。不过，对于有了一次越狱经历的杨濛，徐知诰担心夜长梦多，觉得尽快除掉为好。他连去扬州盖个章的程序都省了，直接伪造了一道杨溥的圣旨，在半路截住押送团队，将杨濛处决于采石，并追废其生前一切官爵，改称"悖逆庶人"。杨濛的妻儿没有随他出逃，仍留在和州的囚禁之地，至此全被杀光。

后世修史者叹曰："'芳兰当户，不得不锄'（美丽的花草偏偏长在大门口，妨碍了出入，不得不被铲除），说的就是杨濛这样的人吧？"他本是一个比较优秀的皇子，无奈生错了家族，生错了时刻。杨濛死后，杨氏宗族再也没有一个像样的人物了。

杀掉杨濛之后，徐知诰决定不再把推让游戏继续玩下去。如果久久不改朝换代，让杨家继续保持合法皇家的大义名分，那么杨家人和隐藏着的同情杨家的人，还不知会闹出什么幺蛾子。

杨濛被杀当月，又老又病、牙都掉光的司徒王令谋，带头又发起了一次舆论攻势，力劝徐知诰应该顺应天意接受禅位。然后由李德诚领头，吴国百官再赴金陵，全力劝进。在所有高级官员中，只有宋齐丘一人，赌气不肯在劝进表上署名。不过，这问题不大，毕竟少数要服从多数。徐知诰见众望所归的效果已经达到，终于不再推辞。

　　九月十七日，认命的杨溥如释重负，让儿子江夏王杨璘携带天子印绶前往金陵，进献徐知诰，自己静待发落。至此，由唐末豪杰杨行密建立的吴国基本上终结。如果从后唐天成二年（927）十一月，杨溥在徐温的操纵下称帝算起，五代十国中的吴帝国只存在了九年零十个月；如果从唐天复二年（902）三月，杨行密受封吴王算起，杨氏吴国共存在三十五年零六个月；如果从唐光启三年（887）十月，杨行密攻陷扬州，宣布就任淮南留后算起，杨氏集团共存在四十九年零十一个月。

　　十月五日，徐知诰正式在金陵登基称帝，建国号"大齐"（《新五代史》《旧五代史》《九国志》《十国春秋》等，都称徐知诰篡位时国号"大齐"。唯《资治通鉴》称徐知诰称帝时国号"大唐"，疑误），改金陵府为江宁府，定为首都，原吴国都城扬州江都府改为东都。徐知诰尊义父徐温为"太祖忠武皇帝"，儿子全部封王。徐温的儿子也得到加封，如徐温第五子徐知证为江王，第六子徐知谔为饶王，享受宗室待遇。

　　对于禅位的杨溥，徐知诰在表面上极为恭敬，派右丞相徐玠携奏疏去晋见这位亡国之君。奏疏上，徐知诰自称"受禅老臣"，尊杨溥为"高尚思玄弘古让皇帝"（记载只有"让皇"），表示让皇虽然退位，但今后享受的各种待遇与礼仪都与在位时相同。杨溥极为惶恐，表示不敢再享受皇帝礼遇，改穿道士服，去和道士学辟谷之术，想靠不问世事让徐知诰忘记自己，至于有没有效果，不久咱们就知道了。

　　吴国原太子杨琏，以及在世的十一位亲王，不再属于皇族，全部降封为公。但反常的是，徐知诰追封"悖逆庶人"杨濛为"临川王"，谥号"灵"，重新以亲王礼改葬。这是他想缓和与杨氏的表面关系，还是出于对那位不屈皇子的私人敬重？如今已不得而知。

## 南唐初建

　　改朝换代算是成功了，徐知诰与重臣夜宴十大泉阁，以为庆贺。这时，老滑头李德诚突然发言，矛头直指当初想把他带进沟的左丞相宋齐丘：

"陛下应天顺人，开创大业，臣等欢欣鼓舞，只有宋齐丘一个人不高兴！"然后，他掏出宋齐丘阻止自己劝进的书信，证明自己所言非虚。但徐知诰接过来一眼也不看，对众人说："子嵩是与我相交三十年的老朋友，怎么可能辜负我！"宋齐丘只得上前致歉，但心中仍愤愤不平。

十月十八日，徐知诰下诏加授宋齐丘为大司徒。大司徒是"三公"之一，正一品，突出特点是地位崇高，工作清闲，朝政什么事都和你无关。宋齐丘权力欲极强，根本不想退休，听到自己"升官"，十分不悦，稍后听到诏书中徐知诰称他是自己的"布衣之交"，忍不住大声抗辩道："我是布衣的时候，陛下也不过是个刺史罢了！如今当上天子，自然可以不用老臣了！"他赌气回家待罪。徐知诰也不怪罪，亲自写信向宋齐丘解释安慰，不过，让他退休当三公的诏书仍旧有效。

宋齐丘闹来闹去，每一招好像都打在了棉花堆上，无处发力。过了一段时间，他冷静下来，思考自己失误在哪儿。很明显，比起塑造忠臣人设，徐知诰更想早一点儿当皇帝，周宗比自己看得准，所以他得手了。现在想挽回败局，就不能再摆出一副忠于杨氏、心念旧恩的形象。于是，宋齐丘一反常态，就地来了个一百八十度大反转。他上疏提出，既然已经改朝换代，就绝不能再对前吴的皇室心慈手软，比如不能让杨溥再居住江都宫，与前吴太子杨琏的婚约应该马上撤销（杨琏的妻子是徐知诰之女永兴公主），应该找个地方将杨家人全部圈禁。

起初，徐知诰表示不同意，咱们做杨氏的臣子这么多年，怎能如此绝情？但不久，宋齐丘提出的对杨氏皇族的处理方案，大多数变成了现实。

接受禅位七个月后，鉴于让皇杨溥一再"恳切"请求搬出原吴国皇宫，李德诚等也同声附和，徐知诰终于"勉强"同意了，下令将原润州（今江苏镇江）牙城改称丹阳宫，将让皇迁到丹阳宫居住。随后徐知诰又下令，大多数杨氏宗室也要迁往丹阳宫，再派一个心腹官员担任丹阳宫使，布置重兵，将丹阳宫严密地"保护"起来。

迁到丹阳宫七个月后，三十七岁的让皇杨溥暴亡，死因不详。徐知诰闻讯，下令辍朝二十七日，以示沉痛哀悼。

部分杨氏宗族没有被关进丹阳宫，比如杨溥的原太子，此时的弘农郡公兼康化节度使杨琏。杨琏没有被软禁，可能与他的妻子永兴公主有关，徐知诰的四女儿与丈夫感情深厚，时刻以杨家儿媳自居，与杨琏形影不离，甚至不愿听见别人叫她"公主"，一听到便泪流满面。后来，时年二十岁的杨琏在一次大醉后暴亡，一般认为他是死于中毒，比父亲杨溥晚死了一年。永兴公主遂终身缟素，对着佛像发下誓言："愿儿生生世世再不作有情之物！"数年后，这位痴情的少妇抑郁而亡，年仅二十三岁。

回到前面，话说宋齐丘见自己的主张在实际上得到落实，觉得自己的官运也该时来运转了，于是上疏徐知诰：自己还是左丞相，不能不过问朝政。徐知诰的答复像是骗小孩子：不是不让你做事，只是因为配给你的办公室还没有建好，暂时没有地方办公。宋齐丘气急，上疏称：天子身边有奸臣，离间咱们的君臣关系。徐知诰知道他又要对周宗、李德诚这些人开火，也很恼火。这些人都是大齐的开国功臣，岂能任由你宋齐丘攻击？他不觉怒形于色。宋齐丘一见，又赌气回了家，换上布衣，等候定罪。

有人向徐知诰求情说："宋齐丘是陛下的旧臣，因为一点小过就将他抛弃，恐怕不太合适。"徐知诰也心软了，叹道："宋齐丘确实有才，就是有些不识大体。"随后，徐知诰让长子吴王徐景通带着手诏，再一次把宋齐丘请了回来，允许他参与朝政。这两位老朋友似乎又言归于好了。

也许是有了杨家落难，宋齐丘回归的示范效应，齐国的文武百官中出现了一阵风潮。不少官员联名上奏，应该把各地地名、寺名、机构名中带"吴"字和"杨"字，甚至同音"阳"字的，统统改名。齐东都留守叫杨嗣，连忙上表请求改姓"羊"。

还有人向徐知诰进献制造毒酒的秘方，帮助陛下处理一些不太好处理的麻烦。这玩意儿徐知诰早就有，不然申渐高是怎么死的？很可能用过不止一次，还轮得着你送？大齐天子义正词严地驳斥道："敢有作奸犯法的，国家自有刑律在，要这个东西干什么？"

右丞相徐玠也认为太不像话了，进言道："陛下受禅登基，本是应天意、顺人心的正义之举，又不是篡位。而一些奸邪小人妄自猜度，要讨好陛下到处更名易姓，这恐怕算不上当前的急务，这种风气也不该助长。"
徐知诰同意，这阵群体性的歇斯底里才渐渐平息。

　　再说徐知诰所建的国号之所以叫"大齐"，是因为他继承了徐温的"齐
王"爵位。但世人皆知，徐温并不是他的生父，徐家祖上也没有显贵的门
第。以齐为国号，显示他不忘徐温的抚育之恩，打造有情有义的孝子人设，
但要对外宣扬时，显然不够大气，缺乏正统号召力。

　　正好，徐知诰原本姓李（《吴越备史》称徐知诰原姓潘，但不可靠），
掌权后便让人散布传言，他本是李唐皇室之后。至于真假，恐怕徐知诰自
己也不能确定，毕竟李唐立国近三百载，宗族庞大。

　　于是，可能是出于宋齐丘的谋划（后来宋齐丘对李昇说："陛下能够
中兴大唐，全是我的功劳！"），齐国众臣不断有人上疏，请求天子恢复祖
姓，重建李唐宗庙。和当初推辞帝位一样，徐知诰先是表示不同意：我怎
么能忘记义父的大恩呢？大家当然都知道这是什么意思，于是，请求天子
认祖归宗、重兴大唐的活动，参与者越来越多，声势越来越浩大。后来，
连江王徐知证、饶王徐知谔这两个名义弟弟，也来劝徐知诰恢复李姓。

　　后晋天福四年（939）二月，齐国建立一年零四个月之后，眼见戏份
演足，徐知诰最终接受百官请求，宣布改名"李昇"。"大齐"没有了，"大
唐"又一次也是最后一次改头换面地中兴了，为了与唐朝、后唐相区别，
历史上称为南唐。徐温的庙号由原来的"太祖"改为"义祖"，仍是追尊
的皇帝，徐家人依然享有皇族身份。在南唐的皇家宗庙中，高祖李渊排第
一位，太宗李世民排第二位，第三位即义祖徐温，此三庙皆万世不易。

　　既然重建了大唐，有一个问题就不能够打马虎眼了：李昇这位李唐之
后，究竟是哪一位李唐天子或亲王的后代呢？李昇的看法是，要挑祖先，
最好选一个有贤能之名，其后代家谱又不好找，容易造假的。以此标准衡
量，太宗皇帝李世民的第三子，有英武之名的吴王李恪好像是个不错的选
项。可手下有人提出异议：李恪死于国法，虽然是冤案，但毕竟不吉利，
不如认高祖李渊的第十三子，颇有贤名的郑王李元懿为祖先。

　　李昇一时不好决断，就让人查一查，两位亲王的后人中，哪一支的履

历更光荣。一经查阅史料，发现李恪的孙子李祎曾为国立功，重孙李岘曾当过肃宗朝的宰相，那就是他了。有关部门开始编造从李岘到李昪之间各代的名字：李岘的儿子叫李超（因为徐温的曾祖父叫徐超），李超的儿子叫李志（因为徐温的祖父叫徐志），李志的儿子叫李荣（总算没叫李温），而李昪就是李荣的儿子。

这份家谱编好后，献给李昪审查。李昪一看，按这种算法，从自己上推十代就到高祖李渊，可李唐立国近三百载，得到承认的皇帝达二十任，才十代是不是太少了，要不再加两个名字进去？家谱主编答道："三十年为一代，三百年正好十代，陛下生于文德年间，完全配得上。"李昪听罢，觉得有道理，就将这份家谱作为南唐的官方标准，追尊历代先祖的帝号。

以上记录出自《资治通鉴》，其他史书有完全不同的说法。《周世宗实录》与《旧五代史》称李昪的祖先出自玄宗李隆基第十六子，在安史之乱中试图拥兵自立的永王李璘之后；《江南野史》和《南唐书》则称，李昪是与唐初李恪同名的，宪宗第八子（或第十子）建王李恪（原名李审）之后；《蜀后主实录》则称李昪是唐末嗣薛王李佑柔的儿子等。

在宋齐丘的建议下，李昪在小城泰州，按监狱的设防标准，建了一个重兵把守的永宁宫，将杨氏皇族迁出润州丹阳宫，搬入这个叫永宁宫的高标准监狱。野史记载，杨家宗族囚禁永宁宫之后，被隔断与外界的一切联系，久而久之，只好乱伦自相婚配；杨溥的小儿子刚满五岁，李昪派人去赐官，当天就让这个孩子不明不白地死亡了。

除此之外，李昪对待其他人，对待治下百姓，以至其他国家，都是宽厚仁义的。据记载，李昪一直严于律己，保持着非常俭朴的生活习惯。他平常穿的是草鞋，洗漱用的是铁盆，身边侍候的宫女既没颜值，也不年轻。他生活不讲究，但政事认真，当上皇帝后工作夜以继日，很少有休息。

李昪对南唐境内的田地进行了大规模的全面普查，查出豪强的隐没土地，还按肥沃贫瘠程度分出详细的等级，在此基础上制定了比较公正的税收制度。之后，李昪制定的税制被长期沿用，直至赵宋。李昪对为国牺牲的人也比较恩厚，不论位置高下，都发给家属相当于三年薪俸的抚恤金。

在下猜想，李昇一向厌恶战争，所以制定了这样的抚恤金制度。

后晋天福六年（941）七月，南唐的邻居吴越国的国都杭州发生了严重的火灾。大火从一个叫"丽春院"的地方烧起，蔓延到吴越的王宫、国库，将吴越立国几十年攒下的巨额国库储备尽化飞灰。五十四岁的吴越王钱元瓘，在此沉重的打击下一病不起，以致精神错乱，一个月后便撒手人寰。后晋皇帝石敬瑭闻讯，赐谥"文穆王"，命宰相和凝为钱元瓘撰写了神道碑，对这位模范的藩属国君主极尽褒扬。

平心而论，钱元瓘算是吴越比较贤明的君主，在钱镠诸子中，他的才干功绩都最为突出，继位是众望所归，他在位共九年零五个月，吴越国势比较平稳安定，没有发生值得一提的大事。对身处其治下的吴越百姓来说，没有大事就是好事。他过世后，给吴越留下了棘手的继承人问题。

据《十国春秋》，钱元瓘共有十四个儿子，《吴越备史》称钱元瓘"年将四十，冢嗣未建"，第五子钱弘傅出生了，立为世子。据此判断，钱元瓘的前四个儿子可能都是养子或是过继的，排行第五的钱弘傅才是他真正亲生的长子。不过，钱弘傅死得比钱元瓘还早，到钱元瓘临终，他最年长的亲生儿子，是第六子钱弘佐。

因此钱元瓘临终前，想把王位传给年仅十三岁的钱弘佐，托孤于察内都监章德安。此时，掌握亲卫禁军兵权的内牙指挥使戴恽，因与钱元瓘的养子，名义上的第三子钱弘侑是亲戚，故打算等钱元瓘一死便拥立钱弘侑。章德安在第一时间封锁钱元瓘的死讯，假传王命，召戴恽入宫议事，一举将其伏杀，然后逮捕钱弘侑，罢去其一切职务，开除谱籍，恢复原姓。

完成了这次小小的政变，钱弘佐才得以正式继位。然而，吴越的局势仍然很危险，重要将领被诛，多支军队因不满新王继位时的赏赐不够丰厚，纷纷闹事。但国库刚刚被大火烧毁，又拿得出多少钱来赏赐？财政困难，主少国疑，开国时的忠臣良将已凋零殆尽，吴越正面临建国以来一次重大的危机。能不能平安渡过，除了吴越新领导层自身的努力，还要看它最重要的邻居南唐给不给它这个平稳过渡的机会。

杭州大火发生后不久，南唐方面就得到了消息，南唐群臣大多十分兴奋，认为这是一个一举攻灭吴越的难得良机，不容错过。左丞相宋齐丘带头进言："越人与我们本是唇齿之国，我们对他们有过大恩，但越人从来不领情，反而处处算计，想占我们的便宜。一旦有事，他们肯定不会是我们的帮手。现在是上天要抛弃吴越国，我大军早上出发，晚上就可踏破其国都。愿陛下千万不要失去这个千载难逢的机会，如果让吴越逃过此劫，它将来必然是我们的心腹大患！"

李昪沉吟良久，对群臣道："各国划分了疆界，但人心是一样的，各为其主，没有变化。挑起战端，让百姓遭受屠戮，我不忍心做这样的事。越人遭灾，我们为何要幸灾乐祸？何况救灾睦邻，才是自古以来的正道！"

李昪不但没有乘这个机会进攻吴越，反而派遣使者带上金钱、粮食、绢帛等大批援助物资，帮助暂时处于困境的吴越渡过难关。经过此事，南唐与吴越的关系大为好转，双方边界的武备降低，百姓都得到了和平带来的实惠。然而，后来的历史证明，在长远趋势上，宋齐丘的判断更加准确，南唐与吴越的这一轮友好关系只维持了短短五年。之后，因为新出现的利益冲突，双方再一次兵戎相见，而且以南唐军队的大败告终。

李昪为什么又一次放弃攻取吴越的机会？是他目光短浅吗？也许不久发生的另一件事，可以为我们提供部分答案。

后晋天福七年（942）十月，在做足准备工作后，李昪下达了一道非常重要的诏书："前朝衰败之时，各路豪强纷纷崛起，大者称帝，小者称王。群雄认为，不动兵戈就无法得到利益，不行杀戮就无法树立权威，于是多年战乱不断、杀戮不止，百姓深受其害！就算其中有贤明之人，想给白姓一个半安日子，但任用的地方官吏仍然是武夫出身，他们只懂挥刀砍人，哪里懂得什么宣流德化？……昔日汉世祖（光武帝刘秀），披坚执锐，提戈斩馘，数年间征战于四方。可天下一旦太平，他对儿子也再不提一句兵革之事，这都是因为兵强即为民患，自古皆然。如今大唐中兴，与当年的大汉中兴相似，朕以微末之身，居于万民之上，不能不战战兢兢，时刻反省什么地方做得不对、什么地方应向先贤学习……故从今以后，各级官员当多用儒者，罢去苛政，让百姓释去重负，重新开始，建设家园。"

这份诏书意味着，为了避免重蹈唐朝衰亡的覆辙，南唐将开始全面推行以文制武的文官政治。连李昪都没想到，他的这套思路将长久影响中国历史，被后世大多数帝王奉为圭臬。同时可以确定，李昪这项改革将严重触犯军人集团的利益，那么，要让这项改革能够顺利推行，此时南唐国内的军方势力当然是越弱势越好。在这关键时刻，李昪能给这些军头提供一个立大功、长威望的机会吗？他给出的答案显而易见：安内要重于攘外。

此后，南唐一些大臣还时不时进言：大唐既然中兴，就不能局限于江淮之地，应该逐步恢复昔日疆土。具体步骤，可以先易后难，先灭掉相对弱小的吴越、闽、楚三个邻国，扩充国力，再北上收取中原。

李昪为此，发表了一篇长长的上谕，解释自己的战略构想，粗略可分为两部分，第一部分是拒绝攻取三国的建议：

"……钱家父子一向对中原称臣，我们要对其用兵，找不到合适的理由，还容易引起中原的干涉；闽国土地狭小，贫瘠且险要，出兵攻取，至少半年才能拿下，恐怕所得还没有失去的多。而且闽地之人不受王化，喜欢闹事，平定之后，还得安排重兵驻守，对积蓄国力有害无益；湖南的马家兄弟倒是骄傲放纵，横行不法，我大军若至，取之如拾芥！但孟子说过，齐国取燕国，恐惊动四邻之兵，纵然得到尺寸之地，怎能抵消天下之恶名？这样的事，我不愿为！"

当然，不能只给群臣一个消极的答案，让他们丧失斗志，所以第二部分的主题就是告诉大家大唐的大目标：

"……还不如让咱们君臣一心，恭行节俭，积蓄国力。平时花点儿小钱，与四邻交好，与他们缔结盟约，让他们成为我们的屏藩，这也是我保留三国的本意。等和平建设数年，咱们的国库必将殷实丰足，士兵的训练度也攒满，士气高涨，兵强马壮！那时只要中原一出现变故，朕当全力兴师北伐！倡大义于天下！复大唐之故土！"

不知李昪这份长篇大论，是他内心的真实构想，还是他不愿开战的托词。在下认为这是李昪战略构想的可能性更大一些，但它是一份有瑕疵的发展战略。因为一个奉行以文制武又长期脱离实战的国家，其军队的战斗力很难保持在高水平。充足的军费，虽然是打一场战争的重要条件，但肯定不是唯一条件，大举北伐、收复中原所需要的精兵强将，仅靠和平发展是难以提供的。富而不强，才是李昪式发展战略最合乎逻辑的归宿，这一点，将被今后的历史一次次证明。

且说要等待北方出事，重要条件是自己能活得久一些。怎样才能长寿呢？也许是日有所思，夜有所梦，一天夜里，李昪梦见自己服用了仙丹，然后就长生不老了！正巧，第二天有一个叫史守冲的道士向南唐皇帝进献灵丹，李昪一向崇信道教，闻之大悦，认为这一定是天意，于是开始服用仙丹以求长生。仙丹的药效立竿见影，李昪很快焦热上火，背上长出个大疮，脾气变得暴躁易怒。但李昪深信这只是排毒阶段，排完就好了，所以不顾所有人的劝阻，坚持服用仙丹。左右只好战战兢兢地服侍这位越来越喜怒无常的君主。

一天，李昪去到长子齐王李景通的住处，发现李景通正在摆弄乐器，勃然大怒："你身为我的继承人，怎能如此玩物丧志！"一顿打骂还不解气，之后一连几天，李昪一提到长子便骂不绝口。

此时，李昪有一个最得宠的妃子，名叫种时光，通常在李昪暴怒之际，只有她能平息这位帝王的怒气。种时光为李昪生下了其最小的第五子李景遏，平日同样深受宠爱。儿子排行靠后，种时光本不指望他能当继承人。不过现在情况有了变化，看到李昪不断怒斥李景通，种时光动了夺嫡的念头，她劝解说："景通不成器，您也别太生气，毕竟您还有景遏，景遏这孩子又聪明又孝顺，做事特别老成，比景通强得多。"不想没等种时光说出易嗣的话，李昪已经翻脸，咆哮道："儿子有过错，老子教训他，是再正常不过的事，国家大事哪里轮得到你一个女人来指手画脚！"然后，他立即将种时光革去封号，幽禁于冷宫。

动不动发怒肯定不利于健康。后晋天福八年（943）二月二十二日，李昪终于在"仙丹"的帮助下，病情急剧恶化，生命垂危，只得急召齐王李景通入宫侍候。李景通到达后，李昪留下了遗言："我在德昌宫储存了价值七百余万的金帛物资，你要用心守住基业，与邻国保持友好，保护好大唐的社稷。将来一旦北方有事，别忘记我说过的话。另外，我服用丹药，是想延年益寿，却不想反而早死，你一定要引以为戒……"

当天夜里，李昇逝世，享年五十四岁，后追谥"光文肃武孝高皇帝"，庙号"烈祖"，葬于永陵（后改称"钦陵"，位于今江苏江宁牛首山南麓）。李景通改名李璟，继位成为南唐的第二代皇帝。

冷宫中的种时光听到李璟继位，大惊失色，感到死期将至的她痛哭流涕："人彘、骨醉的惨剧，今天又要重演了！"

【作者按：刘邦逝世，吕后将其宠妃戚夫人砍掉四肢，挖掉双眼，割掉舌头，弄聋耳朵，扔进厕所，称为"人彘"。武则天在宫斗中打倒王皇后和萧淑妃，将她们重杖一百，砍去手足，装入酒瓮，称要"令此二姬骨醉"。】

让种时光没想到的是，李璟的胸怀与私德，比她以为的好得多。李璟不但没有报复她，反而封弟弟李景遏为保宁王，将种时光从冷宫中放出来，让她和儿子住在一起，接受供养。李璟的生母宋太后仍恨着种时光，好几次想动手收拾她，都被李璟拦住。种时光平安地度过余生，寿终正寝。

这个五代时的南方第一大国，就这样迎来了一位好人当皇帝，但好人会不会是好皇帝？且让我们拭目以待。

# 第四章

# 辽国南犯

刘知远　李三娘　冯道　郭威

## 称孙不称臣

将视角重新转回中原。话说后晋更换了新天子，那么按照当时东亚地区的国际惯例，藩属国的君主更替，需要上报给宗主国，并求得宗主国的批准。一般来说，这道程序也就是例行公事，因为宗主国很少会在这种事情上刁难藩属国。于是，后晋众大臣合议，请新天子尽快上一道奏章给辽国皇帝，报知大行皇帝过世，新天子继位事宜，称臣告哀。

但是，新皇帝石重贵与拥立他上台的头号重臣景延广有不同的想法：你们凭什么认为辽国是我大晋的宗主？自古以来，我中原大国，堂堂华夏，大多数时代都是抚有四夷、万邦来朝的天下共主。再不济也应该与外夷搞平等邦交，怎么能卑躬屈膝地去当外夷的藩属呢？

于是，景延广在朝堂上力排众议："上什么奏章？写封信告诉契丹人就行了，今后天子对契丹皇帝，可以称孙，不能称臣。亲戚关系可以有，但大晋与大辽必须是平等的！"

被景延广的强硬表态吓了一跳的宰相李崧，急忙出言阻止："委屈一下自己来保护江山社稷，有何耻辱？陛下如果听从景延广的话，今后就得天天穿上甲胄，应对契丹随时可能发动的战争，到那时后悔也来不及了！"

景延广恼了，马上与李崧争执起来，骂李崧懦弱胆小。李崧望向冯道，希望这位同样有拥立之功的元老能出言说两句，让亢奋的朝堂恢复理性。但老滑头冯道不发表任何意见。于是，慷慨激昂的爱国派压制了主张低调沉稳的理性派，石重贵按照景延广的意见，给耶律德光送去一份平等的国书，通知契丹皇帝：今后辽晋之间，不再是君臣关系。

国书送到临潢府（辽上京，今内蒙古自治区巴林左旗），大辽皇帝耶律德光不出意料地勃然大怒："为什么送来的不是奏章，而是国书？没有事先奏报，没有得到我的批准，石重贵凭什么擅自继位？"辽国的斥责传回后晋，景延广亲自执笔回信捋回去，丝毫没有承认错误，给辽国皇帝留点儿面子的打算。耶律德光又一次气得跳脚。

辽国的卢龙节度使赵延寿看在眼里，乐在心头。怎么样？就说石家人靠不住吧？当年您要是让我们赵家人上，如今哪有这许多麻烦？不过现在还不晚，大辽如果兴师伐晋，让我当上中原的皇帝，我一定会以超过石家人百倍的忠诚来报效大辽的恩德。耶律德光很喜欢赵延寿这个异常俊美的大帅哥。于是，耶律德光向宠臣赵延寿做出了承诺：好吧，如果我将来南下灭了晋，就让你做中原之主。

与此同时，后晋与辽国之间的关系，迅速迈向全面恶化。

原先赵延寿有一个部将，名叫乔荣，在赵氏父子被契丹俘获后，也跟着归降辽国。乔荣在经营方面比较有头脑，被耶律德光任命为回图使（相当于辽国派往后晋的商务总监），主持辽国与后晋间的贸易往来。自然，乔荣的工作不会只限于单纯的商业目的，顺便为辽国收集中原的情报也是他的分内之事。

既然要和契丹摊牌，就不用在乎撕破脸了，在景延广的力主之下，石重贵下令逮捕了乔荣，收监关押。同时，后晋境内大规模搜捕契丹商人，一旦抓获，货物没收，人即正法。

此举在让契丹皇帝震怒之前，后晋的主和派宰相桑维翰[桑维翰在天福八年（943）三月重新入朝为相]、李崧先急坏了，急忙上疏劝诫：辽国对咱们晋朝恩重如山，咱们可不能恩将仇报。现在赶快放人，拿出诚意向辽国赔礼道歉，也许还有机会挽回两国的友好邦交。

天福八年九月，在后晋主和派大臣的努力下，后晋皇帝终于下令释放乔荣，安慰赏赐一番后，准许他返回辽国。这么做未必能够平息耶律德光的怒气，更糟糕的是，乔荣临行前又见了景延广，向这位后晋的头号强硬派大臣辞行。

放走乔荣本就不是景延广的意愿，他心里肯定不太痛快，因此非常傲慢地接见了乔荣，用恐吓的口吻说出了一段牛哄哄的名言，于是继张文礼之后，五代又一位杰出的"嘴炮军事家"闪亮登场：

"回去告诉你家主子，先帝是北朝所立，所以向北朝称臣。当今天子却是我们中原自己所立，与北朝没有关系。我们肯降低姿态与北朝交往，都是看在先帝与北朝曾经缔结盟约的分儿上。称孙儿，做邻居，已经是我方最大的善意，称臣则绝对不可能。我奉劝北朝皇帝一句：最好不要轻信赵延寿的诓骗，轻易向中原挑衅。我中原兵强马壮，你也看见了。当爷爷的如果非要来一战，孙儿这里早有十万口横磨剑等着！只怕将来让孙儿打败，被天下人耻笑，没地儿找后悔药！"

这些天，契丹死了商人，又失了货物，乔荣正担心自己回辽国如何交差，听到景延广这段大话，灵机一动，假装很恭敬地说："大人的训示内容非常丰富，我怕自己不能完全记住，能否写成书面文件，以免错漏？"景延广正得意忘形，毫不犹豫命书吏将自己的大话写下来，交给乔荣。

乔荣一回到辽国，赶紧将这篇外交史上的"奇文"上呈耶律德光，辽国皇帝被气得发疯，正式下令辽军动员集结，准备南犯。准备期间，中断与后晋的一切外交往来，凡有后晋使者出使辽国，一律逮捕，关押幽州，不允许觐见。

后晋一方，景延广的大话让桑维翰大为惊骇，忙上疏警告石重贵：与辽国开战可不是闹着玩的。现在只有用最谦卑的姿态，赶快向辽国赔礼道歉，也许还有避免战争的可能性（实际上我们知道，已经来不及了）。

一朝天子一朝臣，桑维翰固然是先帝的头号心腹，但在新天子这里，分量就远不如景延广了。事到如今，辽国的愤怒肯定不可能靠几句口头道歉便平息，耶律德光必然要让后晋方面惩办祸首。景延广轻则罢官问罪，重则传首契丹，景延广自己能同意？桑维翰的上疏全被景延广驳回。

另一位先帝曾经的心腹重臣，时任河东节度使的刘知远，也认为景延广太莽撞，虽说新官上任三把火，可他这第一把火就有了燎原之势，说不定会把整个后晋朝的社稷都烧没了！不过，此时的刘知远已经不是后晋的忠臣，后晋朝的危机更可能是他的机遇。所以刘知远没有像桑维翰那样，上疏劝诫石重贵、景延广不要玩火，反而顺势提出，鉴于与辽国的关系全面恶化，要防备契丹军队南犯，身处前线的自己需要便宜行事。怎么叫便宜行事？刘知远在河东新建了十多个"军"的编制，大规模招兵买马，扩充自己的军事力量。至此，辽国与后晋的战争走向倒计时。

话说回来，景延广如此高调地挑衅契丹，是不是当时后晋国力强盛，军力强大，让他有恃无恐呢？事实恰恰相反，天福八年是后晋自开国以来经济状况最糟糕的一年。据记载，这一年自开春起，后晋多地就爆发了旱灾与蝗灾，进而引发了大饥荒。如洛阳河南府奏报，当地百姓减少了五千三百八十七户，有的是举家逃荒，有的是全家饿死。又如河中府奏报，民户流亡达七千七百五十九户，谷价猛涨，道路多饿殍。其余州县也没好到哪儿去，大量百姓都在逃荒，与蝗虫争抢残存的树叶，各地饿死者动不动就成千上万。

石重贵、景延广就是在这样的背景之下，向辽国发起全面挑衅的。

对于这次严重的饥荒，石重贵最初下诏，命各地官府开仓赈济，同时号召民间有余粮的富户慷慨解囊，救济乡里。但是很快，因为与辽国的关系迅速恶化，后晋开始整军备战，需要大量的军粮辎重，于是官府的赈灾活动统统停止，反而在全国各地大规模征收余粮，一系列惨剧随之上演。

税吏冲进还没逃走的民户家中，搜光最后一粒粮食，查封舂米的石臼，不给百姓留下一丝生机。因为实在搜不到粮食，完不成任务的税吏发狠，将一些穷苦百姓抓起来，指控他们私藏粮食，抗拒国家政策，然后重刑拷打，不少人被活活打死。

考虑到恒州（原来的镇州，今河北正定）、定州一带的灾情比较严重，石重贵特别下诏：不在顺国（原来的成德镇）、义武两镇范围内征收余粮。但此时的顺国节度使，正是石重贵的姑父，早已以贪名震天下的杜重威（此时为避石重贵的讳已改名"杜威"，本书仍用其原名），怎么肯轻易放弃这个打着合法旗号为自己敛财的好机会？于是，杜重威上疏声称顺国镇军粮短缺，又地处边境，军情紧急，百姓再有困难，也不能耽误国家大事，所以应该比照各镇向民间征粮。石重贵打算倚重杜重威，就同意了。

得到批准的杜重威为自己的"致富计划"而大干。在他的严厉督促下，顺国镇内共强征到粮食一百万斛，杜重威让人随手做假账，上报只征收到三十万斛，将七十万斛私吞。别人是雁过拔毛，到了杜重威这里，是大雁留下，只让毛过去。

即使进行了这样敲骨吸髓的盘剥，杜重威仍嫌捞得不过瘾。他按石敬瑭称帝以来，藩镇无法无天的习惯，擅自出台地方土政策，向那些按规定交足粮食的富户下手，告诉他们契丹人入侵在即，他们必须将所有剩余的粮食"借"给国家。估计经过了刀架在脖子上的"耐心"劝说之后，杜重威神奇地又"借"到了一百万斛粮食。这一百万斛是土政策的收益，杜重威心安理得地全部私吞，一粒谷子也没有进入公库。

在义武镇的官员，看着邻近的顺国镇同行赚得盆满钵满，也很眼红，便请求节度使马全节仿照顺国镇的做法，给大家捞点儿外快。但不是每个人有机会捞钱都会变成杜重威，马全节就是例外，他斥道："我身为一镇的观察使（唐末以来节度使通常兼任观察使，节度使负责军事，观察使负责民政），所司所职就是要保护一方百姓，让他们不致冻死、饿死，怎么能忍心虐民，去效法杜重威那种货色？"马全节一向以身作则，为官廉洁，下属也不好再说什么，义武的百姓得以逃过一劫。

进行战争所需要的物资当然不止粮食一项，如对战马的需求就更加急迫。景延广突然想起来，之前石敬瑭还在世的时候，为了安抚被削去大部分兵权的平卢节度使杨光远，特别借给平卢战马三百匹。既然是借，那么等国家需要的时候，当然应该还回来。于是景延广假称皇命，叫杨光远立刻把那批战马交还。又一根导火线被景延广点燃了。

前文说过，这杨光远从来不曾当过谁的忠臣，老早就私下结交契丹，想借辽国之力当第二个石敬瑭，无奈一着不慎，被石敬瑭夺去兵权，送到青州养老，因此早就对后晋朝廷窝了一肚子火，只是因为实力不足，被迫忍耐。现在见新一届后晋朝廷以作死精神不断挑衅契丹，他琢磨着自己是不是又有机会了。景延广突然把板子打到他的头上，又喜又怒的杨光远顿时被引爆了："他们这是怀疑我要造反！好吧，老子就反给你们看！"

杨光远马上派人去单州（今山东单县，当时属于归德镇），召唤单州刺史，也是自己的长子杨承祚回来，以免在自己起事后，儿子被杀或沦为人质。十一月十四日，杨承祚收了密信，当夜便宣称母亲病危，然后打开城门，狂奔回青州（今山东益都）。

十一月二十六日，石重贵才得到消息，深恐杨光远会造反，急忙下诏安慰，赏赐了玉带、御马和大批金帛，表示朝廷对杨老将军的信任一如既往，绝无改变。稍后，石重贵又改任杨承祚为登州（今山东蓬莱，属于杨光远管辖下的平卢镇）刺史，方便其就近探亲。

除了使用温情攻势，石重贵又先后命令禁军将领郭谨、蔡行遇率军进驻郓州（今山东东平），对杨光远实施武力威慑。但杨光远铁了心要造反，并没有因石重贵的努力而稍稍减缓进度。从属于平卢镇的淄州（今山东淄博）刺史翟进宗，不愿跟随杨光远反叛。杨光远就派兵奇袭淄州，抢先将这个手下抓获。

杨光远也知道仅凭手头微薄的兵力，与后晋的中央禁军较量毫无胜算，不过他更坚信契丹人会帮忙补足这个短板。杨光远派出密使前往辽国，用夸张的语气强调后晋面临的情况有多糟糕，是辽军南下的大好时机：晋国新主石重贵，忘恩负义，背弃与大国的盟约，皇上您能忍得下这口气？现在连上天都看不下去，降下责罚，晋国境内遭遇大灾，遍地饥荒，公私仓库全都告罄，军队都饿死了一半。皇上如果出兵南下，我为内应，晋国一定能被拿下！

北有赵延寿，南有杨光远，耶律德光的南犯已是水到渠成之势。

十二月，准备用于南犯的辽军已在各个出发地域集结完毕。其中仅在幽州集结的中路辽军的前锋部队就达五万余人。这批辽军前锋多由燕云十六州新降附者组成，由赵延寿担任主将。显然，辽国皇帝希望在接下来的战事中，最大限度地以汉制汉，尽量减少契丹人的伤亡。

耶律德光前往幽州阅兵，公开指着赵延寿，对降附的汉军说："他就是你们的主君！"他再次重申对赵延寿的承诺："这次南征，若得中原，一定立你为帝！"

赵延寿高兴坏了，义父赵德钧没能实现的至尊之梦，就要由自己实现了！想到如此美好的前景，赵延寿的主观能动性被完全激发出来。

十二月底，辽军兵分三路，开始大举南犯。至开运元年（944）正月，三路辽军都已越过两国边界，攻入后晋境内，第一次辽晋战争正式打响。

西路辽军是一路偏师，由耶律德光的小叔耶律安端任主帅，引兵出雁门关，攻击忻州、代州、太原一线，目的是牵制后晋比较强大的河东军，使其不能增援其他战场。

东路辽军也是一路偏师，计划南下德州、博州（今山东聊城），然后渡过黄河，与杨光远的叛军会合。辽国的东路军主将，在史书中留下了好多大名，有"耶律拔里得""耶律拔里""耶律解里"等，本书采用中原史书的习惯叫法——耶律麻答。耶律麻答是阿保机二弟，契丹叛徒刺葛的儿子，不过因他没有跟着他爹叛逃到南方，阿保机对兄弟又比较宽大，所以未受追究。不仅如此，耶律麻答还因为是耶律德光的儿时玩伴，等耶律德光当上皇帝，更得到了重用。耶律麻答是一个凶残好斗，对汉人充满了歧视的蛮横武夫，在接下来的一段历史中将多次出场。

中路辽军是辽军此次南犯的主力，以赵延寿率十六州新军为前锋，耶律德光亲统大军为后继，计划长驱直入，杀向后晋的都城汴梁。如若成功，就能一举灭晋。

后晋方面得知辽军大举南下，也赶紧向前方增兵运粮，调派将领。后晋的最前方，是河东、义武、顺国三镇，刘知远、马全节、杜重威三位节度使都已配置了重兵，河东的刘知远大致可以让人放心，但义武、顺国两镇地处华北大平原，辽军很容易越过他们南下，使两镇之南的贝州（今河北清河）受到威胁。

贝州地处水陆要冲，后晋向这里输送并储存了几十万石军粮，负责在战时为前方提供补给。驻守贝州的永清节度使王令温，也是凭借军功一级一级升上来的老军人，但也许石重贵担心他缺乏守城经验，在这关键时刻竟临阵换将，召王令温入朝，另派领导过大同抗战的原复州防御使吴峦为权知贝州军州事。

仿佛心意相通似的，辽军最强大的中路主力，果然没有理会义武、顺国两镇的后晋军队，而是避开他们大踏步南下，兵锋直指贝州。

军情急迫，吴峦只带数名随从，日夜兼程赶到贝州，接手防务。时值隆冬，天寒地冻，吴峦发现贝州城中很多士兵衣服单薄，在寒风中瑟瑟发抖，马上让人拆了衙门内的帐幕给士兵做衣服。为尽快得到当地官兵的认可，吴峦每见到贝州官兵，都与他们坦诚相待，推心置腹地嘘寒问暖，激励将士要履行职责，保家卫国。

其间，有一个叫邵珂的大汉求见吴峦。邵珂慷慨激昂地说，我是一个退役的将领，原本只想安度余年，但知州大人的忠义感动了我！国家有难，吾辈之责，愿追随大人，抵抗辽兵，纵然为国捐躯，也死而无憾了！

吴峦是文职出身，没有班底，此时急需一批懂军事的人做助手。邵珂生得孔武有力，又一脸忠义，也没时间考察了，吴峦立即提拔邵珂为偏将，协助自己守城。

吴峦没想到，邵珂在他面前的慷慨陈词，只有一小部分是真的。邵珂确实是王令温的部将，但不是退役，而是因为性情凶狠跋扈，横行不法，被王令温免职。稍后又因为儿子杀人，邵珂出了好些钱去行贿，才把儿子捞出来，但他弄得几近破产。这两件事让邵珂怀恨在心，为报复私怨，便叛了国！他悄悄派人去告诉辽军，贝州是晋军的囤粮要地，守兵很薄弱，只要大辽出兵攻击，肯定能拿下。贝州一失，晋国的北部防御体系就会被打穿。这条重要情报才是让辽军越过恒、定不攻，直取贝州的真正原因。

正月初三，辽将赵延寿、赵延照所率的辽军前锋部队进至贝州城下，在东门外设下大营，排开攻城器具，进行试探性攻击。辽军没有取得效果，两天后，辽帝耶律德光亲至贝州，恶战正式打响。

耶律德光以东门为重点攻击地段，命奚人和渤海人组成的军队打头阵，冲破城外的羊马墙，然后架起云梯，猛攻主城墙。吴峦在东门指挥作战，早有准备，先在主城墙上备好大量柴草堆，待辽军进入羊马墙与主城墙之间的夹城，便将柴草堆推下，然后投下火炬。夹城内顿时变成一片火海，辽军死伤惨重，架起的攻城云梯几乎全部被焚毁。

正月六日，战斗更加激烈，除了保持对东门的高强度压力，辽军对贝州其他地段也加强了攻势。因为守兵数量不足，吴峦发动城中丁壮上城助战。这时，不清楚是南门告急，吴峦让邵珂去负责把守南门，还是邵珂此前与其他人共守南门，战斗中与他共守的军官被调走，总之，邵珂抓住了机会，突然大开南门，迎接辽军进城。城中顿时陷入混乱。

左右急报还在东门上坚持作战的吴峦："邵珂投敌了！"吴峦大惊，回头望去，身后的城市已不复安宁，因承受惨重伤亡而杀红了眼的辽兵，正肆无忌惮地发泄着兽性，火光与哭喊声在城中迅速蔓延。

他尽了全力，但还是失败了！悔恨，已经没有什么用。投降？绝不可能！他四顾茫然，好像只剩下了一个归宿。吴峦走下城墙，驰马回到节度使衙门，找到一口井，翻身投入……

## 澶州会战

耶律德光进入贝州，辽军进行了屠城，贝州军民一万余人死难。邵珂的名字再未见于史册，不知道这家伙结局如何。

随后，耶律德光留下少量兵力驻守贝州，大军继续南下，包围了魏州（又叫邺都）。好在魏州长期作为魏博的首府，河北数一数二的重镇，城池非常坚固，兵、粮都不缺，辽军一时无法拿下。

防守魏州的后晋邺都留守张从恩，本是李克用的义子李存信的儿子（李存信原名张污落）。石敬瑭在担任河东节度使时，曾安排石重贵娶了张从恩的女儿为妻（也有记载说，娶的是张从恩的兄弟张从训之女，此时已去世，被追封为皇后），所以他很可能还是石重贵的老丈人。

如今魏州告急，张国丈被围，怎么说也得设法去救援。其实早在贝州陷落的第二天，晋帝石重贵就已任命归德节度使高行周为主将，集合河阳节度使符彦卿、右神武统军皇甫遇、保义节度使王周、左羽林潘环等，统兵北上，迎击辽军。但高行周等人可能得知贝州迅速失守，惧于辽军势大，渡过黄河不久便停滞不前，不敢轻易尝试为魏州解围。

石重贵很忧虑，开始对此前纵容景延广挑衅契丹的行为感到后悔。于是他派遣使节求见耶律德光，希望双方和好。使节行至魏州郊外，发现魏州被辽军团团包围，围城辽军对后晋使节很不友好，使节被迫返回。

石重贵只好振作精神，认真部署抵抗。辽兵是你景延广招来的，那你就负起责任吧！正月九日，石重贵任命景延广为御营使，统一调派各军，迎战契丹，其命令朝中大小官员均不得干涉。

与此同时，顺国节度使杜重威派幕僚曹光裔去青州，劝说杨光远不要反叛。杨光远兵弱，想等辽军离自己更近一些再动手，于是假意解释说："杨承祚回来，完全是因为他的母亲病危，只为尽孝，没有其他意思。至于有传言说我要造反，那全是小人造谣，朝廷赦免杨承祚的过错，我们全家感激天恩还来不及，怎么可能反呢？"

石重贵接到报告，稍稍安心，再派使节会同曹光裔到青州，重申朝廷对杨老将军的信任与倚重。

在中路辽军大举深入之时，西路辽军也于正月三日轻松越过雁门关，围攻忻、代二州，部分游骑甚至窜至太原城下。但河东节度使刘知远不是好欺负的，他以吐谷浑酋长白承福为先锋，集结了两万兵力，对辽军展开反攻。正月下旬，两军战于忻州的秀容川，辽军被打败，据说损失了三千余人。耶律安端不敢留在河东继续与刘知远对峙，便率军向东翻越太行山，去与侄儿耶律德光统率的辽军中路主力会师。

显然，西路辽军没能完成牵制任务，后晋方面最有战斗力的河东军团现在腾出手来了。石重贵赶紧给刘知远下令，让刘知远立刻率河东军东出井陉，插入耶律德光大军的侧后方，那样中路辽军就不得不后撤了。然而，刘知远只将军队开进至太行山西侧的乐平（今山西昔阳），保障辽军不能侵扰他的河东地盘后，就停止了行动。至于辽军在太行山以东如何大杀四方，好像都与他刘知远毫无关系。

就在刘知远、白承福与耶律安端大战于忻州之际，石重贵派出的第二批使节，总算在魏州城外见到了耶律德光。后晋使节向辽国皇帝请求停战，让双方恢复友好邦交，具体条件好商量。

耶律德光一声冷笑："你既然敢做初一，就莫怪别人做十五！辽晋的友情已死，不可能再恢复！"

魏州既然是一座坚城，耶律德光决定围而不攻，只想利用它来调动晋军，围点打援。但大辽皇帝等了一段时间，只等到后晋使节，没等来后晋援军。耶律德光只好改变主意，任命赵延寿为魏博节度使，封魏王，留下一部分兵力继续围城，大军进一步南下，主动寻找晋军决战。

交战的另一方，后晋帝石重贵主动惹了事，倒也不怕事，这方面他比后世的宋徽宗强得多，没有把前线的事交给景延广后就躲起来，而是亲临澶州（此时的澶州城不是唐末的澶州，而是梁晋夹河大战时修建起来的德胜南城与德胜北城，新澶州地跨黄河两岸，中间有浮桥相连接），与景延广会合，共同督战。事后证明，如果这次石重贵没有亲征，后晋朝极可能提前两年灭亡。

这时，由耶律麻答指挥的东路辽军也取得了较大进展，一路越过沧州、德州，前锋进至博州（今山东聊城）。博州刺史周儒可能暗通杨光远一党，主动开城投降辽军，还急派密使去青州告知杨光远："辽军已攻到黄河北岸，可以起事了！"随后，周儒又派向导去晋见东路辽军主将耶律麻答，欲引导辽军从当年郭崇韬大战王彦章的马家口渡过黄河，实现与杨光远叛军的会师。

杨光远得报，马上抛弃了不久前对石重贵信誓旦旦的忠贞，出兵西进，打算迎接辽军到来。原本被石重贵派到郓州驻防的左武卫将军蔡行遇，急率数百骑奔往马家口渡口布防，不想途中遇到杨光远的埋伏，蔡行遇重伤被俘。后晋东部战线已是岌岌可危。

原本，景延广的部署是，将他指挥得动的后晋军队基本沿黄河各要害渡口一线排开，各部负责各自的地段，没有他的命令不准相互救援。如今东线告急，景延广的幕僚窦仪忙告诫上司："如果让辽军成功地渡过黄河，与杨光远合兵一处，那河南恐怕也就守不住了！"

景延广也慌了，急告石重贵。二月二日，石重贵紧急从侍卫亲军分出一万人马，交由侍卫马军都指挥使李守贞率领，沿着黄河顺流而下，直趋马家口，去阻止东路辽军的渡河行动。

再说此时晋军主力大都守在黄河一线，先前受命北上的晋军高行周、符彦卿部就成了一支位置稍微有点突出的孤军。耶律德光探明这一情况，决定集中优势兵力，先将这支晋军吃掉。

二月三日，高行周部先锋石公霸，在戚城（位于澶州北面）之北与辽军遭遇，被人数众多的辽军团团包围。高行周、符彦卿得知石公霸被围，挥军北进，想把先锋部队救出来，同时派人向景延广告急，请求援兵。

两军遭遇，高行周奋勇当先，结果正中耶律德光的圈套，虽然冲了进去，见到了石公霸，与先头部队会合，却被卷进了辽军更大的包围圈之中。在辽军猛击之下，被围晋军伤亡惨重，一批批倒下，天下闻名的勇将高行周几乎不支。

危急时刻，统领第二队的符彦卿赶到，见主将陷入重围，便挑选了数百名精锐骑兵，拼死猛冲，想从外面冲开辽军的包围圈。此时，在包围圈内，高行周十八岁的儿子高怀德，左右开弓，纵横驰突，挡者披靡。在英勇副将与无畏少年的内外呼应下，晋军终于在辽军的包围圈上打穿了一个缺口，高行周与石公霸终于得免一死，突围而出，全军向南退入戚城。

然而，退到戚城并不意味着危险解除，乘胜追击的辽军马上将戚城团团包围。戚城太小，不足以久守，而残败之师也不可能仅靠自身力量突围。唯一的希望是景延广接到告急，尽快有所行动。然而举目南望，让高行周、符彦卿望眼欲穿的援兵，还是迟迟不见踪影。

原来，不知景延广是畏惧辽军的战斗力，还是他与高行周、符彦卿有旧怨，反正他在接到戚城方向的告急后，一直磨磨蹭蹭，迟迟不做出任何反应。既然景延广没有下达新的命令，那么按照之前的规定，邻近戚城的各部晋军，面对友军有难，全都不动如山。

过了好一阵子，景延广觉得这件事还是有必要告诉皇帝一声，以免旁人借机说闲话，这才缓缓上报。石重贵这才猛然得知，晋军的两员知名上将即将全军覆没，里面还有符彦卿。石重贵在童年时就与大他十六岁的符彦卿交好，那会儿符叔曾教他骑射，带他去打猎，论彼此感情之深，要大大超过后来的景延广。于是，已到而立之年的皇帝又惊又怒："这样紧急的军情，为什么不早报？"不过现在顾不得追究责任了，石重贵把景延广晾在一边，立即带上侍卫亲军，急奔被围困的戚城而去。

戚城城内，被困晋军将士近乎绝望，但没有投降，仍顽强地坚持抵抗。豁出去了，大不了以身殉国！正督军攻城的辽军大将赵延寿也有些奇怪，他以己度人，十分不解：人不都应该是贪生怕死的吗？不都应该是向往荣华富贵的吗？高行周、符彦卿又不是以前没投降过，现在死到临头，怎么还不举白旗呢？

辽军没能等到戚城上的白旗，但等到了南面震天动地的马蹄声。大批晋军援兵杀到了！更让人吃惊的是，晋军阵中高高竖起了天子旗纛。

天子亲自来救咱们啦！被围晋军激动万分，杀出城与援军相呼应，对辽军展开内外夹攻。据后晋方面的记载，在这一番激战中，辽军有一个绰号叫"金头王"的上将被晋军射杀，辽军大败北撤。在《辽史》中找不到这个"金头王"的事，但也承认辽军不利，被迫解围而退。石重贵以出乎众人意料的优异表现，完成了自己的战场首秀。

石重贵进入戚城，设酒宴犒劳三军，高行周、符彦卿、石公霸皆哭拜于皇帝面前，众人控诉景延广见死不救。石重贵也感到了景延广的跋扈与无能，从此对他不复昔日的信任。

再说就在戚城会战进行之时，二月四日，由李守贞、皇甫遇等人率领的晋军水陆联军冲到了马家口渡口。此时，耶律麻答部辽军正在渡河。黄河在这一段是南北走向，小部分辽军已经渡过黄河，在东岸修筑营垒，大部分辽军仍在西岸待发。

真是来得早不如来得巧，半渡而击的绝佳战机，就这样让晋军撞上了！那还有什么好客气的？晋军的战船横冲向辽军征集来的运兵小船，瞬间就把不擅长水战的辽军运兵船冲得七零八落，使辽军一分为二，隔着黄河彼此难以救应。西岸的辽军还好，东岸的辽军完全慌了神。回去的路没了，援军也过不来了，怎么办？

紧接着，李守贞、皇甫遇挥军猛攻东岸的辽军营垒，那军营尚未完工，防御设施多不具备，再加上辽军军心大乱，未几，东岸大营便迅速被晋军攻破，辽军大败。

逃出大营的辽军，完全不顾自身的旱鸭子属性，拼死跳进黄河，想涉水奔到对岸逃命。但黄河岂是这么容易过去的？汹涌的黄河水很快将他们冲倒，淹没，裹挟进滚滚浊流，最终变成鱼虾的饵料。西岸的辽军看着大批战友丧命于河中，焦急，恸哭，却毫无办法。末了，耶律麻答只能擦干眼泪，带着没有渡河的士兵拔营北归。至于河那边的杨光远，只好让他自求多福了。

据李守贞战后奏报，晋军在马家口会战中，共生擒辽军将领七十八人，俘虏辽军士兵五百人，获战马八百匹。听起来好像不算多，但如果加上黄河水取得的战果，这无疑是辽军的又一次惨败。

辽军的损失有多大？从耶律德光的反应就可看出一二。辽国皇帝接连收到戚城、马家口两次会战的败报，怒不可遏，下令将抓到的后晋平民一律斩首，俘虏的晋军士兵全部活活烧死。

光靠虐杀俘虏，只能解耶律德光一时之气，改变不了辽军渐渐不利的战况。不打过黄河，就不能给后晋以致命伤，但以马家口之战的经验来看，如果晋军死守黄河一线，水战能力差的辽军要想突破，是很困难的。不仅如此，辽军要想留在魏州一线，长期保持对后晋黄河防线的强大压力，同样很难做到。因为这时辽军后方也出现了一些隐患。

比如，党项人李氏家族控制下的定难镇，突然向后晋朝表忠心，节度使李彝殷宣称已动员了四万勤王义师，假道麟州（今陕西神木），攻入辽国境内。石重贵赶紧下诏嘉奖，并任命李彝殷为契丹西南面招讨使。

定难军的真实兵力和动机很让人怀疑，对辽国的威胁可能并不大，但另一个危险，耶律德光不能视而不见。

前文提到，后晋在与辽国接壤的河东、顺国、义武三个藩镇都配置了重兵。战争伊始，辽军尽量避开三镇，大举南下，但在攻势如潮的同时，也把自己的侧后方暴露了出来。石重贵连下圣旨，命三镇组成联军，由河东刘知远为主帅、顺国杜重威和义武马全节为副，东进切断辽军的后路。

刘知远对这道圣旨不予理睬，按兵不动，但杜重威和马全节还是奉旨合兵了，在辽军主力以北组成了一个不弱的军团。一旦这支军队在辽军的后方展开有力的军事行动，那么耶律德光面临的挑战就不是如何争取胜利，而是如何全师而退了。

情况不太妙，但是……耶律德光突然灵机一动：我何不将计就计呢？

二月二十一日，辽军放出风声，为应对北边出现的威胁，大军即将班师。随后，辽军解除了对魏州的包围，向北撤走。邺都留守张从恩在城头亲眼看着辽军离开，非常高兴，忙派人奏报石重贵："契丹人已经仓皇北退，朝廷大军应该大举追击，可获全胜！"

但实际上，耶律德光只是打了个马虎眼，他率军向北先走一段距离，然后悄悄又绕了一个大弯，绕到魏州与澶州之间的古顿丘城附近，完成埋伏，设下了一个大口袋，只等着后晋的大军钻进来。如果石重贵按照张从恩的建议率军追击，乖乖来送死，耶律德光就可以在自己的战史上留下辉煌的一笔了。

石重贵并没有识破耶律德光的计谋，本来是准备追击的，但谁能想到老天爷出手了，下起了大雨，一连下了好几天，使道路泥泞难行。石重贵看这样子，估计追也追不上，反而让士卒疲劳，算了。这下子，可坑苦了埋伏中的耶律德光大军。既然是埋伏，自然不能扎营，甚至不能乱动，不然就会暴露目标。一连埋伏了十天的辽军，只能藏身于树林、草丛间，享受着没完没了的冷水浴。幸亏已到初春，过了最冷的天气，才没造成大量减员，但也弄得大军人困马乏，饥肠辘辘，难以支持。耶律德光很气恼：石重贵那个该死的，怎么这么胆小，怎么就不来？

比耶律德光更着急的人是赵延寿。如果灭不掉后晋，那耶律德光让自己当中原皇帝的口头承诺，就始终是不能变现的期货。这种看得见却够不着的痛苦，你们能理解吗？

现在情况一目了然，辽军不可能久留于此。要么放弃攻晋北撤归国，这对已经疲惫的辽军而言，显然比较稳妥，但不符合赵延寿的利益；要么孤注一掷，不顾士卒疲劳南下与晋军决战，虽然有点冒险，但成功了自己就能当上皇帝。两个方案一比较，赵延寿当然要倾尽全力鼓动辽军南下决战。于是，赵延寿特来觐见耶律德光，瞅见辽国皇帝那张黑脸，连忙调动五官，凑成一副自信的笑容，分析现在不是小好，而是一派大好的战局：

"晋军不敢追击，只能胆怯地沿河死守，充分证明了他们畏惧大国天兵，根本没什么战斗力。我们与其在这儿守株待兔，不如主动集中主力南下进攻澶州。只要夺下澶州浮桥，让他们失去黄河天险，晋国焉能不亡！"

耶律德光也不想兴师动众来一趟，就这样一事无成灰溜溜地回去，要真让景延广那个狂徒的大话成真，辽国皇帝这口气怎么咽得下去？赵延寿的分析看起来也不无道理，杨光远也说过，现在后晋的处境极其困难。那好吧，直接来一次硬碰硬的决战。

三月一日，辽军主力取消了埋伏，仿佛从平地冒了出来，气势汹汹地直逼澶州。晋军高行周部驻扎于戚城之南，首先与辽军先锋赵延寿部发生了接触。因为兵力不敌，高行周且战且退，赵延寿则步步进逼，战场渐渐移至澶州北城外。

耶律德光统率的大军完全开到，这支大军由中、西两路辽军合并而成，数量据说有十余万人。辽国皇帝将兵马展开，摆出一个鹤翼之阵，从西、北、东三面压向澶州北城。守城晋军登城眺望，竟然看不见辽军的边际。

但石重贵没有被辽军的气势吓住，他毫无畏惧，亲自率领后晋各军出城，会合高行周部，迎战强敌。后晋大军背靠着澶州城，摆成利于防守的偃月阵。因为晋军阵形紧靠城墙，辽军无法利用骑兵的机动优势实施包抄战术，只能靠强行冲阵来取胜。但以骑兵冲击训练有素的步兵方阵，历来胜算不太大。

耶律德光远远望去，见对面的晋军同样阵容强大，衣甲鲜明，杀气凛凛，寒光耀眼。辽国皇帝十分气恼，对左右说："杨光远那个混蛋又扯谎了！他说晋军饿死了一半，那么对面那支大军是从哪里冒出来的？"

现在说不打显然太晚了，耶律德光决定先进行试探性攻击，找出晋军大阵的薄弱环节，再投入精锐，争取一击取胜。于是辽军骑兵在晋军大阵前往来驰突，不断对阵形的各个角落发起一次次短促的小规模攻击。晋军大阵则在石重贵的亲自督战下，岿然不动，只要辽军一进入射程，便万弩齐发，矢如雨下。而辽军一遇箭雨，立即后退脱离接触，双方交锋数个回合，都没有大的进展。

就在这胜负未分的紧要关头，晋军方面突然出现了一个叫马破龙的叛徒，他不知通过怎样的方法见到了耶律德光，告密说："晋军大阵的东南一角兵力较弱，沿河的阵地只用简单的木栅加固，很容易被打破。"

辽国皇帝大喜，命各军继续保持对晋军大阵的压力，使晋军不能随意调动，自己则指挥辽国最精锐的号称"铁鹞子"的骑兵打头阵，重点攻击晋军大阵的东南角。

铁鹞子由耶律德光组建而成（后来被西夏的元昊模仿），是人马皆披厚甲的重骑兵，冲阵时能够免疫敌方大部分弓箭攻击，其人员都是从"腹心部"亲兵中精挑细选而来的勇士，由在辽国勇冠三军的渤海降将高模翰统领。如果将辽军比喻成一柄长矛，那铁鹞子就是它的矛尖。

就在辽军的矛尖如迅雷般直插晋阵东南角时，守卫此处的晋军护圣指挥使协霸突然倒戈，投降了辽国（他是不是杨光远事先布置的棋子？马破龙是不是他派出去的？）。事发仓促，护圣第二军都指挥使安重怀、指挥乌韩七、监军何彦超等人皆慌了手脚，怯阵而逃。一瞬间，晋军大阵的东翼有崩溃之势。

紧要关头，晋将药元福、慕容邺各率两百名骑兵急奔东翼救援。药元福时年六十一岁了，本是太原人，自幼便胆量过人，善于骑射，但不知道为什么，他没有在年轻时加入李克用的队伍，却在后梁军中出道。也许是早年站错了队的缘故，这个很有将才且身处乱世的猛士，官位始终没升上去，直到这一刻才在史书中露脸。一员花甲老将，仍旧勇猛无比，抄着铁杖一连将数名铁鹞子骑兵打翻于马下。在二将的猛击下，冲入晋军大阵的辽军侧翼被打乱，陷入了短暂的混乱，也使东翼晋军得以缓过一口气。

但辽军毕竟占有优势，药元福、慕容邺兵力有限，晋军其余各部又都在承受着辽军的攻击，抽不出大队兵力来支援东翼，等辽军一回过神，东翼再现危机。激战中，药元福的战马身中三箭倒毙，只能下马步战。辽军重组战队，在他们强有力的压迫下，晋军再次步步后退，渐渐不能支撑。

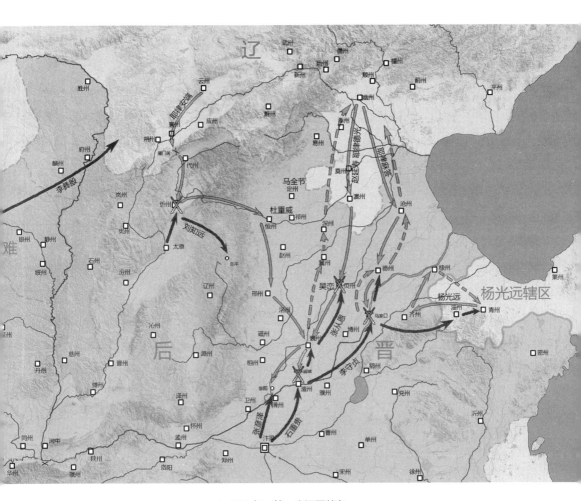

▲ 944 年，第一次辽晋战争

就在此刻，又发生了意外。耶律德光突然下令，命即将取胜的辽军从晋军阵形中撤出，恢复攻击前阵线。原来，辽军已经迫近黄河，黄河在下游是著名的地上悬河，大堤高于两侧的平地，一阵风起，耶律德光看见大堤后面有晋军的旗帜飘起。多疑的辽国皇帝立刻感到不祥：不对，大坝后面有伏兵，这可能是个陷阱！所以他才急急忙忙踩下刹车。

但实际上没有伏兵，只是在开战前有一千余名夹马营军士在那里修过水寨，战事突然打响，没来得及撤旗。耶律德光因过于谨慎，丢掉了自己即将得到的胜利。如果事后辽国皇帝知道真相，会不会气死？

战斗又持续了整整一天，过程非常惨烈，战死的人与马到处都是，在争夺最激烈的地段，断箭残镞铺满了地面，厚达数寸。但双方都没再得到一个一举击溃对手的机会，战至夜幕降临，两军不分胜负，只能各自收兵，辽军更是后退了三十里才扎营。

战事告一段落，石重贵马上接见了在战斗中表现突出的药元福，嘉奖道："如将军这般奋不顾身，虽古之忠烈，也不过如此！"然后，石重贵将一匹御马赏给失去战马的药元福，加授他为原州（今宁夏固原）刺史。

除了奖励，也有惩罚。主动投敌的协霸被石重贵下令灭全族（不知他本人是否在辽军中逃脱一死）。临阵畏缩，擅离职守的安重怀、乌韩七、何彦超等人皆被斩首。

又过了一天，三月三日，有个辽军的小军官叛逃到后晋一方，报告说："契丹方面已发下木书（刻在木板上的命令），全军即将北归。"这次是耶律德光真的承认南下失败，辽国大军已精疲力竭，准备下次再来。东、西两路辽军分别沿德州、沧州与冀州、深州两道返回辽国。一路上，两路辽军几乎烧光了经过的每个村庄，杀光了遇到的每一个中原百姓。

辽军之所以烧杀得这么痛快，是因为没有后晋军队阻挠。史书上说，景延广担心这是耶律德光的诱敌之计，严令各军不得追击，使契丹大军全师而退。不过，在戚城之战后，景延广应该很难越过石重贵给全军下令，这可能是后晋皇帝自己的意思，只是顺手把锅甩给即将失宠的景延广。

第一次辽晋战争中规模最大的澶州会战就这样结束了。从过程上看，这一战双方大致打了个平手，虽然辽军曾经有赢的机会，但从结果上看，应该说是晋军赢了，因为后晋方面的目标基本达到，而辽国方面的战略目标被挫败了。

## 榆林店之战

随着辽军主力返回辽国，晋军开始反攻。三月，义武节度使马全节攻下了辽国的泰州（辽国在原燕云十六州境内新设的州）。四月，晋军收复了德州。五月，邺都留守张从恩率军北上，耶律德光任命的永清节度使赵延照弃城北逃，晋军又收复了贝州。至此，辽军在第一次辽晋战争中夺取的后晋领土全部被晋军收复，甚至倒赔了一个泰州。

当然，后晋方面也并没占便宜，可以说损失更大，大量百姓被辽兵屠杀，河北的广大地域遭到残酷的战争破坏，从地图上看没有损失，还占了一点儿小利，但国家内伤严重。

最倒霉的要数想借契丹上位的杨光远。得知辽军在马家口失利后，杨光远移师北上，进攻棣州（今山东惠民），想为辽军重新打开一条跨过黄河的通道。但他兵力有限，一到城下就挨了棣州刺史李琼狠狠的当头一棒，损兵折将，只得烧营而逃，退回老巢青州。

稍后，在马家口得胜的李守贞被任命为招讨使、符彦卿为副，受命讨伐杨光远。晋军集结了步骑两万人，一举攻克了淄州，然后进围青州。杨光远此时兵力不足，不可能靠自己的力量解围，于是又派人潜出包围圈，再次向辽国紧急求救。

耶律德光还是够意思的，虽然对杨光远提供的后晋情报不满意，但还是于五月又派出了一支数量不详，主将也不知道是谁的援军，南下救援青州。可年初大辽倾国南下都没办成的事，这么一支偏师怎么可能做得到？果然，辽国援军进至某个地点，被拦截的晋军击败。至此，耶律德光完全放弃了杨光远这枚棋子。

鉴于杨光远也是一员沙场老将，李守贞与符彦卿没有轻敌，没有急着对青州发起强攻，而是长期围困，静待城中疲敝。经过了半年多的围城，至当年十二月，青州城内存粮基本吃尽，陷入可怕的大饥荒。

一天，巡视饿莩满地的城池，又登上城楼，望着始终不曾出现辽国救兵的远方，杨光远感到末日将至。突然，这位叛军首领情绪失控，扑通跪倒，向着北方，向着遥远辽国的方向，猛地以头叩地，直叩到他的那颗光头皮破血流，才仰天哀号："皇上啊皇上，你误了光远啦！"

杨光远的儿子杨承勋、杨承祚、杨承信都跟在他的身后，见此一幕，都觉得老爹终于认清现实了，于是一起开口劝道：辽国的救兵是肯定来不了了，不如赶快投降，说不定天子看在您昔日对国家立下汗马功劳的分儿上，还饶得一命。

谁知都到了这时候，杨光远也没有完全失去自信，硬是以撞了南墙也不回头的大无畏精神拒绝投降。他对几个儿子说："以前我还在代北的时候，曾经用纸钱祭祀天池（山西宁武天池，隋炀帝曾在此地建著名的汾阳宫），纸钱竟然都沉入了水底。见到这幕奇事的人都说，我命中注定会当上皇帝，现在我们还没山穷水尽，再坚持几天，说不定就有奇迹发生了！"

几个儿子一听，心里凉了半截：死到临头还不能让他从春秋大梦中醒过来？老爹虽然鬼迷心窍不想活了，几个儿子还不想死，为了自救，咱们只好来个忠孝不能两全了。

十二月十九日，杨光远的几个儿子联手发动兵变，杀掉鼓动父亲造反的节度判官丘涛，亲校杜延寿、杨瞻、白延祚等人，控制杨光远，然后打开城门欢迎李守贞讨伐军进城。杨光远发动的叛乱就此戏剧性地结束了。

捷报传至汴梁，石重贵不知是真心还是假意，一脸宽大地问宰执大臣（宰相与枢密使合称宰执，在任者有桑维翰、冯道、李崧、和凝）："杨光远是有功之臣，能不能赦其一死？"宰执大臣们反对道："造反是十恶之首！哪有反叛贼首拒不投降，被擒拿后还能赦免的？"

好吧，那就不赦免了。不过，考虑杨光远的儿子们反正有功，对杨光远最好不要公开处斩，也不要株连亲族。随后，朝廷将这个意思通知了前方的平叛主将李守贞。

闰十二月五日，李守贞派客省副使何延祚带一队卫士去看望杨光远。如果他比较自觉，能够自己"体面"便罢，不然就帮他"体面"。

何延祚来到杨府时，杨光远正在后院马厩喂马，何延祚派卫士去马厩告之曰："天子使节明日就要回京朝见皇上了，奈何现在两手空空，想向寿王（杨光远在石敬瑭时受封为东平王，石重贵继位后加封寿王）借件礼物。"杨光远一愣："这是什么意思？"见他如此不上道，卫士只好耐心向他解释："就是借王爷的首级一用！"

杨光远脸色大变。虽然他那颗首级的品相不怎么样，长着癞头疮，顶上一根头发都没有，以至于在他造反的时候有人讥笑说："自古岂有秃头天子？"但再难看，那也是自己唯一的一颗，这玩意儿一旦借出去，还有可能完好无损地拿回来吗？当即，杨光远破口大骂："我有什么罪？当初我杀掉张敬达，献出晋安寨，才让你们石家人得以世代为天子。即便只论这一项大功，我也该享终身富贵，你们石家人就如此忘恩负义吗？"

他骂声未绝，众卫士一拥而上，将"寿王"勒死。只是我们不知杨光远生于何年，也就不知他究竟算不算"寿"。随后，李守贞上奏，称杨光远暴病身亡。

杨光远有个叫宋颜的大管家，赶紧将杨光远多年来靠巧取豪夺积攒下的巨额家产，包括财宝、美女、名马，全献给了李守贞。李守贞因此迅速跻身后晋富豪排行榜的头几名。

但是，打了胜仗，平定了叛乱，将士都在等待赏赐，李守贞借口没弄到钱，竟找了些变质的茶叶、廉价的染木，以及生姜片之类的东西赏给诸军。军营中怨气大涨，有军士用布袋将这些不值钱的赏赐包起来，吊在树上，称为"守贞头"。很显然，这不是善意的祝福。数年后，李守贞将为自己的小气付出间接的代价。

其实在这一年，后晋富豪排行榜上的其他大佬也没闲着。比如在顺国镇，当辽晋战争激烈进行的时候，节度使杜重威的敛财工作也进入了高潮。由于上一年对民间存粮的横征与强借，到了春播时节，农夫连粮种都没有，全境饥荒。杜重威乘机将去年囤积的粮食高价售出，大发横财。至于天子让他抗击辽兵，辽兵又没有打到他的头上，老子赚钱都来不及，哪有那闲工夫？所以在整个辽晋第一次战争期间，我们硬是找不到一条杜重威的顺国军与辽军交手的记录。

也有大佬将身心投入对金钱的热爱，比如叶公好龙式的景延广。在辽军南犯期间，景延广的实际表现相当差，遇到辽军，只知避战，从未亮一亮他口中的"十万口横磨剑"。甚至有一次，有辽军游骑冲到他的大营前大骂他的十八代祖宗，景延广也端坐营中，就是不敢出营一战。

见景大帅怯懦至此，一些属下官员禁不住感叹："当初挑衅契丹的时候，何等英勇无畏，现在契丹人真的来了，怎么能胆小怕事到这种程度？"

经过这次战争，景延广用他的跋扈与无能，几乎得罪了后晋上下的所有人。于是等辽军一撤走，石重贵立即指示桑维翰，追查景延广在战时不救戚城的过错。随后，景延广被逐出朝廷，外放为西京（洛阳）留守，他原来在皇家禁军中的一把手位置，改由差点被他坑死的高行周接任。

不再有权倾天下的显赫，不能再让皇帝言听计从，还把强大的契丹人得罪惨了，将来可能会被追责问罪，真是早知今日，何必当初？想到这一切，景延广万分抑郁，到了洛阳后什么正事也不干，每天只是窝在自己的豪宅内，纵情酒色，过一天算一天。

这时，契丹军队大举进犯，后晋朝支出剧增，财政濒临破产，只好推行竭泽而渔的政策，派出三十六名特使，分赴各地搜刮民财。每名特使都发给一柄特制的"尚方宝剑"，有权对抗拒搜刮的官吏、百姓杀无赦。

当然，抗拒的官吏很少，反正羊毛又不长在他们的身上，更多时候，他们与朝廷特使沆瀣一气，派出士卒、衙役带着铁链、枷锁、棍棒等刑具，如土匪般强闯民家强抢，让百姓求生不能，求死不得。

景延广就是此类官员的代表。洛阳分配的搜刮指标原本是二十万贯，但浑浑噩噩了好久的景延广，好容易遇上这么件能激发"工作热情"的任务，一时精神爆发，在洛阳大刮地皮，没用太长时间就搜刮到三十七万贯。交够朝廷的，剩下就是自己的，超额完成的任务就是用来中饱私囊的。

可惜，景延广的手下有人天良未泯，阻断了他的发财进程。判官卢亿警告说："景公您位兼将相，富贵已极，还不满足吗？如今是国家有难，府库告竭，才不得已征财于民。您怎么忍心乘机再下黑手，贪取不义之财？干这种伤天害理的事，就不怕连累后代子孙吗？"

景延广听了卢亿的话，竟然也感到了一点儿惭愧。另外，洛阳百姓可能真没多少油水了，他这才停止搜刮活动。

但李守贞、杜重威、景延广们安安心心发财的好日子并不长，因为耶律德光一刻也没有忘记后晋对他的冒犯。他说："我一定会回来的！"就在杨光远被杀后没几天，辽国对后晋发起的第二次大规模进犯已经开始。

杨光远已灭，辽军没有必要再分兵下山东，所以这次辽军南下只兵分两路。西路仍是辽军的牵制方向，主将为高模翰，西路军于开运元年（944）底过雁门关，攻取关南的多座城邑，但随着刘知远北上迎击，辽军便退出关南，双方未发生激烈会战。东路是辽南下的主力，以卢龙节度使赵延寿为先锋，耶律德光亲率大军为后继，攻入后晋境内。

赵延寿先从晋军手中夺回泰州，然后进入顺国镇辖区，包围了恒州（原先的镇州，今河北正定）。上次辽晋战争中全程"打酱油"的顺国节度使杜重威，这次避无可避了，只好集结手中所有兵力，死守恒州，同时派人潜出城，向朝廷紧急求救。

恒州毕竟也是五代著名的坚城，当年英明神武的李存勖，为拿下它如何损兵折将的故事，赵延寿恐怕还记忆犹新。因此，辽军并没有急于攻打恒州，只是以小部分兵力牵制城中兵马，大部分兵力用于攻略周边。在很短时间内，赵延寿连克鼓城、藁城、元氏、高邑、昭庆、宁晋、蒲泽、栾城、柏乡等九县，如入无人之境。

虽然辖区频频告急，围城的辽兵远没有守城的晋兵多，但杜重威深恐一出城，会中赵延寿的调虎离山之计，故不管恒州以外的顺国镇州县被辽军如何往来蹂躏，也绝不出兵救援，将缩头乌龟的精神发扬到底。

赵延寿倒还真是想将杜重威诱出来野战，但见杜重威抵死不出，只好改变计划，辽国大军一路扫荡南下，前锋进入邢州（今河北邢台）境内。

这时，后晋朝廷接到前方告急。证明过自身勇气的后晋皇帝石重贵，打算与上次一样统军亲征，与辽军一决高下，谁知就在启程前突发重病，只好中止行程，改调诸军支援前线。具体部署为：以天平节度使张从恩为主帅，邺都留守马全节、护国节度使安审琦等为副，率各军进驻邢州。另派武宁节度使赵在礼率军进驻魏州，填补张从恩等北上之后出现的空当。

此时后晋方面的指导方针，是想在邢州一线阻止辽军的攻势，相机与恒州的杜重威部南北呼应，夹击辽军。但石重贵又犯了一个用人方面的错误，负责实施该方案的晋军主帅，也就是他的岳父张从恩，根本没有打赢这一战的信心。

张从恩虽是将门之后，但他的父亲李存信就算不上善战之人，军事生涯败多胜少。在这不算太优良的基因传承下，年轻时的张从恩更退化了，集无赖纨绔于一身，在充满建功立业机会的梁晋大战时，他从未立下任何功绩。张从恩能得到今天的高位，完全是因为他与石敬瑭私交不错，女儿又嫁给石重贵，正好这两个石家人又都当上皇帝罢了。

一进入邢州，张国丈心里就打起了鼓：邢州的条件远不如自己先前镇守的魏州，城池不够坚固，粮草也不够充足。如果辽军攻来，如何顶得住？因此，尚未遇敌，张从恩便连连向女婿上疏，强调前线的战事有多么艰巨，面对的敌人有多么强大，以及邢州的城防有多么糟糕。

不久，传来消息，说辽帝耶律德光已亲统大军到达元氏。元氏距离邢州还有差不多二百里，但张从恩坐立不安，连连向朝廷告急，请求让大军从邢州南撤。石重贵拗不过岳父的一再请求，只得下诏同意。既然辽军士气正盛，那就允许驻扎于邢州的后晋大军稍稍南撤，避敌锐气，也寻求一个更有利的阻截阵地。

盼星星盼月亮，终于盼来了这道难得的好命令，张从恩等迫不及待地下令全军南撤。事发仓促，驻于邢州的后晋大军大多不知道发生了什么事，为什么突然南撤。一时间谣言满天飞，传说辽兵已从小道迂回到邢州之南，断了大军后路。

恐慌情绪弥漫全军，结果等撤退行动一开始，军队便不再受控，争先恐后地南逃，很多士兵甚至抛弃了盔甲武器，以便装四散而逃。后晋军队根本不是"稍稍南撤",而是一路烧掠,奔过了洺州(今河北永年),奔过了磁州(今河北磁县),一口气狂奔二百五十里,逃到相州(今河南安阳)才勉强稳住阵脚。退到此地,后晋军已是各部离散,不能再维持正常的编制。幸亏辽军主力离得远,没有在晋军撤退时追击,否则这次撤退,肯定会变成一次淝水式的大崩溃。

开运二年(945)正月三日,石重贵得知邢州还没有被辽军攻击,而张从恩等人居然已经退到了相州,只得重新调整部署,命张彦泽部进驻黎阳,景延广部进驻滑州胡梁渡,防守住黄河一线,然后勒令张从恩回去,去救邢州。

虽然石重贵一再严令,张从恩还是足足拖到正月十五日,才硬着头皮,与马全节、安审琦等率数万大军离开相州,重新回头北上,救援正遭辽军洗劫的安国镇(邢、洺、磁三州)。但张从恩带着这支大军仅仅出城数里,刚刚进至相州北郊的安阳河(又名洹水,发源于林县,流入大运河)岸边,就不再前进了。张从恩大军这静如处子的北上速度,与他们十几天前那动若脱兔的南撤形成了鲜明的对比。

张从恩下令大军暂停,以"安全第一"的标准,先在安阳河南岸沿河布阵扎营,只派义成节度使皇甫遇与濮州刺史慕容彦超率一千余名精骑渡过安阳河,向着北方侦察前进,看看通往磁州的一路上有没有危险。

这里简单介绍一下这两位将军。

皇甫遇是一位很典型的五代军人,在治理地方时横征暴敛,杀戮无辜,人见人怕,活脱脱一个混世魔王。但在战场上,皇甫遇勇武忠诚,屡克强敌,曾随李守贞大破辽军于马家口,算是当时的名将。

慕容彦超现在还是个小字辈,但更有来头,他是刘知远同母异父的弟弟。刘知远的母亲安氏夫人如何与某个吐谷浑人生下慕容彦超,因为史书不载,我们也不好瞎编。慕容彦超小时候没有随父姓,而是冒姓"阎",因为生得黑,似昆仑奴,被人称作"阎昆仑"。由此可知安夫人生他时并未改嫁。成年后的慕容彦超长了一张麻子脸,为人贪婪,狡诈多智,心术不正。不过论打仗,慕容彦超是个不错的将军,跟着兄长一道离家,从军多年，积功至刺史。关于他的故事，未来还很长，以后会慢慢提到。

回到当时，要说这张从恩虽然指挥作战的本事不怎么样，但他规避危险的直觉真的是异常敏锐：安阳河以北果然不安全！皇甫遇部进至漳河边的邺县，正打算找船渡河，突然在邺县西侧出现了大批辽军，并且马上对晋军发起攻击。皇甫遇与慕容彦超见强弱不敌，只得且战且退，渐渐退至一个叫榆林店的小镇（今河北临漳西南）。这时，辽军追兵大量涌到，晋军前锋崩溃在即。

看着这架势，有丰富战斗经验的皇甫遇对慕容彦超说："我们不能再退了，否则马上就会全军覆没，一个人都活不下来！"于是，皇甫遇与慕容彦超停止撤退，依托小镇的建筑、地形，固守待援。辽军则将榆林店团团围住，轮番冲击，战斗十分激烈。

交战中，皇甫遇的战马被射死，跌倒于地，忠仆杜知敏马上冲过来，将自己的马交给皇甫遇，皇甫遇跳上马背，继续与辽军苦斗。打了一阵子，皇甫遇突然听到杜知敏的骂声，原来他已被辽兵俘虏。皇甫遇大喊："杜知敏是忠义之士，不能不救！"然后便与慕容彦超一起不顾生死地冲过去，硬是将杜知敏抢了回来。

战斗持续至天色渐晚，仍未分胜负，但辽兵越来越多，而救兵不见踪影。两位将军叹道："看来，我们今天只能用一死来报国了！"

这时，在安阳河南岸的晋军大营，几个高级将领也感到不安。与皇甫遇私交不错的安审琦说："皇甫太师到现在一点儿消息没有，很可能是被辽军困住了。"话音未落，一名斥候匆忙来报："皇甫遇与慕容彦超二位将军，被数万辽军围困于榆林店！"安审琦急了，忙向张从恩进言："我们应该赶快出兵去救！"

张从恩正庆幸于自己的先见之明，早早留在了安全的位置，现在该讨论的是如何乘辽兵未至，后退到更安全的地方，哪还能往前送死呢？因此，张国丈坚决反对："斥候说的话也不一定可信，何况真要来了数万辽军，只怕我们全军出动，也不是他们的对手！去了又有什么用？"

安审琦愤然道："成功与否，皆是天意，如果天意真要让我们失败，

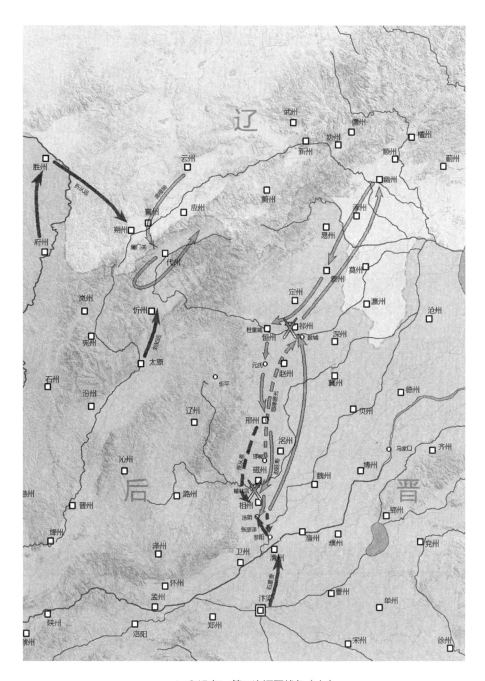

▲ 945 年，第二次辽晋战争（上）

也该有难同当！如果敌人没有继续南下，我们坐视皇甫太师战死，那还有什么面目回去朝见天子？"说罢，安审琦不顾主帅张从恩的反对，单独率领本部人马渡过安阳河，直奔榆林店杀去。

而此时围困榆林店的辽军已经疲困，震惊于晋军的战斗力：就这样一支小小的敌军，己方以十倍以上的兵力优势打了一整天，居然还吃不掉！就在停战休整间，他们忽见南边尘土飞扬，显然是晋军的救兵来了！辽军无心再战，解围撤走，于是，张从恩设想的情况根本没有发生，皇甫遇等得以生还。

谁也没想到，在榆林店发生的这次虽然激烈，但规模不大、实际上也没分出胜负的会战，会产生让人啼笑皆非的结果。

先看辽国方面。从榆林店撤下来的辽军，心情已经不能说是沮丧，而是惊恐：对面的晋军非常能打，一小队人也能和我们杀一整天。更可怕的是，晋军的大队人马很快就杀到了。在这种不健康的心理因素影响下，辽军明明不能算败退，却产生了败退的效果。

辽国皇帝耶律德光刚进至洺州邯郸县，当天深夜，接到榆林店失利，晋国大军将至的战报。辽军虽多，却分散在各地烧杀抢掠，一时难以集中，惊慌之下，辽国皇帝急令赵延寿断后，挡住晋军，自己披上衣服，跨马就走，一气竟狂奔了三百里，一直跑到恒州鼓城县（今河北晋州），才停下歇歇，再派人去打探：赵延寿怎么样啦？晋国的追兵到哪里啦？

再来看后晋方面。就在榆林店会战结束当晚，安全第一的张国丈紧急把众将召来开会，极力渲染当前的严峻形势："这次辽国是皇帝亲征，投入了倾国之兵，我们这点儿人显然不是对手。而且相州城内的存粮，只够大军吃十天。万一有奸细投敌，把我军的实际情况告诉契丹人，辽国大军出动，把我们合围于相州，我们将一个人也活不下来！"

然后，张从恩提出"完美的"解决方案："不如将守卫安阳桥的五百人留下协助符彦伦（符存审第八子、符彦卿的弟弟，时为相州刺史）防御，全军退往黎阳与张彦泽会合，那里背靠黄河，才是真正的万全之策。（潜台词就是，万一辽军再追来，还可以渡河逃跑，契丹的旱鸭子追不上。）"

可是，这么做不太妥当吧？之前我们在邢州，未遇敌而先撤，将几百里国土放弃，任由契丹人洗劫，已经惹得天子很不高兴了，现在受命北上救邢州，刚刚遇上敌人，没打败仗就要掉头退到黄河边，回去如何向天子交代？

谁知就在这反对声音还很大，军事会议没法达成共识的时候，张从恩已不管别人怎么说，带着直属部队拔营先退。绝大多数士兵根本不知道天平镇人马为什么要连夜撤走，霎时，莫名的恐惧传染了全军，安阳河南岸的晋军大营，如同被巨人踩了一脚的蚂蚁窝，乱作一团。各镇军队仿佛打了一场大败仗，纷纷扔下营地狼狈南奔，不一会儿跑得干干净净，遍地都是被抛弃的兵器、辎重。

真是兵熊熊一个，将熊熊一窝！有了张从恩这样的主帅，晋军在相州的数万大军又一次不战而溃，只剩下守土有责的符彦伦和那五百名安阳桥守兵没走，目瞪口呆地望着远去的友军。

片刻后，冷静下来的符彦伦对左右说："现在军心不稳，五百人怎么可能守得住桥？"于是，符彦伦带五百名士卒退入相州城，闭门防守。

## 白团卫之捷

再说在他们的北边，赵延寿以悲壮的心情，准备与晋军的追兵决死一战！但他等啊等，始终不见一个晋兵到来，忍不住派人去查探晋军的动向，结果让他愕然：晋军居然逃跑了！

第二天大亮，小心翼翼的赵延寿虚置旌旗，装出兵很多的样子，率部来到安阳河的北岸，这才确信晋军确实已经逃走，于是又渡河来到相州城下。符彦伦在城上同样虚张声势，到处插旗，让人擂鼓呐喊，叫传令兵在城头往来奔走，故意大声传递号令，仿佛城中守兵众多。

两个将领都中了对方的计，符彦伦以为赵延寿有好几万兵力，赵延寿也以为相州守军众多，不敢攻城，绕过相州搜索前进，抵达相州南边的汤阴县。在这里，赵延寿探听到有晋军正在北上。原来，就在张从恩说相州孤立无援不能守的时候，石重贵已命令驻守黎阳的张彦泽部北上援助相州大军。赵延寿不敢与晋军主力交战，怕露馅儿，急忙北撤回到相州城外。

正月十七日，赵延寿在相州城外装出准备攻城的样子。符彦伦在城头看了看，判断说："这家伙大概要逃了！"他派五百名甲士出北门，排列成一个小军阵，张弓搭箭，主动挑衅。赵延寿果然没有攻城，见吓不倒城中守军，只得率辽军向北撤走。符彦伦因为兵力太弱，也没有追击。

辽军没有在战场上遭遇大的失利，但赵延寿从相州北归，似乎成了第二次辽晋战争的一个转折点，之后，辽军各部开始全线后撤，而后晋军队则转入全面反攻。

辽军未受挫折便全线后撤的原因，史书没明说，以下是在下的猜想。

这个时期辽军尚未建立起正规完善的后勤补给系统，大军出征常常要靠"打草谷"，让军队沿途洗劫百姓来补充军需。但这种补给方式要奏效，有一个先决条件，即沿途有足够多的物资可抢。在一年前的第一次辽晋战争中，辽军中路主力南犯走的是贝州—魏州—澶州一线，返回时经冀州—深州。在这条线路上，辽军除了正常打劫，还进行了恶意的烧杀。这条道在一段时间内不利于辽军再次通行，因为沿途的生产被破坏得差不多了，尚未恢复，没有足够的东西可抢了。

辽军第二次南犯，主力避开第一次南犯的道路，改走其西面的恒州—赵州—邢州—洺州—磁州—相州一线，就是看中这一路沿途物资可能相对充足。然而，对照后晋方面的记载可知，顺国镇是上年后晋蝗、旱的重灾区，节度使杜重威又乘机大发国难财，对民间进行了敲骨吸髓式的竭泽而渔，这在无意中造成了坚壁清野的效果。当然，这条道上并非无粮，只是辽军没有拿下囤有大量军粮的恒州，得不到充足补给。待耶律德光的大军到达，辽军的后勤压力大增，发现仅靠沿途"打草谷"所得，无法保障大军吃饱肚子。这可能才是辽军收兵北归的主要原因。

晋军开始反攻的原因，最关键的一条是：张国丈终于被替换掉了！邢州、相州两次不战而溃的事迹，总算让石重贵醒悟过来：自己的岳父甚至还不如景延广，根本不是当大军统帅的料儿！后晋皇帝只好下诏，调张从恩回汴梁任职，撤销其北面招讨使的职务，前线大军的指挥暂时由北面招讨副使马全节代理。

此时，随着赵延寿北撤，他的军队中有士兵叛辽降晋，将辽军一些不太好的情况也透露出来。前线代理主将马全节奏报说："根据降兵的报告，辽军的人数远没有咱们以前以为的那样多，士兵正急于归乡，无心作战。臣等认为，我们应该大举反攻，收复失地，甚至可以打到幽州！"

正好，石重贵病情稍稍好转，查看了从河北方面送来的众多战报，禁不住心潮澎湃，对左右发表了一段主战的强硬谈话："北方的敌人还未能平定，让人如何能安心睡觉？我决定了，倾全力与契丹一战，挽救河朔的生灵！如果再迟疑苟安，只怕大河以北都要沦为敌寇的疆域了！"

前方战况有所好转，后晋方面的大反攻就此展开。

晋军中最早开始主动进攻的是偏居河套一隅的振武节度使折从远。此时的振武镇是个半独立势力，基础是由折、杨两家地方豪族通过联姻组成的联盟，虽然振武地处黄土高坡，狭小贫瘠，但民风强悍，很有战斗力。辽军开始第二次伐晋，折从远即主动出兵攻入辽境，于正月二十三日收复胜州旧城（今内蒙古自治区托克托县），将辽国势力挤出河套，然后又渡过黄河，反攻朔州，时间比后晋朝廷决定反攻还要早。

正月二十五日，石重贵下诏亲征，二月一日到达滑州，随后在皇帝的安排和督促下，马全节继续以招讨副使的身份，指挥大军北上，驱逐撤退中的辽军。话说张从恩已经另有任用，石重贵为何还不让马全节正式接替前方主帅，非要让他用副职的身份干正职的事呢？原因很简单，石重贵已经任命了新的前方主帅，只是那个人暂时无法到北伐大军中上任。

说到底，这就涉及石重贵的用人标准了：用外人哪有用亲戚让人放心？虽然已经用实战证明岳父是个废材，但自己还有姑父啊！所以大军北进，一旦恒州解围，那位顺国节度使兼北面招讨使杜重威，就将代替马全节，指挥全军。

二月十二日，参与北伐的各路兵马均到达出发阵地，开始依次北上。对此时的后晋朝而言，这是一支阵容极为豪华的大军，参战的高级将领中，有不少在当时赫赫有名的人物：邺都留守马全节、泰宁节度使李守贞、河中节度使安审琦、忠武节度使符彦卿、义成节度使皇甫遇、侍卫马军都指挥使梁汉章、侍卫步军都指挥使李殷、左神武统军张彦泽、右神武统军潘环，还有在去年澶州之战表现突出的药元福等。可以说，石重贵基本上将有能力动员的晋军精华全都派出来了，不遗余力，势在必得。

不过，在后晋皇帝动员能力之外的地方，比如后晋第一强藩河东节度使刘知远，就一点儿也不看好这次北伐的前景，他评价说："如今的中原民穷财尽，全力防守都还怕力量不足，天子居然不知轻重横挑强胡。就算一时侥幸取胜，也会留下无穷后患。更何况取胜的可能性几乎没有。"

就在刘知远散布"失败言论"的当天，晋军真的迎来了一次失败。此时，辽军已经主动解除了对恒州的围困，大部分撤回国内，只余下赵延寿部还在缓缓撤退。在经过祁州时，赵延寿灵机一动，耍了个诈，在隐蔽处伏下精锐骑兵，然后故意派一队老弱驱赶一群抢来的牛羊从城下经过。

祁州刺史沈斌果然中计，他以为辽军精锐已经撤光，便派兵出击，想将这批牛羊抢回来。不想军队一派出去，辽军精骑迅速杀出，一举夺下城门，将大部分守军隔断于城外。赵延寿一击得手，得意地出现在城下，召唤沈斌说："沈刺史，看在咱们以前是老朋友的分儿上，我给你指条明路。两害相权取其轻，你现在赶快投降，还可以保全性命。"

沈斌怒斥道："你们父子二人一时失计，陷身蛮虏之间，已经够可悲了！怎么还甘心引导这些犬羊之众，来残害自己的父母之邦？干出这种事，你不但不觉得羞耻，居然还在我面前得意扬扬，面有骄色？你只管死心，等我弓折矢尽，也只会为国尽忠，绝不会跟着你去当叛徒！"辽军随后发起猛攻，第二天祁州全城陷落，沈斌自杀。

不过，辽军毕竟马上要撤走了，所以他们控制祁州的时间很短。二月十九日，后晋的北伐大军抵达祁州，顺国节度使杜重威率本镇军队前来会合，并正式接过指挥大权。随后，晋军收复已是空城的祁州。

杜重威当上了后晋北伐大军的主帅后，北伐大军的行动就明显变得异常"稳重"。之前，大军从黎阳开到祁州，七天便行军约六百四十里，日均超过九十里；收复祁州之后，虽然还是在后晋的故土上行军，但杜重威指挥大军足足花了二十九天，直到三月十四日，才挪动到二百里外的泰州（今河北保定东北），日均行军不到七里。果然都是天子的亲戚，在"安全第一"方面，杜重威比张从恩也不遑多让。

晋军刚一发起攻击，辽国任命的泰州刺史晋廷谦就献城投降了，杜重威轻轻松松拿到了自己的北伐首功。这次小小的胜利多多少少增强了杜重威的信心，使他的行军速度提升到每天十里，于三月十八日收复了满城，俘虏辽军近两千人。三月十九日，晋军又收复了遂城，算是三战三捷吧，虽然其实没打什么像样的仗。

但在遂城，杜重威听到了让他震惊的消息。有投降过来的辽军士卒说："大辽皇帝耶律德光原本打算返回上京，但刚行至古北口（长城上的古隘口，位于今北京密云），得知晋军大举北伐已拿下泰州，就改了主意，重新集合各军，打算南下与晋军决战。现已集结铁骑八万人（有记载为五万人），估计明晚其前锋就能到达遂城，将军最好早做防备！"

这还北伐？赶快南撤保命才是正经！杜重威立即下令，退守泰州。这次速度挺快，第二天便全军退入泰州。但两天后，赵延寿率领的辽军前锋也到达泰州城下，杜重威赶紧放弃泰州，全军向定州方向撤退。

不过这次撤退就没那么容易了，因为他们已经让赵延寿黏上了。赵延寿看到后撤中的晋军，顿时喜出望外：后晋可用的精兵全在这里，他们主将却是个尽人皆知的大草包，只要引导契丹大军将其打垮，中原的皇帝就不会再姓石了！一想到自己那无比美好的前程，赵延寿激动不已，勇气倍增。他一面以弱故强，死死咬住晋军，使其无法快速行动，一面赶紧上报耶律德光：晋军主力已经跑不了啦！大军应迅速南下，灭晋就在此一举！

三月二十四日，杜重威大军退至阳城（今河北完县东南），与追上来的辽军前锋赵延寿部发生激战。按中原史书的说法，晋军取得了小胜，辽军失利后北撤十余里，退过白沟（海河的支流，又名巨马河或拒马河）；但按《辽史》的说法，则是辽军大胜，阻止了晋军逃往定州。这种"双赢"显然是不合逻辑的，从交战后的双方态势看：这次交锋大概率是没分出胜负，晋军的后撤行动虽被延缓，但未被阻止。

三月二十六日，杜重威焦虑万分，召集众将，对大家说："这次北朝皇帝亲征，面对如强劲的大敌，如果不拼命血战，我们靠什么活命？"众将都表示愿意死战求生。好在这一带是大平原，晋军排列成一个庞大的方阵，在严密的防御下，一面抵抗着辽军的骚扰，一面缓缓向南撤退。

以方阵的方式行军，比较安全，不容易被打垮，但对道路宽度的要求大，速度也慢，而且士卒容易疲劳。更糟糕的是，辽军可不会因为你放慢脚步就减缓速度。后续辽军骑兵不断到达战场，接着，辽国皇帝耶律德光乘坐的豪华大奚车（奚族人以擅长造车出名，辽国官方使用的车辆大多由奚族工匠制造，由骆驼牵引）出现在辽军的阵营中，精锐的铁鹞子骑兵也在猛将高模翰的带领下到达，各部辽军黑压压一片，如群山般重重逼近慢慢撤退的晋军大阵，优势越来越向着辽国一方倾斜。在他们的骚扰和攻击下，晋军的行动步履维艰。

三月二十七日日落之时，杜重威等人率后晋大军勉强退到阳城之南十余里的白团卫村，大军又累又困，无法再继续撤退。杜重威只好命令大军就地扎营，插上鹿角，构筑起简易的防御工事，休息一晚再说。耶律德光自然不会给他任何机会，马上指挥辽军，将晋军大营团团围住，切断粮道，欲将晋军困死。

屋漏偏逢连夜雨，可能是因为仓促扎营，来不及仔细勘察地形，晋军的营地中竟然没有水源。晋军人马等不及感受饥饿的艰辛，先饱尝了口渴的痛苦。没办法，晋军只能临渴掘井。

人倒霉起来喝凉水都塞牙，更倒霉的是连塞牙的凉水都喝不上。当夜刮起了东北风，风力强劲，刮倒了残破的土墙，更有树木被大风折断。可能是受大风影响，掘井刚刚挖到渗出地下水时，井壁塌了，只挖出一些潮湿的泥浆。晋军将士只好用布包裹着湿泥，绞出一点点带着土味的水，来润一润快要冒火的喉咙。

三月二十八日晨，太阳重新升起，但由于大风一直吹，卷起漫天飞舞的沙尘，天地间仍一片灰暗。感到胜券在握的耶律德光，在自己乘坐的大奚车上召见辽军诸将，发表了胜利宣言："晋军只有这点儿人马，今天就可以将他们全部歼灭！然后，咱们就可以一路无阻，直取汴梁！"

如果不知道后来发生了什么事，仅看此时晋军那近乎绝望的处境，能让人想到什么？是不是街亭道口的马谡？唯一让人不解的是，晋军在外围又没有援兵，耶律德光何必这么着急？只要围而不攻拖上几天，白团卫村内缺水断粮的几万大军怎么撑得住？

耶律德光急于发动总攻，可能基于以下原因：一、他不知道晋军已面临水源危机，把白团卫村当成了晋安寨，假如被围晋军水源粮草都比较充足，短期围困没什么效果；二、辽军是在得知晋军北伐后，临时由班师改为反攻的，事先没什么准备，可能粮草供应也不足，没有实施长期围困的能力；三、这可能更关键，耶律德光不想错过对自己有利的天时。

东北大风一直在吹，虽然辽军已从四面围住了晋军，但并没有平均分配兵力，真正用于攻击的主力部队，还是位于白团卫村的东北方，一旦开战，正好占据了顺风的有利条件。如果双方弓箭对射，辽军的箭可以射得更远。如果发起火攻，那火势也只会顺风向晋军一方蔓延。

耶律德光自然不会浪费有利本方的天时，辽军开始向晋军营地倾泻箭雨，并顺风纵火，助长声势。谁知风沙太大，看不见目标，弓箭只能盲射，命中率极低。而放的火在大风沙中时燃时熄，效果也不显著。精锐的铁鹞子骑兵带头发起冲锋，但又被晋军大营外围的鹿角阻挡，战马无法通过。

看到顺风带来的优势并没有预想中那么大，攻势仍然受阻，耶律德光有些焦虑，终于下达了一个在事后看是此战中最大败招的命令：铁鹞子骑兵下马，拔除鹿角，清出进攻的通道。

再说此时的晋营，主帅杜重威面对辽军的进攻，也不知道是不是吓傻了，像个木头人似的，没有做出任何反应。流箭飞来，不断有战友中箭倒下，却始终不见反击的命令。

晋军士卒的憋屈与愤怒都已到达了极点。之前在戚城、在澶州、在马家口、在榆林店，他们已经一次次证明过自己：他们是英勇的战士，不是畏敌的懦夫！只是在主帅杜重威胆怯惧战的大方针指引下，他们这几天才一直被辽军压着头打。如今到了这最后的生死关头，再不拼命就肯定没命的时候，将士的大声呼喊充满了军营。所有的吼声都在质问："招讨使为什么还不下令出战？要眼睁睁看我们白白送死吗？"

请战之声震天动地，但面对强大的对手时，要无所畏惧，敢于战斗，敢于迎难而上，那还能安全第一吗？那个人还能是杜重威吗？杜总司令坚守着等死的底线："现在风沙太大，看不清楚情况，还是等风小一点儿再做决定。"

为了活命，至少为了不枉死，众将终于爆发了！

马家口大捷的胜利者，马步都监李守贞，率先挑战了杜重威的主帅权威："现在敌军人多，我军人少，但在风沙之内，谁也看不清对方的数目，只要拿出狭路相逢的勇气，拼死一战，是有获胜可能的。这场大风是上天为救我们的命才刮起来的！如果不抓住机会，等一下风停沙住，我们会死得一个人都不剩！"

一番话狠扇了主帅的脸之后，李守贞未经授权，直接代替主帅向众将大声下令："各路人马，随我出击！"

然后，李守贞回头对杜重威说："令公（杜重威时任中书令）您只需守在营中，出击的事就不用管了，我会率中军与敌决一死战！"

但李守贞毕竟不是大军主将，晋军的其他高级将领并没有服从他指挥的义务。李守贞主要指挥步兵，步兵脚踏实地，迎风面积小，逆风作战对步兵的不利影响小，但对于迎风面积大的骑兵，逆风作战会非常吃亏。

骑兵主将之一张彦泽迟疑不决，与左右商议："敌军占据着上风方向，交战对我们不利，不然，我们骑兵先不动，让步军顶上去，待风势回转我们再出战不迟。"将军药元福见很多同僚都同意等风向改变，或者至少风势小一些再战，忙警告张彦泽说："咱们的士兵没水没粮，饥渴难耐，不可能坚持太久。要等到这大风停歇，恐怕已经全军覆没！更何况契丹人出于常识，认为我们不可能在逆风下与其交战，我们偏偏在此时出击，正好乘其不备，出奇制胜！"

另一骑兵主将符彦卿一锤定音："现在都什么时候啦？我们与其束手

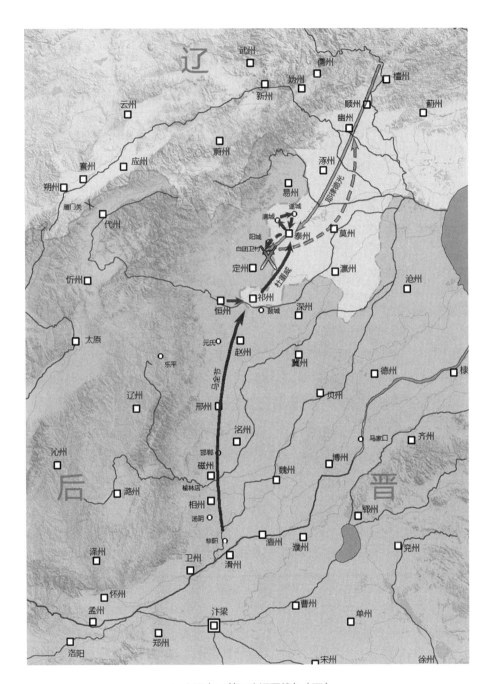

▲ 945 年，第二次辽晋战争（下）

就擒，还不如拼死一战，以身报国！"张彦泽见状，也改了主意，同意出战。于是，在符彦卿、张彦泽、皇甫遇、药元福四将的带领下，总计一万余人的晋军骑兵也行动起来。不过，拼死一战的信念虽然是真的，逆风作战会给骑兵带来的困难也不是假的，晋军众将也不是傻瓜。因此晋军骑兵并没有与李守贞等指挥的步兵一道，迎着辽军的主攻方向顶上去，而是打开了营垒的西门，借助顺风发起冲锋，一击便突破了辽军在白团卫大营西侧建立的脆弱包围圈。

再说在大营北面，辽军的主攻方向，身披重甲的辽军铁鹞子骑兵好容易拔光了正面鹿角，清理出一条通道，还来不及重新上马，就见一大批晋军步卒高声呐喊着，从漫天的沙尘中不要命地杀了出来。双方顿时进入了激烈的短兵相接。

在没有马力加持下的近距离步战，原本可以保护铁鹞子骑兵不受弓箭杀伤的昂贵重甲，现在反而变成了累赘，让这些身经百战的辽军精锐战斗力大减。仓促间，他们战马上不去，拼杀的动作变得迟顿，要跑还跑不快，只能在晋军步兵的砍杀下连连倒毙。

眼见最精锐的铁鹞子骑兵败下阵来，后面各支辽军的士气大受打击。就在此时，晋军骑兵在突破西面辽军的包围之后，快速北上迂回，来到主战场的侧面，然后由符彦卿一马当先，晋军一万余骑配合着正在大砍大杀的晋军步兵，对辽军发起了两面夹击。

这时东北风更大了，沙尘暴更狂了，虽是白昼，却在飞沙走石的肆虐下能见度极低，仿佛天地都在这一刻将积攒下的愤怒尽情发泄。晋军骑兵出现在包围圈外，果然大大出乎辽军的意料。因为看不清，他们往往等晋军杀到眼前才发现情况不妙，再要掉转阵列迎战，已然来不及。

而晋军不论步兵、骑兵，此时都像打了兴奋剂似的，一改前几天被动挨打的样子，近乎疯狂地杀向辽军。在这意想不到的重击下，各部辽军被一时的莫名恐惧打掉了士气，一支接一支败退，最终导致全线崩溃。耶律德光先是乘坐着大奚车北撤。畜力拉的大车乘坐舒适，却跑不快，眼看晋军追兵接近，辽国皇帝再顾不得帝王的体面，急忙扔了车，骑上原用于拉车的骆驼，狂奔而去。

晋军一路追杀了二十余里，直至位于阳城东南的濡河边上。晋军将士渴了很久，现在见到水源，忍不住冲到河边喝水饮马，暂时放松了追赶。辽军将领抓住这个机会，收集退下来的散兵，准备重新列阵迎敌。李守贞等晋军诸将发现辽军的小动作，马上对集结中的辽军阵地发起攻击。还没从惊弓之鸟的状态中缓过劲儿的辽军再次大败，全军涉水渡河而逃。

这时，意外得知大捷的晋军正式主帅杜重威也赶过来了。诸将让士兵喝够水，稍作休息，然后请求渡河继续追击。但杜重威不同意，一面摆出大帅的架子，一面用最没军人骨气的理由呵斥诸将："路遇盗贼，能够保住一命已经够幸运了，难道还要追上去讨还衣包，惹得贼人发怒吗？"

李守贞原本与杜重威的私交不差，之前在生死存亡之际不得不出手顶替指挥。但现在仗打赢了，危机解除，而杜重威仍然是让人得罪不起的天子姑父，还是不得罪的好。李守贞用客观因素附和了杜重威的意见："今天这一战可谓危险万分，幸得诸位将军奋不顾身，我们总算是打胜了！但将士渴了两天，现在突然喝了太多的水，双脚浮肿难行，不便追击。不如全军收兵回定州休整，全师而还，才是上策。"于是，晋军没有再扩大战果，而是掉头南撤，两军脱离接触，第二次辽晋战争就此结束。

古代有个用于形容帝王去世的专有名词——驾崩，最初的含义是指车驾崩坏。按这原始的词义算，那耶律德光在白团卫之战中，已经被打得"驾崩"了一次。更可气的是，这次开战前，辽军明明已经掌握了九成以上的胜率，居然还能被晋军绝地反杀，真的是"岂有此理"。逃回幽州的辽国皇帝越想越气不过，一定要找人发泄发泄，就将参与出征的辽军诸将及各部酋长抓起来，每人赏了一顿板子。唯一没挨打的，只有得到他宠爱的中原候补皇帝赵延寿。

待用将军们倒霉的屁股稍稍缓解了心头的怒气后，回顾两次大规模南犯的失利，耶律德光也不得不开始反思，自己是不是有什么地方没做对，辽国的国策是否需要进行调整。

# 第五章

# 契丹灭晋

刘知远　李三娘　冯道　郭威

## 罢免桑维翰

两次辽晋战争，让后晋和辽国均损失惨重，双方内部都出现了强烈的和平呼声。后晋开国元老桑维翰力劝石重贵，应该乘着前方取胜的机会，给辽国一个台阶下，用尽可能低调的口气，主动派人去请和，那么与辽国的灾难性战争就有可能停止。

石重贵也不像刚登位时那么冲动了，便接受了桑维翰的建议，遣使访辽，再次使用了奏表这种藩属对宗主的文体，以谦卑的措辞，表示愿意恢复对辽国的称臣，请求双方罢兵不再战。

之前耶律德光早有命令，禁止晋使入京。但这一回显然有了变化。得知晋使再次来求和，一向对南犯兴趣不大的辽国应天皇太后述律平，决定出马压一压儿子的头。于是，辽国太后当着群臣的面儿召见了辽国皇帝。

述律平问道："可以让汉人当胡人的主子吗？"

耶律德光答："当然不行！"

述律平反问："那你还想当汉人的主子？"

耶律德光答："不是我一心要和汉人过不去，只是因为石家人忘恩负义，天地难容！"

述律平觉得是时候拿出母亲的权威了："那又如何？你就算南征得手，得到了汉地，也不可能久居。万一再有失利，后悔还来得及吗？"

然后，述律平转头对群臣道："汉人怎么可能安心睡觉，不做防备？南征哪有这么容易？不过自古以来，只有汉人向胡人求和，没有胡人向汉人示好，现在汉人既已回心转意，我们又何必拒绝讲和呢？"

耶律德光终于接见了后晋使臣，开出了辽国方面的和平条件："叫景延广和桑维翰来谈判，同时将顺国、义武两镇（包括恒、赵、深、易、定、祁、泰共七州）割让给我，两国就可以恢复和平。"

随后晋使返回，将辽国的条件回报。石重贵及其重臣冯玉等研究认为，在晋军刚刚取胜的条件下，辽国还开出这么高的要价，显然是不打算讲和，晋国方面也就没必要继续浪费感情了。于是，石重贵不再听桑维翰的意见，都没有还价便主动中止了与辽国的和谈，辽晋战争仍将继续。

谁能想到，一年后耶律德光攻入汴梁，对后晋宰相李崧说："其实当初你们只要再派一批使者来，南北双方就不会再战了。"

再说石重贵的姑父杜重威，虽然靠着部下的不听指挥擅自行动，侥幸取得了白团卫大捷，但胜利并没有降低他对辽国的畏惧。现在回头一想，自己怎么如此倒霉，偏偏当什么顺国节度使？辖区紧挨着辽国，下次战争一开打，岂不是又首当其冲？不行，得找外甥换换地方。

当然，杜重威想离开恒州，还有一个重要原因，甚至可能是更重要的原因：经过杜重威丧心病狂地刮地皮，以及辽军第二次南犯的战争破坏，顺国镇各州县残破至极，所属村庄皆成废墟，百里不见人烟。大部分百姓不是成了穷鬼，而是真的成了鬼，杜重威很难再挤出油水了！

于是，杜重威不断上疏，请求入朝。问题是，晋辽之间只是暂时停火，并未结束战争状态，身为大军统帅，怎么能轻易离开前方？石重贵回书：我知道姑父的心意，但现在大敌当前，战火随时可能重燃，你统领大军在外，最好不要轻易入朝。

杜重威干脆来个公然抗旨，扔下自己的职责，自顾自踏上前往京城的旅程。前方主帅擅离职守的消息传至汴梁，后晋举朝大哗：身为皇亲国戚、国家柱石，可以不负责任到这种程度吗？若不严加惩处，朝廷纲纪何在，国家法度何存？

中书令兼枢密使桑维翰，早就看这位既无能又无德的天子姑父不顺眼，代表朝议上奏说："杜重威无视天子诏令，擅自离开边防重镇，就是因为平日仗着自己是皇室勋旧，不管怎样胡作非为，朝廷总会姑息纵容。而今战事频繁，他身为前方主帅，却毫无守土抗敌的决心，如果继续放纵，不知将来会做出什么事。陛下最好乘这个机会解除他的一切职务，让他回家养老，也许还能避免未来的灾难！"

石重贵不答话，只露出一脸不高兴。桑维翰清楚地感觉到，这种不高兴并非针对杜重威，而是针对自己。他暗自叹了一口气：一朝天子一朝臣，小主公终究不是老主公。

桑维翰只好让步："陛下如果念及亲情，不忍心将他罢黜，那么就在京城附近找个小藩镇安置他。不要再让他手握重兵，占据强藩了。"

石重贵终于开口，完全否决了桑维翰的请求，还话中有话："杜重威是朕的至亲，绝不会有二心。他这次入京，只是因为宋国长公主（杜重威之妻、石重贵的姑母）想和他见面，你们外人不了解情况，不要瞎猜疑！"

朋友们不一定听得出这段话的弦外之音，因为之前发生的很多与桑维翰相关的事，我们还没有交代，现在简单说一下。

同为石敬瑭开国创业的主要参与者，桑维翰不同于刘知远，他对后晋王朝的兴亡是很有责任感的。他眼见石重贵继位后重用景延广，没轻没重地与辽国绝交，引发巨大的边防危机，十分焦虑，急欲入朝主政，以便按照自己的信念拨乱反正。正好，第一次辽晋战争让石重贵认识到景延广不中用，桑维翰乘机发动门生故吏，纷纷向石重贵进言，称："陛下如果要顶住北朝的压力，让天下恢复安定，那就非用桑维翰不可。"石重贵一时没有了主意，觉得让老宰相回来试试也好，便于开运元年（944）六月加授桑维翰为中书令兼枢密使，封魏国公，主持朝政。

桑维翰由此攀上了自身仕途的第二次高峰。此后数月间，后晋朝廷的大小政务，多由桑维翰决断，这使后晋朝廷的决策水平有了明显提高。桑维翰也有很多缺点。他不是清官，在掌握大权后也收受贿赂；他睚眦必报，公报私仇的事没少干。但是，桑维翰主政的这段时间，是后晋朝内政的好转期，如果石重贵能一直重用桑维翰，按其思路处理国家大事，后晋朝不会那么快灭亡。然而，桑维翰性格强势，很快与石重贵的一位心腹重臣产生了严重冲突，那个重臣叫作冯玉。

冯玉，字璟臣，定州人，虽出身官宦人家，但早年参加进士举，每次都名落孙山，他后来能够崛起，是因为有个美女姐姐。原先后晋高祖石敬

162

瑭据说有个最小的弟弟，原名不详，被兄长收为养子，改名石重胤，一度出任邺都留守，娶了副留守冯濛的美貌女儿为妻。由于这层亲戚关系，石重贵内心充满了对小叔的羡慕。前面说过，石重贵原先娶了张从恩之女为妻，张氏早早过世，巧的是，石重胤婚后不久便因石敬瑭造李从珂的反而受牵连，被杀于洛阳。男已鳏，女已寡，更让石重贵心痒难耐。

等石敬瑭去世，石重贵甚至等不及给叔叔出殡，就迫不及待地在丧期迎娶了小婶，后来又正式策封冯氏为皇后。古人对石重贵娶小婶这件事往往大加抨击，认为这是在守孝期间乱伦。道德如此沦丧，难怪后晋国将不国。这门婚事的确不是好事，不是因为违背了古人的道德观，而是它的一项副产品——冯皇后那无才无德的弟弟冯玉因此发达了。

在冯皇后枕边风的强烈吹拂下，冯玉先是被提拔为知诰制兼中书舍人，负责起草诏书。虽然天子的小舅子文笔不行，真到起草诏书时都是由别人代笔，但没过几天，他就因为"业绩优异"再次得到提拔，升为端明殿学士兼户部侍郎。

不过，冯玉是个有"追求"的人，普通的高官厚禄不足以让他故步自封，一人之下、万人之上才是他的理想状态。可一开始朝中头号人物是景延广，没自己的份儿。好容易等景延广被打发去洛阳，桑维翰这老家伙又来了，仍是大权独揽，不给自己分油水。

怎么对付这个阻碍别人的家伙？当然是设法把他推倒了。冯玉拉上自己的帮手内客省使李彦韬，一有机会就向石重贵揭发桑维翰的贪腐罪行，揭发的也大多确有其事。石重贵本来就不太喜欢桑维翰，桑维翰和自己也没什么交情，还经常以长辈训小孩儿的架势对自己说这样不行、那样不对，着实有些讨厌。听了谗言，石重贵就打算将桑维翰罢去枢密使一职，好空出位子来提拔自己喜欢的小舅子。

刘昫、李崧看出苗头，忙进谏说："桑维翰是国家元勋，又没有明显的过错，不应该轻易罢免。"石重贵想想，也确实如此，桑维翰毕竟声望很高。桑维翰终于没有被贬，但还是得找人给冯国舅腾地方，于是另一个宰相和凝被毫无理由地罢了官，冯玉升任枢密使兼同平章事，与桑维翰共理朝政。有一次，冯玉准备给一个人升官，桑维翰认为此人的功绩、资历都不够格，就不同意。等到桑维翰休假，冯玉撇开他，擅自给那人升了职。此事之后，桑维翰与冯玉的矛盾越来越大，两人不能长期并存，必须分出个高低胜负。

不久，决战的机会来了。前文提到，辽国刚发动第二次辽晋战争时，石重贵本来想亲自统军北上，与耶律德光决一雌雄，但突然得了重病，卧床不起，才让张从恩代替出征。那几天，石重贵病情严重，似乎不久于人世。桑维翰对此很是忧虑，便通过宦官向李太后（石敬瑭之妻）进言，请求给石重睿安排老师教授学问，以备万一。这下终于让冯玉抓住了一个大把柄，他等石重贵病情稍好，便悄悄上奏，使出了必杀绝技：桑维翰正在串通皇弟石重睿，不知道是不是打算乘天子得病之机，行废立之事。

现在应该清楚了，当石重贵说杜重威"是朕的至亲，绝不会有二心"时，是在提醒桑维翰：你不过是个外人，而且有二心。我家人的事，何时轮到你个外人来指手画脚。

桑维翰知道天子在旁敲侧击，表达对自己的严重不满。这时自己如果不自觉引退，那么郭崇韬、安重诲的故事完全可能在今日重演。于是一退朝，桑维翰便上疏称足疾发作，请求辞职。石重贵也不挽留，按照冯玉的建议，顺势解除了桑维翰的中书令兼枢密使之职，改任开封府尹。

当时有人对冯玉说："桑公是国家元老，就算是解除枢密要职，也该给他一个大镇当节度使，干吗让他当开封尹处理些琐事呢？"冯玉的回答要多直接有多直接："不就是怕他造反吗？"那个人不甘心，又说："桑维翰只是个文人，手里又没有兵权，怎么造得了反？"冯玉说："你傻啊？他自己不能带头造反，但他可以教唆别人造反啊！"

桑维翰不一定知道这段对话，但他应该清楚地感觉到了自己的处境。之后，桑维翰基本天天请病假，尽量不去上朝，也很少去上班，同时基本不和外人、宾客见面，一切只为避祸。

压制了桑维翰，朝廷的日常事务从此自然都由国舅爷冯玉来决断。有几天冯玉请病假，石重贵甚至给其他宰执大臣打招呼："如果有刺史及以上的官位出缺，必须等冯玉上班时才能安排。"这简直是公然给众多的跑官人员指路：你们要想升官发财的，找别人没用，只能找冯玉。

冯国舅正气凛然地批评过桑维翰贪腐，但他一掌握大权，马上加紧贪污受贿，后晋的朝政迅速变得乌烟瘴气，一团黑暗。

开运二年（945）五月十一日，石重贵口中的那位皇室至亲杜重威来到京城汴梁。桑维翰已经被贬，没人敢追究他的责任，但舆情汹涌，并未平息。不知什么人提醒了一下杜重威：你多少做做样子，改善一下形象，不然天子要给你开脱，也有难度啊！于是，这位一向爱财如命的天子姑父，突然出人意料地宣布：看到国家有难，自己深负皇恩，备感痛心，所以决定大公无私地将自己的大量私产捐给国家，为天下人做一个表率。

杜重威的捐献可分成两大部分。一部分是物，包括存放在恒州私仓的粟米十万斛、草料二十万捆。对于杜重威此举，宋末学者胡三省评价说："杜重威捐献的物资，即使都是真的，也是用非法手段向百姓敲诈勒索来的。现在他怕危险，仓皇逃离恒州，没办法将这些不义之财运走，所以才不得已做个顺水人情罢了。"

另一部分是人，杜重威宣布，将自己的私兵共四千人以及装备的盔甲武器等，一并献给国家。连杯酒都没用到，就主动释了兵权，不愧是朕的姑父！你们都看见了吧，如此公而忘私，谁人能比？行事高风亮节，真人臣楷模。石重贵大喜，下令将这批人马中的骑兵部队编入扈圣军，步兵部队编入护国军（护国军是藩镇兵，史书在此处记载可能有误，怀疑是编入奉国军，扈圣与奉国是后晋侍卫亲军的主力）。谁知刚完成编组，杜重威又提出，自己还要在战场上为国效力，不能没有护卫亲军。于是，这四千人又调归杜重威所有，唯一的区别是以前这四千人的军饷要杜重威自己出，现在杜重威可以找朝廷报销了。

然后，杜重威又让宋国长公主出面，伸手向石重贵要官，表示愿意去魏州。对姑父有求必应的石重贵又一次完全同意，下诏再次将邺都留守改为天雄节度使，由杜重威出任。就这样，杜重威用一次牛哄哄的入朝，证明了桑维翰说得没错：在石重贵这一朝当皇亲国戚就是爽，再怎么胡作非为，再怎么违法乱纪，都什么事没有。

此时石重贵眼中的姑父，肯定不同于我们从史书上看到的杜重威，也许就后晋皇帝接到的战报来看，杜重威才是白团卫大捷的头号功臣。在错用景延广和张从恩之后，朕总算发现了杜重威这道足以捍卫国家的万里长城，终于可以高枕无忧了！就算姑父在其他小节方面有瑕疵，又怎能抵消其过人的才华与功绩呢？按这个思路看，石重贵对杜重威所做的一切，是不是都很合理？

更可悲的是，带有侥幸成分的白团卫大捷，不但让石重贵看错了人，还让他看错了时势，以为契丹人的威胁不过如此。如今国家内有冯玉，外有杜重威，皆是朕之至亲，忠诚且能干，还有什么好忧虑的？

作为皇帝，石重贵是有其过人之处的，比如英勇果敢，不畏强敌，在这方面他看起来比身经百战的叔父石敬瑭更强。但是与优点相比，他的缺点更加突出。一是用人唯亲，得到过他特别重用的人大致有五个，除了拥立他称帝的景延广和资格老功劳大的桑维翰，冯玉、张从恩、杜重威三个全是无才无德的皇亲国戚。二是缺乏自律精神，一旦觉得天下太平，就忍不住开启享乐之风。

后梁留下的旧皇宫，开始入不了石重贵的法眼了，于是，尽管战争状态还没有结束，国家财政仍极度困难，汴梁宫室的扩建与再装修工程也已经开始了，为此还特别鼓励各地藩镇进献财物和地方特产。

不久，泡病假的桑维翰听到了一些似曾相识的传闻：石重贵大幅度提升对伶人的待遇标准，据说能逗天子一笑，所得的赏赐之高，令外界咋舌。桑维翰的心揪紧了：上一位过分厚待伶人的天子，身死国灭还不到二十年，怎么又出了一位？

责任心让桑维翰忍不住"病情好转"，又一次上朝觐见天子："前些时候，陛下亲统大军与辽军决战，将士舍生忘死，立功负伤的，所得的赏赐也不过绢帛数匹。而今宫中伶人只需一言一笑让陛下开心，陛下给他们的赏赐是将士的十多倍，以至上百倍！如果这些事让将士知道，他们能不怨恨：'我们冒着白刃，拼死战斗，甚至断手断脚，功劳还比不上人家一言一笑？'长此下去，军心瓦解，陛下将靠谁来保住国家？"

让人讨厌且有二心的老家伙，不用开口就让石重贵反感了，他说什么皇帝都懒得听。不过皇帝也没有加罪。后晋的国势，就在桑维翰眼中的危如累卵，与石重贵眼中的一片大好之下，坚定地迈向终点。

## 高丽与狼山

后晋与辽国的战争暂时进入了间歇期，皇帝石重贵在放下心来享受生活之时，也没有完全忘记大敌尚在，还需要为将来必然再次发生的大战做好谋划。为此，石重贵打算实施一个大战略，仿照当年汉武帝试图联合大月氏，"断匈奴右臂"的方法，尝试拉一个盟友去断契丹的左臂。

石重贵产生这种想法，缘于邻国出现的一位重要历史人物。877 年，三十岁的"贼王八"王建被调到杨复光手下，开入江西参与镇压王仙芝旧部柳彦章之时，在朝鲜半岛新罗国松岳郡（今朝鲜开城）的一个豪族之家，诞生了一个和他同姓同名的男孩儿。没办法，"王建"这个名字确实没什么创意，重名率太高，为了和前蜀王建相区别，暂且称他为"半岛王建"。

王家发达后，半岛一些御用文人挖空心思给他们编造了高贵的祖先。那时半岛人对西边的大国充满了敬畏，所以在他们的笔下，王建的祖上是中国的贵人之后。至于是哪位"贵人"，他们没能统一口径，出现了三种说法——唐肃宗李亨、唐顺宗李诵、唐宣宗李忱。内容大同小异，一位大唐皇子流落新罗，想想自己本是大国王室，就以"王"为姓。

半岛王氏源于大唐皇族的说法，后来基本没人提了。今天一般认为，王建家族是高句丽遗民的后裔，他建国时，没有像李存勖、徐知诰那样以"唐"为国号，而是往高句丽身上套近乎；同样有高句丽遗民成分的渤海国，被他称作同族。

秦宗权被押到长安砍头的那一年（889 年），半岛王建十二岁，一系列暴动与叛乱席卷了朝鲜半岛，病入膏肓的新罗王朝终于步了唐朝的后尘，开始了亡国进程。在多年战乱的优胜劣汰下，有两支造反势力逐渐脱颖而出。

一支是原新罗裨将甄萱，他于李存孝背叛李克用那年（892年）举兵反叛新罗，到刘季述囚禁唐昭宗那年（900年）占据了半岛西南部的原百济故地，宣布建立后百济国。另一支则更为重要，为首的是一个叫弓裔的和尚。传说弓裔本是新罗王子，但因为生有凶兆，一离娘胎就被遗弃，幸得乳母相救得免一死，为此失去了一只眼睛。也许正因如此，弓裔长大后，极端仇视新罗的一切。弓裔前期的造反过程有点像李密，先是投奔梁吉的造反武装，而后取而代之。

作为造反军队的首领，早年的弓裔是称职的。对内他与士卒同甘共苦，赏罚公正严明，令行禁止，对外宣扬自己是弥勒佛转世，以佛法众生平等为依据，强烈反对新罗的骨品制（新罗的立国基础，以出身血统定贵贱，永不更易），以赢取人心，扩大支持面，使势力不断壮大。大批按骨品制永无出头之日的人物，如王建的父亲王隆，就在此大潮下举族投奔了弓裔。十九岁的王建加入了弓裔的军队，开始崭露头角，迈向辉煌的人生。

朱温六路大军围攻太原那一年（901年），控制了半岛北半部的弓裔建国，号称"后高句丽"（只过了三年，他就改国号为"摩震"，又过了七年，改国号为"泰丰"）。新罗王朝退缩到东南一隅，半岛又一次三国鼎立，史称半岛"后三国时代"。在后三国的混战中，王建表现突出，屡立战功，逐渐成为弓裔手下最耀眼的将星。与前蜀的王建相比，半岛的王建没那么狡猾，但情商过之，待下诚厚，与人为善，能给与他交往的人都留下好印象，从而积累起庞大的人脉。弓裔对王建也非常赏识，不断给他加官，最后他升至广评侍中，相当于泰丰王国的首相。

王建的声望、地位步步提升之时，弓裔的精神状态仿佛他的国号一样同步变化，先是"魔怔"，之后更是"太疯"。弓裔先是表示泰丰国与新罗国不共戴天，在国内将新罗改称"灭都"，只要抓到新罗人必杀。然后因为有僧人指出他的佛学修为不过关，撰写的佛经错谬百出，他又杀和尚。到后来，弓裔怀疑每个人都可能背叛他，声称自己有神眼，能看穿每个人的阴谋，然后以此为理由天天杀人。上自手下文武，下至普通百姓，每个人都有可能因其一时暴怒而无辜丧命。

弓裔的王后康氏是个善良的女人，劝说丈夫应该少杀人。谁知弓裔震怒，竟然用烧红的铁棍插入妻子下身，将其虐杀。随后，他又杀掉了康氏为自己生的两个儿子。王后母子无辜惨死，震惊了泰丰王国上上下下。咱们大王连自己的妻儿都能滥杀，谁还能有安全感？与其朝不保夕，苟延时日，不如乘着屠刀落在头上之前，拼死一搏，打倒暴君，拥立一位对大家都好的仁主。

就在前蜀王建逝世的那个月（光天元年六月，918 年 7 月），半岛王建在一批高级将领的拥戴下，发动了政变。弓裔多年来用强大恐惧建立起来的权威，顷刻间土崩瓦解，弓裔仓皇出逃，为乡民所杀。王建顺势称王，定国号为"高丽"。

王建称王时，半岛的后三国时代仍在继续，虽然从总体来看，高丽在三国中国力最强，但王建并不具备一统半岛的武力优势。已经气若游丝的新罗固然不足道，甄萱的后百济却不是能轻易对付的。高丽与南部两国不同，还需要担心北边可能出现的威胁。

926 年，契丹大军攻灭了渤海国，之后大量的渤海难民涌入高丽境内，引起了王建的高度警惕，开始暗中资助渤海残余势力对契丹的反抗，以便在国境以北制造缓冲区。

未来的宋太祖诞生那一年（927 年），后百济王甄萱亲率军队大举攻入新罗，新罗景哀王不是对手，紧急向王建求救。王建发兵来援，但在援军赶到之前，新罗首都金城（今韩国庆州）已被攻克，景哀王自杀。甄萱没有将新罗吞并，而是立金傅为末代新罗王，将其收为附庸国。王建大怒，亲自统军截断甄萱归路，两军大战于公山（今韩国大邱八公山）。王建大败，多员大将战死，王建仅以身免。

大败之后，高丽一时人心动摇，王建不得不请求"天朝上国"出面调停，以化解危机。哪个天朝上国在半岛这么有排面？竟然是钱镠的吴越国。钱镠以二国宗主的身份，下诏书让高丽与后百济不得再战，要和睦相处。

钱镠的诏书虽然并不能真的让高丽与后百济变成友好邻邦，但也让战事缓了一缓，使王建从容渡过难关。之后王建与甄萱还多次较量，双方互有胜负，高丽仗着疆域更大，逐渐扭转了不利局面，但如果不是他的对头甄家"父慈子孝"，这种南北对峙的局面不知还要持续多久。

石敬瑭出任北面行营都总管，开始向李从珂要钱要粮，拥兵自重，为造反做准备的那一年（935年），后百济王甄萱起了废长立幼的念头，想立第四子甄金刚为继承人，惹得老大、老二、老三联手反叛，一起杀掉了老四，废黜了老爸，将他囚禁于金山寺。老大甄神剑强行继位，成为后百济的第二位国主。但三个儿子没料到，老爸不是一般的老江湖，居然还有绝地翻盘的能力。三个月后，甄萱逃出金山寺，为了报仇，潜出国境，向北去投奔老对头王建。

王建大喜过望，立即封甄萱为尚父，位在百官之上。虚弱至极的新罗敬顺王金傅，得知昔日老宗主甄萱投奔王建，主动向高丽献地归降，立国长达九百九十二年的新罗王朝终结。

第二年，王建接受甄萱的请求，发动倾国之兵征伐后百济。这是当时的朝鲜半岛能拿出的最豪华阵容：两位身经百战的枭雄一起出马，高丽国王为主帅，前任后百济国王当先锋，一路势如破竹，将后百济一举灭国。朝鲜半岛重新在高丽王朝的统治下归于一统。甄萱由此创下了一项纪录：开国之君亲自引导敌人来灭亡自己创建的国家。

高丽王朝南边的敌人被解决了，但北边的边患似乎更让人担心。就在甄萱投奔王建的前一年，渤海人的反契丹武装遭受重创，自称后渤海王的大光显（末代渤海王大谭撰之子）率数万部民南下投奔高丽。王建以同族之谊收留了大光显，让他改名"王继"，编入高丽王族的家谱。原渤海境内的反契丹武装基本消失了，但王建更加担忧契丹可能的进犯。

王建数次遣使出访契丹，做出愿意友好交流的姿态，但在国内，这位高丽王毫不掩饰自己的歧视，称契丹人是"丑类"，在给子孙的遗嘱中称辽朝是"禽兽之国"。但现实是这个"禽兽之国"非常强大，要真发生战争，高丽王朝明显不是对手。该怎么办？好像只能求助"天朝上国"了。

此时，高丽国口中的天朝上国由吴越变成了后唐。就在吴越王钱镠病逝的那一年（932年），王建派出的高级使团到达洛阳，朝见了后唐明宗李嗣源，表达臣服之意。李嗣源封王建为特进、检校太保、玄菟州都督、上柱国、大义军使、高丽国王。高丽从那时起便改用后唐年号，成为后唐的藩属国。

后唐三朝的国运都不长，被后晋取代。后晋初年，有一个叫室利缚罗（或称袜啰）的西域高僧（有说是印度僧人）为宣扬佛法，一路东游，来到中原。据说这僧人善于占卜，得到了石敬瑭的接见，并赐号"弘梵大师"。会见后，室利缚罗请求继续东进弘法，得到批准，又来到了高丽。

半岛王建是个佛教徒，早已规定佛教为高丽国教，听说得到天朝皇帝嘉奖的佛学大师自中原而来，自然不敢怠慢，亲自接见。两人会面相谈，王建才了解到中原的最新情况：敢情没过几年，中国又改朝换代啦？不过没关系，不管王朝怎样变动，中国总是半岛人心中的天朝上国。王建乘此机会请求这位在中国皇帝面前说得上话的弘梵大师，回去后替自己游说一下上国："渤海本是我们高丽的亲戚之国，却遭到了契丹的无理侵略，连国王都被掳走。我愿与中国一道出兵北伐，为他们报仇雪恨。"同时，王建还向室利缚罗宣传了一下高丽的国家实力，表示高丽军队也是有能力的，只要后晋肯出兵，东西夹击契丹，则胜利可期。

也许是茫茫黄海阻隔了王建的耳目，他竟然不知道此时"天朝上国"仅仅是"禽兽之国"最孝顺的干儿子。室利缚罗回到后晋，将王建那不切实际的请求上报给石敬瑭。后晋皇帝一看，居然要他与干爹反目，那是不忍，不能，也不敢啊！

石敬瑭不同意，不过也没有将此事宣扬出去，就当作没看见，糊弄了过去。不过，室利缚罗受人之托，忠人之事，等石重贵继位，辽晋战争爆发，便再次向后晋皇帝上奏此事。

石重贵大喜。千里海外还有此孤忠，值得嘉奖表扬，那就让高丽尽快出兵从东面牵制辽国。不过，高丽太祖王建在第一次辽晋战争爆发前（943年）就已逝世，其长子王武继位，遣使向后晋告哀并请求大国的承认。

那就把这两件事合起来一起办了。石重贵派遣通事舍人郭仁遇渡海出使高丽，以宗主国钦差的身份，将昔日李嗣源封给王建的那一大串头衔，又全部打包授予王武，同时要求这位高丽新国王兑现王建当年的承诺，尽快做好准备，与晋军一起出兵伐辽。

按中国方面的记载，郭仁遇到达高丽后，王武收下了所有的赏赐与头衔，但一听说要他出兵伐辽，马上顾左右而言他，不肯给个何时出兵的准话。郭仁遇完不成任务，只好暂留高丽，顺便考察半岛王国的军事实力，结果让他大失所望。认定联合高丽毫无希望后，郭仁遇返回后晋，向石重贵报告高丽的军队极弱，根本不足以同辽军抗衡，室利缚罗那老和尚给陛下传的话，恐怕都是王建吹的牛皮。

高丽究竟有多少军队呢？据《高丽史·兵志》记载，王建统一半岛后，在全国设六卫三十八领，每领千人，再加上数量很少的内军宿卫宫廷，其常备军总数在四万人左右。放在中国，这个数量与成德节度使王镕的兵力相当，还进不了一流大藩镇的行列。至于高丽军队的素质，由于在这一阶段高丽军没有大的外战记录，只能从郭仁遇的观察来判断，应该也不能估计过高。从这些资料看，高丽显然只能算一个弱国。

不过，关于后晋与高丽这一段时期的交往，两国史书记载存在极大出入，有些事的真相可能不像看起来这么简单。

据《旧五代史》与《资治通鉴》记载，郭仁遇出使高丽是开运二年（945）十一月的事。但据《高丽史》记载，高丽惠宗王武在这一年九月就已去世，其三弟王尧与四弟王昭，在他死亡当天发动政变，清洗了一大批朝臣，然后王尧继位，是为高丽定宗。因此，郭仁遇见到的那个高丽王，极可能根本就不是王武。

按《高丽史》的说法，他们从未接待过郭仁遇这位大国使臣，大国封给王武的那一堆官爵，是在王武去世前几个月，由另一位后晋使臣范匡政带来的。但这位范匡政，仅出现在朝鲜史书中，在中国史书中查无此人。

在下猜想，真相也许是这样。

为扼制北境边患，王建确实有联合中原王朝对契丹开战的想法。而在他麾下，经历了几十年内战最终胜出的高丽军队，应该还是有一定战斗力的，不至于像郭仁遇说的那样不堪。等王建死后，情况就不同了，高丽王朝内部矛盾激化，军力衰退，他的儿子们内斗都还忙不过来，哪有精力和胆量再去招惹契丹？甚至不排除高丽军队的虚弱，是王尧有意展示给郭仁遇看的，以便推掉出兵北伐的任务。

虽然天朝上国的册封，对高丽王朝建立统治合法性非常重要，但后晋安排的附带条件实在让他们无力接受。他们也不想如实记录，给后世留下他们只管吃饭，不管买单的不光彩形象。怎么办？只能修改历史教科书了，把郭仁遇使团的使命一分为二，符合他们需要的部分交给子虚乌有的范匡政使团，其余部分选择性遗忘。如此一来，史书变得光明多了。

争取高丽参战的计划就这样告吹，接下来后晋的国运，是祸不单行。

话说在易州（今河北易县）西南数十里的太行山脉中，有一座地势险峻的狼山，很多年后改名叫"狼牙山"。一千年前，这里是民众武装抗击契丹的根据地。当时狼山上建有山寨，一有战事，附近百姓常常逃入狼山山寨躲避，必要时拿起武器抵抗来犯的土匪、乱兵，以至契丹"打草谷"的军队。久而久之，这里渐渐形成一股独立的民间武装。

已知狼山武装最早的首领，是一个原姓孙、法号"深意"的尼姑。深意可能精通魔术，常常当众表演一些"见证奇迹的时刻"，方圆百里内的百姓大多对她毕恭毕敬，奉若神明。深意有三个得意弟子，是三兄弟，据说还是深意的族侄，分别叫孙方简、孙行友和孙方进。三兄弟在深意的培养下，皆武艺高强，任侠尚义，在民间享有大名。

稍后，老尼姑深意逝世，孙方简成为狼山山寨的大寨主。深意的尸身奇迹般没有朽坏，经过化妆后看起来还栩栩如生。孙家兄弟乘机向信徒宣扬：我家姑姑没有死，而是坐化成仙了！他们还经常将深意的尸身请出来，接受信徒的顶礼膜拜。这神迹一传十，十传百，深意的名气在死后大大超过了生前。大量百姓因此投奔狼山。狼山的武装势力迅速壮大，开始成为一支不容忽视的力量。

辽晋战争爆发后，孙方简率部下狼山，伏击了辽军的后勤辎重，缴获了不少军资羊马。辽军分出一千多兵力去进剿，反而被孙方简打败，斩辽军裨将谐里相公。

打败了来犯的辽军，狼山山寨的名气更大了，孙方简担心发展下去会引来后晋朝廷的讨伐，于是主动请求朝廷招安。后晋朝廷也正想利用这支民间武装来帮忙阻挡辽军，便任命孙方简为东北招收指挥使，给予了他合法身份，以及极大的行动自主权。

接下来一段时间，狼山山寨成了辽国边境官员的噩梦。孙氏兄弟常常率精壮，神出鬼没地一次次潜入辽国境内，打下过岐沟关、平庸城、飞狐塞等地，使契丹人闻之色变。这支民间武装实力有限，不能给辽国造成特别大的威胁，但论作战积极主动，足以让后晋绝大多数正规军相形见绌。

谁能料到，开运三年（946）初，狼山武装竟突然一百八十度地转变了自身的立场，在不接受整编的条件下，全军降辽。

关于孙方简率部降辽的原因，后晋官方的说法是，他们不断向朝廷提出过分的要求，朝廷不能使其满意，故而他们降辽。但具体是什么要求，没有记载。另一种说法是，后晋某些文臣武将视孙氏兄弟为异己，就像《水浒传》中宋廷对受招安后的宋江那样，不断猜忌、排挤、打击，他们在后晋无法立足，才愤而降辽。这种说法似乎更合理，因为孙方简不同于范延光、杨光远，不是有可能借助辽国帮助当"儿皇帝"的军界大佬。

当年四月，杜重威派心腹将领刘延翰到晋辽边界一带采买战马。以此时晋辽的关系，后晋方面当然不可能用正常方式向辽国买马，所以更可能是向从辽国抢到不少马匹的狼山武装征马。双方起了冲突，孙方简生擒刘延翰，献给辽国。这件事可能才是孙方简降辽的真正原因。

刘延翰还真是命大，不知用什么方法成功从辽国逃回，爆料说："孙方简早就暗中降辽，我才受到暗算。如今这个乱臣贼子想乘着中国饥荒，引导辽军入侵，我们需要早做准备。"孙方简是不是早就暗中降辽，我们不知道，但引导辽军进犯，后来恰恰是发生在刘延翰的上司杜重威身上，没发生在孙方简身上。

孙方简降辽不算特别重大的事件，但隐隐约约地为即将在神州大地上发生的悲壮宏大的剧幕做出预演，并给出两个启示：一、对于地广人众的中原王朝，如果能真正将国家潜力激发出来，从来都不弱，促使它走向崩溃的最主要因素，往往在内而不在外；二、当时真是民风强悍的时代，小民一旦有组织地武装起来，也是不可轻辱的。不久，石重贵将深刻地领略到第一条，而耶律德光将痛苦地被第二条教育。

## 晋军北伐

后晋王朝正在走向终点，但一度有那么些日子，石重贵的朝廷上下误以为大晋时来运转，就要迈向复兴了。

让人兴奋的契机，源于开运三年（946）七月的一天，有人从已经被辽国改叫南京幽都府的幽州来到汴梁，给后晋朝廷带来了一个"惊喜"：契丹最近两次南犯的急先锋，辽国的"魏王"赵延寿打算反正归国。

如今赵延寿在辽国的分量非同一般，他如果反辽归晋，影响力无疑会远超不久前发生的孙方简降辽事件。后晋两位枢密使冯玉、李崧得知此事，大喜过望，赶紧安排杜重威给赵延寿写去一封热情洋溢的信，表示非常欢迎赵延寿迷途知返，只要回来，朝廷既往不咎，还将给予巨额的奖励。

然后，后晋方面派了一个叫赵行实（《资治通鉴》说他曾是赵延寿的部下，《辽史》说他是赵延寿的族人，但不管哪种说法都很奇怪，赵延寿的养父赵德钧，原名就叫赵行实。这个人也叫"赵行实"，完全不用避讳吗？）的人，充当秘密信使，悄悄潜往幽州。

不久，赵行实安全返回，还带来一封赵延寿"情深意浓"的亲笔回信。赵延寿表示："我身陷番邦整整十年，对故国的思念却越来越强烈了！只是契丹人监视太紧，不易行动，如果朝廷能派大军北上接应，我一定回归故国！"接到这封信，后晋朝廷欢欣鼓舞，让赵行实再次潜入幽州，与赵延寿商定大军北上和赵延寿归国的具体日期。

赵延寿在信中说的话，究竟是不是出自真心？作为可以看清底牌的后人，应该这么说，赵延寿没有完全撒谎，他想回到中原的心是无比真挚的，只不过他想回来的方法，不是石重贵君臣期待的。

之前在辽国，耶律德光君臣检讨了最近两次南犯不利的经验教训，认为有以下原因：一、晋军在晋国主场，有坚固的城池与良好的设防阵地可依托固守，都不是短期内能拿下的；二、不管缘自天灾还是人祸，反正晋国在主要战区实现了坚壁清野，沿途的乡村穷困，使辽军靠抢劫维持后勤的难度太大，难以进行长期作战。

那要怎么解决这些问题呢？一心想做石敬瑭第二的赵延寿替耶律德光出了个好主意：先在辽国境内布下一个大陷阱，再将后晋大军诱骗过来，一举歼灭。然后，我朝大军便可直取汴梁，将忘恩负义的石家人连根铲除。（至于之后的事，皇上您记得的。）

到此刻为止，赵延寿的诈降计划进展顺利，后晋朝廷已经中计，只要稳住别泄露了机密，辽军将有很大机会打赢即将到来的第三次辽晋战争。只是，这晋军什么时候来呢？

后晋军队没有马上开始北伐，原因估计很多，其中可能有一条是石重贵想将刘知远手下的吐谷浑骑兵收归中央，以便加强北伐的兵力。

前文提过，吐谷浑首领白承福原受安重荣的拉拢，率部脱离辽国，投奔后晋。后来安重荣反晋，白承福又在刘知远部将郭威的劝说和安排下，脱离安重荣，投靠了刘知远，其部族被安置于太原东面的岚、石二州。

不久，刘知远发现白承福没有死心塌地跟随自己，还有另攀高枝的嫌疑。两次辽晋战争期间，石重贵向刘知远征调军队，刘知远打算一毛不拔，他的嫡系部队都很听话，任凭河北杀得天昏地暗，也不改他们在山西闲庭信步。但白承福好像不够懂事，吃着刘家的饭，还操着石家的心，竟然带一队人马越过太行山勤王去了。白承福参加了石重贵指挥的澶州之战，还跟着张从恩防守过滑州，这让刘知远很不满意。

另外，吐谷浑部落在岚、石两州放牧时，多次与当地人发生冲突，违法乱纪的事也没少干。刘知远便来个铁面无私，对吐谷浑人犯法都从快从重。吐谷浑部族怨气大涨，很多人开始后悔投晋。不久，吐谷浑部的一个小首领白可久，带着自己的人脱离后晋，又投奔辽国去了。

耶律德光得到这个消息很高兴，马上任命白可久为云州观察使，并且放出风声：如果白承福肯回去，将得到更高的待遇！

眼看吐谷浑人越来越朝着定时炸弹的方向进化，刘知远与郭威商量怎么解决吐谷浑部的问题。当初白承福就是由郭威出面招降过来的，但他显然一点儿也没有为老熟人说句好话的意思："如今天下多事，把白承福一伙留在太原，实在是心腹大患。不如乘大乱发生之前，将他们彻底铲除。"

刘知远心动了，决定来个无毒不丈夫。但鉴于白承福给朝廷卖命很积极，刘知远打算先给石重贵一点儿甜头，堵一堵朝廷的嘴。太原一封密奏送到了汴梁："吐谷浑反复无常，难保将来不出乱子，请将他们的精兵调往内地安置，分割其力量。"将吐谷浑的精兵调离河东，正中石重贵下怀，于是一道圣旨送到太原，刘知远毫不阻拦，一千九百名吐谷浑精骑被朝廷调走，分散安置。

削弱了吐谷浑的兵力后，刘知远马上使出第二招，由郭威出面拜望白承福，告诉老朋友一个好消息：大帅为你们在太原城中修建了豪宅，今后咱哥儿俩就可以比邻而居了。白承福没有起疑，与吐谷浑的另外四位小首领一起离开部落安置地，搬到太原城中居住。

两招成功，第三招便顺势而出。突然有人检举揭发，说白承福、白铁匮、赫连海龙等五家密谋叛乱。这还了得，谋反罪肯定是杀无赦的！刘知远的军队立即包围了他们的宅第，不问男女老少，将五家共计四百余口人全部诛杀。然后，刘知远收编了已经没有獠牙和大脑的吐谷浑余部，同时抄没了白承福等人的家产，共得到良马数千匹、各种财货价值百万（史书没有说计量单位，估计是百万贯，或者泛指数量多）。

白承福等人的谋反大案，经刘知远上报朝廷，汴梁舆论大哗，多数人认为这是一起冤案。石重贵明知白承福是怎么死的，但他不能承受与河东军翻脸的代价，还是咬牙切齿地下诏，褒奖刘知远防患于未然的英明和快刀斩乱麻的果断。

诏书发下去后，石重贵越想越窝火：岂能让刘知远这厮蹬鼻子上脸？怎么也得敲打敲打他，让他知道朝廷也不是任他揉捏的橡皮泥吧？

于是，冯玉的心腹，宣徽北院使李彦韬检举：经查，濮州刺史慕容彦超，曾私立名目强行向百姓收钱，又擅自动用官库中的五百斛粮食制造酒曲，卖给百姓收取酒税。以上恶行，事实清楚，证据确凿，如果严格按照后晋的法律条文，论罪当死。冯玉乘机制造声势。

刘知远得知自己同母异父的弟弟被抓了起来，忙上疏营救。宰相李崧也进言道："就慕容彦超犯的那点儿事，天下所有的藩镇、刺史，恐怕个个都有。如果这都要追究，岂不让天下的节度使人人自危？"

李崧说的道理石重贵当然都知道，也不真想要了慕容彦超的命，只要让刘知远感觉到朝廷有还手之力，以后做事不要太嚣张就行了。于是，石重贵下诏，赦免慕容彦超的死罪，但革除官职，流放房州（今湖北房县）。

由于石重贵忙着和刘知远斗法，对赵延寿扔出的鱼饵虽然表现出了浓厚的兴趣，却迟迟不咬钩。辽国方面有些焦虑了。是不是应该再增加诱饵的分量呢？九月底，北边又有一位汉人官员"思念故国"了。

辽瀛州（今河北河间）刺史刘延祚（与刘守文的儿子刘延祚同名，应该不是一个人）写信给后晋的乐寿（今河北献县）监军王峦，称："现在瀛州城中的辽军不满千人，如果朝廷肯发兵，自己做内应，取之易如反掌。另外，今年秋天燕地的雨水特别多，自瓦桥关（今河北雄县）以北，到处都是积水。契丹人水土不服，适应不了这种气候，都退回塞北去了，就算听到南边有事，因道路遥远，水泽泥泞，也根本来不及救援。"

刘延祚远不能同赵延寿相提并论，但他送来的这份情报太诱人了，按其所说，在燕山之南，正牌的契丹人都走了，只留下赵延寿那批"渴望归国"之人，仿佛只要出兵，燕云之地便唾手可得。

看到如此千载难逢的"良机"，后晋朝廷上下终于再也绷不住了。杜重威上奏，请求乘此良机收复瀛、莫二州失地；深州刺史慕容迁乘势献上"瀛莫图"（可能是瀛、莫二州的地图）；冯玉、李崧也都建议赶快发兵北上，迎接赵延寿与刘延祚的反正。

此时，正好天平节度使李守贞从前线立功还朝，石重贵特别嘉奖说："听说爱卿担任大将的时候，经常用自己的私财犒赏将士？"（真不知道这是哪儿传出来的消息，石重贵没听过"守贞头"的典故？）

不久前，李守贞路过魏州，接受了杜重威的大笔馈赠，两人相交甚欢。李守贞料定杜重威必然得到石重贵的重用，自己正好做个顺水人情，于是连连谦让："那都是杜重威尽忠报国，送了我大批金银绸缎来赏赐将士。他高风亮节，不愿留名，但我可得讲良心，不敢埋没他的功绩。"然后，李守贞慷慨陈词："如果有一天，陛下打算挥师北伐，我愿与杜重威同心协力，扫荡胡虏，肃清沙漠！"

听了李守贞一席话，石重贵更加相信自己果然没有看错人。朕的姑父的确是一代忠良、旷世名将。好极了，就按李守贞说的办。

石重贵马上让冯玉、李崧两位枢密使制订一个大规模北伐的计划，以杜重威为元帅、李守贞为副元帅，共同指挥北伐大军。中书令赵莹心中不安，私下对冯玉、李崧说："杜重威既是皇亲国戚，又身兼将相，富贵荣华都到顶点了，但他仍旧贪得无厌，还经常觉得国家亏欠他太多。对于这样一个居心叵测之人，岂能让他掌握大军兵权？朝廷一定要兴师北境，那也最好专任李守贞，不要让杜重威参与。"

赵莹大概不知道，让杜重威任主帅，本就是李守贞推荐的。你让天子听你的还是听李守贞的？至于赵莹口中不能让杜重威带兵的理由，要说给石重贵听，恐怕他会认为全是胡说八道，党同伐异吧？冯玉和李崧都没有理睬赵莹的建议。

十月十四日，后晋接应赵延寿、刘延祚的北伐行动正式展开，第三次辽晋战争打响。杜重威自然担当了晋军主帅（北面行营都指挥使），李守贞任兵马都监，其余参与的重要将领还有泰宁节度使安审琦、武宁节度使符彦卿、义成节度使皇甫遇、彰国节度使张彦泽、永清节度使梁汉璋、前威胜节度使宋彦筠等。（上一次辽晋战争中的晋军副帅马全节已病逝，猛将高行周受李彦韬排挤未参战。）

将领阵容强大，参战兵力也十分雄厚。杜重威不断让妻子宋国长公主进宫，一遍又一遍地向石重贵请求增加兵力，他强调说："这次大军将深入敌国的领土，所以一定要配备足够多的军队。"石重贵也是有求必应，将他能够调得动的各路军队，全数交给了杜重威，以至于留守京城的禁卫军的数量减少到仅能维持基本治安的程度。

那么，这次晋军北伐究竟投入了多少军队？《资治通鉴》《新五代史》《旧五代史》都没提。《辽史》提了，还不止一处，其中《耶律图鲁窘传》说有十多万人，《太宗纪》说有二十万人，《高模翰传》说有三十万人。

以五代时的禁军规模，以及同期发生过的类似战役推测，"十余万"是一个相对可信的数字，"二十万""三十万"则夸大了。当然，"十余万"也不少了，对面临着严重经济困难，部分强藩跋扈不听调遣，国内军力无法完全整合的后晋来说，这就是倾国之兵。

因为感觉形势大好，出师之日，石重贵高调地通告天下，发布了一道此时看起来很豪迈，不久后再看很打脸的圣旨：此次北伐，将先取瀛、莫，安定关南；再收幽、燕，驱逐丑类；最后直出渝关，荡平塞北。有能擒获虏首耶律德光者，即升为大镇节度使，赏钱一万贯、绢一万匹、银一万两。

后晋的北伐大军先在魏州会合，然后一路北进。由于雨水太多，道路泥泞，速度并不快，到十一月十二日，晋军方进至瀛州城下。

杜重威等后晋将帅发现情况不对头：瀛州城门大开，里面静悄悄的，一个人影都看不见。内应呢？刘延祚在哪儿？怎么连个对暗号的都没有？杜重威迟疑了一会儿，派几个人入城。不一会儿，进城的侦察小队找到了一个居民。这个居民说，就在今天早上，晋国大军将至的消息传到城中，辽国守兵一溜烟往北逃了。至于刺史刘延祚，可能也被辽兵裹胁走了吧？

杜重威这才放下心来。我还当契丹人有什么诡计，看来纯粹就是畏惧我这个白团卫战神的声威啊！这时，瀛州所辖的几个县城也派人来谒见晋军，表示要反正归晋，欢迎大军进驻。杜重威便率大军开进瀛州，同时派大将梁汉璋为先锋，率两千名骑兵追击溃逃的辽军。

这时，早上从瀛州撤出的辽军名将高模翰，接受的任务虽然是诱敌深入，但他也不想就这样一路北归，正准备给晋军一点儿教训。毕竟身为大辽王牌军，左右铁鹞子骑兵的总领，他的部队在白团卫之战中面子尽失，如果一遇到晋军只是逃（虽然不是真逃），以后真没法见人了。

高模翰对左右说："用兵之法在于得当，不在人多，纵然以多欺少，

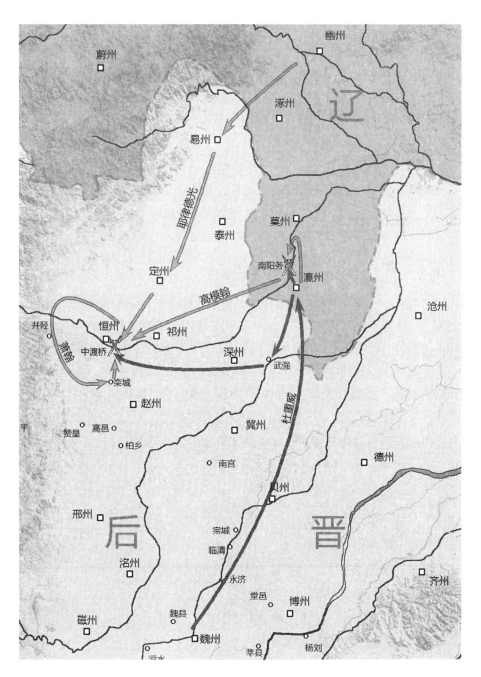

▲ 946 年，后晋北伐中计与中渡桥之战

不义之师也必然被打败。这说的不就是晋军吗？"然后，辽军在瀛州西北的南阳务伏击了后晋追兵，高模翰亲率三百名铁鹞子重骑，冲击两千名晋军。晋军猝不及防，大败亏输，先锋大将梁汉璋战死。高模翰也总算为铁鹞子正名了。

不过，辽军在南阳务的胜利，虽是一次战术上的成功，却是战略上的失误。辽国花了这么大功夫连续让赵延寿、刘延祚诈降，为的就是把后晋大军引入辽国腹地聚歼，现在晋军刚刚越过边界没几步，辽军就当头一棒，是不是出手太早？可能高模翰是以猛将之心度杜重威的懦夫之腹，自认晋军一定会杀过来报复。但杜重威明显不属于高模翰定义的那种男人，他得知前方战败，梁汉璋阵亡的急报，大吃了一惊——是辽国的铁鹞子！如此强大的战斗力，哪里会是什么溃逃的辽军？我们上当了吗？不管是不是中计，心虚的杜重威当机立断：撤！咱们从哪里来的，还回哪里去！赶快离开这个危险的地方才是正事！

只不过如此兴师动众的大规模北伐，就这样回去实在不好看，最好还是弄点儿战果好回去交差。杜重威没有胆量与辽国大军决战，但借与辽军开战之名杀良冒功、顺手发财的胆量还是有的。杜重威一声令下，北伐大军动作麻利地将刚刚归顺后晋的几个县城洗劫一番，抢走几城的财物和女人，再纵火烧毁房屋，最后在绝望的诅咒和哭喊声中扬长而去。

杜重威不是个东西，但他这一道撤退命令非常及时，在耶律德光的辽军主力完成包抄之前，后晋大军迅速南撤，脱离了辽军的预设战场。如果不发生意外，他完全有可能把这支后晋帝国最强大的野战兵团带回去，使辽国的整个计划打水漂儿。

但意外还是发生了，杜重威大军撤退到深州东面的武强县时，彰德节度使张彦泽正好带兵从恒州赶到武强，与杜重威会师。张彦泽向杜重威拍胸脯："用不着撤退，我和辽军交过手，他们是很好对付的！"然后张彦泽建议，不如率大军转头西行，前往恒州，因为恒州城池坚固，城中储存着巨量的军粮物资（都是一两年前杜重威对顺国百姓敲骨吸髓攒下的，所言不虚），可以长期固守。

杜重威觉得张彦泽说得有道理，于是引兵西向，以张彦泽为前锋，沿滹沱河南岸向恒州进发。杜重威可能不知道的是：一、张彦泽其实已经秘密归降了辽国；二、辽国各路大军正在向恒州会集；三、他刚刚从辽国布置好的大陷阱边滑了出来，现在却在张彦泽的引导下，迈向下一个大陷阱。

## 杜重威叛变

恒州位于滹沱河之北，只在南岸行走不过河，自然到不了恒州。要过河的话，在恒州东南有一座中渡桥，是晋军由南岸进入恒州最便捷也最要害的通道。于是，辽、晋两军虽然看不见对方，却仿佛赛跑似的，共同奔向这个关键地点。

接下来，又到史书打架的时刻了。按《资治通鉴》和《新五代史》的说法，晋军前锋抵达中渡桥边时，发现辽军已先到一步，占据了桥头，张彦泽马上率骑兵冲击桥头，辽军似乎不敌，便纵火烧桥，退至滹沱河北岸固守，晋军则在南岸扎营，两军遂隔河对峙。

但按照《辽史》的说法，是晋军先到达中渡桥并控制了桥头，辽军由说好给晋军当内应的赵延寿指挥步兵，高彦温（《辽史》中这个人名仅出现一次，联系前后，可能是指高模翰）指挥骑兵，抢攻桥头。一场夺桥之战后，杜重威、张彦泽不敌，弃桥退守南岸。然后，耶律德光命高模翰守桥，两军隔河分别扎下大营。

《辽史》中的错误与漏洞比比皆是，但仅就中渡桥第一次争夺战的过程而言，在下认为它比中原史书的记载更接近真相。因为从接下来发生的一些事看，中渡桥并未被毁，并且控制在辽军手中。

杜重威大军的处境变得尴尬：恒州就在眼前（距离杜重威的中渡桥南岸大营仅五里路），但咫尺天涯进不去；又因为辽军就在眼前，大军也不轻言撤退，毕竟敌前撤军是极易引发崩溃的。进也难，退也难，那现在该怎么办呢？杜重威的答案是：不进不退不就好了。他好像突然变得胸有成竹，也不在乎急迫的军情，竟成天在大营里纵酒高歌，对高级将领笑脸相迎，仿佛过起了太平日子，没有一丝一毫的着急上火。可能是因为张彦泽将他带坑里之后，开始在他与耶律德光之间秘密穿针引线，让他认识到不用担心，辽国皇帝其实很好说话，真要打不过，就来次"战场起义"。

但后晋大营中的大多数人不知道杜总司令正在与辽国皇帝秘密谈判，只对战局忧心忡忡。负责为大军供粮的北面转运使李谷（当年送韩熙载投吴的那个李谷），是一位多谋善断的才智之士，认为长期对峙对晋军不利，便向杜重威、李守贞两位主将建议说："现在大军距离恒州就这么几步路，生起烟火都能够相互看见，中间只隔着辽营和一条河。如果制作大量的三股木（用绳索将三根木棍从中间绑紧，两端叉开）投入河底，铺设柴草土石于其上，一座简易便桥可以在极短时间内造出来。只要能过河，我们便可与城中守军举火呼应，每夜分别派敢死队袭击辽营，辽军难以在我军的两面夹击之下立足，势必北逃！"

晋营多数将领都觉得李谷的办法不错，值得一试，不想惹得杜重威勃然大怒。你们哪里知道有条件投降的秘密谈判正在进行，听辽国皇帝的口风，有可能选择自己取代石家当新的中原皇帝，那条件可比"旌节一套、钱万贯、绢万匹、银万两"的诱惑大多了，而且似乎更容易得到。我总算等到这祖坟冒青烟的时候，你们却要去袭击辽军，不是拆我的台吗？

无奈实话暂时不敢说出口，杜重威只好发了一通在旁人看来毫无理由的邪火，否决李谷的建议，将其赶到南方老老实实地督运粮草去了。

其实不仅仅是晋军诸将觉得李谷的方案可行，辽军方面有不少将领也对辽军大营身处两支晋军中间，易遭到南北夹击的可能性表示了忧虑，提议暂时后撤。辽将耶律图鲁窘反对说："晋军多是步兵，我军多是骑兵，还怕打不赢吗？何况汉人脚力弱，行动迟缓，如果选派精锐轻骑断绝他们的粮道，这一仗必定大胜！"

耶律德光很同意他的意见，便一面继续与南岸的晋营对峙，保持对晋军的压力，一面派开国功臣述律敌鲁的儿子萧翰率一队轻骑，在汉人翻译刘重进的引导下，走小道悄悄向西到达太行山东麓，然后从上游渡过滹沱河，绕了个大弯，迂回到晋军中渡桥大营正后方的栾城县。县城内的一千多名晋军毫无防备，突然发现辽军杀至，竟全体不战而降。

栾城是晋军后方向中渡桥晋军大营输送补给的必经要道，它被辽军占领，晋军的粮道立时被阻断。大量赶着粮车的民夫，如羊入虎口般一到栾城便被辽军俘虏。萧翰把粮车扣下，在所有被俘的运粮民夫脸上刺字"奉令不杀"，然后放他们南逃。还在路上的民夫，一见到被放回的民夫，无不大惊失色，全都抛下粮车，四散逃回家。从这时开始，再没有一粒粮能够送进中渡桥的晋军大营。

十二月一日，督运粮草的李毂发现无法将粮食运到前线，知道杜重威大军已经被围，急忙密奏石重贵，前方大军有全军覆没的可能，建议皇帝赶快亲临滑州，同时调动军队进驻澶州、孟州，尽快沿黄河一线构筑起新的防线，防止在前线崩盘之后毫无还手之力。

十二月三日，原本对战局充满乐观预期的石重贵，才得知前方告急，晋军已受困于中渡桥。第二天，后晋皇帝收到了最后一份从中渡桥晋营发出的求援奏报，之后联络便完全中断。

被兜头浇了一盆冷水，石重贵顿时手足无措。他首先想到的，是应该赶快调兵增援杜重威，千万不能让前方崩溃。但后晋内地凡石重贵调得动的兵力，都已经被调空了，哪里还能抽得出大批援军？石重贵用尽了吃奶的力气，也只挤出几百人的皇宫守卫，北上支援杜重威。就这一小茶杯的水，洒向熊熊燃烧的车薪，自然没有产生任何效果。

已经在家泡了好多天病假的桑维翰，得悉前方大军被困中渡桥，知道国家已危如累卵，再也顾不得避嫌，请求觐见石重贵，想为救亡图存尽最后一点儿力。不想石重贵仍然对桑维翰怀恨在心，宣称在御花园中坑鹰，没工夫接见。桑维翰无奈，又去求见冯玉，冯玉对于被自己斗倒的过气老宰相自然也是爱搭不理。

桑维翰连续碰壁，只得反身回家，见到身边亲近的人，禁不住一声长叹："我不知道天命是否还眷顾大晋，但从人事上看，石家的社稷马上就要保不住了！"

此时，石重贵在考虑是否亲征，但李彦韬反对：没有兵，天子亲征也没用啊，反而将天子置于险地，让国家更加危险。石重贵想想也是，放弃了亲征的打算，改派归德节度使高行周、武宁节度使符彦卿（符彦卿原本受命随杜重威一起北征，走到半途，不知何故被石重贵叫回）驻防澶州，把守黄河防线，以防万一。高行周、符彦卿二人算得上此时后晋第一流的将领，同样面临无兵可用的难题，集中力量防守一座澶州城也许还做得到，但要沿千里黄河构筑防线，则完全不可能。

十二月六日，中渡桥南的晋军大营，虽然被围的时间并不长（最多七八天），但由于吃饭的人太多，营中数量有限的军粮就快要耗尽了。为了自救，奉国都虞候王清挺身而出，向杜重威请战："现在大军距离恒州城不过五里，我们待在这里干什么？咱们的营垒孤悬桥边，军粮马上就要吃完，再不采取行动，大军将不战自溃！我愿率两千名步卒充当先锋，夺回中渡桥，杀开一条血路，冲到北岸！一旦成功，杜公可率大军为后继，全力向恒州进击，只要大军能进城，所有的困难便迎刃而解！"

王清是一员身经百战的勇将，早年加入李嗣源的亲军，参加过梁晋大战，后又加入石敬瑭的亲军，参与过平定范延光、安从进的叛乱，又在前两次辽晋战争中立下战功，得到过石重贵的嘉奖。这样一个人，很可能会成为我降辽大计的阻力吧？杜重威想了想，不怀好意地同意了，并安排前威胜节度使宋彦筠作王清后继，对辽军发起攻击。

一开始，王清的反攻非常顺利，他带着两千名精兵成功击败辽军猛将高模翰，抢占中渡桥（也许杜重威跟辽军打过招呼，辽军是诈败，将王清部诱入重围），然后奋勇冲入滹沱河北岸，硬是在辽军大营中夺下一块阵地，排成密集的步兵阵形，顶住辽军的四面围攻，等待后续大军。

辽军暂时放过王清，集中兵力猛攻随后过河的宋彦筠部。晋营诸将见北岸战况激烈，宋彦筠有可能顶不住，纷纷向主帅杜重威请求发大军过河，支援王清、宋彦筠。杜重威严词拒绝，并且下死令：没有他的命令，谁也不许动，违者军法处治！众将望向副帅李守贞，而李守贞已经不是白团卫的李守贞了，对杜主帅的决策毫无异议。张彦泽更不用说，坚决支持杜主帅的一切决定。

于是，白团卫的故事无法再重现，十几万后晋大军按兵不动，眼睁睁看着冲过北岸的战友在辽军的围攻下溃败。宋彦筠部首先被打垮，六十七岁的老将宋彦筠跳入水中，游过滹沱河，侥幸逃生（《辽史》称他落入河中被淹死，但宋彦筠在后周朝还担任左卫上将军，十年后才病逝），所部几乎全军覆没。

这时，晋军在北岸只剩下王清的两千名将士，辽将耶律麻答、赵延寿、高模翰等人率军将他们团团包围，不断冲击。王清所部虽然战斗力不弱，战斗意志也极为顽强，无奈寡不敌众，伤亡越来越大。

王清一次次发出烟火信号，示意让杜重威率晋军主力赶快过河。然而，每次信号发出，南岸晋军都是毫无动静。王清终于意识到这是怎么一回事。他悲愤难当，流着泪向身边这些和他一起出生入死的兄弟喊道："那个人身为国家上将，手握十几万大军，却坐在那里毫不在乎地看着我们受困。毫无疑问，他已经有了二心！咱们只剩下以死报国这一条路了！"在王清的激励下，身陷重围的晋军奋力死斗，激战至夜幕降临，喊杀声才渐渐平息。王清与两千名将士全部阵亡，无一投降。

战后，辽军将王清与两千名勇士的尸骨收集起来，堆成京观，以炫耀武功。再后来，刘知远得天下，命将京观拆毁，将勇士们的遗骸各自掩埋，并追赠王清为太傅，以告慰忠魂。

回到此刻，在晋军主帅杜重威与辽国军队的完美"配合"之下，晋军在第二次中渡桥争夺战中大败，全军士气大跌。辽军乘机收紧了对晋营的包围，后晋十几万大军的处境更加绝望。

但绝望的人不包括几位最高级的将领，如杜重威、张彦泽（极可能还有李守贞）。毕竟与王清追随过的前两位老长官相比，杜重威的能力、功绩，别说对标李嗣源，就是比石敬瑭也差出了十万八千里！而之前的一系列战事足以证明，他手下这十几万大军也是有军人荣誉感的，正常情况下，杜重威不可能只靠一声令下就让这些人跟着自己倒戈投敌。因此，必须先清除几个最不肯投降的刺头，打掉全军的自信心，再将他们逼入不降即死的绝境。现在好了，通过将王清及两千名勇士献祭给辽国，杜重威卖国求荣的准备工作，如愿以偿地完成了。

与此同时，耶律德光虽然已将晋军重重围困，处于战场上的绝对优势，但鉴于白团卫之战的惨痛教训，他并没有将后晋大军一举歼灭的必胜信心。那么相较于发起一场鱼死网破的决战，招降早有降意并为此做出实际行动的杜重威，显然要划算得多。

十二月八日，杜重威找来李守贞、宋彦筠，对他们说："现在我军已身陷重围，大营粮草即将告罄，与外界的联系也完全中断。总之一句话，撑不下去了！可咱们身为大将，得为这十几万将士负责。佛说'我不入地狱，谁入地狱'，为了保全将士们的性命，我宁可自己受点儿屈辱，向辽国投降。你们以为呢？"

李守贞早和杜重威穿起同一条裤子，而宋彦筠刚刚死里逃生，勇气全无，他们全都表示完全同意大帅的宅心仁厚之举。三人开始起草降书。

不过在正式投降之前，有件大事是一定要说清楚的，杜重威派心腹去求见耶律德光，一面表功，一面邀赏："皇上要我做的事，我都做到了。那么我能得到什么？皇上是不是也可以给句准话？"

耶律德光和颜悦色地回答："我本来想让赵延寿当中原的皇帝，但仔细想想，赵延寿毕竟在中原威望不足。这样吧，只要杜重威诚心来降，这中原的皇帝就让他做！"

心腹回报杜重威，杜重威大喜，咱老杜家终于有人要当上皇帝了，而且那个人还是我。现在距离这巨大的幸福，只差着一张金刚不坏的厚脸皮，这对于毫无廉耻的杜重威来说，不存在丝毫难度。

十二月十日，杜重威在中军大帐伏下刀斧手，然后将众将领全部召来议事，逼他们在已经写好的降书上签名。多数将领到这时才知道，他们的主帅早已当了叛徒，皆大惊失色。但现在全军受困，外有辽兵，内无粮草，身旁有刀斧手，不久前还有死掉的王清，沉沉屋檐之下，没人再有抬起头的勇气。不管愤恨也罢，悲伤也罢，无动于衷也罢，没人反抗，每个人都在降书上默默地写下了自己的名字。

搞定了所有将领，将降书送往辽营后，杜重威向全军下令：出营列阵！广大军士以为是要与辽军决战，突围去恒州，军心一时又突然振奋起来，个个踊跃争先。

待列阵完毕，杜重威向大军训话，摆出一副悲天悯人的情怀："如今大营中粮草已尽，坚持下去只能一起死。我不忍心让你们白白丧命，所以带你们去找条活路！"

接着，杜重威下令：全军交出武器，脱下盔甲，等待胜利者的发落！

晋军将士惊呆了。我们这就投降啦？向野蛮的契丹人投降啦？这些并不怯懦的战士，一面放下手中的武器，一面悲愤难名。不知是谁首先忍不住低声啜泣，悲伤的情绪迅速蔓延，哭声越来越多，越来越大，直至响彻原野。

杜重威和李守贞见士兵的情绪不对，害怕发生兵变，忙分派人手，向士兵解释宣扬投降的合理性："我们本来也想保家卫国，但当今天子昏庸无道，信任重用的全是一些奸佞小人，对我们这些忠良百般猜忌。我们也是实在没有办法了！"

应该说，杜重威的解释至少有一半是真的，石重贵确实昏庸，信任重用的也确实多是奸佞小人，但剩下的部分就全是颠倒黑白了。知道内情的人，听到杜重威这厚颜无耻的借口，无不恨得咬牙切齿。不过大多数晋军士兵是不知道内情的，因为士兵的情绪没有被进一步激化，反而慢慢缓和了。杜重威、李守贞担心的兵变，没有发生。

过了一会儿，赵延寿代表辽国进入晋军大营受降，杜重威率晋军众将亲出营门迎接。赵延寿还带来了一件象征九五之尊的赭黄袍，当着晋军将士的面儿披到杜重威的身上。然后，杜重威意气风发地陪着赵延寿，一同巡视了大营。

不清楚赵延寿在做这件事时是什么心情？可能耶律德光在背后给他吃过宽心丸："我就是把杜重威当猴耍罢了，放心，你我之间的感情岂是他能比的！"因此，赵延寿一点儿也没有觉得理想已经破灭，可能在心底还有一丝优越的得意：等到了汴梁，才知道是谁笑到最后。

杜重威马上拿出更多的实际行动，报答辽国的赐袍之恩。他担当前导，陪同耶律德光来到恒州城下，然后现身说法，呼叫顺国节度使王周出来对话。杜重威告诉王周：我已经率大军降辽，恒州一座孤城，虽然不缺粮，但再也不可能有援兵，守是肯定守不住的，还是出来投降吧！

王周看看这架势，知道自己只能选择当俊杰，于是很识时务地开城投降。恒州被拿下，对辽国意义重大，杜重威当初玩命盘剥攒下的大批军粮，由此全成了耶律德光的战利品，在前两次辽晋战争中一直困扰辽军的后勤问题，暂时不再成为问题。

另外，杜重威和王周相继投降的示范效应很快也波及了周边各地。义武节度使李殷、安国留后方太、代州刺史王晖等，相继向辽国投降。与他们不同，易州刺史郭璘是个坚决的抗战派，曾多次击退辽国的进犯，甚至让耶律德光发出过感叹："我能够并吞天下，却不想被这个人拦住。"但等杜重威这些人带起的降辽之风刮遍河北，易州军民也泄气了。耶律德光只派了一个翻译官来劝降，郭璘竟无法阻止手下开城请降，最终被杀。

耶律德光任命不久前归降的狼山寨主孙方简为义武节度使，堂弟耶律麻答为安国节度使，马崇祚为权知恒州事，分别管理新夺取的地盘，然后与杜重威一道，指挥着二三十万的"辽晋联军"，大举南下，开始灭晋之旅。这里距离汴梁还有千里之遥，但所有人都知道，沿途不可能再遇上有力的抵抗，后晋的灭亡指日可待。


## 张彦泽入京


此时，辽军上上下下已经开始以胜利者自居，对后晋百姓、降卒，打骂、污辱、抢掠，甚至随意杀戮。其中数萧翰与耶律麻答这两位皇亲最过分。

见到这种情况，辽国的翰林承旨兼吏部尚书张砺很担忧，向耶律德光进谏道："如今大辽刚刚得到中原，最好还是用中原的官员管理中原人，尽量不要用北人和陛下的左右心腹。北人不熟悉中原情况，如果政令不当，导致人心不服，那么即使已经得到的东西，也会很快失去！"

这个张砺，就是当年郭崇韬被害后，不惧嫌疑，前往哭悼的那个掌书记张砺。在郭崇韬死后，张砺相继担任过任圜和赵延寿的助手，在赵德钧父子降辽时，也被裹胁着一起投降了辽国，很受耶律德光的重视，被任命为翰林学士。

刚开始，张砺不想长做辽臣，找了个机会逃回中原，半路上被辽国的骑兵截住，抓了回来。耶律德光问张砺为什么要走。张砺托词说自己无法习惯契丹的风俗、饮食、居住环境，怀念故土。耶律德光马上回头对相关负责人说："我早就和你说过要厚待张先生，怎么还让他生活不好？张先生要是走了，到哪里找第二个来？"然后，耶律德光鞭打了负责人，并向张砺道歉。

后世皇太极也许看过这则典故，并用类似手法劝降了洪承畴。反正张砺是服了，此后真的背弃了故国，忠于耶律德光。

耶律德光虽然器重张砺，对他的建议也不是每次都言听计从。比如这一次，他就没有采纳张砺的意见。如果继续用中原人治理中原，他们之中再出个石重贵怎么办？张砺白费了一番口舌，得罪了一些他得罪不起的人。辽国的勋贵可以继续放纵胡为，辽国的大兵可以随心所欲强抢见到的任何东西，他们没有意识到这一切迟早会遭到反弹。

再说"辽晋联军"南进，耶律德光打算安排一员晋军降将当先锋，降低中原人对辽的反感程度。耶律德光第一个看中的先锋人选，是曾血战榆林店的晋军勇将皇甫遇。

但皇甫遇不识抬举，对于被迫在降书上签名已经深感耻辱，得知辽国皇帝看好自己，坚决推辞，打死也不当这个先锋大将。皇甫遇不干，有人愿意干，晋军这批高级将领中第一个降辽的张彦泽又一次自告奋勇，愿担当先锋，保证在最短时间内替新主子把旧主子料理了。

耶律德光便任命张彦泽为先锋，同时派了一个叫傅住儿的随行翻译官担任张彦泽的都监，率两千名精骑急行南下，奔袭汴梁。大军则在后面缓缓跟进。

大军进至赵州时，绝食数日的皇甫遇觉得想清楚自己该做什么了。他无限伤感地向左右心腹诀别："我身为大将，在大事败坏的时候一念贪生，不能为国死节，罪过已经够大。难道还能再不顾道义，去伤害旧主吗？我现在哪还有脸，继续活着往南走？"当天，皇甫遇自尽，以生命为代价，赎回了自己的尊严。不过，他是这一批晋军高级将领中唯一把尊严看得比生命还重的人。

在这个时代，通常情况下要过黄河，最好走的路是取道澶州，因为它原是符存审、符存进修筑的德胜南北城，中间连有结实的浮桥，可以不沾一滴水珠来往于黄河两岸。所以之前石重贵最重视的就是澶州，特别派高行周、符彦卿在此驻守。在后晋尚未亡国的前提下，高、符能不能像自己一样爽快降辽？张彦泽没有把握。不过这不是大问题，不能过桥，坐船也麻烦不到哪儿去。张彦泽选了另一条路，经邢州、相州，连夜进至滑州白马渡。后晋在滑州没有任何设防，连北岸的船只都没有转移，张彦泽部不费吹灰之力就渡过了黄河，向着二百里外的汴梁方向纵马疾驰。

十二月十六日，石重贵才接到杜重威已在六天前率全军降辽的报告。这个噩耗如同晴天霹雳，将后晋皇帝震得呆若木鸡。还没等石重贵从震惊中缓过气来，又接到叛军前锋张彦泽已攻抵滑州的消息。石重贵慌了，紧急召见冯玉、李崧、李彦韬等重臣，询问他们在大厦将倾之时还有何良策。他们匆匆商议片刻，决定紧急下诏给河东节度使刘知远，要他马上用最快的速度，统领河东大军，入京勤王。

显而易见，这道诏书只是后晋朝廷在行将就木之际，注射的一针止痛吗啡，对于缓解迫在眉睫的危机根本没有任何用处。且不说自石重贵当上皇帝以来，刘知远从来就没听从过后晋中央的任何诏书；就算刘知远突然忠义附体，愿意不顾一切为石家后主抛头洒血，那他在接到诏书之前，石重贵也早变成辽国的俘虏了。

十二月十七日，石重贵向刘知远发出求救诏书的第二天一早，天还没有亮，张彦泽已攻抵封丘门（汴梁北城墙设有三门，东为封丘门，中为酸枣门，西北角还有一个供金水河流入的金水门）外。虽然张彦泽部只有区区两千人，正常情况下根本无力进攻像汴梁这样的大城市。但现在后晋首都的守军满打满算竟然只有五百人，还要防守皇宫，剩下的人连顺着城墙设一圈瞭望哨都捉襟见肘。

于是，张彦泽叛军几乎未受丝毫抵抗，便用巨斧砍开了封丘门，轻而易举地攻入城中。李彦韬率护卫禁军抵抗，很快被击溃，张彦泽率叛军直抵皇宫的南门外，惊恐喧嚣之声，瞬间弥漫全城。

形势急转直下，现在出逃已经来不及了，如何面对亡国的到来，后晋皇帝面前的选择只剩下两项：其一，狠狠心来个国君死社稷，放弃生命，保住尊严；其二，肉袒牵羊，苟且偷生，尊严肯定是没有了，至于能不能保命，主要看胜利者的心情。这么算下来，选项二是用一个确定的损失换一个不确定的收益，好像更划不来，但亡国之君大多选择第二项。不过在五代，选择第一项的君主也不少，因为即使投降，保命的概率也很小。

石重贵比较特殊，在两个选项间左右横跳。得知叛军杀到大门口后，石重贵最初的选择就像刚当上皇帝时一样，有些英雄气概。他决心学习前朝李从珂，点燃了一间宫室，然后拿剑驱赶后宫的十余名嫔妃，准备一起步入火海。事到临头，皇帝被宫中侍卫薛超拦住了，也不知这薛超是不忍见旧主去死，还是害怕错过为新朝立功的机会，反正在他的阻拦下，石重贵一时竟求死不得。

僵持间，张彦泽、傅住儿派人进宫传送辽国皇帝的安抚信件，信中承诺不会要后晋太后与皇帝的命。这么一折腾，石重贵原本就不够坚定的求死之心，同他曾经的英雄气概一道，颓然消失。转瞬之间，后晋皇帝已变成了一个懦夫，他吩咐将火扑灭，打开所有宫门，然后坐在御花园里，与皇后、嫔妃抱头痛哭！

哭了一会儿，石重贵召见翰林学士范质，让他撰写一份呈给爷爷皇帝的降表，里面再看不到昔日的硬气和骨气："孙儿、臣石重贵，因为天降大祸，故而神志混乱，胡作非为，自取灭亡！而今我与太后，妻子冯氏，还有石家的全体族人，一起迁往荒郊野外，背缚双手，等待定罪！"

确定宫中已经不会有人反抗之后，翻译官傅住儿进宫，宣读了耶律德光的圣旨。石重贵脱下皇袍，穿上素服，向傅住儿叩拜，跪着聆听"爷爷皇帝"的训斥。看到这一幕，两旁后晋宫人无不掩面而泣。

石重贵得知张彦泽就在宫门外，寻思后晋朝对这员叛将一向不薄：先帝几乎是徇私枉法，免去了他该有的死罪；自己又采纳桑维翰的建议，重新将他任命为重镇的节度使，再握重兵。如此世受国恩之人，如今我落难，请他帮忙疏通，在辽国人面前为我说两句好话，应该不会太难吧？

于是，石重贵派人请张彦泽入宫一见。张彦泽没来，让人传话说："我现在实在没脸再与陛下相见！"石重贵听这么一说，觉得有希望，看来张彦泽还是心念旧主，有羞耻之心的，便再派人去恳切地邀请张彦泽入宫。没关系，爱卿降辽估计有难言的苦衷，我不会怪罪的。

见到宫中再次派出的使者，听那亡国之君居然对自己抱有希望，惊诧莫名的张彦泽不禁咧嘴而笑，再不理睬旧主君愚蠢的邀请。如今的石重贵，不过是咱准备进献给新主子耶律德光的一件礼物，他把自己当什么啦？

这时汴梁城中的张彦泽，像极了二十一年前成都城中的王宗弼。在真正主人到来之前的这几天，生擒旧主的叛将就是这里说一不二的临时暴君，可以尽情地抢夺，尽情地杀人。

张彦泽放纵士兵全城大抢，只要别忘了孝敬自己就行。因为都城内维持正常秩序的国家机构已完全崩溃，汴梁城中的贫民也纷纷加入其中，短短两天，城中几乎所有官员与富户人家，全部遭到洗劫。只有在张彦泽的居所，各种金银财宝堆积如山。

张彦泽常常带着一队亲卫骑兵，在城中横冲直撞，以杀人为乐。脸皮极厚的张彦泽让人赶制了一批大旗，上绣"赤心为主"四个大字，让人举着在身旁，根本不在乎会不会让人笑掉大牙。

城中人只要远远看见这些标榜着忠义千秋的大旗，就知道那个黑心无底线的魔头到了！早点儿躲藏也许能幸免于难，躲晚了被匪兵捉住，张彦泽通常会眼睛一瞪，向你竖起一根中指。别误会，那时竖中指没有骂人的意思，不过别高兴，因为它的含义比骂人狠多了！张彦泽的手下就会将捉住的人拖下去，用斧头或大刀从身体的中间即腰部劈开，一分两断。

除了随意杀平民百姓取乐，上层人物也难逃张彦泽的屠刀。

宣徽使孟承诲是石重贵的宠臣之一，大祸临头之际，石重贵想召唤孟承诲议事，孟承诲害怕与亡国之君接触会牵连自己，便躲起来不去见。"赤心为主"的张彦泽岂能容忍这种不忠不义之徒？于是，孟承诲被搜出来砍了头，还被抄了家。

阁门使高勋平日与张彦泽有过节，张彦泽带着大兵闯进他家拿人。高勋事先逃走藏了起来，张彦泽一时找不到他，就将没逃的高勋亲属全部杀掉，并把尸体堆到大门口示众：这就是和我张彦泽作对的下场！

四年前力主依法判处张彦泽死刑的中书舍人李涛，听到风声后对身边人说："我就算现在逃跑，恐也难逃一死，不如主动去见他。"李涛来到张彦泽的居处，向门卫递上名片，说："上疏请杀太尉的李涛，特来求死！"张彦泽心情正好，一听还真有个不怕死的，就吩咐带进来。

见到李涛，张彦泽问："你现在知道害怕了吗？"李涛不卑不亢地答道："我现在的害怕，正与太尉昔日相同。当初先帝如果采纳我的意见，哪会有今天的事？"张彦泽大笑，命人给李涛敬酒，李涛接过酒一饮而尽，然后告辞。虚荣心得到满足的张彦泽也没有阻拦，就这样，原本看起来最难逃生的李涛，竟在张彦泽的一念之间得免一死。

后晋朝第一号开国元勋就没这好运气了。在张彦泽进城当日早晨，就有人探得消息，来告知桑维翰，说辽国皇帝已经发话：特别叮嘱要桑维翰和景延广两人去见他。与景延广并列，恐怕不会是什么好事！左右都劝桑维翰赶快出逃，也许还来得及。桑维翰一声苦笑："我是国家大臣，还能逃到哪儿去？"然后他就坐在家中，听天由命。

没多久，张彦泽派人来到他家，假传石重贵的命令，说是要召见桑维翰。桑维翰奉令入宫，路遇枢密使李崧，两人刚打了个招呼，却见一名军官迎面而来，命桑维翰马上到侍卫司接受讯问。侍卫司，目前正是张彦泽向全城发号施令的地方。桑维翰预感到将要发生什么，不禁愤慨地对李崧道："军政败坏，是侍中你当政之后的事，现在国家灭亡，却要我来承担罪责，有这个道理吗？"李崧虽羞愧难当，但也暗暗庆幸被张彦泽盯上的不是自己，不敢多嘴。

桑维翰被带到侍卫司大堂，张彦泽乘机在他以前一直得罪不起的老相爷面前耍起威风："下边可是桑维翰？"

桑维翰厉声回道："我身为国家大臣，国事如此，我有死而已！可也轮不到你一个小小的张彦泽在此无理放肆！"

张彦泽被骂得一愣，昔日对桑维翰的习惯性恐惧又重上心头，忙请老相爷上堂就座。桑维翰毫不领情，劈头盖脸又给他一顿训斥："去年，是我在罪人之中将你提拔上来，让你重新出领大镇，授以兵权。你自己想想，你有什么功？朝廷已经如此厚待于你，可一旦国家有难，你马上就叛国投敌，助契丹人为虐，世间怎么会有你这种忘恩负义的混蛋！"

张彦泽被骂到不敢还嘴，甚至两腿打战。随后张彦泽对左右说："这桑维翰究竟是什么人啊，现在还能让我害怕！我不想再和他见面。"怎样不见面呢？张彦泽的办法是派人将桑维翰勒死，然后上报耶律德光："您点名要接见的桑维翰，已乘看守不备，自尽身亡。"

## 开运之耻

稍后，还在路上的辽国皇帝接到报告，很是吃惊："我并不想杀桑维翰，他怎么就死了呢？"他下令对桑维翰的遗属要尽量优待。

再说桑维翰在遇害前责备李崧的那句话，并不完全合理。李崧虽然也是枢密使，但朝中人都知道李崧只是陪衬，后晋亡国前中央权力最大的重臣是另一个枢密使冯玉。在此大难来临之时，秉持国政的冯国舅能不辜负其姐夫的知遇之恩吗？

作为汴梁城中数一数二的巨富，冯玉的家在叛军入城之后遭到了乱兵与乱民的反复洗劫，不过他真的非常"坚强"，完全没有想不开，而是化悲痛为力量，第二天一早就勇敢地去主动求见张彦泽。

冯玉见张彦泽会说些什么？是像桑维翰一样大义凛然地斥责叛将的忘恩负义，还是低声下气地请求张彦泽给自己留点儿生活费？都不对。冯玉的想法有远见多了。他大拍张彦泽的马屁，然后委婉提出，自己愿意入宫收缴皇帝玉玺，然后进献给辽国皇帝。反正宫里我比较熟，保证让石重贵没法藏匿。

让冯玉没想到的是，他晚了一步，他的姐夫预判了他的预判。石重贵已经派儿子石延煦、石延宝将玉玺进献给耶律德光了。这一举动夺走了冯玉为新主立功的机会，虽然它并没能改善亡国皇帝的现实处境。

十二月十八日，桑维翰被杀那一天，张彦泽派人将石重贵一家赶出皇宫，押往开封府衙。皇宫内顿时哭声一片，石重贵赶紧收拾宫中细软，准备打包带走。张彦泽派人警告他："辽国皇帝马上就要住进来，别以为能私藏皇宫宝物！"石重贵只好将财物全部交给张彦泽查验。

石重贵不能"私藏皇宫宝物"，但不代表"赤心为主"的我不行！自恃为契丹人立下汗马功劳的张彦泽是这样想的，所以查验珠宝时，他挑选了一批最名贵的匿为己有，再给挑剩的财宝贴上封条，放回皇宫，留给耶律德光。

楚国夫人丁氏，是皇子石延煦的生母，不知怎么就入了张彦泽的眼，张彦泽直接向李太后点名索要。李太后迟疑了一下，没有马上答应，张彦泽勃然大怒，一面对着太后破口大骂，一面让士兵动手，将丁氏抢走。石重贵只是默默叹息，不敢发一言。

被软禁到开封府衙之后，石重贵发觉手头没钱了，便派人去宫库取点儿绢帛来零用。管理宫库的官员阻止道："这些已不是你的东西，怎么能乱拿？"痛苦不已的石重贵想借酒消愁，派人去找李崧借酒，李崧怕惹祸上身，不敢给。石重贵又想召李彦韬见面诉苦，李彦韬也不来。短短几天，曾经尊贵无比的后晋皇帝被迫看尽了世态炎凉与人情冷暖，只留下无尽的惆怅。现在唯一的期盼就是耶律德光对自己高抬贵手。

耶律德光的大军到达黄河边。守卫澶州的高行周、符彦卿二将得知皇帝石重贵都投降了。澶州城中军心尽散，再守下去意义不大，也几乎做不到了。二将只好主动前往辽军的中央大帐，向辽国皇帝请降。

耶律德光见到符彦卿，想起一年前的白团卫之败，责问："当初在阳城，你对我军为何杀得这么凶？"符彦卿答："当时我侍奉晋主，不敢贪生怕死，今天是死是活随您一句话！"耶律德光大笑，对两人不再追究。

在赦免高行周、符彦卿之前，耶律德光其实早已决定，不杀石重贵，尽管他对石重贵投降的诚意并不是完全满意。耶律德光亲笔写了一份诏书，让石延煦、石延宝先带回去告知石重贵："孙子不要担心，我总会给你留个吃饭的地方。但是，你送来的玉玺刻工粗糙，形状和印文也都和我从史书记载中看到的不一样，赶快把真正的传国玉玺献上来！"

石重贵连忙奏报解释："当初伪主王从珂（后晋朝不承认李从珂是合法的后唐皇帝，故称其为王从珂）举火自焚时，传国玉玺便不知去向，可能已经被毁。现在献上的玉玺是先帝所制，这件事您只要去问，朝中文武百官全都可以证明。再说，孙儿哪里还敢私自藏匿？"

原来是这样啊，那真有点遗憾。桑维翰死了，玉玺又是个后制的，那么还有一件事，不能再让我失望了！早在契丹大军进至相州时，耶律德光就分派将军康详率数千名精骑奔袭河阳镇，去捉拿景延广。辽国皇帝还特别吩咐说："即使景延广南逃吴、蜀，你们也要把他给我逮回来！"

实际情况比耶律德光预想的顺利。景延广虽然听说前线崩了，但顾念家产众多，一时无法变现带走，就没有及时逃走。直到辽军开进孟州，景延广毫无反抗，束手就擒。

随后，景延广被押解东来，走到汴梁城北百余里的封丘县时，与辽国大军相遇。耶律德光把景延广叫了进去，厉声质问："破坏两国邦交，致使两主开战，不惜祸及苍生，就是你这个小子吧！你说的十万口横磨剑，如今都在哪儿？"

景延广身上再看不到当初挑衅契丹的丁点儿英雄气概，他赶紧否认：没有没有，我怎么可能说出那么幼稚的话呢？皇上您一定是误听了谣传。

耶律德光冷笑着，命令把乔荣叫出来，乔荣就拿出当年景延广写给他的那份正式外交照会，一条一条地念给景延广听，让他无法抵赖。乔荣每念一条，就交给景延广一个算筹，晋军前总司令的头就羞愧地往下低一截，等积累到第八个算筹时，景延广完全跪倒，以脸贴地，连称死罪。

看到景延广这一副可悲可鄙的可怜相，耶律德光感到大恨得消的快感。想死？没那么容易！耶律德光命用铁链锁住景延广，押着一起去汴梁。等办完了大事，再来考虑怎么慢慢收拾你。

辽会同十年（947）正月一日，后晋朝廷的文武百官来到城北封丘门，最后一次以晋朝臣子的身份，向故主石重贵参见告别。如果要给后晋王朝设定一个精确的亡国时间，也许就是此时。从清泰三年（936）十一月，石敬瑭被耶律德光立为中原的皇帝算起，这个王朝共易二主，仅仅存在了十年零两个月。

然后，群臣更换素服（表示是戴罪之身），出封丘门，前往城外赤岗的辽军大营迎接到来的辽国皇帝。志得意满的耶律德光骑着骏马，立于一片高岗之上，曾经的后晋大臣全部跪倒，以额碰地，请求治罪。耶律德光安慰了众人几句，命百官起身，改穿常服。

这时，左金吾卫上将军安叔千，害怕自己泯然于众人，单独出列，用契丹语向辽国皇帝问候："皇上您还记得我吗？"这安叔千是追随过李存勖的老将，长得身材高大，仪表堂堂，但一字不识，人格也比较卑劣，人送外号"没字碑"。

耶律德光马上认出了他："你就是安没字吧？你以前镇守邢州就悄悄送奏章过来，向我大辽秘密投降。这些事，我都记得的。"安叔千一听大喜：宝押对了！今后我就和你们不在一个层次，是人上人了！他连叩几个响头，像个得到心仪玩具的孩子，一蹦一跳，欢呼而退。可惜过不了几个月，他就会发现自己高兴得太早了。

耶律德光随后从封丘门进入汴梁，不想城中的百姓不同于官员，一见大批契丹人入城，震惊恐惧之下，全城大乱，人人都想夺路逃亡。耶律德光有心吞并中原，这种情况当然不想看到。他下令向全城百姓通告："我也是人，不是妖魔鬼怪，你们不用害怕。我到这里，就是要让你们过上太平日子。而且我本来无心南下，是你们引导我来的。"

漂亮话说出去了，但光说不练解决不了问题，要做点儿什么事让当地人真正相信辽国皇帝的善意呢？耶律德光还没想好，高勋就跑来喊冤了，向辽主控诉降辽"大功臣"张彦泽无故屠杀他的家人。耶律德光吃了一惊，马上调查张彦泽，消息一传出，被张彦泽残害过的人纷纷检举揭发，张彦泽的罪行一项项被曝光。

耶律德光又惊又怒：这家伙竟敢打着我的旗号为非作歹、强抢民财、滥杀无辜。好极了，我正想释放善意，安抚民心，你这么配合地把自己脑袋送上来，那就再为我大辽立一次功吧！

正月二日，当了十多天汴梁独裁者的张彦泽，以及他的都监傅住儿，突然被耶律德光逮捕，然后用铁链捆绑，拖到广场上接受公审。

耶律德光向到场的官员百姓问道："以张彦泽的罪行，该不该死？"下面万众一心，异口同声地高喊："该死！"

正月三日，张彦泽被拖到城北，公开行刑。披麻戴孝的受害者家属布满了刑场，他们一面痛哭，一面拼命挤进前面，争取能用手杖狠揍张彦泽两下。高勋负责监刑，先砍断张彦泽的手，再砍下他的头，最后挖出心脏，祭祀亡魂。待行刑完毕，怀着刻骨仇恨的围观人群一拥而上，疯狂地砸碎了张彦泽的头骨，掏出脑浆，将他的肉一块一块剐干净，吞吃下肚。

在五代乱世，死于非命者不计其数，但论死得最有视觉冲击力的，恐怕要数张彦泽。他死得无比惨烈，却不让人觉得残忍，只觉大快人心。

张彦泽被杀的当天，耶律德光决定先将景延广押回辽国，再行治罪。毕竟景延广不同于张彦泽，在中原没有这么大的民愤，反而有不少人觉得是条汉子，在汴梁杀他起不到安定人心的作用。

正月四日，景延广被押送到汴梁东北约百里的一个驿站中过夜。这个驿站坐落在一个交通便利的小镇上。小镇原来的名字已不可考，前几年镇上一座小桥年久失修，镇上一户陈姓人家出资重建了小桥，于是从后晋朝起，这个小镇就有了一个在后世挺有名气的名字——陈桥。

陈桥驿中，被铁锁加身的景延广心情沉重，辗转难眠。不清楚那个晚上他究竟想了些什么，但张彦泽的死法可能对他深有触动。如果辽国对他的"功狗"宰起来都如此毫不留情，那对自己这个仇人下手还能轻得了吗？当年那些被他害死的契丹商人的家属，是否也在辽国准备着木杖、小刀，等着把自己活剐呢？

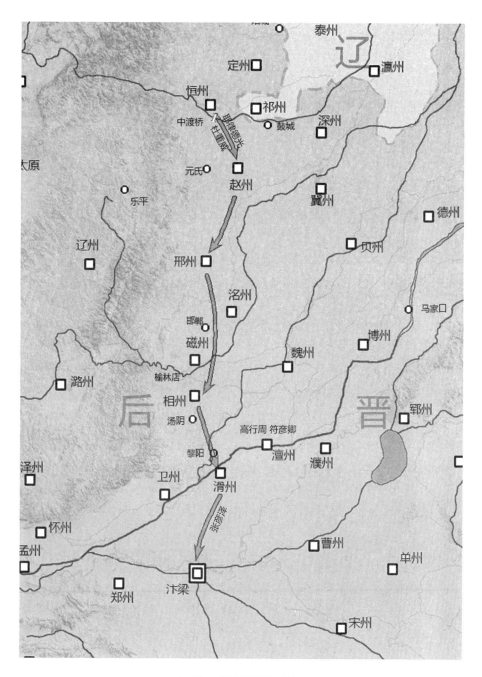

▲ 947 年，"辽晋联军"联合灭晋

正月五日清晨，押送卫兵起来准备带着景延广继续赶路，却发现他已经死了。按史书的说法，景延广是用双手扼紧自己的咽喉，窒息而亡，为自己争取了一个全尸。

景延广的尸体被抬出驿站的这一天，石重贵也总算等到辽国皇帝对自己的判决：耶律德光确实不杀他，只是将他封为"负义侯"，连同石家一族流放到三千里外的黄龙府（今吉林农安）。但因为天气不好，一连十多天风雪大作，石重贵一行人没有马上上路，被移出开封府衙后，又暂时关押到城东北的封禅寺内。

一个风雪之夜，供应中断的石重贵一家第一次尝到了饥寒交迫的痛苦滋味。而到了天明，寺里的和尚用斋之时，淡淡的粥香传过来，更让皇室成员饥饿难耐。李太后感伤不已，她是个信佛之人，便悄悄找来一个寺里和尚说："我曾在寺里举办大法会，施舍过数万僧人饮食，今天就没有一个人记得了吗？"那和尚看辽国卫兵不在旁边，小声答道："谁也不知道契丹人的想法，都害怕因献食而招祸。"

李嗣源的三女儿禁不住仰天长叹。原本耶律德光看在她父亲和丈夫的面子上给过选择，允许她自由去留，不用列入流放名单，但被李太后拒绝了："儿媳蒙皇上天恩，饶我儿不死，感激不尽。但既为人之母，不依靠儿子，还能靠谁？"

好在耶律德光虽然想让石重贵一家受点儿折磨，但并不想让他们饿死，在石重贵硬着头皮向看押他们的卫兵乞讨之后，还是得到了一点儿食物，让全家人勉强糊口。

正月十七日，雪停了。被流放的后晋皇室，包括亡国之君石重贵、李太后、安太妃（石重贵生母）、冯皇后、皇弟石重睿、皇子石延煦、石延宝，以及部分妃嫔、宫女、宦官，还有国舅冯玉、中书令赵莹、马军都指挥使李彦韬等随行大臣，共计一百余人，在三百名契丹骑兵的押送下，踏上北行的漫漫长路。

辽国对他们的供应，保持着饿不死的标准。石重贵一行人半饥半饱，苦不堪言地往前走，期望路上有晋朝旧臣施舍接济。然而，沿途绝大多数原后晋地方官，想法都与封禅寺的和尚差不多，像躲避瘟疫一样，躲避着他们昔日效忠的皇帝。

一行人走到磁州才遇上了唯一的例外。磁州刺史李榖迎候于路旁，石重贵与之相见，忍不住相对流泪。李榖泣道："都怪臣没有尽责，辜负了陛下！"他将带来的东西全部献上，石重贵一行人难得吃上了几天饱饭。

磁州再往北是邢州，邢州再往北是赵州，赵州再往北就到了滹沱河畔，到了杜重威降辽的中渡桥大营。看着萧瑟的大营旧址，石重贵悲愤难当，仰天高呼："杜重威，我家有什么地方对不起你？竟被你这个奸贼所害！苍天啊苍天！"言罢，他放声大哭。

一行人继续往北走，过了渝关，出了长城，进入塞北，一路忍饥挨饿，风餐露宿，还要承受辽兵的随意欺辱。总算到了黄龙府，包括李太后、安太妃在内，都要跪在"曾爷爷"（阿保机）的遗像前请罪。石重贵痛苦不堪，对身边人哭诉："都怪薛超误我，让我死不了，受这么多屈辱！"

后来，冯皇后悄悄搞到一些毒药，与石重贵相约一起自杀，被石重贵阻止了。之后辽国多次变更石重贵的流放地，安太妃在颠沛流离中病死，石重贵将生母火化，载着她的骨灰一起走。

再后来，李太后得病，无医无药，只能等死。传说李太后在死前曾诅咒说："如果死掉的人没有意识便罢，如果还有意识，杜重威、李守贞，我永远也不会放过你们！"然后，她又对石重贵说："我死后，设法将我的骨灰送到幽州的佛寺，不要让我变成胡地的孤魂野鬼。"

就是在这屈辱的环境中，石重贵苟且偷生，活了很多年，熬死了耶律德光，熬死了刘知远，将来还要熬死郭威，熬死柴荣。不过，他的事不再受世人关注，在中原，大家渐渐将这个亡国之君遗忘。

第六章

征服与反抗

刘知远　　李三娘　　冯道　　郭威

## 藩镇大地震

因为旧主人搬家，现在汴梁的皇宫暂时空了出来。那么谁能够成为它的新主人呢？候选人有三个。

最初，觉得自己志在必得的候选人，大概是杜重威。辽国皇帝许下的承诺多么动听啊，甚至都采取过行动，让自己皇袍加身。那一幕将士都看见了，这中原的皇帝舍我其谁？然而，从杜重威率降军从恒州出发，与辽国大军合兵南下开始，如果智商不低，他应该隐隐感觉到自己没戏了。

原来，除了交给张彦泽用于灭晋的两千名先锋，十余万名后晋降兵，全在恒州被耶律德光解除了武装，大军的铠甲、武器等全存进恒州的仓库，战马则让契丹人赶回辽国本土。之后，十几万名晋军将士只能赤手空拳，全体步行跟随辽军南下。

一路上的补给都是辽军优先，后晋降兵一面忍饥挨饿，一面冒着腊月的寒风，在辽国人的动辄打骂中踏雪前行。有人体力不支，就可能倒地不起，长眠于白茫茫的原野之上。

十年前，石敬瑭的军队被辽国人当成友军，就算是晋安寨的降兵，也不是这种待遇啊！名义上，他们现在应该是辽军的盟友，但实际境遇像被辽国皇帝抓住的战俘。五代军人不是弱势群体，在这种境遇下，官兵相聚，一提起这次投降，就深恨把他们带上这条路的那个人。杜重威的威信荡然无存，一出门总有人指着他痛骂。耶律德光如果真的愿意让他当第二个石敬瑭，会这样对待他的军队，让他颜面扫地吗？

实际上，杜重威与后晋降兵觉得自己的处境像战俘，还是把辽国皇帝想得太好了。当联合大军到达黄河边时，耶律德光曾心念一动，有了一个计划：命令晋军降兵在黄河边全体集合，然后出动辽国铁骑三面冲杀，把这些手无寸铁的降兵全部送进黄河里喂鱼。幸亏有人（可能是赵延寿）劝阻说："现在散布各地的后晋军队还有很多，如果听说投降的人一个都活不了，恐怕会拼死抵抗，那样麻烦就会没完没了。"耶律德光想想也有道理。那就等灭了后晋再说。

等大军接近汴梁，耶律德光命杜重威率全体后晋降兵驻扎于陈桥（景延广自杀的地方），不允许他们入京。也就是说，在决定谁是中原新主人的最关键时刻，杜重威连到汴梁城中参观的权力都没有，你还相信能让你拿到皇宫的房产证？杜重威是否懊悔我们不知，但他看来总算是对自己的真实地位有所领悟，从此假装健忘，再没提让辽国人立自己当皇帝的事。

这一切，与另一皇帝候选人赵延寿的预测完全一致。不自量力的杜重威靠边站了，皇上一诺千金立我为帝的事，是不是该提上议事日程啦？

但紧接着，耶律德光坦坦荡荡地住进了汴梁的皇宫，汴梁各城门的守兵以及宫中护卫全部换成了契丹人。"没关系，"赵延寿安慰自己，"等皇上处理完中原的大事，还是要回北方去的，到时候就会把中原的一切留给我。说不定马上就会召我商议这件事了。"

果然，耶律德光很快便召见赵延寿等辽国重臣，说是有大事相商。赵延寿兴冲冲地参会，端出议题，才发现不是自己期待的那件事。原来，耶律德光的意思是，反正现在后晋已亡，请大家研究一下如何在陈桥进行一次白起式的大屠杀，把那十几万名后晋降兵统统杀光。

赵延寿一听，这可不行，等自己当上中原的皇帝，手里总得有军队，总不能当光杆皇帝。于是，赵延寿问耶律德光："陛下冒着飞矢流箭，恶战数年才取得这中原之地，是打算将它纳入大辽的疆域，还是打算拱手让给外国？"

"好不容易才得到的中原之地，我岂会将它拱手让人？"耶律德光觉得这个问题问得好没有深度。

"对啊，"赵延寿说，"晋国的南边有李家的唐国，西边有孟家的蜀国，它们从来就不是友好邻邦，这些情况，陛下可都知道？"

"知道。"耶律德光答。

赵延寿顺势展开论述："晋国的版图，东到沂（今山东临沂）、密（今山东诸城），西至秦（今甘肃秦安）、凤（今陕西凤县），边界长达数千里，与唐、蜀两国相邻，不能不派军队驻防。而南方的天气闷热潮湿，大辽的契丹将士虽然英勇无敌，但毕竟水土不服，无法在此久居。等到皇上您圣驾北返（嗯，这条是重点），这么辽阔的土地如果没有军队防守，唐、蜀二国怎么可能无动于衷？他们势必兴兵北犯，陛下辛辛苦苦打下这富饶的中原大地，不又白白便宜了李家和孟家？"

耶律德光略一沉吟："这些我没有细想，你觉得该怎么办？"

赵延寿答："这也不难办，陈桥的降卒，都是中原几十年来锤炼出的精兵，只要分派他们驻守南部边界，唐、蜀两国就无能为力了。"

"不行！"辽国皇帝反对说，"我以前在上党犯过一个大错，把后唐降兵全部交给石敬瑭，才使他儿子有资本与我反目成仇，甚至北上向我挑战。我辛苦这几年，好不容易才再次将他们打败。现在，靠着上天保佑，这支军队再次落到我的手里，不乘这个机会把他们彻底清除，难道还要将这支怀有二心的军队留下来，遗患无穷？"

在为自己的大业拼搏时，赵延寿总是聪明过人，马上提出了解决方案："我认为，以前的失误是在于把军队交给石敬瑭的时候，没有留下他们的家属当人质，才让他们与大辽反目时没有顾忌。今天我们可以这么干：将降兵的家属全部安置到代北各州，再把这些军队分成几个批次，每年轮流到南方驻守，到期回家。这样一来，还用担心出乱子吗？此为上策！"

耶律德光大喜："还是你机灵，好吧，这件事就按你说的办。"

于是，原本即将发生的"陈桥大屠杀"就此烟消云散，"陈桥战俘营"也一并解散，各军分别返回各自的原驻地，等待安排。只是他们可能都不知道自己刚刚经历了一次死里逃生。原本，赵延寿留在历史上的形象一直与他的高颜值成反比，但在这件事上，他确实拯救了十几万人的生命，为中原保存了一些元气，也为自己的人生留下了唯一的亮点。

当然，赵延寿从来都不会为了做好事而做好事。军队的后顾之忧解除后，皇上您什么时候正式安排中原的代理人呢？但耶律德光一点儿也不着急，他脱下了契丹的服饰，穿上汉人的衣冠，像以前的后晋皇帝一样，在朝堂上召见后晋的降臣，向他们宣讲："从今以后，战争已经结束。中原的财富不必再用来制造武器，也不用再购买战马，开支节省下来，赋税也就可以减轻，天下太平的日子就要到来了！"顺便，耶律德光要求降官恢复正常办公，以前需要请示后晋皇帝的事，请示自己就可以了。

皇上这究竟是什么操作，要等中原的局势完全稳定才会离开吗？但心中再着急也不敢直接问，赵延寿只希望中原政局能尽快回归正轨，让耶律德光安心北归，要达到这个目的，就找一些比较能干的官员来处理政务吧。于是，赵延寿和张砺一道，向辽国皇帝推荐后晋的前枢密使李崧有治国之才，可赋予重任。

耶律德光对李崧的名声早有耳闻，便让李崧在新政府中担任太子太师兼枢密使，甚至对身边人说："我破南朝，就得到了李崧这么一个人而已。"不过没几天，这句话就失效了。

耶律德光进入汴梁后不久，出台了一项重大举措，向原后晋各地藩镇节帅下诏，命令他们马上入京觐见。后晋大多数节度使、防御使、留后，都不敢抗拒契丹皇帝的意志，纷纷快马入京朝拜。此时的藩镇节帅有不少是文官出身，比如驻地在邓州的威胜节度使，就是大名鼎鼎的冯道。

耶律德光久闻冯道之名，一入京便马上召见。辽国皇帝做出一副虚怀若谷的姿态："要怎样才能拯救天下的百姓？"冯道回答："如今天下百姓受困已久，就算是佛祖降世也无能为力，只有皇上您能救得！"耶律德光大喜，马上任命冯道为太傅兼枢密使，与李崧并列，一起充当顾问。

冯道在当时的名声很好，有人传言说契丹人没有在中原大开杀戒，全赖冯道一言之善。不过，从随后发生的事来看，这话明显夸大了。像冯道这样入朝升官的事，在当时入京觐见耶律德光的藩镇节帅中是孤例，大多数人入京，只能迎来契丹人或重或轻的修理。

第一个倒霉的人是郑州防御使杨承勋，就是那位当初为了自保，发动兵变生擒杨光远，然后投降后晋朝廷的杨光远之子。站在后晋的角度，杨承勋是大义灭亲，但站在辽国的角度，他罪大恶极。于是，耶律德光将杨承勋逮捕,以"弑父叛辽"的罪名处决,剁成肉酱,分给左右食用。更离谱的是,耶律德光提拔了杨承勋的弟弟杨承信为平卢节度使,继承杨光远生前的旧部。可是当初杨承勋发动兵变时,杨承信也是重要参与者啊!

匡国(总部同州)节度使刘继勋,当初在石重贵决定与辽国翻脸时在朝中任宣徽北院使,参与过决策制定。这次他一到汴梁,立即遭到耶律德光的严厉讯问:煽动主君反辽,你可知罪?

如果知罪,会不会就要去和景延广、杨承勋做伴?刘继勋不敢担责,又见冯道也在殿上,急忙把锅甩出去:"皇上明察,当时冯道是首相,一切决策都是由他和景延广商议决定的,我官微职小,国家大事哪有我插嘴的份儿?"耶律德光大怒:"这位老先生可不是惹是生非的人,你不要胡乱攀扯!"然后,比照景延广享受的待遇,刘继勋也被拿下,用铁锁捆绑。刘继勋患有风湿性关节炎,经常发作,耶律德光特别"安慰"他说:"北方天气凉爽,到那边住一段时间病就好了!"他打算安排刘继勋去黄龙府"疗养",和石重贵做邻居。

刘继勋被拿下的时候,晋昌(总部京兆,原来的长安)节度使赵在礼正在入京的路上。此时赵在礼对自己的前途很是悲观,对身边人诉苦道:"我听闻辽国皇帝曾说,他兄弟庄宗皇帝(李存勖)会死于非命,罪魁祸首就是我。不知我这次进京,还能不能活着回来?"话虽然这么说,一辈子都欺软怕硬的赵在礼,仍然不敢不继续往前走。

怀着忐忑不安的心情,赵在礼到达洛阳。洛阳城已在辽国的奚王拽剌、大将高模翰等人的控制之下,赵在礼不敢怠慢,前往求见。拽剌等人早听说赵在礼贪财,知道他是后晋节度使中数一数二的大富豪。这么一只大肥羊自投罗网,他们肯定要狠狠薅几下羊毛。如果不让被敲诈对象感受到足够的压迫力,怎么能让他们乖乖掏钱?于是拽剌等人高坐大堂之上,板着脸接受赵在礼的叩拜,周围的辽兵更对赵在礼肆意侮辱,待之如囚犯。赵在礼将携带的财物都献出来行贿,才得以脱身。

怀着忧愤的心情,赵在礼继续往东走,到达郑州时,他又听说刘继勋入京被逮捕,不禁大惊失色。现在,他连行贿的钱都没有了,到了汴梁怎么办？与其像张彦泽、杨承勋那样死无全尸，还不如学景延广。当夜，绝望的赵在礼用衣带在马棚的房梁上打了结，然后把脖子套进去，终年六十五岁。终于，"眼中钉"把自己拔了。

不过，百姓也高兴不起来。不怕不识货，就怕货比货。亡国的中原百姓很快发现，与契丹人的统治相比，后晋王朝那稀烂的地方治理竟然也让人怀念了！

耶律德光把后晋的各藩镇大帅召到汴梁，目的可不是新来的大老板要和员工认识一下这么简单。辽国皇帝的打算，是要对后晋的藩镇系统进行一次全面大换血，如果可以，就用辽国官员取代后晋的节度使。

所以，除了特别倒霉的杨承勋、刘继勋、赵在礼等人，其余后晋节度使一旦服从辽国皇帝的圣旨到达汴梁，情况也好不到哪里去，即使不被勒索、治罪，也都要被免去原有职务（杜重威、李守贞两位带头投降者例外）。少数幸运儿能够平级调动，但也变成遥领，不能去新驻地上任。辽国来的官员跃跃欲试，短短数月间便在耶律德光的安排下分赴各地，取代或架空了后晋原有的大部分地方行政体系。

这可能是自唐末以来藩镇体系经历的一次最剧烈的大地震。关于这次剧变的具体情况，内容繁杂，在下为此制作了一个简表，以便读者朋友有个直观的了解。

由此表可知，后晋原有三十八个藩镇，辽灭后晋在汴梁增加宣武镇，达到三十九个。只有五个没有服从耶律德光的入京诏令，其余三十四个藩镇都屈服于契丹，入朝觐见，比例达87.2%。入朝诸藩镇中，只有两个没有更换节度使，在被更换节度使的藩镇中，两个让刘知远浑水摸鱼抢了，至少有十四个由辽国来的官员顶替，仍由后晋降官担任的有九个，还有七个查不到资料。综上，可以大致推断，在如此短的时间内，凡在耶律德光能够伸手的地方，大部分节度使都被他换成了辽国官员，这一变更的烈度超过了二十四年前李存勖对中原藩镇的去后梁化，宛如一场大地震。

藩镇制度如同过时的旧房子，迟早需要拆毁，但是，大地震肯定是所有拆毁方式中破坏性最强的一种。

## 耶律德光入主汴梁期间中原藩镇变动表

| 总部所在 | 藩镇名称 | | 具体人选 | |
|---|---|---|---|---|
| | 后晋 | 辽国 | 后晋末任 | 辽国任命 |
| 汴梁 | （首都） | 宣武节度使 | 石重贵（皇帝，流放北方） | *萧翰（述律敌鲁之子） |
| 洛阳 | 西京留守 | 西京留守 | 景延广（自杀） | *刘晞（辽国前燕京留守） |
| 京兆（长安） | 晋昌节度使 | 晋昌节度使 | 赵在礼（自杀） | *张彦超（原辽国云州节度使） |
| 兖州 | 泰宁节度使 | 泰宁节度使 | 安审琦（随杜重威投降） | 不详 |
| 青州 | 平卢节度使 | 平卢节度使 | 不详 | 杨承信（杨光远次子） |
| 徐州 | 武宁节度使 | 武宁节度使 | 符彦卿（与高行周一起降辽） | 不详 |
| 魏州 | 邺都留守 | 天雄节度使 | 杜重威（率部投降） | 杜重威（未更换） |
| 郓州 | 天平节度使 | 天平节度使 | 李守贞（随杜重威投降） | 李守贞（未更换） |
| 曹州 | 威信节度使 | 威信节度使 | 石延宝（皇子，未到任） | 李从益（李嗣源幼子，未到任） |
| 宋州 | 归德节度使 | 归德节度使 | 高行周（与符彦卿一起降辽） | 不详 |
| 陈州 | 镇安节度使 | 镇安节度使 | 李彦韬 | 不详 |
| 许州 | 忠武节度使 | 忠武节度使 | 石重睿（皇弟，未到任） | 刘晏僧（刘重进，后晋遣辽使臣） |
| 滑州 | 义成节度使 | 义成节度使 | 皇甫遇（随杜重威投降后自杀） | *耶律留珪（耶律倍之子） |
| 襄阳 | 山南东道节度使 | 山南东道节度使 | 不详 | 不详 |
| 邓州 | 威胜节度使 | 威胜节度使 | 冯道 | 王周（原后晋顺国节度使） |

| 总部所在 | 藩镇名称 | | 具体人选 | |
|---|---|---|---|---|
| | 后晋 | 辽国 | 后晋末任 | 辽国任命 |
| 安州 | 安远节度使 | 安远节度使 | 不详 | 刘遂凝（刘郭子，后晋禁军将领） |
| 河中 | 护国节度使 | 护国节度使 | 宋彦筠（随杜重威投降）或侯益？ | *赵匡赞（赵延寿之子） |
| 孟州 | 河阳节度使 | 河阳节度使 | 李从敏（李嗣源侄） | *崔廷勋（辽国侍中） |
| 晋州 | 建雄留后 | 建雄留后 | 刘在明 | 无（被刘知远截和） |
| 陕州 | 陕州节度使 | 保义节度使 | 石延煦（皇子，未到任） | *刘愿（辽军将领） |
| 华州 | 镇国节度使 | 镇国节度使 | 安审信（安审琦从兄） | 安叔千（没字碑，亲辽积极分子） |
| 同州 | 匡国节度使 | 匡国节度使 | 刘继勋（被关押释放后忧愤而死） | 不详 |
| 邠州 | 静难留后 | 静难节度使 | 安审约 | 宋彦筠（原后晋护国节度使） |
| 鄜州 | 保大节度使 | 保大节度使 | 郭谨 | 焦继勋（原后晋凤翔留后） |
| 延州 | 彰武节度使 | 彰武节度使 | 周密 | 无（被刘知远截和） |
| 相州 | 彰德节度使 | 彰德节度使 | 张彦泽（被杀） | *高唐英（辽将，未能到任） |
| 凤翔 | 凤翔节度使 | 凤翔节度使 | 焦继勋 | 侯益（原后晋护国节度使？） |
| 贝州 | 永清节度使 | 永清节度使 | 梁汉璋（战死） | 不详 |
| 澶州 | 镇宁节度使 | 镇宁节度使 | 石延煦（皇子，未到任） | *耶律郎五（辽将） |
| 邢州 | 安国节度使 | 安国节度使 | 方太 | *耶律麻答（辽将，世里刺葛之子） |

| 总部所在 | 藩镇名称 | | 具体人选 | |
|---|---|---|---|---|
| | 后晋 | 辽国 | 后晋末任 | 辽国任命 |
| 恒州 | 顺国节度使 | 顺国节度使 | 王周 | *赵延寿（辽将） |
| 定州 | 义武节度使 | 义武节度使 | 李殷 | *孙方简（早先降辽的民间武装首领） |
| 沧州 | 横海节度使 | 横海节度使 | 王景 | *潘聿撚（辽永康王姐婿） |
| 潞州 | 昭义节度使 | 昭义节度使 | 张从恩（石重贵岳父） | *耿崇美（辽国通事官，未能到任） |
| 太原 | 河东节度使 | 河东节度使 | 刘知远（不肯奉诏朝见的四镇之一） | 无 |
| 府州 | 永安节度使 | 永安节度使 | 折从远（不肯奉诏朝见的四镇之一） | 无 |
| 泾州 | 彰义节度使 | 彰义节度使 | 史匡威（不肯奉诏朝见的四镇之一） | 史佺（来历不详，未能上任） |
| 秦州 | 雄武节度使 | 雄武节度使 | 何重建（不肯奉诏朝见的四镇之一） | *张彦超（原辽国云州节度使，未能上任） |
| 灵州 | 朔方节度使 | 朔方节度使 | 冯晖（可能因为路途阻隔未入朝） | 冯晖（未更换） |

【注：名字前打 * 号的，表示原为辽国官员。】

## 胡霸中原

辽国来的官员大多数都是带着浓浓的征服者心态上任的，根本不把交给他们治理的中原小民当人看。很多人不学无术，对担任中原的地方官需要干些什么事毫无了解，连汉语都不会说。他们大多既没有造福一方的想法，也没有治理地方的能力。不过不用担心，马上就有大量汉人中的地痞流氓积极投靠，主动承担起替契丹主子作威作福、敲诈盘剥的工作，让契丹主子充分享受到高高在上的快感。

他们的任意胡为不会受到任何监督吗？当然不会，因为他们的皇帝就没给他们带个好头。别看耶律德光公开宣称要创建太平之世，又问冯道要如何拯救百姓，好像拥有盛世仁君的胸怀。但话好说，事可不好做，辽国皇帝的实际行动与他的宣言几乎是南辕北辙。

后晋各地藩镇都对新来的主君心存恐惧，除了入朝觐见，也都带来大量钱财行贿耶律德光及其左右。辽国皇帝享受着数钱数到手抽筋的快感，一时得意忘形，纵酒狂欢，然后乘着醉意对后晋降臣说出一番狂言："你们中原的事，我比谁都懂，我们辽国的事，你们就完全不懂了！"

耶律德光对主管中央财政的判三司刘煦说："我这次带来辽国大军三十万人（可能夸大了，但十万人应该没问题），他们平灭晋国，劳苦功高，理应重赏，你给我马上将这笔赏金准备好。"

刘煦傻眼了。皇上您也不缺钱啊！张彦泽搜刮京城所得，被您接手了；各地藩镇的贡献，还在不断送到您手上。而后晋朝留下的国库，早就空空如也。但刘煦哪敢质疑，只能硬着头皮尽量满足。刘煦先派军队沿着京城的大街一家一户地闯进去强征财物。但不久前张彦泽洗劫过的汴梁居民，哪里还有余财？所以，对居民的强征成果收效甚微。好在还有官员，特别是有几个很有钱的官员刚刚进了城。

于是，好容易离开陈桥的杜重威、李守贞，一进汴梁就收到了捐款指标。对他们这二位巨贪来说，要捐的数目倒不算多，但这气不顺啊！杜重威实在忍不住，拉上李守贞求见耶律德光："臣等率十万汉军归顺陛下，这功劳不算小，得不到赏赐也就罢了（当皇帝的事咱就不提了，也不敢提），为什么还要受罚？臣等心有不甘！"耶律德光笑了，免去了杜重威、李守贞二人的强制捐款。

最有钱的两位大员不用出钱，刘煦只好又派出几十名搜刮特使，将辽国皇帝安排的任务向各地官员摊派。各地官员又向治下百姓摊派：每户人家都要如实申报自己的家产，然后按比例上缴。胆敢瞒报、少报或抗拒缴纳者，最高可以死罪论处。

刘煦将辛苦搜刮上来的"赏金"一批批送到耶律德光的手上,但不知是数目没凑够或是别的什么原因,辽国皇帝并没有将这笔钱用来赏赐辽国军队,而是与各藩镇的贡献一道,存进了宫库,供自己挥霍之用。

好吧,先不说赏金的事,辽军的军饷总该发了吧?辽军这几次南下,都是一路抢来的,但那毕竟是战时,现在不是要开创太平盛世了吗?对于这一请求,辽国皇帝瞪大了眼睛:"什么军饷?在我们辽国的制度里根本没有这一说,我们都是靠'打草谷'解决问题,能极大节省行政成本。"

不发饷,但可以继续"打草谷",辽兵们自然是听话的,他们分成小队,四散开来,到想到的任何地方强抢想抢的任何东西,甚至随意杀死遇到的汉人百姓。五代时期,军队的暴行并不罕见,但中原军阀只在战时或兵变时才会这么干,平时还是得让百姓维持起码的生计,从事正常的生产,辽军的到来打破了大家共同遵守的底线。

当时的中原百姓生活在怎样的一种环境之下?过去两年的天灾人祸还没有缓过劲儿,又来了如狼似虎的官老爷。为奖赏侵略者而再次猛增的赋税,吸干了民间不多的财富。最可怕的还是那些"打草谷"的合法强盗,数量众多,一批批来而复返,随心所欲地将他们的欲望转化成一起起家破人亡的惨祸。到处是横死于刀剑下的青年和饿死于荒野间的老弱。

身为征服者的大头目耶律德光,没有在第一时间察觉到,无数怒火正在他脚下的大地聚集,辽帝国对中原的直接统治刚刚开始,便已危如累卵。当然,耶律德光也发现了他的权威正在受到挑战。

比如当年贝州兵变真正的"罪魁祸首"皇甫晖,在后晋亡国时正担任密州(今山东诸城)刺史,不愿像赵在礼一样完全听凭契丹人的欺凌摆布,但觉得自己不是辽国大军的对手,便拉上和他有同样想法的棣州(今山东惠民)刺史王建(同名真多),带着愿意跟随他们的两州军民南下,投奔了南唐。顺便提一句,当年和皇甫晖一起起事的亲密战友赵进,没有这个烦恼,他早就是后蜀官员了。

不过,这种虽然不听话,但自己跑掉的,对辽国的征服事业危害还不算大。真正让耶律德光烦恼的是那些既不听话还不肯自己跑路的。

至少有四个藩镇的节度使拒绝到汴梁来朝见耶律德光。这里有彰义节度使史匡威、雄武节度使何重建、永安节度使折从远，如果说这三个藩镇实力较弱，且地处偏远，无关紧要的话，还有一个最为关键的河东节度使刘知远，就让耶律德光不得不高度重视了。

作为后晋朝后期的第一强藩，刘知远经过数年经营，秣马厉兵，小心翼翼地保存实力，此时已手握五万名精兵，军力和财力均遥遥领先于后晋其他任何藩镇。而且河东镇地方险要，民风强悍，经济也不算弱，堪为帝王之资，曾是李唐、后唐、后晋三朝的龙兴之地。以刘知远的才略，他虎踞此镇，岂容忽视？只要刘知远不肯臣服，那辽国对中原的征服就还没有最终完成，仍存在着不可预测的变数。

所以，耶律德光得知赵在礼自杀后，也有些不安，担心此事会造成严重的不良影响。那些还没有入朝的后晋节度使，尤其是刘知远，听闻此事后更加不信任辽国，更不肯来汴梁怎么办？辽国皇帝连忙采取补救措施。

耶律德光下令释放了刘继勋，但不知刘继勋在被关押的几天内究竟经历了什么样的折磨，才放出来就"忧愤而卒"了，完全没能起到耶律德光希望的宣传效果。同时，逼死赵在礼的主要责任人拽剌也受到了追究。不过那惩戒的手段有点搞笑，拽剌被勒令到庭院中罚站。另外，吩咐今后藩镇入京，不得虐待。做了这些安抚降藩的小动作之后，耶律德光再派一支辽军翻越太行，进逼河东，向刘知远示威，并再次下诏要求刘知远入朝。

让赵延寿心心念念的另一件大事，也终于定了下来。正月底，辽国皇帝召见后晋降官，发话说："我大辽国土广大，方圆万里，所以设置的藩属君长就有二十七人。考虑你们中原的风俗习惯，与我们北边相差太大，我打算也选择一个人当你们的君长。谁最合适，你们可以畅所欲言！"

耶律德光的话表面很诚恳，但显然早有人私下给众降官打过招呼，大家也清楚不听招呼会有什么样的后果。这个选举议题提出后，根本没有出现不合时宜的"畅所欲言"，众口一词道："有道是天无二日，民无二主，如今都认为只有陛下您能担当中原的皇帝！"原本三位候选人的得票结果是：杜重威，零票；赵延寿，零票；耶律德光，全票。辽国皇帝狂胜。

辽会同十年（947）二月一日，耶律德光穿戴着通天冠、绛纱袍等中原皇帝的传统行头，登上皇宫正殿，接受百官的朝贺。下面的百官分成三列，辽国来的官员站在正中，投降的后晋文武分列两侧，时刻显出尊卑有别。耶律德光发布诏书，宣布大赦天下，今后中原也是大辽的直辖领土，改元大同。在这道诏书中，还有一句更惊天动地的狠话：今后中原的武装力量全归大辽中央。所有节度使、刺史，一律不得私自设置牙兵，购买战马。（刘知远要是看到这份诏书，会来才怪。）

在刘知远做出反应之前，赵延寿先抑郁了，皇上您原先说好的可不是这样啊，您骗杜重威我没意见，怎么连我也骗呢？心有不甘的老帅哥咽不下这口气，便想了个主意，曲线救自己的皇位。他让李崧出面，替自己向大辽皇帝提出一个建议：我不敢再奢望当中原的皇帝，但请立我为皇太子。李崧不敢得罪赵延寿，只得转奏。

耶律德光的答复既情真意切又正气凛然："以我和燕王（赵延寿）的交情，只要他需要，就是让我割自己的肉我也舍得。但我听说，只有天子的儿子才能当太子，燕王怎么能当太子呢？我不能因私废公啊！"

想当太子肯定不行，但可以给赵延寿升升官当作补偿，张砺，你来起草一下诏书。翰林承旨张砺写道，加授赵延寿为中京（此时辽国升恒州为中京）留守、大丞相、录尚书事、都督中外诸军事。不想耶律德光接过草稿，又拿笔画掉了录尚书事和都督中外诸军事两个职务（看来这两个职务比辽国皇帝的肉还贵）。

刘知远当然还是没有来。即使没有发生赵在礼的事，没有见到耶律德光颁布天下的那道剥夺节度使兵权的大赦诏书，他也深知虎落平阳会是什么下场。不过，要现在就挑起大旗，与声势正盛的强大辽军对抗，刘知远还没有把握。于是，刘知远派了一个叫王峻的心腹代替自己，带着奏章去汴梁觐见辽国皇帝，同时探察一下辽国对中原的控制情况，为下一步决策收集情报。

王峻是个值得一提的人物，字秀峰，相州安阳人，其父王丰是当地乐营使。这个听起来像个官职的工作，既不显赫，也不光荣，说通俗点儿就是官办妓院的管理人。在父亲那种工作场所的熏陶之下，王峻自幼便能歌善舞，聪明伶俐，擅长讨人喜欢，具备了伶人素质。

后梁将领张筠出镇相州时，发现了这个小歌童，很是喜爱，就将小王峻买了下来，畜为家奴，让他在家宴上唱戏助兴。不久，张筠把王峻当作礼物送给当时朝中最有权势的奸臣赵岩。等后梁灭亡，赵岩被灭门，新天子李存勖带来了一个让伶人扬眉吐气的时代，可惜这样的幸运没有落到王峻的头上，他在那段时间孤苦无依，差点饿死。后来他好容易找了门路，卖身到三司使张延朗家为奴，但张延朗不喜欢听戏，王峻只能勉强糊口。

直到石敬瑭得天下，杀张延朗，将张延朗的家产、奴仆一并赏给刘知远，当了大半辈子人下人的王峻才终于时来运转。刘知远偶然发现，这位新家奴其实很有能力，只当个唱戏的实在是屈才了，就将他提拔为典客，负责接待各方来使，也常常作为刘知远的代表出使各方。

回到主线。且说在王峻带来的奏章中，刘知远向耶律德光表达了三层意思：一、衷心祝贺辽军取得的胜利；二、由于太原是边防重镇，容易出乱子，自己责任重大，不能轻易离开；三、河东本应及时向您进贡，但不知道为什么，有一支辽军进入河东，已开进太原之南的南川，把路堵上了。陛下什么时候把这支军队调走，道路一通，我们马上就可以进贡。

从辽国角度看，这三层意思，第一层是无意义的废话，第二、第三层则逻辑有问题。河东在后晋是边防重镇没错，但防的是谁？不就是防备契丹吗？现在大辽已取中原，你还防谁？如果你承认自己是大辽的藩镇，那河东自然也属于大辽的领土，辽军当然有权进入大辽的任何一块疆土，凭什么撤走？显然，刘知远根本没有归顺辽国的诚意。

尽管耶律德光有足够的理由发怒，但还是挤出一张笑脸，下诏将刘知远大大夸奖了一番，还亲自提笔故作亲热地在刘知远的名字上加了个"儿"字。儿啊，为父这么想你，你就不能来汴梁看看我吗？

为了提升"父子之情"的纯度，耶律德光还特别赐给"儿子"刘知远一柄木手杖。赐手杖在辽国是一种极高的荣誉，在刘知远之前，辽国受赐手杖的人只有一个，就是耶律德光唯一还活着的叔叔伟王耶律安端。当王峻带着这柄连辽国皇帝的亲儿子都没能得到的手杖返回时，辽国的官员、军队都纷纷让路。

王峻回到太原，除了带回辽国皇帝赐给刘知远的诏书和手杖，还带回了他对中原局势的判断："契丹人既贪婪又残暴，所作所为已经大失人心，绝对不可能长久占据中原！"好极了。刘知远信心大增，决定不承认这个强行凑上来认儿子的便宜干爹。既然不是父子，那就没必要见面套近乎了，汴梁肯定不去。不过，在局势进一步明朗之前，刘知远也不想过度刺激辽国，所以又派太原副留守白文珂代替自己，入朝向耶律德光进献贡品。

耶律德光终于沉不住气了，他要的是刘知远真正臣服，而不是白文珂送来的这些丝绸与名马。辽国皇帝再戴不住温情脉脉的假面具，让白文珂给刘知远传话："你以前不肯好好侍奉南朝（石重贵的后晋），现在又不肯好好侍奉北朝，你究竟想干什么？"

刘知远想干什么？关于这个问题，刘知远的部将也在问主帅：辽国皇帝明显已经对您怀恨在心，咱们为什么现在还不号召天下，起兵反辽？

刘知远明显比他的手下更沉得住气："用兵之道，有缓有急，应该根据实际情况灵活掌握。如今契丹人刚刚招降了十余万名晋兵，并进占京城，声势如此浩大，在形势发生大的变化之前，岂可轻举妄动？但我观察契丹人的作为，根本没有坐天下的样子，只是想尽最大可能刮尽中原的财富，一旦等到搜刮的成本超过收益，势必北归。现在冰雪已开始融化，气温一天天升高，习惯寒冷天气的契丹人会逐渐变得不适应，想要返回北方。等他们开始北撤，我再出兵驱赶，方可保证万无一失！"

刘知远暂时不出兵，不代表他不会去做另外一些让耶律德光不舒服的事。比如他马上就让耶律德光知道辽帝国不是中原地区的合法中央。

前面提到，除了刘知远，还有数个后晋藩镇不肯降辽。其中雄武（总部秦州，今甘肃秦安）节度使何重建为对抗辽国派来的新节度使张彦超，凭借其辖区紧挨着后蜀，干脆将雄武镇三州（秦、阶、成）献给蜀国。蜀主孟昶派兵北进接应何重建，又顺势攻取了凤州，后蜀的北部边界终于与前蜀相同了。

刘知远听到这个消息，叹息道："戎狄欺凌华夏，致使中国无主，连守边藩镇都被迫去归附边疆小国，我身为一方诸侯，实在愧对国家！"刘知远身边的人马上听出这段话的重点，不是"愧对国家"，而是"中国无主"。于是，河东的文武官员一起向刘知远劝进：既然中国无主，您如果不出面把这个重任担当起来，天下苍生还能指望谁？

刘知远又义正词严地拒绝了，表示要派一支军队东出井陉，去将正被押解北上的石重贵解救回来，拥立他在太原复位。二月十一日，刘知远命武节都指挥使史弘肇集结兵马，准备执行营救石重贵的计划。士兵在操场集合之后，突然鼓噪起来，一致请求刘知远先登基称帝，他们才能出发。现场"万岁"之声不绝于耳。随后，刘知远的心腹苏逢吉、郭威、杨邠、史弘肇等一起入劝刘知远："如今远近之人，想法都不谋而合，都愿意拥戴您为天子，这难道不是天意吗？如果违逆天意，不乘此机会成就大业，过度谦让，只怕人心冷去，反而酿成大祸！"

于是，二月十五日，耶律德光宣布兼任中原皇帝后仅半个月，刘知远在太原登基称帝，暂时没有宣布新的国号，可能仍然算后晋，但历史上习惯将这一天视作后汉王朝的开端。除了国号不明，年号暂时也是旧的，刘知远不承认石重贵的"开运"，将石敬瑭用过的"天福"年号搬了出来，宣布本年为"天福十二年"。然后，刘知远给天下各藩镇发出第一道圣旨：凡辽国向各道强行摊派的搜刮指标一律取消，汉人因被胁迫而替契丹充当使节的，准许弃暗投明，到太原来报到，所有的契丹使节一律就地诛杀。

刘知远称帝并公开与辽国分庭抗礼的举动，一下子在整个中原激起了巨大反响。原先在辽晋战争期间，后晋朝廷曾打算大量训练民兵，以补充正规军数量的不足。石重贵命令内地各州每七户人家要出一名壮丁充当民兵，接受训练，该民兵的薪饷装备等由这七户人家分摊，国家不出钱。通过这个计划的推行，后晋朝廷共训练了至少七万名民兵，这些民兵开头定名为"武定军"，后来改称"天威军"。天威军总数虽然不少，但一直分散在各州各县，在辽晋交战时几乎没有发挥任何作用。后晋政府不知是嫌这些民兵无用，还是原本动机就不纯正，又命令天威军解散。但原本每七户人家分摊的练兵费用不取消，而是变成一项新的税收继续缴纳。

经过这一番操作，后晋王朝在开辟了一条新财源的同时，也制造出了大量受过正规军事训练的平民百姓，为民间武装的兴起播下了火种。

等耶律德光进入汴梁，辽国人的种种倒行逆施矛盾高涨，产生了一加一大于二的效果。刘知远此时再向天下人振臂一呼，于是，反抗辽国、驱逐契丹，成为中原广大军民的共同呐喊。

## 全民抗辽

火种被一个个引燃，以抗辽自救为目标的民间武装，如雨后春笋般纷纷出现，每支义军的人数从几百、几千到几万不等，在很短的时间内便燃遍了广阔的中原大地。

在河东东边的磁州，出现了一个仅有数百名义兵的组织，首领叫梁晖。梁晖宣布响应刘知远，他探听到辽国准备对河东用兵，特派高唐英出任彰德（总部相州，今河南安阳）节度使，但尚未到任，相州城内已有大量军械物资，可守卫的辽兵暂时不多。梁晖艺高人胆大，决定奇袭相州，给新天子一份见面礼，给辽国人一个下马威。

二月二十一日（刘知远宣布称帝的第六天）深夜，梁晖派勇士徒手爬上城墙，进入相州城中，然后打开城门，放其余的人入城。义军战士怀着对"打草谷"强盗的仇恨，个个如猛虎下山，将毫无防备的辽军守兵杀得一败涂地，毙敌数百，也就是说差不多每名义兵都干掉了一名辽兵！辽军守将仓皇出逃，相州被义兵收复。随后，梁晖自称彰德留后，将击败辽兵的经过奏报给刘知远。

比相州战略地位更重要的澶州（今河南濮阳），耶律德光派宗室将领耶律郎五出任镇宁节度使，在此坐镇。耶律郎五是个性情凶暴的莽夫，他到任后，澶州城内的平民苦不堪言，求助于一个叫王琼的义兵首领。王琼率一千多名义兵发动夜袭，一举攻陷澶州南城，然后顺着黄河浮桥，又攻下北城的外城。耶律郎五率少量辽兵败退进牙城，闭门死守。

澶州控制着当时黄河下游唯一一座桥梁，从河南刮到的大量财富大都经过澶州运回辽国。耶律德光急忙调集几路辽军驰援耶律郎五，还决定放杜重威、李守贞返回各自的藩镇，带着军队参与对中原义兵的"围剿"。

王琼一时无法攻克澶州牙城，辽军的援军又越来越近，只得放弃围攻，退出城外。随后，王琼派弟弟王超携带奏章悄悄奔往太原，向刘知远称臣，并请求援兵。可惜澶州离汴梁太近，离太原太远，就算刘知远愿意救援，也来不及了。王琼最终在辽军优势兵力的围攻下战败被杀。尽管如此，他给辽军造成了强烈的震撼，让耶律德光有了返回辽国本土的打算。

除了河东的东边，河东南边的昭义（总领潞州，今山西长治）、保义（总部陕州，今河南三门峡）、建雄（总部晋州，今山西临汾）三镇，也是辽国与后汉两大势力争夺的焦点。

耶律德光攻灭后晋时，昭义节度使是石重贵的岳父，第二次辽晋战争时的晋军总司令张从恩。张从恩先是得知女婿当了俘虏，然后又接到契丹特使带来的命他入京的诏书，当时就很惊慌，没了主意，只好派人去问邻居刘知远。那时还没称帝的刘知远忽悠他说："你我占据的不过一隅之地，如何能对抗整个天下？你还是遵旨入朝吧，我马上也要去。"

张从恩深以为然。刘知远一直都比自己有见识，他说应该入朝，那准没错！于是张从恩拒绝了手下的劝谏，命节度副使赵行迁为留后处理政务，自己前往汴梁觐见耶律德光。一到汴梁，张从恩自然毫无意外地被扣留，辽国准备另派通事官耿崇美出镇昭义。

这时在昭义，军民都不愿接受一个辽国人来当节度使。很可能在刘知远的暗中鼓动下，昭义的判官高防、巡检使王守恩、指挥使李万超等联手发动兵变，杀留后赵行迁与辽国特使，率全镇军民归附刘知远。

保义节度使原由后晋皇子石延煦遥领，实际军政由当地文武官员自行处理。耶律德光入京后，派辽将刘愿出任节度使，与契丹监军来到陕州，统辖这一战略要地。刘愿等辽国来的官员，用了极短的时间，便在陕州激起了巨大的民怨。保义军中的三个将领赵晖、王晏、侯章一商量，认为与其接受辽国人的残暴统治，不如奋起自救，发起兵变，归附刘知远。

二月十四日（刘知远称帝的前一天）凌晨，王晏率几名勇士潜入牙城，打开军械库，将武器分发给兵变军人，然后大家一起动手，砍下刘愿与契丹监军的人头，拥护赵晖为保义留后。保义镇主动倒向了刘知远。

建雄留后刘在明，在后晋亡国后对辽国十分顺从，奉诏进京，让副使骆从朗代理日常公务。耶律德光扣下刘在明，派右谏议大夫赵熙前往晋州主持工作，当然重点在搜刮民财。很快，建雄镇境内就出现了反辽的民间义兵，钱财收不上来。赵熙很着急，亲自去指挥捕杀义兵。

辽国特使离开晋州之时，刘知远派的使节张晏洪来到晋州，通知建雄镇的文武官员：我家主公已经承受天命成为皇帝，你们也应该顺应天意早早归附，并与辽国决裂。骆从朗不接受刘知远的诏书，反而将张晏洪一行人逮捕，准备押往汴梁。

但建雄镇的大多数军民是不愿意臣服辽国的，骆从朗的亲辽立场马上引发了兵变。大将药可俦率军冲进府衙，杀死骆从朗，将张洪晏放出来，推举他为建雄留后。消息一传开，建雄镇内的义兵勇气倍增，原本忙于"剿匪"的赵熙就让"匪"剿了，逃亡不及，被乱刀砍死。于是建雄镇也归附了刘知远。

耶律德光得知了京西三镇反辽的事，也非常忧虑，决定先设法解决保义镇的问题。因为只有先控制了保义，辽军要进攻昭义、建雄乃至河东的通道，才能顺畅打开。至于解决保义的方法，就试试先礼后兵吧。

辽国皇帝遣使至陕州，表示对赵晖等人犯下的罪过既往不咎，并正式任命赵晖为保义节度使。只要改过自新，大辽天子的胸怀是无比宽阔的。然而，赵晖的回答，是将辽国使臣斩首，将耶律德光的诏书一把火烧掉，再派支使赵矩将此事上报刘知远。我是想当保义节度使，但不当辽国的保义节度使。

得知赵晖斩使焚书，耶律德光大怒，派名将高模翰进攻陕州，但在保义军民的顽强抵抗下，高模翰竟然无法取胜。

与此同时，刘知远见到保义使节赵矩，大喜道："你们据守咽喉之地，率先归附于我，今后取天下还有何难？"赵矩乘势劝刘知远发兵南下，驱逐契丹人。刘知远表示同意，但时机未到，暂时还不急于出兵。

时势的发展，果然越来越不利于契丹。到二月底，更多的告急文书送到汴梁。宋州（今河南商丘）、亳州、密州都被民间义兵攻占了，还有更多的城市正在受到义兵的围攻，分散的辽军疲于奔命，处处被动。曾经趾高气扬的塞北征服者，正在被他们以前看不起的，以为可以任意欺凌甚至杀戮的百姓按在地上摩擦。

在遍地义兵的打击下，耶律德光不甘地对左右说："我真没想到，中国的老百姓居然这么难治理！"耶律德光将先前扣留的后晋节度使中比较能战斗的泰宁节度使安审琦与武宁节度使符彦卿放出来，在辽军的护送下返回任所，要求他们出力帮辽国镇压遍地蜂起的义兵。

符彦卿一行人才走到甬桥（宿州北二十里，正常从汴梁去徐州是不会经过宿州的，在军情如此紧迫的情况下，他们还绕了个大圈，当时的局势可想而知），便得到一个坏消息：有个叫李仁恕的民间武装首领已集结了数万义兵，正在围攻徐州。

这架势还要去徐州，不就是嫌命长吗？护送的辽兵做出了合理的选择，撇下符彦卿，自己跑了。符彦卿的想法当然和辽国人有一定距离：这些变民反的是契丹，又不是自己，去徐州也许才是死中求生。

符彦卿继续走，在数十名亲军护卫下，来到徐州城外，试图安抚围城的义兵。李仁恕发现来了一个大人物，指挥义兵一个突袭，控制了符彦卿，然后挟持着他来到城下，要求徐州守军开城投降。

此时，防守徐州的正是符彦卿的儿子符昭序，他的反应相当强硬，派人对着城外的父亲高声喊道："您应该为国讨贼，怎么反而轻入虎口，反而为贼攻城？平日虽为父子，开战便是仇敌。我一定会尽力死战，绝不会开城放你们进来！"

符彦卿算对了，李仁恕并不想伤害他，见徐州守军不肯投降，便换了个态度，率众首领叩拜于符彦卿的马前，请大帅宽恕他们的过错。符彦卿便与李仁恕等相互指天发誓，彼此互不伤害。李仁恕放符彦卿回徐州，符彦卿则答应不替辽国镇压义兵。

安审琦回泰宁的经过记载不详，但从一些迹象看，他也没有遵从耶律德光的旨意与义兵死磕。辽国皇帝的图谋，未获成功。

眼见形势越来越不妙，原本中原各地的零星反抗，已经聚成排山倒海的反辽大潮，耶律德光在汴梁坐立难安，有心先回北方避避风头。但他不愿让别人觉得辽国皇帝是被中原的义兵赶跑的。

三月八日，耶律德光在召见百官时宣称："现在天气渐渐热起来了，我在这里住不惯，离开太后的时间已久，非常思念，我准备暂时回上国看望她老人家。放心，我会留一个至亲之人在这里当节度使，不会放弃中原！"最后一句自然是画蛇添足，如果仅仅是因为天热（三月也热不到哪儿去）和思念老母，用得着特别声明坚守中原的必胜决心吗？

有官员提议道，既然陛下想念太后，那把太后接到中原来相聚吧。耶律德光忍住将这个不识相的家伙一脚踹翻的冲动，耐心地圆谎："太后家族庞大，如千年古柏，树大根深，不可轻动！"

辽国皇帝将要离开汴梁的事，就这样定下来了，不仅仅是他本人要走，按耶律德光的想法，他还要将投降的后晋百官一并带到辽国本土去。有人提醒："如果举国北迁，只怕人心动摇，河南就守不住了，不如分批分次，慢慢北迁。"于是，有具体职事的官员随驾北上，闲散官员留在汴梁。然后，耶律德光下令恢复宣武镇，让萧翰就任宣武节度使。

三月十七日，耶律德光离开仅仅住了七十六天的汴梁，踏上北归的路途。但他很可能想不到，对他而言，这竟是一条见不到终点的不归路。

陪同辽国皇帝上路的是一支非常庞大的队伍，既有护卫的辽军，也包括冯道、李崧、和凝在内的后晋降官千余人，宫女、宦官数百人，还有从后晋皇宫、国库搜刮的金银财宝，以及图籍、历象、铜人、刻漏、卤簿、法物，甚至小到太常寺的乐谱。总之，凡是能够带的东西都让辽国人打包装车了。

一出城，耶律德光便感觉到荒凉的气氛，原本人烟稠密的中原腹地，只余下空荡荡的村落和杂草丛生的田地，除了随辽国皇帝北行的队伍，竟没见到一个活人。耶律德光愤慨了：这些地方官吏怎么能如此不负责任？

难怪天下大乱！耶律德光当即向各地发出几百份文告，严令各地官府改正错误，好好安抚百姓，不能让他们流离失所。

看着无法执行的诏令，仍忠于辽国的中原地方官无语对苍天。这事能怪我们吗？真正让普通百姓流离失所，让反辽义兵风起云涌的，不是您带来的辽国大兵翻来覆去的"打草谷"吗？这一条不改，我们再怎么努力安抚，有什么用？辽国皇帝也真是执着，绝口不提取消"打草谷"的事。所以那几百份文告就同没发过一样。

三月二十一日，耶律德光从滑州白马渡口渡过黄河，过河不久，这支北上的队伍遇上了辽国皇太弟耶律李胡派来询问中原情况的使节。耶律德光的回答与他从汴梁撤出的实际表现出入颇大。只看这段言辞，辽国皇帝好像尚未认为自己必将失去中原，对前景仍然乐观，在习惯性归功于己、诿过于人之际，也让人有点看不清哪一个才是真正的耶律德光：

"我这次统领二十万大军南征，轻易便逼降了杜重威、张彦泽，先下镇州（恒州），再克汴梁，一举灭晋。在汴梁，我精兵简政，选贤任能，力图让南边的政治重上轨道。但没料到南边的实际情况比我预想的更糟糕，各级政府机构空留房舍，办事的官吏都跑得不见人影。这些都怪那倒霉孙子石重贵，他当政时横征暴敛，穷兵黩武，大兴土木，弄得民不聊生，让各地盗贼横行，给我留下了烂得不能再烂的烂摊子！河东的刘知远又乘机不服管教，西边还有好几个藩镇附和他，一起作乱，形势确实很严峻。

"这几天，我夙夜思索，觉得要解决这些问题，关键就是三条：一、对汉地的降官推心置腹，让他们为我所用；二、收揽汉军的军心，让他们用心剿匪；三、安抚汉地的百姓，让他们回归正途。如今归顺我的汉地州府有七十六个，所得汉民一百零九万户，岂能轻易放弃？如果不是汴州炎热不好居住，顶多一年，我定能让汉地恢复太平。现在我打算以镇州（恒州）为中京，常备巡幸，作为治理汉地的中心，同时为讨伐河东做好准备。今后一段时间，我的大战略就是如此。"

总之，挫折是暂时的，前途是光明的。似乎为了印证这一点，渡河后的耶律德光并没有一路北归，而是顺道先进攻相州的梁晖，准备解决率先响应刘知远的义兵首领，以便威慑各地的反辽民间武装。三月二十六日，耶律德光亲自统率的辽国大军进逼相州。由于强弱悬殊，梁晖主动派人出城，表示愿意投降。

耶律德光同意赦免梁晖，并承诺找一个小藩镇让他当防御使，只要他开城投降就行。但梁晖根本不相信辽国皇帝的承诺，毕竟辽国人到中原以来，好听的话说过不少，真正兑现的几乎没有。梁晖只是想用缓兵之计拖延时间，并不是真想投降，所以义兵一直把守城墙，拒不开门。

但梁晖没有考虑清楚，且不说刘知远未必愿意发兵来救相州，就算愿意，时间上也来不及。拖了七八天之后，说好的义兵投降的进度条仍然停留在始发线上，这让心情原本就不太好的耶律德光大怒若狂：一个小贼也敢随便放我的鸽子？难道大辽皇帝不要面子？

四月四日，辽军放弃招降，对相州发起总攻。梁晖兵少，仅仅抵抗了一个上午，相州城即被攻陷，梁晖战死。但这并不算完，疯狂的辽国皇帝，带着疯狂的辽国大兵，冲入城中进行了疯狂的大屠杀。辽兵先是将城中见到的每个男人统统杀死，再把见到的所有女人绑成长串充当战利品。有的女人怀中抱着婴儿，辽国大兵将婴儿一把抢过来，扔上天，再用长矛去接。在母亲的恸哭与辽兵的笑声中比一比看谁手疾眼快。

待鲜血染遍了大街小巷，一度巨大的怒骂声与哭喊声渐渐平息，古老的相州几乎变成了一座死城。耶律德光继续北上，他任命的彰德节度使高唐英总算进城上任。高唐英发现，城中的活人只有七百多人了。而且，辽国皇帝和辽国大军一走，他只有这么一座充满尸臭的空城，怎么挡得住遍地冒出的义兵和义兵背后的刘知远呢？经过恳求，耶律德光将一批后晋降兵配给高唐英，帮助他防守相州。

刚到相州时，这批降兵赤手空拳，没有武装，是高唐英弄来武器铠甲，让降兵重新变成一支能有效作战的军队。但这并没有让降兵对这位辽国来的长官感恩戴德，两个月后（那时耶律德光已死），这批降兵的首领，奉国都指挥使王继弘发动兵变，杀掉高唐英，归顺刘知远，这才开始收殓相州大屠杀中的死难者。经过清点，散布于城中的尸骸有十余万具。相州发生的这一幕幕，让耶律德光在不久前说的要"和协军情，抚绥百姓"的反思，显得那么虚伪和荒诞。

前文说过，耶律德光离开汴梁时，将能搬走的东西几乎都搬光了。这些东西大部分由耶律德光亲自统领的大队伍顺道带走，但因为物资过多，全部走陆路运输太不方便，所以又将原后晋武库中的兵器装了几十条大船，准备通过水路运往幽州。比起陆路，水运路线比较绕：先在汴梁装船，沿汴河逆流西上，经河阴（今河南郑州西北）进入黄河，然后拐个大弯儿，顺黄河东下，在卫州进入大运河，再沿运河北上幽州。

因为天下不太平，为了保障这几十船兵器不被沿途义兵抢去，耶律德光给押船的监军使配了一千余名后晋降兵，领头的是宁国都虞候武行德。

武行德原是太原郊外的一个穷樵夫，生得高大威猛（古史说他身高九尺，按当时的度量衡计算，在两米七以上），膂力过人。石敬瑭任河东节度使时，一次在路上偶遇武行德，见他背着一大捆木柴，就让身边的卫士试举，竟无一人能将那捆木柴举起来。于是，大个子武行德当即被石敬瑭招入军中着意培养，很快提拔为军官，实现了人生的阶级跃迁。

不过，武行德在后晋一朝的表现没有个子这么突出，没有任何事迹被史书记录。如果不是摊到这次重要的押运任务，武行德这辈子可能就这样默默无闻地过去。但现在，青史留名的机会来了。

等船队驶到河阴，到达整个计划行程的最西端，换句话说，也是距离刘知远的势力范围最近的时刻，武行德突然召集了手下的兄弟，对他们进行了一番慷慨激昂的鼓动："我们今天如果还让胡虏当成奴隶一样吆来喝去，马上就要远离故土，再也回不来了！人生在世，终有一死，我们难道不能死在家乡，却要去当异域的孤魂野鬼？而且形势已经清楚，胡虏绝不可能久据中原，咱们不如一起动手，赶走他们的党羽，然后据守河阳（孟州），等待真命天子的到来！"

众降兵听了，群情激愤，个个叫好。他们打开船舱，取出武器，合力杀掉辽国的监军使，然后继续西进，直趋孟州。

正巧，耶律德光任命的河阳节度使崔廷勋，正率军北上，与辽国任命的昭义节度使耿崇美合兵，准备前往潞州，进攻刘知远任命的昭义节度使王守恩。他这一走，致使孟州城防空虚。于是，武行德不费吹灰之力，一举拿下孟州，众人推武行德为河阳都部署。然后，武行德让弟弟武行友，带着用蜡丸封好的奏章前往太原，向刘知远称臣。

武行德进入孟州之前，辽国在黄河之南的第二大统治中心洛阳，已受到大批反辽义兵的威胁。其中最大的一支义兵，是占据嵩山的张遇，有部众一万余人。张遇在嵩山的佛寺中找来一个和尚，据说是原后梁密王朱友伦的儿子朱乙，拥戴为天子，准备以此为号召联合各路义兵进攻洛阳。

辽国的洛阳留守刘晞向守汴梁的萧翰告急，萧翰便命降将方太、李琼前往郑州，调动当地驻扎的后晋降兵增援洛阳。方太原是杨光远提拔起来的一员战将，曾在戚城之战中立下战功。杜重威投降后，方太以安国留后的身份主动降辽，耶律德光改任他为武定节度使。从非正式的留后到正式的节度使，听起来方太的官职略有提升，但武定镇此时属于后蜀，所以方太实际上是被免职了，直到情势恶化，辽国人打算起用他充当爪牙为止。

结果方太、李琼一到郑州，当地驻军便沸腾起来，高喊着强行推举方太为"郑王"，要求方太带领他们脱离辽国的统治。方太仍然觉得辽军强大，不可战胜，奈何一看军情汹涌，好汉不吃眼前亏，只得先装同意。

正好，张遇的义兵进攻郑州。一支反辽武装，与一支不想跟着辽国人混的武装就这样发生了冲突。一战下来，李琼战死，但张遇还是被方太击败退走。乘着战胜的由头，方太打开郑州的库府，赏赐将士。待上下级关系看起来比较融洽时，"郑王"方太开始给手下做思想工作：辽国不是好惹的，咱们不能因为一时冲动而自取灭亡。这样吧，我带你们去救洛阳，还怕没有荣华富贵吗？

没想这一席话说完，刚才还很和谐的氛围顷刻烟消云散，众人大怒：辽国这么欺负咱们，咱们凭什么还要给辽国人卖命！方太见势头不对，不敢再说。当晚，觉得反辽无前途的方太，悄悄逃出郑州，投奔洛阳而去。

方太刚逃走，郑州的驻军就发现"郑王"不见了，结合此前方太的亲辽言论，众军士感觉不妙。他们不想继续跟辽国混，可也不是活够了。你既然不仁，就别怪我们不义。郑州驻军的军官联名，派使节快马加鞭通知周围的辽国留守：方太企图自立为郑王，胁迫我们反辽，但遭到我们的严词拒绝。

于是，方太还没走到洛阳，就惊奇地发现自己成了辽国的通缉犯。惊慌之下，他派儿子方师朗北上，去找辽国皇帝为自己辩冤。但方师朗只走到邢州，就被辽国任命的安国节度使耶律麻答杀死。

这时，辽国的洛阳留守刘晞已经对守住洛阳不抱希望，留下牙校李晖、巡检使潘环守城，自己逃往许州。方太得到这个消息，进入洛阳，自称留守，杀掉李晖，与潘环合兵共守。张遇进攻洛阳，再次被方太击退，再一想反正方太已经反辽，就干脆杀掉自己拥立的皇帝朱乙，归顺了方太。尽管拿下了洛阳，方太还是没有自立一方的信心，已经回不去辽国，现在只好去抱刘知远的大腿。他打算主动前往太原朝见。

正在这时，武行德派使者到洛阳求见方太，言辞恳切地说道："我不过是一个小校，又知道方公以前曾镇守此地，所以河阳节度使的位置一直还空着，就是为了等您来上任！"方太信以为真，赶到孟州想收编武行德的部众，没想到一进城便为武行德所杀。

武行德诱杀方太的原因，史书没有明言，可能是想合并方太手下的军队，但他晚了一步。乘着洛阳方面反辽武装的主将被杀，辽宣武节度使萧翰派大将高模翰护送刘晞发起反攻，再次攻下洛阳，并杀掉了与方太合作的潘环。辽军与反辽武装继续在洛阳周边展开拉锯战。

## 杀胡林

河阳（孟州）失守，以及洛阳方面让人不安的消息传到耶律德光耳中，将他刚刚打下相州的喜悦抵消得干干净净。辽国皇帝终于不得不真正反思自己的失策，叹息道："我做错了三件事，难怪天下皆反。第一，向诸道搜刮钱粮；第二，命上国之兵'打草谷'自筹给养；第三，没有早点儿让进京朝见的节度使返回原任。"

不知道是因为对中原极可能得而复失的极度懊悔，还是别的什么原因（比如大量尸体未及时处理就可能引发疫病，或者有人希望耶律德光早点儿死而暗中动了手脚），等四月中旬，走到赵州临城县时，此前身体一直很健康的辽国皇帝突然得了急病，只能躺在车中继续北行。耶律德光的病情快速恶化，全身发热，高烧不退。为了降温，契丹的医官取来很多冰块，堆放在耶律德光胸部、腹部和四肢上，甚至连他的嘴里都含着冰块，以便稍稍减轻痛苦。

有学者认为，耶律德光所患的，可能是中医所称的"暑燥疫"或"湿热疫"，对应西医的"流行性出血热"，切忌使用冰敷，否则就是帮助病魔战胜患者。经过这一番"治疗"，耶律德光的病情迅速加重，再也不能忍受旅途的颠簸，被迫在栾城县以北十五里的一片树林里扎营养病。

据说距当时两百多年的武则天时代，曾有一支突厥人侵入中原，在此地被全歼，之后当地人就给这片林子取名为"杀胡林"。如今，胡人的皇帝在他生命的最后一刻来到了"杀胡林"，难道真是冥冥之中自有天意？

眼见药石无效，契丹的神官开始围绕着天子的穹庐不停作法，祈祷长生天保佑他们的皇帝，让疾病退散，恢复健康。传说就在祈祷期间，有流星划过，坠落到距离皇帝大帐不太远的地方，迸溅的火光都可以看得见。众神官大惊失色，这可真不是个好兆头啊！却见奄奄一息的耶律德光，不知从哪里来的精神，又拼命站了起来，面西而望，向着太原的方向，一面吐涎沫，一面厉声诅咒："刘知远灭！刘知远灭！"两声喊完，大辽皇帝颓然倒下……

四月二十一日，也就是发起相州大屠杀之后的第十七天，辽太宗耶律德光带着无尽的遗憾，在中原万民的诅咒中病逝于杀胡林，共计在位十九年零五个月，享年只有四十六岁。

耶律德光的迅速死亡，给随行的辽国官员带来了一大堆难题。比如那位杀人不眨眼的老太后述律平，之前听说儿子得病，便派人飞马传旨：不管是死是活，她一定要见到儿子。但此时已是农历四月底，天气比较热，正常情况下尸体不可能保存很久，如果等跋涉千里回到辽上京，那皇帝的遗容还能看吗？

也许是某个厨子出了个主意，套用腌腊肉的方法，把死去的皇帝与被宰的猪羊一样处理，先开膛破肚，取出内脏，然后在腹腔内塞满食盐，吸干水分，尸身便不易腐烂。这个好主意马上得到实施，耶律德光被制成了中国历史上有明文记载的第一个皇帝木乃伊。中原百姓听到这件趣闻，多少带着一点儿恶意的快感，给耶律德光取了一个新称号"帝羓"，就是皇帝肉干的意思。

自然，把死皇帝做成帝羓并不算一件太难的事，真正能让随行大臣担心的，是耶律德光留下的帝位由谁来继承。其中最心潮澎湃的一个人，当数耶律德光临终之时，侍候在其身边的宗室重臣耶律安抟。

耶律安抟是耶律迭里的儿子。耶律迭里，就是那位忠于堂叔阿保机的遗命，反对述律平废长立幼，而被拷打至死的硬骨头忠臣。述律平和耶律德光好像都没有斩草除根的念头，尽管耶律迭里死于非命，却没有牵连他的儿子。见小耶律安抟在父亲冤死后悲痛欲绝的样子，耶律德光甚至夸奖道："这孩子将来一定能成大器。"

现在，这孩子长大了，但从未忘记二十年前发生的事。耶律安抟知道，一个改变历史的转折点出现在了自己的面前。接下来会发生什么呢？

如果什么都不做，走正常程序，那接下来的事没有悬念。早在十五年前，耶律德光便在母亲述律平的压力下，任命三弟耶律李胡为皇太弟兼天下兵马大元帅，从此耶律李胡就是辽国皇位毫无争议的法定继承人。但问题是，在老妈眼里自家老三怎么看怎么顺眼，可在辽国绝大多数大臣眼中耶律李胡就是个无恶不作的混世魔王，没人希望他成为新的皇帝。更可怕的是站在耶律李胡背后的那个真正主宰，耶律安抟的杀父仇人述律太后。当年阿保机一去世，那个心狠手辣的老太婆顺手送了多少人下地府？如今咱们能让那样的事再重演吗？

显然答案是不能。咱们应该抢在上京方面做出反应之前，拥立一位新天子了，既避免承受耶律李胡与述律平的恐怖统治，又有可能报杀父之仇。

那谁最合适当新天子呢？从礼法上讲，"兄终弟及"明显没有父死子继更合乎常规，如果大家都不希望耶律李胡继位，那接下来最合理的继承人，当然要数耶律德光的长子寿安王耶律璟（契丹名"耶律述律"）。但耶律璟此刻人在上京，也在述律老太婆的控制之下，基本没戏。

于是，耶律安抟想到了另一个人，一个如果不是当年述律老太婆使坏，本来就应该是大辽皇位继承人的人——永康王耶律阮（契丹名"耶律兀欲"）。耶律阮是阿保机的长孙，原东丹王耶律倍的长子，史称"善骑射，乐施予，有众望"，自幼受其二叔耶律德光宠爱，经常随军征战，此刻正在杀胡林的大军军营中。可能因为上一辈耶律迭里就与耶律倍交好，耶律安抟与耶律阮也是自幼亲近，关系融洽。

耶律安抟马上找到耶律阮，对他说："大王您聪敏仁厚，又是太祖皇帝的嫡长孙，理应正位。寿安王虽然是先帝之子，但其实诸将都更支持您，请您尽快在大行皇帝灵柩前正位，以安定众心！"

耶律阮吓了一跳。这是到了一念天堂，一念地狱的时刻了！自己如果选错了，可没有机会重选一次。他迟疑道："寿安王是我弟，他倒相对好说话，但老太后和李胡皇叔怎么可能同意？"

耶律安抟笑了："现在我们大辽的精兵猛将都在南征军中，国内没有留下多少兵力。只要军中诸将同意，老太后就算有异议，也无可奈何。您要不早做决断，后悔就来不及了。"

然后，耶律安抟转身做了两件事：一、派人伪装成上京来使，谎称皇太弟耶律李胡暴亡，短时间内将这谣言传遍军中；二、去找北院大王耶律洼，争取这个重臣的支持。

耶律安抟来到耶律洼的帐篷，发现南院大王耶律吼也在，两人正在密商什么事，一见耶律安抟进来，都闭口不言。耶律安抟仗着自己是耶律德光去世时唯一在身旁的重臣，张口就是一句谎话："先帝在临终前有遗言，命立永康王为新皇帝。永康王贤明有德，众望所归，且如今天下不安，我们不可迟疑，请二位大王协同诸将，一道拥戴永康王登基！"

北院大王耶律洼道："我们也正讨论这件事，既然先帝想让永康王继位，我们自然应该遵旨。但先帝也得听老太后的，如果不上报老太后就拥

234

立新君，恐怕会引发大乱吧？"

明人面前就不做暗事。耶律安抟也不顾及他散布的谣言被揭穿，干脆把话挑明，对两院大王以利害相威胁："如果先上报太后，太后必然立李胡为新皇帝。李胡是个什么混账玩意儿，大家都清楚。如果让他上台，国家社稷怎么办，我们还要不要命？"

此言一出，两院大王动容了。南院大王耶律吼道："你说得对，我们决定了！"随后，耶律阮、耶律安抟与两院大王相聚一处密商，一致认定汉人和我们不是一条心，所以拥立新君的事暂时不能让上京方面和汉臣知道，以免坏事。于是，密谋集团下令，军中所有契丹将领要遵照契丹人的风俗，一道为大行皇帝哭灵，汉人将领就不用参加了。

契丹诸将很快奉命会集于灵帐，灵帐外设下严密警卫，严禁闲杂人等出入。待人员到齐，耶律安抟发挥表演天赋，突然放声大哭："我大辽遭逢国殇，前些天太后派人来告哀，说是皇太弟不幸病逝。不想先帝与皇太弟手足情深，骤闻噩耗，不能自已，竟也撒手而去。然天位不可久虚，我等当奉遗诏拥立永康王。如今国势不稳，先帝逝世，迎立新君的事暂时不要外传，也不要让燕王（赵延寿）知道，待从容返国，再公诸天下！"两院大王带头附和，其余诸将没有异议，拥立耶律阮的决定得到一致通过。

然而，这次秘密会议还未结束，一个出乎耶律安抟等人意料的突发情况出现了：燕王赵延寿突然率领其麾下汉军脱离大营，直奔恒州去了！

原来，就在契丹的厨子忙着腌制帝羓，契丹重臣忙着私立皇帝的时候，作为辽军大营中汉臣的魁首赵延寿也没有闲下来，也在仔细地评估局势。虽然一度惨遭耶律德光戏要，但赵延寿对中原皇位的渴望从未完全熄灭。现在那个欺骗他感情的家伙突然死了，他觉得自己又有希望了。

赵延寿对左右发誓说："我绝不会再回到龙沙（卢龙以北的沙漠，代指辽国本土）那鬼地方去！"契丹人想干什么我管不着，谁当新的辽帝我也不在乎，但中原应该留给我。在辽国宦海沉浮十多年，赵延寿相信自己想要的东西必须动于去争，绝不能再指望契丹人施舍。既然自己是中京（恒州）留守，赵延寿决定第一步就是带着自己的人抢占恒州，以此为根基经营天下。从杀胡林到恒州只有五十里，赵延寿的军队在耶律德光去世当天就进入了恒州。然后，赵延寿像耶律安抟一样，撒谎不打草稿，急吼吼地宣布自己接受耶律德光的遗诏，出任权知南朝军国事，今后中原的一切军政大事统归自己管理。

然而，没等赵延寿松口气，只见辽国的永康王、南院大王、北院大王等已率各自的军队追到恒州城下，叩响城门，要求入城。赵延寿迟疑了一下：要不要拒绝契丹军队入城？他考虑片刻，放弃了这个念头。一、双方毕竟还没有撕破脸，他没有理由拒绝辽军入城；二、如果现在就同辽国决裂，他就将失去辽军这个强援，仅凭目前的实力，他不可能在后汉（虽然现在还不这么叫）与辽国的夹缝中胜出。还是开门吧，赵延寿没有意识到，这个决定将给自己带来什么。

城门开了，大批辽军拥入恒州，恒州不再仅仅由赵延寿说了算。但赵延寿对此感受还不深，还不知道这群人中间已经有一个辽国新皇帝，仍然以为在恒州城内就是自己这个燕王、中京留守、权知南朝军国事的官最大。所以赵延寿在向耶律阮分配给养时，把他当作一个普通亲王看待，没有特别优待。同时，赵延寿向尚未加入反辽阵营的中原各藩镇发出教令，告诉他们今后都要服从自己的号令。

赵延寿还在幻想着使节派出后，自己即将号令天下莫敢不从的辉煌前景，就让现实发生的事狠狠打了一巴掌。耶律阮带的契丹军队进城后，迅速抢占了城中的城门、仓库等要地，并没收了钥匙，不让赵延寿的人随意出入。现在城中有权分配给养的人不再是赵延寿。

赵延寿不高兴了：自己还是先帝亲自任命的中京留守吧？永康王这么胡来，他想干什么？在耶律德光活着的时候，燕王赵延寿与永康王耶律阮的私交是很不错的，耶律阮的妻子萧撒葛只甚至认赵延寿为义兄，两家人时常走动。赵延寿不想轻易翻脸，就派人去找耶律阮，摆事实讲道理，说明城门与仓库的钥匙应该归自己保管，但耶律阮装聋作哑，就是不交还，赵延寿想想也就算了。毕竟契丹人看不起汉人，不信任汉人，是目前的常态，也许这只是他们的习惯反应，还是不要因小失大。

有人密报赵延寿：城中的契丹人经常在一起秘密聚会，虽然不知道他们想干什么，但明显没安好心。反正现在城中的汉人比契丹人多，不如咱们先下手为强，抢在他们动手之前动手。赵延寿犹豫再三，还是不同意。在目前刘知远崛起且遍地是反辽武装的情况下，与契丹人的合作对自己很重要。同理，自己的合作对契丹人而言，应该也很重要吧？如此一来，契丹人不至于……对自己下手吧？

赵延寿学习鸵鸟，将脑袋扎进沙土，感觉安全多了。好了，先不管契丹人的事，当务之急是确立自己在中原的监国地位。赵延寿打算在待贤馆举行仪式，自己像皇帝一样接受文武百官的朝贺，具体操作是：宰相、枢密使可以站在台阶上朝拜，节度使以下在台阶下跪拜。李崧受过赵延寿的推荐之恩，忙提醒他：最好不要太高调，免得过分刺激城里的契丹人，还不知道他们会怎么想。赵延寿想想，同意了李崧的意见，放弃了过一把代理皇帝瘾的机会。

五月一日，被赵延寿以为还仅仅是永康王的耶律阮，在自己的住处举行豪华宴会，热情地邀请赵延寿、张砺、李崧、冯道、和凝等汉人大臣赴宴。赵延寿等人没什么防备，欣然前往。等到了宴席之上，双方大臣的关系显得十分融洽，欢声笑语不断。赵延寿放下心来。看来确实没有必要自己吓唬自己。

酒过三巡，半醉的耶律阮主动凑到赵延寿的身边，套近乎："你义妹昨天刚从上国来到，不想见面叙叙旧吗？"赵延寿就这样高高兴兴地由"妹夫"耶律阮引入内室，只不过里面等着他的，并不是义妹萧撒葛只，而是埋伏好的契丹卫兵。赵延寿的所有野望，就在这间不大的内室里结束了。按史书的说法，赵延寿没有被杀，只是再一次沦为了囚犯，被严密关押，一年后孤独地死在了他发誓再也不会回去的塞北大漠。

赵延寿是一个有才、有貌、有野心，但无德、无识、无节操的人，一辈子为恶不少，但也不乏善行，为契丹主子鞍前马后当了十多年的模范走狗，最后一念轻狂，还是让主子烹了。

回到当时，只见片刻后，耶律阮独自从内室出来，脸上笑容不翼而飞，用异常严厉的语调高声宣布："燕王谋反，现已被擒拿关押！"然后，契丹伏兵涌出，将宴会厅团团包围。突生变故，李崧、冯道等人尽皆失色。

见大局已在掌握中，耶律阮换了一副和蔼的面孔："先帝生前已密令我为知南朝军国事，从未更改。燕王竟敢伪造遗诏，自称受命主管南朝，真是岂有此理！不过，我知道你们只是受他蒙弊，并不了解实情，故全部罪过只归于赵延寿一人，亲朋、下属均不予追究！"众臣这才稍稍松了一口气，毕竟赵延寿如何，他们并不关心。

第二天，赵延寿想干而没干成的事，被耶律阮实现了，他在待贤馆接受文武百官的朝贺。他笑嘻嘻地告诉张砺、李崧等人："如果燕王真在这里举行朝贺，我早准备以铁骑围攻，你们可能就一个人也活不了！"稍后，耶律阮对外宣布耶律德光"真正的"遗诏："永康王，是大圣皇帝（阿保机）的嫡孙，人皇王（耶律倍）的长子，又深受太皇的宠爱，得到万民的拥戴，可在中京即皇帝位！"于是，耶律阮正式登基，成为辽国的第三代皇帝，后世称为辽世宗。

辽世宗耶律阮设计拿下赵延寿，登基称帝的同时，已经变成咸肉干的辽太宗耶律德光，正在被送往上京的路上奔驰。待他的尸身回到辽国国都，耶律阮擅自即位的消息也一并传到。权力第一次受到严重挑战的太后述律平，冷漠地看了一眼死去的二儿子，一滴眼泪也没有落下，只是说道："等各部重新听令，一切恢复正常，我再来葬你！"

第七章

后汉定鼎

刘知远　李三娘　冯道　郭威

# 郭威定策

在辽国祖孙俩一决高下之前，先来看看中原的战事。前文说过，武行德能轻取河阳，是因为辽国河阳节度使崔廷勋、昭义节度使耿崇美，还有奚王拽剌正联兵攻向潞州（今山西长治）。以潞州为中心的上党地区，古往今来都是兵家必争的战略要地，后汉皇帝（还没有改国号）刘知远不能容许它被辽国控制，于是派大将史弘肇率军援救。

史弘肇，字化元，郑州荥泽人，农夫出身，是后梁末年被征入军的老兵。其人勇猛善战，但粗野残暴，敌视文人。积功升为侍卫步军都指挥使的史弘肇，治军严厉，有独当一面的将才。

鉴于后汉王朝马上就要取代辽国成长为中原大地上的主角，此处顺便介绍一下刘知远集团中几位此前不曾细说的核心人物。

一个王朝要在乱世中兴起，能征善战的将领自然必不可少，支撑起军队的后勤系统也同等重要。后勤系统大致分为收入与支出两部分，在刘知远集团中，担当这两方面工作的负责官员，分别叫王章和杨邠。

王章，魏州人，早年任本郡小吏，因为办事精明能干，渐升至孔目官。这是一个干得好就很有前途的职业，如同光朝的租庸使孔谦，就是在孔目官的位置上被发现提拔的。更幸运的是，他娶了资深老将白文珂的女儿为妻。李嗣源死后，中原政局无常，王章一不留神站错了队，成了被通缉搜捕的"乱党"，幸亏岳父白文珂到处托关系，使他侥幸逃过一劫，隐姓埋名藏了起来。等刘知远出任河东节度使，推荐与自己私交不错的白文珂担任副使，白文珂乘机向刘知远推荐女婿。于是，在有再造之恩的好岳父的帮助下，王章得到刘知远的起用，开始走向人生的巅峰。

王章的强项是用尽各种方法帮刘知远弄钱。比如扩大专卖范围，将盐铁酒矾等定为官府专卖，胆敢私人经营的，不论多少，一律处以极刑。

前文说过，按唐制，以一百文铜钱为一陌，十陌也就是一千文铜钱为一贯（或称作一缗），后来因为市场流通的钱币数量不足，货币单位开始紊乱，一贯合多少枚铜钱变成了一个未知数。这当然会影响商业交流，所以王章执行了统一的货币单位双轨制：凡官府收钱，统统按每陌八十文计算；而一旦官府花钱，每陌只有七十七文。这样一陌钱每次一进一出，官府都能在不加税的名义下白赚三文钱。另外，还有将"鼠雀耗"改为"省耗"，清查田亩扩大税基等方法。王章在让河东百姓生活困苦的同时，为刘知远扩军备战提供了本钱。

杨邠是王章的同乡，其发迹的关键同样是娶对了老婆。杨邠的岳父不是什么大人物，但有个哥哥很了得，正是李存勖的"丰财赡国功臣"孔谦。在这位岳伯父的提携之下，杨邠早早进入财务部门，历任孟、华、郓三州粮料使，主管军粮物资的保管发放。由于做事认真，为官清廉，对下属严苛，杨邠的表现很合刘知远的胃口。刘知远将他挖来，出任左都押衙，成为心腹之一。

于是，王章弄来的钱粮就由杨邠管理。杨邠的人品比不上张承业，但对滥用公家财富的"吝啬"不亚于张承业，在王、杨两位老同乡的默契配合之下，刘知远集团一时足兵足粮，为进取天下做好了准备。

在婚姻中受益的还有他们的大老板刘知远。刘知远还在太原当一名普通大头兵时，无意中认识了富家女李氏。史书上没有留下李氏的名字，民间传说叫她"李三娘"，姑且用这个名字。当时一文不名的刘知远对李三娘一见钟情，兴冲冲跑去提亲，然后灰溜溜被赶出来。刘知远没有放弃，文的不行就用武的，他请了军中几位铁哥们儿喝酒，喝到半醉，众兄弟连夜闯到李家，将李三娘抢了出来。

奇异的是，这段抢来的婚姻竟然很恩爱。李三娘毫不嫌弃刘知远当时贫穷困苦与征战南北的音信渺茫，忠贞不渝地等待着丈夫，直到他成为人上人的那一天。在民间传说中，刘知远与李三娘的故事，加入了更多的悲欢离合，演绎成了可歌可泣的爱情传奇《刘知远白兔记》。有观点认为，薛平贵与王宝钏的故事原型，就是刘知远与李三娘。

等刘知远称帝，即将出师与辽国一决高下。在此之前，刘知远打算在河东进行一次大搜刮，所得钱财用来赏赐将士，以便激励士气。李三娘反对说："现在我们刚刚起事，号称义兵，但百姓还没见到什么仁政，就要剥夺他们的财产，这岂是新天子救民伐罪的本意？还不如把后宫中的财物全拿出来赏赐将士，数量虽然不多，但将士知道这钱是从哪里来的，必然不会怨恨。"刘知远接受了妻子的谏言，果然远近人心大悦。

除了武将、税吏、会计和贤内助，刘知远当然也需要有能力的文官来处理文案工作。在这方面最重要的，是一位出身武功苏氏（出过北周名臣苏绰、隋朝名臣苏威）的名门士族之后苏逢吉。

苏逢吉，字庆之，长安人，父亲苏悦原为前蜀官员，后来不知怎么成了刘知远的手下，任从事参军。虽生于名门，却不代表苏逢吉有个幸福的童年，因为他很小的时候母亲便去世了，还摊上了一个把儿子当成家仆养的奇葩父亲。

那时苏家的一天通常是这样过的。一觉醒来，苏悦带着大批处理好的公文去上班；工作结束，苏悦带着大批未处理的公文下班；小苏逢吉献上酒食，侍候父亲用餐（苏逢吉的厨艺非常好，苏悦只吃儿子做的菜，对其他厨子的手艺看不上眼）；老酒鬼苏悦酒醉饭饱，呼呼睡去，小苏逢吉就着油灯，捉刀代笔，替父亲处理公务；一觉醒来，苏悦带着大批处理好的公文去上班……

时光就这么一天天过去，众人眼中的优秀官员苏悦快要退休了。刘知远亲自慰劳，问他还有什么要求。苏悦这才提出："我的儿子苏逢吉熟悉吏事，性格又谨慎而恭敬，如蒙不弃，希望能让他代替我服侍在您左右。"刘知远马上召见苏逢吉，一下子就喜欢上这个具有充沛精力和过人才干的英俊青年，之后凡有大事会议，都要让苏逢吉相随左右，参与谋划。

只看以上内容，苏逢吉十分优秀。但这只是他人生的一面，他的另一面就没那么光彩了。苏逢吉虽然是个文人，对上谨慎而恭敬，对下却凶狠又残暴。有一次，刘知远过生日，想靠赦免监狱中的囚犯来祈福，就把这件事交给苏逢吉处理:"去让监狱安静下来吧。"苏逢吉一到狱中,将里面的犯人不论罪行大小一律处死,然后回去报告:"现在监狱中已经很安静了!"而且,不同于王章、杨邠,苏逢吉也很贪婪,贪污受贿、卖官鬻爵、权钱交易等官员常用的发财勾当一样不少干,名声十分恶劣。不知道与这些事有没有关系,虽然同为刘知远的心腹,但苏逢吉与王章、杨邠、史弘肇的私交都比较糟糕。

不管是王章、杨邠,还是李三娘、苏逢吉,其出人头地虽然都有贵人相助的因素,但自身比较有能力才是关键。不过也有人真的没什么本事,仅仅凭借亲戚关系也能一飞冲天,比如刘知远的同母弟弟刘崇(有记载说刘崇是刘知远从弟)。比不上同母异父的兄弟慕容彦超,刘崇自幼就是个不良少年,为人无赖,只喜欢赌博。成年后入伍当兵,没有任何事迹被记录下来,但谁让他哥是刘知远呢,刘知远出任河东节度使后,请求将刘崇调到太原,提拔为河东步军都指挥使。不久,等刘知远起兵驱逐辽军,又让他留守太原,无意中让这个平庸的兄弟获得了在四年后为后汉王朝续写历史的机会。

回到正文。且说北上的辽军刚走到泽州(今山西晋城),就听说河阳丢了,崔廷勋等人吃了一惊。接着,又听说史弘肇的援军已经先他们一步到达潞州,他们已南北两面受敌,辽军三员主将都感到情况不妙。仔细评估一下,那南边的武行德听说只有千余名叛军,应该比北边的史弘肇好对付一些?于是,三将放弃北进,转而南下,准备先收复孟州。

辽军前脚刚离开泽州,史弘肇军队的前锋已经主动追了上来,辽军无心恋战,小败一场,被后汉军击斩一千余人。辽军大部分兵力还是顺利撤出,先退至怀州(今河南沁阳),稳住阵脚,然后再反攻孟州。尽管辽军大部队在泽州城外打了败仗,但泽州刺史翟令奇并没有投降,依然为辽国坚守城池。史弘肇将泽州包围,一时竟也打不下来。

刘知远对辽军的战斗力仍然有所顾忌,觉得史弘肇兵少,能保住潞州不失就不错了,并不期待他能超额完成任务。听说军队已进至泽州,担心他有失,打算将这支偏师召回,与太原主力会师再做打算。苏逢吉、杨邠急忙反对说:"如今陕、晋、孟等州都已归附,形势正一派大好,崔廷勋、耿崇美等人早晚要逃走,根本不足为虑。如果在这个时候召回史弘肇,会让天下人误以为我们力量微弱,不能成事,则河南人心动摇,契丹人的声势有可能重新振作!"刘知远又派人到前线征求史弘肇的意见,史弘肇答道:"我军至此,一路势如破竹,只可进,不可退!"刘知远至此方决定不召回史弘肇部。

送走刘知远的来使,史弘肇派昭义将领李万超去劝说翟令奇投降后汉。李万超来到城下,对城中大喊:"如今契丹皇帝已经北逃,天下无主,并州刘公打算伸张大义于天下,所到之处,无不望风归附,先顺从者荣华富贵,后投降者满门抄斩!你们好好考虑选哪一项!"泽州守军原本也属于昭义军,听李万超这么一说,再没有为契丹人抵抗的想法,翟令奇开城投降,后汉军队遂夺取泽州。

在史弘肇拿下泽州之前,崔廷勋、耿崇美、拽剌等已调集所能调集的军队,杀向孟州。这时,由于辽将高模翰再次攻陷洛阳,义兵首领张遇只得北上与武行德会合,结果正好与辽军战于南阪。一战下来,义兵战败,张遇不幸阵亡,武行德出城接应张遇,也被击败,只得退入城中固守。好在孟州城中的居民对不久前契丹人的统治印象极差,关键时刻纷纷响应武行德的号召,踊跃投军,帮助守城。军民一心坚守,辽军的第一次试探进攻失利。

奚王拽剌主张,围住城池,制造攻城器械,就不信孟州拿不下来。但身为河阳节度使的崔廷勋泄气了:"听说皇帝已经带着大军北撤,即将归国,我们就算拿下孟州一座孤城,也没太大意义。"还没等两位将军达成统一意见,史弘肇拿下泽州的消息传来,辽军不敢再在孟州城下驻兵,急忙收兵返回怀州。

武行德原本担心坚守不了太长时间,突见辽军连帐篷都没收拾干净就匆匆北返,料想一定是刘知远的军队快到了,马上出兵追击。辽军刚刚退入怀州,就听说敌兵已经出现在城外,已成惊弓之鸟的崔廷勋、耿崇美、拽剌等搞不清状况,立刻弃城而走,往东北方撤退。结果,武行德的这支偏师竟赶在史弘肇部之前轻轻松松夺回了怀州。随后，武行德与史弘肇会师，洛阳北面的河阳渡口被后汉军队控制。

随着局势的快速演变，刘知远终于决定要大举出师，驱逐辽军，收复中原。决心已下，但具体的进军路线还是个大问题，决定着行动的难易与战果的大小。刘知远召集各文武官员，共同商议进军方略。

有不少将领提出大胆的建议：大军应该东出井陉，直取恒州、魏州，只要一举扫清了河北，则黄河以南的各镇各州可传檄而定！此时，辽国的新皇帝耶律阮仍然留在恒州，后汉军队如果直取恒州，意味着将与辽国最强大的主力军团来一次硬碰硬的大决战。

如果一战而胜，辽军主力受到重创，仍留在恒州以南的大量辽军（包括邢州的耶律麻答部，汴梁的萧翰部，洛阳的刘晞、高模翰部，以及正从河阳北撤的崔廷勋、耿崇美部等）也就归国无路，将大概率被全歼。后汉收复燕云也就顺理成章，契丹帝国对中原王朝的威胁，至少将在很长一段时间内变得无足轻重。总之，一旦胜利，战果极大。如果此时河东的主人还是当年那位豪气冲天的李存勖，十之八九会采纳这一方案。

但现在的河东之主是刘知远，他首先考虑的是输了怎么办。刘知远拖到现在，拖到辽军主力开始北返才出兵，对与辽军的决战没有必胜信心。因此，这个风险太大的计划，理所当然地被刘知远放弃。

刘知远是打算兵出上党，然后取道天井关（太行八陉中最靠南的太行陉），进到河阳，与史弘肇部会师，然后再渡过黄河，进取洛阳、汴梁。按照这一方案，除了洛阳的刘晞、高模翰部，辽军其余各主要军团都有充足的时间北归，不易引发困兽之斗，进军的阻力会小很多。苏逢吉也力推这个方案，认为此路的主要难点由史弘肇、武行德打通，杀过黄河没有什么问题。

但大将郭威认为这两个方案都不稳妥："如今契丹的大头目虽已丧命，但辽兵总体没有遭受大的损失，分出的各大军团皆有坚城依托，其实力仍不容小觑。我军如果跨太行山直出河北，闯入辽国人的重兵集团之间，不但兵力不占优势，补给的道路还崎岖难行，一旦辽国的几大军团收缩战线，我军就有被合围的可能。到时前有辽兵，后有大山，粮草断绝，这是最危险的方案。至于取道上党，那一路多是贫瘠的山地，同样道路难行，且百姓贫困，大军通过时很难从当地取得足够补给，也不是好办法。"

然后，郭威提出自己的第三方案："最近陕州（保义）、晋州（建雄）二镇相继归附，我们的大军正好取道两镇南下，可保万无一失。估计最多二十天，洛阳、汴梁都可以光复！"郭威的方案，就是顺着比较富饶的汾河谷地向西南方行进，到达陕州后再拐一个大弯东进，一路平坦易行，补给也比较容易，对后汉大军而言，是三个方案中难度最低的一个。

与此同时，郭威方案也是三个方案中对辽军最"友好"的一个。辽国在中原的所有主要军团，只要不在天时地利人和皆不具备的条件下与后汉大军死磕，回家的道路就是畅通无阻的。方案成功，那就是"双赢"：后汉较轻松地得到中原，辽国很容易地满载掠夺的财富回北方。以后的较量还来日方长。

第一方案被否决了，但第二、第三方案一时还难分胜负。最后，还是司天监根据天象投出关键的一票："如今太岁在午（正南方），如果直接南下就是逆太岁，非常不吉利，只有转向西南，才能趋吉避凶。"于是，刘知远最终决定，采用最安全、最保守的郭威方案。

平心而论，这个方案不算错，它确实是建立在知己知彼基础上的稳重之举，但正因为它"知己"，让人不禁感慨：短短几十年，那个曾会集了大批英雄豪杰，浸满了勇气，散发着朝气，时刻敢与任何强敌一决生死的河东集团，已经变得保守、谨慎、不够自信了。


## 刘知远入京


五月十日，刘知远留下弟弟刘崇任太原留守，帮自己看家，再让李存勗的堂弟李存璀担任副留守，幕僚李骧任太原少尹，牙将蔚进为太原马步指挥使，共同辅佐刘崇。随后，刘知远亲率大军，离开太原，挥师西南。

同一天，辽军放弃了洛阳。稍前，由于得知河阳方向辽军的败退，辽国的洛阳留守刘晞与大将高模翰就深感远离友军的危机，如果继续孤立于反辽武装的汪洋大海之中，前景看来会十分不妙。正好，留守汴梁的萧翰也派人通知，让他们乘刘知远的大军还未发动，主动撤出洛阳，到汴梁来与自己合兵。

对于离开洛阳，刘晞、高模翰正求之不得，欣然从命。不过萧翰还有一个附加要求，让高模翰在离开洛阳的时候，顺手把住在洛阳的一对母子带走。其中的孩子，是后唐明宗李嗣源的幼子，现年十六岁的许王李从益，而那位母亲，则是曾经大名鼎鼎的明宗宠妃花见羞。

自从在后唐灭亡时幸免于难，花见羞就用心抚养李嗣源留下的一子一女（幼子李从益与幼女永安公主），长住于洛阳（石敬瑭在位期间一度被接到汴梁）。她深知亡国皇室的风险，尽可能低调做人，避开任何是非。不过即使她不想找麻烦，麻烦还是找上了她。

耶律德光攻灭后晋，想起了当年艳名冠天下的花见羞。当时，赵延寿的妻子兴平公主（也是李嗣源的女儿）已经过世，耶律德光便做主让赵延寿续娶永安公主。作为永安公主的监护人，花见羞不得已带着幼子到汴梁参加婚礼。婚礼期间，耶律德光来到花见羞住处，见挂着李嗣源的画像，就亲自焚香下拜，对她说："明宗和我曾相约为兄弟，你就是我的嫂嫂。"之后，有可能发生了一些不可名状的事。过了一阵子，耶律德光带着一点点嘲笑的意味，对花见羞说："从今天开始，你是我媳妇了。"顺便说一句，花见羞的生年无记载，假如她在古代女子最常见的年龄出嫁，也就是十五岁嫁给刘鄩，那此时应为四十四岁，比耶律德光小一岁。

乘着身心愉悦，耶律德光任命李从益为彰信节度使。不得已献身辽主的花见羞还保持着清醒，认为这是给儿子招祸，极力推辞，永安公主的婚礼一结束就带着李从益匆匆返回洛阳，躲开那位刚刚将自己由"小叔"升级为"丈夫"的辽国皇帝。

然而，善良明智但也懦弱胆小的花见羞好容易逃过了初一，再也逃不过十五。因为萧翰又想到了他们母子。但萧翰与耶律德光不同，他惦记的不是花见羞的身体，而是李从益的身份。

在萧翰看来，在目前情况下，一旦刘知远的大军从河东杀出来，不管洛阳还是汴梁，都是肯定守不住的！先帝给自己的职务偏偏是该死的宣武节度使，南墙已在前方招手，自己难道还得一头撞上去？萧翰当然不愿意，他决定给自己找个替死鬼，放眼望去，前朝皇子李从益正是他够得着的最佳人选。

于是，萧翰顺手伪造了一道辽国皇帝的圣旨："任命李从益为权知南朝军事，同时征调萧翰前往恒州。"得知辽国人要找他们，花见羞带着李从益逃出洛阳城，躲进了徽陵（李嗣源墓）的地宫，可就是这样，还是让高模翰带的辽军搜了出来，被挟持着送往汴梁。

花见羞母子一到汴梁，萧翰便仿效当年耶律德光立石敬瑭之故事，建立了一个辽国的附庸国，强行立李从益为中原的皇帝。李从益的国号，史书上找不到记载，最合乎逻辑的国号应该是"大唐"，毕竟李从益是后唐皇帝的儿子，他称帝勉强可以算后唐复国。

这个可能叫大唐的小朝廷，任命李唐宰相王徽的儿子王松、曾劝谏李从荣不可骄纵的赵远二人为相，前宣徽使翟光邺为枢密使，左金吾大将军王景崇为宣徽使，北来指挥使刘祚暂代侍卫新军都指挥使，配给原赵延寿旧部幽州兵一千人，负责萧翰等人离去后的汴梁防卫。

随后，这批新鲜出炉的朝廷高官朝见了新君李从益，随后又觐见太妃花见羞。花见羞知道大祸躲不过，不禁泪如雨下，责备各位高官："我们母子早已孤弱至极，还被诸公强推至高位，是存心想害死我们全家啊！"

与此同时，刘知远大军正顺着汾河谷地向南推进。严格说，从太原到陕州的大道暂时还没有完全控制在刘知远手中，因为沿途还有一个护国（河中）镇尚未向后汉臣服。不过刘知远毫不担心，因为辽国任命的护国节度使，是赵延寿的儿子赵匡赞。五月十七日，刘知远派使节前往河中，将赵延寿被契丹人捉拿囚禁如今生死未卜的噩耗告知赵匡赞，请他节哀。赵匡赞确认此事无误，知道他在辽国已无立足之地，立即向刘知远易帜称臣，脱离辽国，加入后汉阵营。

五月十八日，在汴梁，见李从益小朝廷的草台班子已搭建完成，萧翰、刘晞、高模翰等几位辽军大佬，赶紧把身上的黑锅卸下来，给小朝廷牢牢扣上，然后潇洒地挥手告别，北上与耶律麻答会合。

送走辽国大军之后，汴梁小朝廷的武装力量，就只剩下忠诚度存疑的一千名幽州兵了，而面临的威胁已迫在眉睫。这威胁，不但有从河东杀来的刘知远，很可能还有从南边来的南唐军。

当时汴梁以西的义兵，多数服从刘知远，而汴梁以南的淮北一带义兵，多数向南唐称臣。之前，南唐皇帝李璟虽有一统天下的志向，却正被现实折磨得焦头烂额，实在没有勇气与辽军掰掰腕子，只是一面接纳中原的降人，一面密切关注着中原局势的演变。

不过，在得知耶律德光病死，辽军主力纷纷撤出河南北归等一连串消息后，李璟终于有些按捺不住他的雄心，向左右发表了一段重要讲话："想那万里中原，曾经都是我大唐的疆土啊！"李璟是为出兵中原制造舆论。虽然南唐此时的境况不太好，一时没有调集重兵大举北伐的能力，但他还是任命左右卫圣统军李金全为北面行营招讨使，积极联合淮北各支反辽义兵，准备乘虚夺取河南之地。

毫无疑问，不管是刘知远来，还是南唐兵到，汴梁小朝廷的结局都只能是死路一条。虽然身陷绝境，但总不能坐以待毙吧？李从益试探性地发出两道圣旨，召归德节度使高行周与河阳节度使武行德入京勤王。

召高行周能理解，毕竟明宗生前，高行周在李嗣源最心腹的班底将领中排名第三（第一李从珂，第二石敬瑭，都是过去时了），多次表达过对李嗣源的忠贞不贰，而且素有忠厚长者之名。看在李嗣源的知遇之恩上，他应该是天下所有藩镇节帅中最有可能支持李从益的人。召武行德就有点莫名其妙了，武行德与李嗣源没有交集，他是石敬瑭提拔的人，现在不但向刘知远称臣，甚至都和史弘肇会师了，除非突然间得了精神病，不然怎会理睬你一个黄口小儿？

圣旨发出后，别说武行德，就连高行周都没有任何反应，看来他对李嗣源的忠诚没有转移到李从益身上。最有可能的强援归了零，花见羞早就想到会是这个结果，但事到临头还是感慨世态炎凉。她召来小朝廷的主要官员，对他们说："我们母子被萧翰所迫，自应败亡。但诸公无罪，你们还是早点儿去恭迎新君，自求多福吧，不用将我们母子挂在心上。"

众人听了，深受感动，都不忍背叛。有人提议说："现在搜集各营散兵，起码还能凑起五千人马，配合那一千名幽州兵，汴梁还是可以守一守的。只要我们能坚持一个月，辽国的救兵一定能到。"

这当然是太高估辽军了，他们如果有信心保住河南，哪里会急匆匆扔掉洛阳、汴梁北撤呢？花见羞不同意："我们母子不过亡国之余，怎么敢与别人争夺天下？不幸走到这一步，生死只能由人。如果新皇帝能明察秋毫，应当知道我们没有罪。如果还有别的想法，必然会祸及他人，致使全城受难！那样做有什么好处？"

在花见羞的坚持下，汴梁小朝廷最终向现实低头，给自己选择了一个安乐死。李从益宣布退位，与花见羞一起迁出了皇宫，同时派使节西上，去向刘知远称臣，表示欢迎新天子早日驾临京师。

刘知远的大军继续前行，正牌辽军已经全部逃到了黄河以北，他们一路上遇到的抵抗微不足道。六月三日，刘知远进入洛阳，住进旧皇宫，并在这里见到了汴梁方面派来的使节。汴梁方面前宰相赵远，为了避刘知远的讳，还特意改名为"赵上交"。仿佛受这个名字的启发，刘知远下诏安抚汴梁群臣，貌似宽大地向天下宣布：所有接受过辽国任命的官员，只要将辽国的委任状照原样上交，再一把火烧掉，就既往不咎。

刘知远这个"既往不咎"的范围，赦免了不少真正帮助辽国作恶的官员，却不包括实际上并无过错的花见羞母子。花见羞的退让对他夺取中原的进程有功无罪，但在刘知远看来，这对母子还活着就是原罪，就有可能被人利用，至于她做了什么，反而无关紧要。

于是，刘知远暂留洛阳，派将军郭从义先行前往汴梁清扫宫殿，同时杀掉花见羞和李从益。郭从义的父亲叫郭绍古，曾被李克用赐姓李，是李嗣源的同事兼老战友，虽然两个人的地位相差不小，但私交极深，是可以两肋插刀的好兄弟。但这也改变不了什么，好兄弟的妻儿，就要死于另一个好兄弟的儿子之手了。

一辈子谨小慎微、与人为善的花见羞，最终还是逃不过宿命中注定的毁灭。临刑之前，她悲愤不已，质问郭从义："我儿只是被契丹逼立为君，他有什么罪？为什么不能留他一命？等到每年寒食节，给明宗墓前盛碗麦饭（当时最贫苦的人家扫墓才用麦饭）。"

清泪滴落，滑过曾经倾国的容颜……

花见羞、李从益被杀数天后，刘知远在众多降官的簇拥开道下，进入汴梁。除了还有不少辽军聚集的河北部分地区，其他原属后晋的各藩镇，包括之前带头降辽的天雄（魏博）节度使杜重威与天平节度使李守贞，都相继背弃辽国，遣使入京，向刘知远臣服。

六月十五日，刘知远宣布自己是东汉皇室的后人，正式定国号为"大汉"，史称后汉（不同于石敬瑭那种薛定谔式的族属，史料明确记载刘知远是沙陀人）。不过，刘知远为了表示不忘后晋高祖的大恩，继续使用石敬瑭的天福年号。同时，刘知远重申：凡辽国任命且上任的各节度使、刺史及文武官员，都可以继续安心工作，新朝廷不会对他们的职务做出任何改变。汴梁再改称东京开封府，仍是新朝的首都。

再说南唐方面，因受各种因素制约，北伐行动弄得雷声大雨点小，迟迟不能展开。中主李璟还没给北伐做足准备，就得知刘知远已进入汴梁，只能无奈长叹，取消了北伐计划。

且说就在后汉皇帝刘知远统领大军离开太原，向汴梁进军的路上，辽国的新皇帝耶律阮也统领大军离开恒州，向着北方遥远的上京前进。在那里有他的老祖母和三皇叔，他想坐稳皇位就必须跨过的两座大关。

也许是为了军事行动迅速，耶律阮只带走辽军，而将之前被耶律德光裹胁北上的大部分后晋降官留在恒州。同时，耶律阮调堂叔、安国节度使耶律麻答移驻恒州，任中京留守，成为留在原后晋境内的辽国最高长官。

耶律麻答到达恒州后不久，从汴梁北撤的萧翰、刘晞、高模翰，从河阳北撤的崔廷勋、耿崇美、拽剌等辽军各部纷纷退到恒州。萧翰得知皇帝耶律阮已不在恒州，顿时产生了一个公报私仇的念头，马上拉上好哥们儿耶律麻答，一同带兵包围了同平章事张砺的住处。张砺正重病在床，还是被揪了出来，向两位皇亲国戚行礼。

萧翰对着张砺破口大骂，列举他给张砺定下的"罪行"："第一，你以前为什么要在先帝面前胡言乱语，说什么契丹人不能当节度使？第二，等我以国舅之尊当上宣武节度使，你居然敢用中书省的名义给我下命令。第三，先帝让我留守汴梁时，准许我住在皇宫，你又横加干涉。第四，你还敢在先帝面前诬陷我和麻答，说什么麻答喜欢强抢民财，我喜欢夺人子女。就这四项大罪，我今天非杀了你不可！"然后萧翰一挥手，辽国的大兵一拥而上，用枷锁将辽国的宰相锁上了。

张砺愤恨难平，忍不住大声顶撞："没错，我的确说过那些话，事关国家安危，怎能闭口不言？你要认为这些是大罪，那想杀就杀，锁什么锁？还怕我跑了不成？"

萧翰正准备来一刀让张砺求仁得仁，急坏了旁边的耶律麻答。不管怎么说，张砺毕竟是大辽的同平章事，不是想杀就杀的小人物。而且你不是中京留守，但我是，一个宰相在我的地盘上就这么没了，回去我也不好向皇帝交代吧？因此，耶律麻答力劝萧翰饶张砺一命。

萧翰到底还是给了耶律麻答一个面子，没有动手杀张砺。但史书说，张砺原本就有病，经过这件事一折腾，气急攻心，竟于当天晚上去世。

刚到恒州的崔廷勋听说张砺死了，大为震惊。同为辽国的汉臣，崔廷勋的地位一直都比张砺低一些，既然张砺都可以说没就没了，何况他呢？

于是，崔廷勋晋见耶律麻答之时，完全用侍候皇帝的礼节去侍候这位皇叔，用恭敬的小碎步跑到麻答面前，跪着献酒。耶律麻答则高傲地坐着，尽情享受耶律德光活着的时候享受不到的虚荣。

耶律麻答的虚荣，不仅仅局限于让朝廷大员客串家奴，还有穿着皇帝专用的明黄衣袍、乘坐皇帝的专用御辇，日常大量使用皇家器物等。有人提醒他这样做不太好，会遭人猜忌。耶律麻答满不在乎地咧嘴大笑："这类小事也就你们这些愚蠢的汉人才会大惊小怪，在我们辽国根本不叫事！"虽然耶律德光还活着的时候，他也不敢做这些不叫事的小事。

不过，和耶律麻答的残暴相比，他的虚荣的确不叫事。对于目前刘知远的崛起，遍地反辽武装的壮大，以及大部分中原之地的得而复失，耶律麻答也做出了简单粗暴的反思：就是以前对中原太好了，杀汉人太少了！如果多杀些人，并且使用尽可能残忍的酷刑杀人，制造出让人望一眼至少做三天噩梦的恐怖效果，看他们谁还敢反抗！

　　而且，此时的客观条件也需要耶律麻答杀人立威。想要张砺命的人是萧翰，不是耶律麻答，那崔廷勋来到恒州后，为什么只顾着讨好麻答，却没有去巴结萧翰？答案是，萧翰在报了仇雪了恨心情舒爽了之后，并没有在恒州过多停留，而是与高模翰那些人马上率军北上归国，追随耶律阮的脚步去了。

　　辽军大多急于归国，不愿留守中原，使耶律麻答手中的军队，大部分是赵延寿旧部和后晋降兵，真正的契丹兵只有几千人。不是说赵延寿旧部与后晋降兵没有战斗力，但在目前的情况下，他们对辽国的忠诚度是存疑的。耶律麻答下令，按一万四千人的标准给契丹兵发饷，想掩人耳目（当然顺便吃点儿空饷）。但靠欺骗只能治标，不能治本，如果不用严刑峻法来杀一儆百，怎么防止汉人产生背叛之心呢？

　　为了防止城中汉人叛逃，耶律麻答给守城的契丹兵下令："凡汉人胆敢窥视城门的，立即砍头呈献！"在城外的汉人也别以为会安全一点儿，辽军时时派兵出城，不做任何甄别，随意抓一批百姓回来，然后宣布他们是被大军俘虏的反辽叛乱分子，在恒州闹市区公开处刑，强逼大家观看。辽国行刑队会按步骤先将这些无辜百姓砍手、挖眼、剥下脸皮，再把已不成人形的他们投入炭火中活活烧死。

　　耶律麻答在办公、休息甚至吃喝玩乐时，都不会远离他的残忍嗜好。不管耶律麻答走到哪里，都会有人带着刑具跟在他的身后，以便他兴致上来的时候可以随时使用。在他的办公地点、卧室、餐厅等常去的地方，都悬挂着人的四肢和内脏，活脱脱一幅十八层地狱的景象，而耶律麻答就是把办公地点转移到阳间的阎罗大王。

　　也许就杀人数量而言，耶律麻答在五代不算特别突出，但因极具视听震撼力的杀人方法，他的名字在很长一段时间内成为中原百姓心目中杀人魔王的代名词，以至当时大家如果觉得某人特别坏，就给他取个"某某麻答"的绰号。

多亏了耶律麻答的衬托，本非仁义之君的刘知远看起来顺眼多了，但刘知远的一些杀戮，还是影响到了他定鼎中原的进程。

前文说过，萧翰在逃离汴梁之时，将一千名赵延寿旧部幽州兵，配给他一手扶植的汴梁小朝廷。等小朝廷降汉，刘知远入京，汴梁变成了东京开封府后，突然有人检举说这些幽州兵正在密谋背叛后汉，逃回辽国。刘知远马上命这一千人到开封东南郊的繁台（今开封禹王台）集合，然后发动伏兵将他们全部杀光。

繁台杀降的后遗症马上显现了出来。原本赵匡赞已经服从刘知远的安排，由护国节度使转任晋昌（总部京兆，由韩建重建的长安）节度使，待得知留在汴梁的父亲旧部被杀光，大为恐惧，担心刘知远迟早对自己下手。思来想去，赵匡赞秘密遣使到成都，向后蜀请降。

比起赵匡赞，直接导致后晋亡国的罪魁祸首杜重威，当然更有理由对自己的未来感到担忧。杜重威与刘知远在史书上的第一次交集，是石敬瑭想给两人一起加授同平章事，但刘知远认为与杜重威一同升官是一种莫大的耻辱，竟坚决拒绝了。可见很早以前刘知远对杜重威就毫无好感。对刘知远，杜重威太熟了，知道他不是一个宽容的人，这次进京先杀花见羞母子，又杀赵延寿旧部。连这些没干过什么坏事，也不曾与刘知远结怨的人，主动投降尚且难逃一死，那像自己这种很早就被刘知远讨厌，现在又结怨天下，国人皆曰可杀的人，一旦失去兵权的护佑，还能不被秋后算账吗？

## 恒州起义

因为极度不安，杜重威决定试探一下后汉朝廷对自己的真实态度，他上疏刘知远，诚恳表示：魏博这地方太重要了，自己恐怕没有足够能力担当天雄节度使的重任，希望换一个次要的藩镇任职。正好，归德节度使高行周可能是为了洗清嫌疑，亲自跑到开封府来朝见刘知远。刘知远便顺势

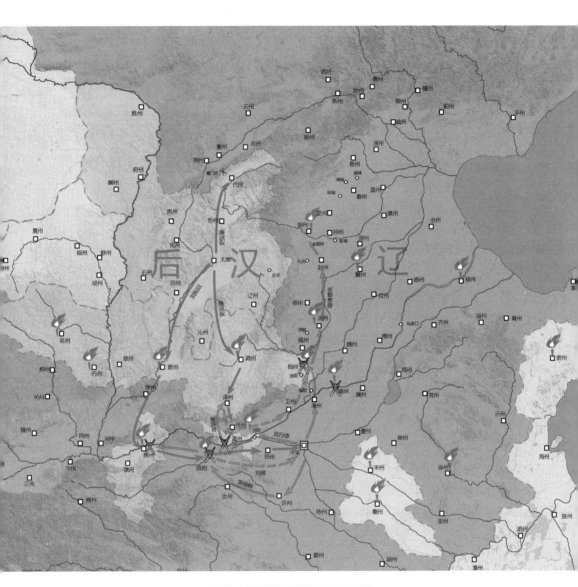

▲ 947 年，耶律德光北归与刘知远入汴

下诏，调高行周前往天雄，取代杜重威；杜重威则调往宋州，代替高行周。

这当然不是杜重威想要的结果。杜重威最期待的是刘知远能下诏安抚自己，表示魏博重地非公不可，然后让自己长期坐镇魏州。可刘知远竟然批准他离开魏州。一旦移镇，他又不能将魏博的军队带着走，能不能平平安安走到宋州都将是个未知数。

于是，杜重威当机立断，又一次倒戈，回头再向辽国称臣。判官王敏流着泪苦劝杜重威，认为绝不能再背叛后汉，但杜重威不听，还是派儿子杜弘璬急赴恒州，晋见耶律麻答，一面充当人质，一面请求辽国的救兵。

其间，辽国的国内形势有了重大发展。六月间，拥护新皇帝耶律阮的军队一路北上，到达泰德泉（今辽宁北票）时，前锋与老太后述律平一方的军队前锋相遇。

耶律阮一方的先锋大将，是阿保机唯一还在世的弟弟耶律安端。本来耶律安端并不在南征军中，在辽国政坛大洗牌来临的时刻，他也迟疑了一阵子：是站在侄孙一边，还是站在大嫂一边呢？最后在儿子耶律察割与侄子耶律刘哥（阿保机四弟寅底石的儿子）力劝下，加入耶律阮阵营。毕竟大嫂如再胜一次，还不知又要有多少人头落地，其中不见得没有自己！

代表太后一方的主将，是前皇太弟耶律李胡，先锋则是太宗耶律德光的庶子耶律天德，在太宗诸子中他最为剽悍。耶律天德是参加了南征的，表现还不错，在截断杜重威大军粮道时立下了战功。耶律安抟等设计拥立耶律阮时，担心这个先帝之子会反对，所以故意用护送先帝灵柩返回上京的理由，先把他打发走。耶律天德在知道自己被堂哥要弄，皇位从本家旁落之后，愤怒异常。奶奶述律平又顺势挑拨几句，这个英武的青年热血沸腾，当即自告奋勇，愿为奶奶打先锋。

言归正传。泰德泉旁，迎头相遇的两军立即展开阵形，大战即刻打响。就两军阵容而言，耶律阮一方包括了辽军多数精兵猛将，有明显优势，但刚开头并没有表现出来。只见耶律天德勇猛无比，猛攻猛打，已经上了年纪的耶律安端因战马受惊摔了下来。这一幕被耶律天德看到，他持枪冲了过来，准备收割叔爷爷的脑袋。危急时刻，耶律刘哥挺身而上，以身护卫安端，才算把安端救了下来。

正激战间，述律平一方的排阵使李彦韬（就是前后晋宣徽使李彦韬，冯玉的帮凶，此前他陪同石重贵北迁，不知怎么竟然得到述律平的赏识，被调到太后身边做事），突然临阵倒戈。于是，本来就有兵力优势的耶律阮一方大获全胜。耶律李胡仓皇逃回上京，耶律阮的大军乘胜继续向上京推进。

述律平得知李胡战败，又努力搜刮兵力，亲自指挥，与李胡一道南下，扼守潢河（今辽河上游西辽河）上的石桥，阻截孙儿的军队。再次出征前，耶律李胡发狠，将住在上京的耶律阮一方官员、将领的家属全部抓了起来，并对看押的人说："这次出征如果不胜，就先把他们杀光！"

但这次出征实际上不可能胜了。泰德泉战败后，述律平一派大势已去，封锁石桥这个行动只能代表她的不甘心，并不意味着她还有回天之力。陪在述律平身边的宗室大臣耶律屋质（阿保机二伯父岩木的后代）见情势不妙，力劝述律平与耶律阮和解，避免一场必败的战争。

述律平恢复了理智，同意了议和，耶律屋质便渡河来到耶律阮大营。正好耶律阮也不想把祖母杀掉，那样传出去对自己的后世名声影响太坏了，何况自己众多手下的家人还在上京。于是，在耶律屋质的调停下，述律平与耶律阮祖孙见面，达成了和解协议。耶律阮保证保护祖母与皇叔的荣誉与安全，同时述律平放弃权力，不再坚持立李胡为帝，辽国全境都承认了耶律阮皇位的合法性。

耶律阮坐稳皇位没多久，就有人检举揭发："太后和李胡又在阴谋作乱，想再立李胡为帝。"惊闻谋反大案，"仁慈"的耶律阮不忍心杀掉祖母与皇叔，不过说好的优待当然就不算数了。耶律阮乘机清洗了太后心腹，然后将述律平与耶律李胡安排到木叶山（又称祖州，传说中契丹人的发源地）为阿保机守陵，实际上将他们软禁。

既然辽国本土已恢复安定，那是否该派兵支援耶律麻答，守住耶律德光南征残留的那些战果呢？耶律阮果然派人去恒州了，不过不是去增援，只是去吩咐耶律麻答，把冯道、李崧、和凝这几位后晋降臣送到辽国来，参加先帝的葬礼。看来辽国的新皇帝已经把中原之地当作一笔难以处理的坏账，准备放弃了，只要保住那几位他看得上眼的大臣就行。

尽管没有得到本国的支援，眼大肚小的耶律麻答还是擅自接受了杜重威的归附，但他的兵力实在有限，只派了原赵延寿部将张琏率幽州旧部两千人，辽将耶律敌禄率契丹骑兵一千五百人，共计三千五百人马增援杜重威。随后，张琏的两千人开进魏州，帮助杜重威守城；耶律敌禄的一千五百骑则不进城，准备对可能到来的后汉军队进行骚扰性攻击。

说到此，有必要介绍一下这位"著名"的非著名将领耶律敌禄。耶律敌禄与前面调和祖孙之争的耶律屋质同宗，都是阿保机二伯父的后代，但具体隔了几代不是太清楚，属于有点疏远的辽国皇室成员。

他在后来变得"著名"，最初是因为他有个小字叫"阳隐"，不知什么原因，契丹人多称呼他的小字，很少用大名耶律敌禄。中原史书在记事时，有时搞不清楚辽国错综复杂的人事关系，听着声误把"阳隐"错记成"杨兖"，使他看起来像个汉人。再后来，史书在传抄中把"杨兖"错成了"杨衮"。到这一步都没什么，但再往后，民间传说接手史书，开始发挥强大的创造力，于是正宗的契丹将领"杨衮"被附会成了后梁名将杨师厚的儿子，宋初名将杨业的父亲。以此为基础，"杨衮"在小说、评书、戏曲中大放异彩，被编造出一大堆与历史上那个耶律敌禄八竿子打不着的英雄事迹，成了刘知远的结义兄弟，威名赫赫的"火山王"，"辖三十六寨，统十万雄兵"。

回到正文。后汉军队确实要来了。得知杜重威拒绝调动，刘知远下诏革去杜重威的全部官爵，任命高行周为招讨使，自己同母异父的弟弟慕容彦超为招讨副使，调集军队，讨伐杜重威。

可问题是，后汉王朝虽已将原后晋大部分领土纳入控制，但这些地区在数月内多在战乱与"打草谷"中遭到了十分严重的破坏，公私仓储，十室九空，这使后汉的财力并不比割据河东一隅时有太大提升。与此同时，由于大量义兵、降兵的加入，需要后汉政府发饷的军队数量在短期内猛涨了好几倍，现在又要讨伐杜重威，增加新的支出，后汉财政状况变得十分

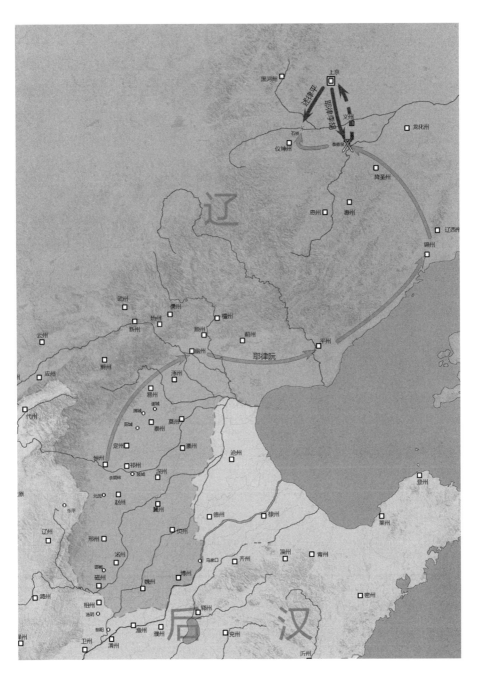

▲ 947年，辽国祖孙之战

恶劣。王章不得不奏请刘知远：将一切不紧急、不必要的开支全部取消，能压缩的开支都压缩到最低，省下来的那点儿钱全部充作军费。

大概也是这个原因，后汉讨伐杜重威的军事行动的展开速度并不快，反而落在辽军的增援之后。不过，中原的辽军虽然在大抢之后一时不缺钱，但这如过街老鼠般的处境明显更糟。相州兵变（见前文）之后，耶律麻答担心随着后汉军队北上，相州以北的邢洺镇也守不住，便派使节通知邢洺节度使刘铎与洺州防御使薛怀让，命他们先将邢洺的钱粮物资全部打包送到恒州来。

不想原后晋降将薛怀让，已经决定脱离辽国归附后汉，耶律麻答派去的使节一到洺州就被砍了头，首级被送往后汉以证明洺州归顺的诚意。刘知远马上派郭从义率军支援薛怀让，进攻仍然忠于辽国的邢州刘铎。刘铎紧急向耶律麻答求救，耶律麻答只得再派辽军支援刘铎。由于先后发兵魏博与邢洺，恒州城内数量本就不多的正宗契丹兵仅剩八百人。

之前，因为留守长官耶律麻答看不起后晋降兵，恶意克扣降兵的军饷，然后转发给契丹人，以至降兵的待遇跌破温饱线，到了"面有菜色"的程度。在双重压迫下，汉兵与汉民对契丹人的仇恨不断积蓄，又听说刘知远建立的后汉王朝已经收复了大部分中原之地，很多人都有了脱离辽国回归的念头。在此大背景下，降兵中有两个军官秘密串联了几十名勇士，准备起事。

其中一位，是五十八岁的老将何福进，就是在二十一年前兴教门之变时，与符彦卿、王全斌一起，护卫李存勖到最后一刻的那个何福进。李存勖死后，何福进的仕途没能像符彦卿那样前程似锦，但比王全斌强一些，历任郑、陇二州防御使，在石重贵当政后入朝任左骁卫大将军。

另一位名叫李荣，他早年因为骁勇善骑射，成为李嗣源的儿子秦王李从荣的心腹卫士。在李从荣出事那天，李荣是极少数为主子出力死战的卫士，在射杀十余人后，见李从荣大势已去，才转身逃遁。小李一出道就上错了船，但好在那个年代城头的大王旗时时变换，他没有躲藏太久，便又有机会重新投军，凭借一身过人的勇力，幸运地积功升到控鹤（护卫皇城的亲卫禁军）指挥使。

但可能是有了跟错李从荣的教训，李荣在护卫皇城的工作岗位上，没再重现出对所护主君的忠诚。后晋灭亡时，石重贵、李太后与诸宫人就是先被李荣就近收监看押，然后再移交给辽国的。在辽国占领中原时，李荣因自己的勇武得到了野心家赵延寿的赏识，被召入帐下。但李荣又站错了队，在成为赵延寿的开国功臣之前，新主子自己被抓了，在契丹人鄙夷的目光中，李荣的前途再次变得一片灰暗。

何福进与李荣虽然决心反辽，但担心辽军强大，对何时起义犹豫不决。直到此时，见耶律麻答将手下大部分契丹兵派了出去，认为是时候了，起事时间就定在明日（闰七月二十九日）早晨，龙藏寺（今正定隆兴寺）的钟声敲响之时。选择这个时间点，一是因为当时没有手表，合谋众人要同时动手，需要一个统一的明显暗号；二是因为寺院的晨钟敲响时，正是大家吃早餐之时，辽兵此时的防备比较松懈。

就在何福进、李荣决定起事的当日，耶律阮的使臣来到恒州。身为粗鲁武夫，耶律麻答虽然不喜欢汉人，更不喜欢汉人中的文人，比如前面提到的张砺。他实在不明白先帝和新皇帝养着这些废物何用。他不知道，辽国这次入主中原的失败，有很大一部分原因，就是有他这种想法的契丹人太多了。但牢骚归牢骚，新皇帝的诏令还是得听的。耶律麻答派人通知冯道、李崧、和凝等人：明天一早，你们就必须启程去辽国。

第二天早上到了，冯道、李崧、和凝等人已收拾好行装，正准备用早餐，心中默默感伤：不知这次北上，此生还有没有机会回到故土？不经意间，龙藏寺内和尚升斋的钟声响了起来，在被血腥与死寂压抑了多日的城中传开。

突然，可能是由何福进带头的几十名汉兵拿着简易的木棍、竹枪从隐蔽的街口冲了出来，杀向城门，顷刻间十几名守门的契丹兵被杀，武器被抢夺，其余契丹兵慌忙逃向内城，向耶律麻答告急。在另一路，李荣带着一批男士突然占领了城中的军械库，然后派人四处大声召唤城中的汉兵和百姓，都到军械库来领武器。

如同翻滚的熔岩找到了地壳的薄弱之处，恒州全城沸腾了！在这些日子里受尽了契丹人欺压凌辱的降兵与汉民，纷纷拿起武器，高喊着在全城追杀落单的契丹兵。更多的人则冲向中京留守府，要找那个活阎王耶律麻答报仇。留守府内的契丹兵紧闭大门，死守不出，围攻的汉人马上将大门点着，片刻后，留守府内已是火光冲天。耶律麻答见势不妙，从后门秘道逃出留守府，退到城北的牙城自保。

起义民众拿下了留守府，但没有发现他们最痛恨的耶律麻答，唯一共同目标的失踪，使这些没有统一组织领导的起义者马上化为一盘散沙。有的人四散追杀契丹人，有的人干脆回家，有的人开始打家劫舍，顷刻间就完成了从屠龙者到恶龙的转化。

李荣一看，这不行啊，如果城外的辽兵回援，这些没有组织的乌合之众肯定不是对手。当务之急，得给军队找一个职务够高、能够镇住众人的将领充当首领。于是李荣吩咐身边士兵："快去把护圣军的白指挥使请来。"

护圣左厢都指挥使白再荣，是此刻恒州城内原后晋降兵中军职最高的人。不同于何福进与李荣，在史书上，白再荣的早年经历是一片空白，不知他怎么折腾就混上了禁卫骑兵的高级指挥官。不过某人的官职越大，并不能简单代表某人的能力就越大，更不能推导出他会认为自己就应该承担更大的责任。

白再荣就是其中的典型。暴动发生时，未参与密谋的都指挥使大人大惊失色。他的想法是：我们怎么可能打得过契丹人呢（难怪何福进和李荣事先没有告诉他）？一旦降兵起事失败，我也要被无辜牵连。想到这么可怕的后果，白再荣赶紧找了一间偏僻的小屋藏了进去。

众目睽睽之下，你一个当高级军官的想临时改行当个缩头乌龟，哪有这么容易？白再荣前脚刚躲进小屋，就被后脚冲进小屋的起义者拽了出来。白再荣只得哭丧着脸参加了起义。尽管成了起义者，甚至是李荣推举的起义首领，白再荣也没有担当起一个合格首领的起码素质，他只是在稍后惊喜地发现，目前恒州城已经进入彻底的无政府状态，正是打家劫舍、乘乱发财的大好良机。于是，白再荣没去指挥作战，而是带头开始抢劫，鱼龙混杂的起义者仍然四分五裂，各自为战。

起义者的无组织无纪律，给了耶律麻答喘息之机。他逃进了狭小但坚固的牙城。辽国留在中原的最高长官惊魂稍定，一面收缩兵力固守牙城，一面急派使者出城，调周围的辽兵回援恒州。

当天，起义者没能攻下牙城。第二天，八月一日，一支数量不详的辽军赶到恒州救援耶律麻答，从北门入城，随后在巷战中击溃了正在围攻牙城的起义者，被杀者达两千余人。形势突然为之一变，契丹人似乎重新在恒州占据了上风。

怎么办？起义有可能失败！如果让耶律麻答那种魔头有机会反攻倒算，那相州大屠杀的悲剧就很可能在恒州上演一出加强版。这时，正好身在城中的前磁州刺史李榖觉得，不能把希望全寄托在那些军官身上，应该把留在城里的三位老宰相，特别是时人看来德高望重的冯道请出来，充当一个精神核心，把一盘散沙的起义者联合起来。

李榖在恒州可不是什么偶然事件，他是被抓来的。

自从在磁州城外送别故主石重贵，李榖没有安下心做过一天辽国的忠实臣子，而是利用职务便利开始秘密的反辽活动。如辽国有使节经过磁州，李榖就派人秘密截杀，阻止辽国的信息传递。刘知远竖起反辽旗帜后，李榖在获悉详情的第一时间悄悄派人到太原表示归附。之前攻占相州的义兵首领梁晖，就是通过李榖做中间人与刘知远互通声息。

耶律德光在北归路上攻灭梁晖后，风闻李榖也参与了反辽活动，便在途经磁州时将他逮捕。当时，耶律德光设好刑具亲自提审李榖："你为什么背着我投靠太原？"李榖相信辽国人还没有掌握确凿的证据，就脸不变色心不跳地一口否认："没有这回事。"耶律德光嘿嘿冷笑，将手伸入一旁的车中，像是要拿出什么铁证，给李榖一个死而无怨。李榖毫不畏惧，语带挑衅："真有证据那就拿出来吧，我也想看看呢！"李榖算对了，辽国皇帝确实拿不出真凭实据，那一伸手只是让自己丢了面子。

耶律德光愤然离场，辽国的拷问官接手对李榖的拷问。刑讯逼供的专业人士对李榖连续拷问了六次，甚至动用了十分拿手的"大记忆恢复术"，但李榖的"失忆症"显然比他们预想的要严重，怎么也没让他回想起自己反辽的具体过程以及相关参与人员。

没有拷问第七次，是因为耶律德光突发重病，想到之前听到的传闻，再次把李榖召了去，对他说："听说在我南征的时候，你曾向别人宣称我一定回不了家。你是怎么算到的？现在我重病至此，你如果能施法破解运数救我一命，我一定让你下半辈子荣华富贵！"李榖答道："我哪会什么法术，这只不过是有人造谣想陷害我。"耶律德光只能长叹。马上耶律德光的头衔变成了"先帝"，对李榖的审问也就不了了之。李榖被辽人裹胁来到恒州。

所以，就算没有大屠杀的风险，将辽国人赶出中原，也是李榖奋斗多时的最大目标。李榖找到了冯道："现在各支汉军散乱无序，不是契丹人对手，能够劝诫诸军，将他们组织起来的，只有冯公您了！"

危难时刻，冯道也不再推托，马上叫上李崧与和凝，分批分片走上街头，劝所有拿着武器的兵民：现在不是松懈的时候，不是发财的时候，更不是内斗的时候，你们和妻儿老小，已处在被屠杀的边缘，现在只有团结一心，奋起战斗，赶走契丹人，所有人才有活路！

滞留恒州的这些天内，冯道仍在努力行善，拿出私财向契丹人赎回了一些被抢女子，安置于尼姑庵，再设法送她们回家。虽然得到拯救的人不多，但每个恒州百姓提起冯道都充满了尊敬和感激。现在，冯公站出来让我们和契丹人拼，我们还有什么好迟疑的？

分散的起义者终于拧成了一股绳，开始向辽军发起反攻。起义者的人数优势发挥了出来，形势再度逆转。辽军主帅耶律麻答又被赶进了牙城，他只好一面缩在城内苦撑，一面期待着新的辽军接到告急，回援恒州。

战至当日黄昏，恒州城外突然人声鼎沸，耶律麻答忙登城观看。是本方的援军来了吗？待黑压压的人群靠近，留守大人的心彻底凉了：原来是恒州附近的村民听说城里正在杀契丹人，纷纷带上锄头、杈子等农具赶来助战。那只有跑了，还得快，不然跑不掉。耶律麻答、刘晞、崔廷勋慌忙放弃牙城，在骑兵的保护下突围逃走，奔往定州，与义武节度使耶律郎五

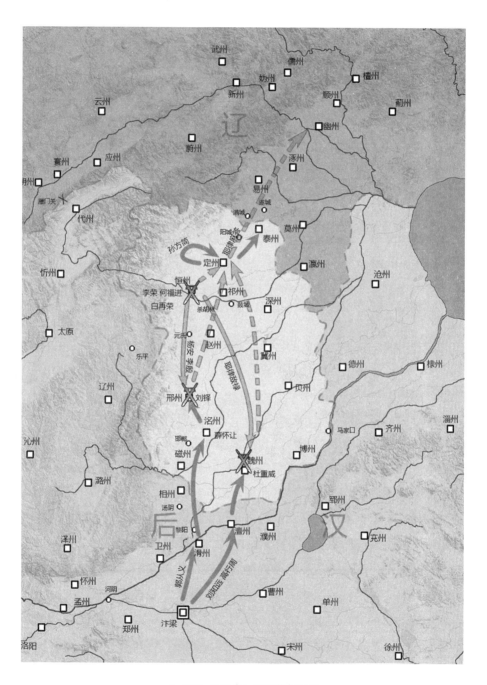

▲ 947—948 年，后汉收复河北

会合。

就这样，经过了两天极具戏剧性的激烈混战，辽国在中原的最大据点恒州宣告光复，冯道等全力抚慰军民，安排善后，全城终于恢复了正常秩序。现在就差重建一个临时的行政机构，等待后汉接收。众人推举冯道为顺国节度使，但一辈子以安全第一为准则的冯道不愿意出这个风头，免得给未来的主君留下自己有野心的坏印象，便推辞说："我不过是一个文人，不懂带兵打仗，只会奏报国事，顺国镇的节帅还是找一位将军来担当吧。"

于是，对起义没立下功劳，但军职最高的白再荣便成了顺国留后。白再荣上任后干的第一件大事，是赶快将自己驱逐契丹、光复国土的伟大功绩上报给后汉天子刘知远，并请求朝廷发兵来援。

至于第二件大事，升完了官，是不是该轮到发财啦？

鉴于之前后晋、辽国的糟糕治理，再加耶律麻答的掠夺，恒州的老百姓基本都成了穷鬼，没油水可榨了。既然刮不到穷鬼的钱，那就谁有钱刮谁的。城里不是有三位老宰相吗？考虑到冯道名声太大、太好，传闻他比较清廉，还常常接济别人，可能不太有钱，这个就算了，不过另外两大相爷可不能放过。

白再荣带兵包围了李崧、和凝的住处，宣称将士杀敌报国有功，希望两位老相爷给点儿赏赐。李崧、和凝发现来者不善，忙把带着的所有家产全部献了出来。白再荣很得意，证明自己的判断很准确，但他转念一想，如果拿到钱就放人，李崧、和凝回朝廷后有可能官复原职，那会不会找自己报复呢？防患于未然，现在就把未来可能出现的危险消除了！于是，白再荣给手下示意：把两位相爷带下去，找个好地方送他们上路！

这个时候，那个不怕死的李毂突然出现在白再荣的面前。稍前，李毂听说白再荣要对李、和二相下手，便急匆匆赶来，想拼命阻止这群抢劫犯向杀人抢劫犯的方向进化。李毂当头斥道："国破家亡，主君受辱，难道不是因为你们这些手握重兵的将军不能尽忠报国？现在好容易驱逐了一个契丹将领，但城中战死者也有数千人之多，你好意思把这当作你一个人的功劳吗？才逃一死，你就想杀害宰相，新天子已经登基，如果追究你擅杀大臣之罪，你准备怎么辩解？"

白再荣哪能想到这么多？他顿时被吓住，不敢动手，李崧与和凝才得免一死。白再荣没有想到，李崧与和凝没有报复他，但他这一天的操作，都让手下学了去，并在不太远的将来回报到他的头上，不过那是后话。

可能是从李崧、和凝处刮到的油水，没有白再荣期待的那么多，意犹未尽的顺国留后又想对百姓开征私税。李穀得知，又拼命反对，告诉白再荣，这么做收不上几个钱，只会惹得民怨沸腾。白再荣想想，好像是这么回事，也就作罢。白再荣又下令，所有在辽国统治期间与契丹人合作、为契丹人做过事的中原人，一经拿获，即抄家没产。

通过这一套接一套的敛财组合拳，白再荣成功实现了"财富自由"，也为自己赢得了一个"白麻答"的称号。他好像不明白声名狼藉通常没什么好结果，不是不报，时候未到。

## 汉主托孤

再说耶律麻答被赶出恒州的消息一传开，恒州以南的辽军部队，如正在救援魏博（天雄）节度使杜重威的耶律敌禄，正在救援安国节度使刘铎的杨安等部，统统抛下了自己的任务，转身向北逃亡。也有的辽军，如同样奉命救援刘铎的李殷，没有北逃，而是倒戈投降了后汉。

刘铎见辽国援兵跑的跑，降的降，又听说连耶律麻答都逃了，才相信辽国肯定守不住河北，后知后觉地献出邢州，向后汉投降。不过，已经太晚了，薛怀让谎称要进城检查，刘铎大开城门欢迎，被薛怀让就地斩首。随后，薛怀让奏报：刘铎据城顽抗，被自己攻破城池，一举擒杀。

杜重威则不同于刘铎，他觉得以自己干过的那些事来看，就算现在投降，恐怕也活不了，于是他决定继续困守魏州（邺都），能多活一天算一天。结果这种选择，竟然真的让他多活了一段时间。

当然，杜重威并没有出众的将才，他能够多活一段时间，靠的是城中不肯向后汉投降的人不止他一个。比如，被耶律麻答派来助守魏州的赵延寿旧部张琏，就下定了拼死抵抗的决心。在张琏的协助下，魏州守卫严密，无懈可击。

后汉的讨伐大军到达魏州城下后，主帅高行周评估了一下城防与守军的状况，认为强攻不易得手，决定采用围而不攻的策略，静待城中粮尽自溃。但高行周的方案遭到了副帅慕容彦超的强烈反对：大军已到城下，却不战，难道我们是来玩的吗？高行周不同意强攻，严令各军不许擅自攻城。慕容彦超更加恼火：我虽然只是副帅，可我哥是当今天子，你高行周怎么敢倚老卖老，无视我的意见？

正好高行周有一个女儿嫁给了杜重威的儿子，慕容彦超便到处宣扬：高行周因为女儿徇私忘国，处处祖护叛军，所以故意不肯进攻。

刘知远也听到了这些传言，对魏州前线的将帅不和感到忧虑，如果用武力一时不能解决问题，那不妨试试以前的大老板石敬瑭对付范延光的那一招。刘知远再派使者去魏州劝降杜重威："你好好当着节度使，为什么又要造反呢？现在辽国人也逃走了，不可能再有援兵，还是投降吧，只要你肯降，我保证免你一死！"杜重威有点动心：天子应该无戏言吧？不过，这使者虽自称是汴梁来的，但会不会是高行周派人冒充来骗自己的呢？于是杜重威答：如果天子能亲临魏州，我一定投降！

这时，刚刚得到苏逢吉推荐而出任同平章事的李涛（劝谏石敬瑭诛杀张彦泽的李涛），也建议刘知远应该御驾亲征，认为只有天子亲至，才能调解前方将帅之争，并尽快解决魏博的叛乱，以免夜长梦多。于是，刘知远命太子刘承训为东京留守，自己则于九月二十九日动身，北上魏州。

十月十七日，亲征的刘知远抵达魏州城下，进入高行周大营。高行周向皇帝说明自己不轻易攻城的理由："城中粮食还多，现在就急着进攻，不但会死伤很多士卒，而且也不容易攻克。不如缓一缓，反正城中的补给已经被切断，粮食很快就会吃完，那时即使不攻打，守军也将不战自溃。"

从军事策略上，刘知远还是更同意高行周的看法，但也没有指责自己的同母胞弟，所以暂时不置可否。反正自己已来到魏州，杜重威如果说话算话，没准不用打就可以解决问题了。刘知远派给事中陈观进城，打算告诉杜重威：我来了，你还不降吗？

结果，张琏牢牢紧闭城门，陈观甚至没能进城！这就是给脸不要脸了，刘知远非常不悦。

慕容彦超则觉得：我的皇帝大哥都来了，你高行周还得意个什么劲儿？他越发嚣张，时时找高行周的碴儿，不放过每一个欺凌老前辈的机会。高行周唾面自干的功夫显然没有修炼到家，痛苦不堪，难以忍受，只好求见随皇帝一起到达的宰相苏逢吉与枢密使杨邠，向他们流泪哭诉自己的冤屈，甚至用双手捧起粪土塞进自己嘴里，表示有苦难言。

这就弄得有点不好看了。刘知远命苏逢吉、杨邠为他们和解。自己又在寝帐单独召见慕容彦超，要求胞弟尊重军中前辈。但慕容彦超不以为然：大哥你还相信他，要是早按我的方案攻城，魏州早拿下了！

好吧，那就攻一次试试。十月二十五日，后汉大军开始对魏州发起强攻。张琏指挥守军顽强抵抗，结果一天打下来，后汉军阵亡一千余人，受伤近万人。慕容彦超这才发现，原来高前辈对战局的判断比自己要准确得多，这才不敢再多说话，勉强到高行周面前道了歉。

刘知远看出来了，魏州难攻，不在于杜重威，而在于张琏。你一个援军将领，辽国人自己都跑了，又不可能给你多发薪水，工作这么积极干吗？刘知远再派人至城下向张琏喊话，表示只要投降，绝对既往不咎。张琏答道："繁台被杀的那一千多名将士，都是我们幽州的老兄弟，他们犯了什么罪？为什么一个都不能活？我们怕死，只能死守了！"

不知道刘知远在那一刻有没有想扇自己嘴巴的冲动？他只好仍旧执行高行周方案，继续围城，同时一再派人向城中许诺：这次只要投降，自己保证一个不杀。刘知远相信，随着粮尽与劝降的同时作用，守军的抵抗意志不可能坚持太长时间。有官员献上攻城武器，刘知远道："守城重要的是万众一心，一座人心即将瓦解的孤城，哪里用得上这些东西？"而城中非幽州系的士兵，看着分到手的口粮一天比一天少，不断有人悄悄潜出城，向后汉军投降。

围城一直持续到十一月，就如高行周的判断一样，城中彻底没粮了，大批居民陆续饿死，得到优待的士兵也饿得皮包骨头，渐渐没有作战的力气。连张琏的部下也觉得，与其活活饿死，不如投降试试。也许刘知远这次说话算话呢？最后，杜重威派当初劝他不要反汉的判官王敏出城，向刘知远请降。十一月二十七日，魏州正式开城投降，魏博叛乱终被平定。

刘知远没有完全兑现诺言。他确实饶过了杜重威，却杀了张琏，又杀了杜重威的亲信部下一百余人，让他再无班底可用。司马光对此评价说：刘知远施政不仁，言出无信，刑罚不当，该杀的人不杀，不该杀的人乱杀！后汉朝空前短命，实属咎由自取。

杜重威随后被解除节度使的职务，征召入京，任命为太傅兼中书令，封楚国公，这都是些名位极高的虚衔，不再有实权。没实权是小事，此后每当这个位高权不重的楚国公离开家门，都有不少路人捡起碎砖头碎瓦片，用一道优美的抛物线向他送去最亲切的"问候"："你怎么还有脸活着呢？"众人低估了杜重威脸皮的厚度，他怎么可能因为羞愧而死呢？要他死，只能别人动手。别急，那一天真的不远了。

解决了魏博的问题，刘知远动身返回开封，在路上听到了一个坏消息：他的大皇子，留守开封的刘承训突发重病。刘知远急忙加快赶路，还是晚了一步，刘承训在刘知远回到开封前两天因病而亡，年仅二十六岁，父子俩没能见上最后一面。史书说，刘承训性格温和（这一点不太像他爹），办事干练，长相十分帅气，是刘知远最心仪的继承人选。他的突然死亡，使刘知远悲痛万分，马上他也病了。

生病归生病，有些正事还得抓紧时间赶快办，比如招降赵匡赞。连杜重威投降我都不杀，你还担心什么？

这时，后蜀皇帝孟昶已集结了七万大军，任命原后唐降将张虔钊为北征统帅，前不久归降的雄武节度使何重建为副帅，另外配合宣徽使韩保贞、禁军将领李廷珪等，兵分两路，一路出陇右进攻凤翔，一路出子午谷驰援赵匡赞。感受到威胁的凤翔节度使侯益，觉得很难等到后汉的援兵（后汉如来援，大道会被赵匡赞挡住），干脆来个好汉不吃眼前亏，派人去联络赵匡赞，表示愿意结盟抗汉，再派人前往成都：大军一到，我就归降。

然而，这时赵匡赞犹豫了，连杜重威都能不死，那自己应该也可以吧？追随赵延寿多年的幕僚李恕，劝告赵匡赞说："燕王（赵延寿）流落北国，岂是心甘情愿？如今汉朝刚刚得到天下，正需要招安怀柔来稳定人心，您如果及时谢罪归朝，一定可保富贵平安。投蜀不是什么好办法，就像刘曜说的：一个马蹄踩出的小水坑，怎能容得下一尺长的鲤鱼？如果去了成都，您将来一定会后悔的。"于是，赵匡赞决定派李恕来开封，探一探刘知远对自己的真实态度。

天福十三年（948）正月五日，刘知远带病接见了李恕，态度诚恳地说："赵匡赞父子与咱们本来就是一家人，现在赵延寿已落入契丹人的陷阱，我怎么忍心再害匡赞呢？"没等李恕回去，赵匡赞已请求入京朝见（怀疑他们使用飞鸽传书）。而侯益听说赵匡赞又要归汉了，连忙背弃和后蜀方面的约定，宣布自己也要入京朝见。

除了软的一手，刘知远也准备了硬的一手，他以征讨党项部落为名，派右卫大将军王景崇统领禁军进入关中。临行前，刘知远在病床上召见王景崇，对他说："赵匡赞、侯益虽然都已向朝廷臣服，但他们内心究竟怎么想，我还不清楚。你到了那边，如果二人已启程来京，可不再追究；如果二人仍在拖延观望，你要会见机行事！"

这位王景崇对接下来的一段历史影响颇大，值得说一说。早在梁晋大战时，聪明，口才好，善于讨好领导，并且自我期许极高的王景崇，就当过李嗣源的牙将，无奈他并未立下很突出的战功，职位就一直不太显赫。到后晋朝时，混了个左金吾大将军（正三品高官，但没什么实权）的王景崇还常常叹息：这一生怎么就遇不上个慧眼识才的伯乐呢？

后晋亡国后，王景崇觉得终于等来了机会，以重金贿赂辽国名将高模翰，又通过高模翰的关系，踮起脚拍到了辽国汴梁留守萧翰的马屁，终于让自己高升当上了宣徽使，并监左藏库。但王景崇所任的不是辽国的宣徽使，而是马上要完蛋的李从益小朝廷的宣徽使。聪明人当然不会傻傻地留在沉船上，抢在李从益向刘知远归降前，王景崇卷走了管辖的左藏库的财物，早早西上迎接刘知远。这个举动显然不太像忠臣义士，所以刘知远也只给了他一个右卫大将军的虚衔。

直到不久前，刘知远亲征杜重威，本不在出征名单内的王景崇硬跑到军前，向刘知远献计献策。王景崇的嘴皮子功夫过硬，说起兵法韬略头头是道，赵括重生也不一定辩得过他，这才引起了刘知远的重视：也许这真是个被埋没的将才呢？所以，刘知远才决定给他这次担当重任的机会。

赵匡赞是真的不想反汉了，王景崇才走到陕州，就遇上了从长安出来的赵匡赞。王景崇继续前进，毫无阻碍地顺利进入长安，留在晋昌镇的军队，包括赵匡赞的数百名亲卫牙兵在内，全都表示服从朝廷来的新长官。

赵匡赞的牙兵，由一个叫赵思绾的粗暴武夫统领，他们原本是赵在礼的部曲，赵在礼把自己挂到房梁上之后，其私兵全部被赵延寿收编，赵延寿又把他们配给儿子赵匡赞。因为有繁台和魏州的事，王景崇担心这些赵延寿旧部不太可靠，打算在他们的脸上刺字，以防逃跑。

不过在正式刺字前，王景崇故意放出风声，想看看这些大兵的反应。消息才放出去，赵思绾便第一个求见，大声请求先在自己的脸上刺字，说只要自己带头刺了字，下边那几百人就不敢有二话了。

王景崇大喜，原先听人说赵思绾骄悍难制，没想到这么识趣，看来此人可用。副将齐藏珍的看法不同，悄悄对王景崇说："赵思绾此人凶悍不服管束，最好早点儿杀掉，以绝后患！"王景崇当然不听。难道我的眼睛没有耳朵好使吗？现在马上要打仗，赵思绾这样的悍将正用得着。

王景崇要对付的敌人是后蜀军。就在王景崇进入长安不久，后蜀的奉銮卫都虞候李廷珪正好率两万名蜀军穿越了子午谷，到达长安之南。千辛万苦爬过大山，李廷珪才得知自己的援助对象赵匡赞已经反水，又投靠后汉去了，不禁叫苦不迭。

孤军深入，后援不继，打估计是打不赢了，还是趁早撤吧！李廷珪马上掉头，又重新钻回子午谷。子午谷这条著名的山间小道，自古以来就对行路人不太友好，两万人挤进去争相逃命，王景崇乘机出兵追击，李廷珪大败，后蜀北伐的东路军全面崩溃。

此时，后蜀北伐的西路五万大军已在主帅张虔钊率领下进至宝鸡，距离凤翔只有六十里了。凤翔的侯益原本并不像赵匡赞那样决绝，仍存着骑墙观望之心，但一听说李廷珪败退之后，立即关闭城门，拒绝蜀军进驻。随后，在子午谷得手的王景崇，征调关中各镇军队，奔往凤翔。张虔钊一时拿不下凤翔，又得知后汉大军会集，急忙连夜撤军。由于跑得比较及时，西边的路也没有子午谷那么难走，王景崇挥军追击，只在大散关俘获了蜀军四百人，西路蜀军基本上安然撤回蜀地。

关中的危险算是用比较轻松的方法解决了，但刘知远的病情没有因此好转，反而在一天天加重。正月二十七日，奄奄一息的刘知远召见苏逢吉、杨邠、史弘肇、郭威四个心腹重臣，勉强对他们说："我现在呼吸困难，不能多说话，承祐年纪还小，后事就拜托各位了。"

这里的承祐，说的是刘知远的次子，刚刚被确立的继承人刘承祐。刘承祐本年十八岁，在君主世袭的时代其实不算太小，毕竟已经迈入成年人的门坎儿。但与看起来很优秀的大哥相比，刘承祐各方面表现平平。这在太平盛世不是大问题，但如今这天下，王朝更替如走马灯，往前推十年，谁会想到刘知远能当皇帝？因此，刘承祐能坐稳天下吗？在场所有人没有一个能打保票。四大臣只好一起表示忠心无二。

停顿了一会儿，刘知远似乎想起什么心事未了，又努力说出了可能是他此生的最后一句话："对杜重威要多防备。"当天，刘知远病逝，享年五十三岁，在位仅十一个半月。

一个月后，刘知远被尊为"睿文圣武昭肃孝皇帝"，庙号"高祖"（中国历史上第三个，也是最后一个"汉高祖"）。又过了九个月，刘知远的灵柩被安葬于睿陵，具体位置在今河南省禹州市苌庄镇柏嘴山。千年过去，如今的后汉睿陵十分残破，远远望去，只是一个非常不起眼的小土堆。

回到刘知远刚刚去世的这一刻。四位托孤大臣决定秘不发丧，先把人厌狗嫌的杜重威解决掉，反正赵匡赞和侯益已经归降，也没有继续留着他的必要了。正月三十日，四大臣以刘知远的名义下诏，宣布："杜重威父子，乘我生了点儿小病的机会，就诽谤朝政，蛊惑人心，应将杜重威和他的三个儿子杜弘璋、杜弘琏、杜弘璘一并处斩。除此四人，晋公主（杜重威的妻子，石敬瑭的妹妹）和其他亲戚，一概不问。"

该死的杜重威终于该死了！这个好消息传遍开封，多灾多难的开封百姓，焕发出与张彦泽被行刑那天同等的热情，人山人海，等着观看大快人心的那一刻。杜重威的死法比被先砍四肢后砍头的张彦泽要舒服一些，是先砍头后砍四肢，但行刑完毕享受的待遇相同，围观人群冲上前用小刀割肉吃掉。一会儿工夫，幻想要当中原皇帝的杜重威被剐得只剩一副白骨。

第二天，"生了小病的刘知远"下诏，任命皇子刘承祐为特进、检校太尉，封周王，位在百官之上。办完事终于可以死去的刘知远，在官方文告中驾崩，刘承祐顺利继位，下诏大赦天下：该杀的恶人被除掉了，从今往后，就让咱们君臣和睦，百姓安康，共享太平吧！

然而，并不是所有人都相信大赦令，都相信君臣能和睦，更别说天下会太平了。比如在中渡桥带头背国投敌的叛将三人组中，唯一健在的护国节度使李守贞。是个人都会产生合理联想：以张彦泽、杜重威的下场看，李守贞的日子恐怕也不会太长了吧？这其中当然有李守贞自己。猜疑、忧虑、恐惧，以及野心，种种不安即将与其他一些因素共同作用，产生连锁反应，引爆新的一轮动乱。

那些事稍后再提，现在先来看看辽国方面在这段时间里发生的事。

前面提到，耶律麻答逃出恒州，奔往定州，投奔辽国的义武节度使耶律郎五（又名耶律忠）。耶律德光任命的义武节度使，是降辽的民兵首领孙方简。所以耶律郎五这个节度使是新皇帝耶律阮任命的，而前节度使孙方简则被调任大同节度使，在去大同之前，要先到上京朝见。

孙方简对此又惊又怒，他是在义武镇的狼山起家的，让他离开义武，就是调虎离山。更何况，在如今降辽晋将纷纷反正归汉的大背景下，自己去上京朝见，很可能凶多吉少。在想方设法抗拒无果后，孙方简干脆带着三千名旧部离开定州，重新回到老根据地狼山，又一次重操旧业，和辽国人打起了游击战。

耶律麻答和耶律郎五马上率兵进攻狼山山寨，被孙方简击败。随后，孙方简派使节来到东京开封府，向后汉称臣。孙方简的使节到达时，刘知远已病逝，新皇帝刘承祐任命孙方简当后汉的义武节度使，命他在后汉成德节度使刘在明所部的配合下，赶走辽军，收复义武镇。

结果没等刘在明的军队出发，耶律麻答与耶律郎五已经没有守住义武的信心，他们在定州城里放了一把大火，裹胁着全城男女北上逃回辽国本土。孙方简得到消息，马上带人从狼山上下来，进入定州，扑灭余火，安抚留下的百姓。而后，孙方简又先后收复了泰州，上疏举荐弟弟孙方遇、孙行友分别担任泰州和易州刺史。这样，耶律德光三征后晋取得的绝大部分战果，又还给了中原。除了义武的易州暂时还在辽国手中，西南的秦、凤、阶、成四州归了后蜀，后晋朝的旧疆域基本被后汉朝恢复。

第八章

三镇之乱

刘知远　李三娘　冯道　郭威

# 三镇谋叛

再说辽国那边，耶律阮能在祖孙大战中胜出，很重要的一个原因就是契丹的上层贵族和大臣害怕那个杀人不眨眼的老太太再来一次大清洗。可他们没有想到，新皇帝虽然没搞残酷的大清洗，但鉴于自身威望不够，要镇住大辽国的大小山头，中清洗、小清洗还是要搞一搞的。

于是，在耶律麻答逃回北方之前，辽国就发生了一起非常蹊跷的谋反未遂案。据《辽史》说，事情是这样的。

某一天，身为惕隐（管理皇族事务的重臣）的耶律刘哥邀请皇帝耶律阮来做客，君臣同乐，聚众赌博。在耶律刘哥亲手给皇帝敬酒时，皇帝忽觉有异，命左右拿住耶律刘哥，一经搜查，果然从这位堂叔的衣袖里搜出一把短刀。耶律刘哥当即大呼冤枉，发誓不知道是怎么回事。皇帝到底是仁慈的："哦，皇叔也不知道是怎么回事，那可能就是个误会吧，不用追究了。"但耶律阮刚刚唱完红脸，已成为他心腹重臣的耶律屋质马上接口唱白脸："早就有人检举刘哥有异心，现在应该让刘哥与检举人对质，查明真相，绝不能轻易放过！"

事情没查清是不应该轻易放过，那这个案子就交给屋质来办吧。耶律屋质果然好手段，经过他一番审理，原本还大声喊冤的耶律刘哥最后全都招了，从而得出了让人震惊的"实情"：皇堂叔耶律刘哥，与他的弟弟耶律盆都，还有皇堂舅兼驸马萧翰一起，在私下与太宗子耶律天德串联密谋，打算刺王杀驾干掉耶律阮，然后拥立耶律天德为帝。

耶律刘哥可是耶律阮的大功臣和耶律天德的大仇人。辽国祖孙之战前，正是由于耶律刘哥力劝，皇叔祖耶律安端才决定站队在侄孙一边，从而大大加强了耶律阮一方的声势。在泰德泉会战之初，耶律安端坠马的关键时刻，又是耶律刘哥奋力护住耶律安端，顶住了猛攻得手的耶律天德，才避免了耶律阮一方的崩溃，对会战的最后胜利厥功至伟。

如果我是恨意难消的耶律天德，要列一张必杀黑名单，耶律阮排第一，耶律刘哥至少得排第二。这才过去几个月，正升官发财、春风得意的耶律刘哥，政治立场怎么突然就发生了一百八十度大转折，要冒着诛满门的巨大风险去拥护仇人当皇帝？

可能正是因为案件的审理结果说服力不那么强，所以尽管是十恶不赦的谋反大案，宅心仁厚的皇帝对涉案人员的处理还是比较宽大的：只有耶律天德一人觊觎神器，罪在不赦，斩；耶律刘哥虽然罪大，但念其有功，免职流放于乌古部（他一到乌古部就病死了）；其弟耶律盆都亦免职流放到辖戛斯；萧翰作为胁从犯，处以杖刑（随后被软禁）。

大辽皇帝一出手，就是分导式多弹头导弹，打击了最有可能造反的耶律天德，顺便敲打了一批虽无造反动机，但资格老、功劳大、桀骜不驯、不服管束的非嫡系亲贵。这一类人有没有漏网的呢？当然有，这不，刚刚从中原又跑回来一个耶律麻答。

对付耶律麻答好办，连谋反案都可以省了。受命守土却损兵折将、丧城失地、不战而逃，这些可不是小过错啊！于是，耶律阮召见耶律麻答，一一数落其罪状。耶律麻答因为刚刚回国，可能还没弄清情况，被一个后生晚辈大加指责（虽然那位晚辈是皇帝），火暴脾气登时冒了上来，顶嘴道："这怎么能怪我？都是因为朝廷对那些怀有二心的汉官太客气，竟然征用他们做事，才弄得天下大乱！"

原来你认为大量征用汉官是一个错误，那先帝做出这个决定的时候，你为什么不说？不过现在也不晚，耶律阮赐给耶律麻答一杯毒酒，让他早点儿上路，追上耶律德光的脚步，好好当一个谏臣，帮助先帝纠正错误。

一轮清洗过后，辽国的政局暂时稳定了。南边后汉的政局却稳定不下来，因为有些人在担心还未发生但极可能马上就要到来的清洗。第一个产生这种危机意识的人，竟然是刚刚为后汉王朝立下大功的王景崇。

且说在王景崇集合各军到达凤翔后，早就声称要入朝的侯益仍然留在城中不太想走，很明显，此人对大汉的忠贞很成问题。此时，如果按照刘知远生前的密诏，王景崇完全可以见机行事，把侯益干掉。然后呢？大概就是顺理成章得到侯益的财富吧。

这里有个背景情况。侯益很有钱，虽然史书没有解释侯益为什么会很有钱，但在对藩镇节帅贪赃枉法、极度放纵的后晋朝，当了多年节度使，除非特别安贫乐道、清廉自持，否则还发不了财的不会太多。但有一个阻碍王景崇快速实现"财富自由"的麻烦：刘知远为什么死得这么快？新皇帝刘承祐大概不知道他爹给自己的授权，自己如果动手，会不会被新天子以为自己飞扬跋扈，擅杀重臣？杀，还是不杀，王景崇迟疑不决。

侯益听到了一点儿风声，正好他的从事程渥是王景崇的同乡，就让他以叙旧之名去见见老乡，给自己说情。两位老乡聊了一会儿，程渥对王景崇说："您今天名高位显，也可以稍稍知足了，何必为了多得一点儿小利，不给别人留条活路呢？侯公的亲戚部属很多，真激起反弹，您也会招祸。"王景崇一听怒了，我还以为你是怀念乡情，没想到另有所图："你赶快走，别给反贼当说客，不然我连你一起杀！"

然而，王景崇公开撕破脸之后，却没有马上采取行动，动手的时机迅速从他手中滑过。侯益连夜带着数十骑逃出凤翔，脱离王景崇的控制，直奔京城而去。等王景崇发觉，已经追赶不及，气得大骂自己真是蠢货。

二月十八日，侯益到达东京开封府，新天子刘承祐得知，马上派人责问他："你为什么要招引蜀兵入侵？"同样是被后生晚辈责问，六十三岁的老狐狸侯益比无脑的耶律麻答圆滑太多，多扯淡的答案都可以脸不变色心不跳地脱口而出："我就是想把蜀军诱进来，一举全歼！"刘承祐都快气笑了。

新天子对侯益的第一印象不太好，不过这本就在侯益的意料之中，他早就想好对策了。毕竟印象是可以通过旁人潜移默化的影响来改变的，有时甚至不需要太长时间。侯益的办法是运用自己强大的"钞能力"，光有钱不算本事，知道要什么时候毫不吝啬地花钱，才是真了不起。

侍卫马步都指挥使兼同平章事史弘肇，率先被侯益的银弹命中，于是开始在刘承祐面前盛赞侯益的贤德，并攻击王景崇仗着统兵在外，横行不法，恣意妄为。史弘肇是此时后汉中央武臣中的第一人，有了他的带头，个个都收到了侯益给的好处，朝中官员争相夸赞侯益，贬低王景崇。新皇帝刘承祐不知是听信了众人的言论，还是因为他惹不起这帮朝中元老，他对侯益的态度在短短一个月内就完全了改变。他任命侯益为中书令兼开封府尹，委以重任。

王景崇听说侯益大得新天子的宠信，还在朝中大量散播关于自己的谣言，不禁又气又恨，真要逼急了，当老子不会反吗？

然后，第二个对前途感到恐惧的人被带了出来，他就是曾得到王景崇器重的将领赵思绾。打败蜀将李廷珪之后，王景崇带着赵思绾及所部来到凤翔，又参与了对蜀军的作战。但不知是谁（怀疑是齐藏珍）向朝廷进言，说不能将赵思绾留在边境，朝廷便派供奉官王益给王景崇下诏，调赵思绾等赵延寿旧部，在王益的带领下入京。

赵思绾等人震惊不已，在他们看来，繁台和魏州的前车之鉴近在眼前，后汉朝廷召他们入京肯定没安好心。而王景崇在送别赵思绾时，故意唉声叹气："好好保重吧，我能看见你们离开，再看不见你们回来了。"东行的路上，赵思绾想到王景崇的表现，对自己的莫测前途惴惴不安，对他的同党常彦卿哀叹说："小太尉（指赵匡赞）已经落入他们的手中，我们要是到了京城，恐怕要和小太尉死在一起。"常彦卿道："咱们只能随机应变，没什么好说的。"

说得好，咱们就随机应变！三月二十四日，王益带着赵思绾一行人，到达他们不久前的驻地长安，永兴节度副使安友规、巡检乔守温等人出城迎接王益，设宴款待。趁几位长官兴致正高之时，赵思绾赔着笑脸上前乞求道："我们今晚的住宿地点已经在城外安排好，但将士的妻儿都住在城内，分别好多天了，十分想念。能不能准许我们进城将妻儿接出来聚上一晚？"

这个请求听起来并不过分，而且赵思绾及手下几百人早在离开凤翔时就上缴了武器铠甲，此时都是赤手空拳。安友规等人认为他们不可能弄出什么事来，就做个顺水人情同意了。没想到这帮人一进城门，赵思绾突然出其不意打倒守门军官，抢下佩剑，一剑将军官斩首。紧接着，几百人一起动手，手持木棍，击杀了十余名守门军士，然后冲向城中的军械库，夺取武器，将手下全部武装起来。

惊闻兵变，毫无准备的安友规等人，没有乘赵思绾等人只是小火苗时全力扑灭，反而慌忙逃走。赵思绾遂轻而易举地占领了长安。随后，赵思绾在城中征发少年为兵，得众四千余人，又抓紧时间抢修城防，仅用了十天时间，长安城已是壁垒森严，守备完善，进入了全面的临战状态。对后世影响深远的后汉三镇之乱，由此拉开了序幕。

可能连王景崇都没想到，将赵思绾煽动造反竟会如此简单，此时连他自己究竟要不要反尚且没拿定主意，但既然有人当了出头鸟，朝廷中那帮家伙是否就会对自己怀柔一些？先等等看吧。

之前，在王景崇的暗示下，凤翔的士绅代表已经向开封的朝廷请愿：希望能让"清廉正直，爱民如子"的王景崇大人留在凤翔任节度使，造福这一方百姓。京师众臣对此次民间请愿的看法很一致：侯益口中的那个奸臣又在操弄民意了，但朝廷决策岂能为这种小把戏左右？很快，皇帝下旨（当然，不一定是刘承祐的意思）任命王景崇为静难留后，马上离开凤翔去邠州上任；王景崇心心念念想得到的凤翔节度使一职，由反正功臣、原保义节度使赵晖来担任。

接到圣旨，王景崇大失所望，看来朝廷对他的猜忌化解不了了。王景崇决定遵守其中一部分圣旨：一方面，他拒不离开凤翔，继续行使凤翔节度使的权力；另一方面，他派人到邠州，以朝廷任命的静难留后的身份，向静难镇发号施令。就这样，在短期内王景崇得以同时号令两镇，他开始抓紧时间扩军备战。至于扩军备战的理由，那是现成的：我要替朝廷讨伐叛贼赵思绾。

再说赵思绾抢下长安之后，深知后汉朝廷的讨伐必然随之到来，如果不赶快拉到其他藩镇大佬起兵加盟反汉，仅凭自己临时凑起来的这几千人马，一定会死得很快、很难看。

那么，哪位大佬看上去最有可能加入反汉同盟呢？以赵思绾的经历看，首先能想到的好像应该是王景崇，毕竟他们发动这次兵变，煽风点火的舆论准备工作就是王景崇干的。但起事之后，王景崇不但没有马上加入，反而满世界嚷嚷要出兵讨逆，这老王究竟是什么意思？不过不要紧，在不远的河中，我们还有一条更粗的大腿可抱。

于是，赵思绾在积极备战的同时，让绣工赶制了一套皇袍，派人送到河中，进献给护国节度使李守贞，同时附上一份奏章：我这辈子最佩服的大英雄，就莫过于您李老大！如今朝廷无道、幼主昏庸，只要您肯站出来义旗一举、振臂一呼，天下藩镇还能不纷纷响应？如此一来，您不但能转祸为福，而且帝业可兴。

这次让赵思绾猜对了，昔日后晋降辽大军的副总司令，今日在后汉享有太保、中书令等高贵头衔的李守贞，早就在盘算着何时起兵反汉。

在得知杜重威惨遭秋后算账，被剐成一堆白骨时，李守贞就非常不安。后汉王朝自建立以来，不论是皇帝刘知远，还是他手下的苏逢吉、史弘肇这一文一武两大护法，其执政的主色调就一直是杀伐果断，砍头如割草。如今，一起带头投敌的两个老战友都去了，自己如果不设法自救，很可能就要步张彦泽、杜重威的后尘，落个死无葬身之地。

除了担心自己在后汉朝的生存权，还有其他一些可能也是更重要的因素，让李守贞对自己此生的发展权有了不切实际的过高估计。比如李守贞与另一名将符彦卿结亲，让儿子李崇训娶了符彦卿的女儿。李守贞非常笃信占卜术数一类的江湖把戏，就请了一位据说道行很深的术士来给家人算命。看到符彦卿的女儿时，那位术士仿佛人吃一惊，说："此女人贵，日后当母仪天下！"李守贞听罢大喜：母仪天下，那不就是皇后嘛！自己的儿媳是皇后，那自己的儿子不就是皇帝？自己的儿子将来能当上皇帝，那自己的未来会有多么光芒万丈，还用得着细说吗？

李守贞身边的左右亲信中，还有两人据说精通占卜，常常为他指点迷津。其中一个是司户参军赵修己，他看到李守贞有举人事的念头，就用占卜之术劝告说："现在运数未到，天命未归，您千万不能轻举妄动！"李守贞身边的另一个算命高手，是一个法号叫总伦的和尚，同样是占卜，总伦和尚却得出了与赵修己完全不同的结果，他认为李守贞起事，一定成功，必能登基称帝，开创新朝。

李守贞觉得，术业有专攻，论算命看相，和尚肯定要比参军专业，更何况和尚的结论能与自己儿媳的命数相互印证，也更合乎自己的心意。自己有天子命，看来是确凿无疑了！于是，李守贞冷落了那个让人不悦的赵修己，赵修己只得请了长期病假，辞职回乡，躲避灾难。同时，李守贞开始遇事必征求总伦和尚的意见。总伦和尚果然是个人才，说话又好听，让李大帅越听越高兴，越听越对未来充满了乐观的期待。

不过造反毕竟是一个团体活动，对于总伦和尚的预言，光自己相信还不够，还得让自己团队内的所有人都树立起必胜的信心。某天，李守贞宴请手下众将，指着大堂上悬挂的一幅《舔掌虎图》说："如果我命中注定有非比寻常的大福，当一箭射中老虎的舌头！"说罢，李守贞张弓搭箭，果然一箭正中虎舌，顿时，大堂之上一片欢呼，纷纷祝贺大帅神功无敌，心想事成。李守贞更是得意无比。

只不过这些人都忘了，上一个用射箭来证明自己有天子命的人，叫作安重荣。至此，至少李守贞心中，造反已是万事俱备，只欠东风。等收到赵思绾献上的皇袍与效忠信，李守贞大喜。这不就是天命、人心都已归向自己的铁证吗？此时不举，更待何时？

李守贞遂正式起兵，自立为秦王，然后以秦王的身份任命赵思绾为晋昌节度使（后晋朝在长安设晋昌镇，后汉朝建立后改称永兴镇，李守贞任命赵思绾为晋昌节度使，表示他不承认后汉），同时命他手下的将军王继勋越过风陵渡，抢先控制潼关天险，以阻止汉军主力进入关中，从而保护赵思绾。

此前驻守同州的匡国节度使张彦威，因为辖区紧挨着李守贞的护国镇，河中的各种消息很难瞒过同州，故而他一直对东边的邻居保持警惕，并先行戒备。等李守贞起兵，张彦威立即会同关中各镇向朝廷告急。后汉朝廷经过一番紧急运筹，由皇帝刘承祐下诏，做出以下决策：一、免去李守贞的一切职务；二、急派镇宁节度使郭从义（刘知远的心腹之一，当白手套杀害花见羞母子的那位将军）率军速入关中讨伐赵思绾；三、派保义节度使白文珂（刘知远任河东节度使时的副使，七十二岁的老将），与内客省使王峻兵发河中，讨伐李守贞。

## 李崧遇害

现在暂停叙事，来分析李守贞的造反有没有成功的可能性。如果从双方的人力、物力、控制区域等客规指标的对比上看，毫无疑问，后汉王朝处于绝对优势，在正常情况下李守贞会死得毫无悬念。但话说回来，五代是历史上著名的非正常阶段，既然连李从珂反杀李从厚那种奇迹都能够发生，那总伦和尚的预言好像也是有可能成为现实的。

也许在李守贞看来，要让李从珂式奇迹重现江湖，大概先要满足两个基本条件：一、后汉朝廷内部的矛盾足够深，最好已处在分崩离析的前夜；二、自己在中原诸军中的威望足够高，能够让那个时代，喜欢通过换大领导来发家致富的大兵产生一种奇货可居的冲动。

那这两个条件能不能成立呢？先看第一条。就在李守贞正式起兵之时，开封城内发生的一件事，证明了后汉朝廷内的党同伐异已经非常尖锐，确实有出现一次大洗牌的可能性。

三月下旬某一天，身为中书侍郎、户部尚书兼同平章事的李涛（在石敬瑭时代力主杀张彦泽的那个李涛）突然上疏，关心起四大辅臣中两位的生活待遇问题："杨邠、郭威二公（二人时任枢密使），都是辅佐高祖皇帝创建大汉基业的元勋功臣，但时至今日，二公的官位虽然很尊贵，收入仍然微薄，体现不出朝廷对功臣应有的厚待。不如挑选两个富庶的节镇，让二公出任节度使，使功臣得享富贵（后晋石敬瑭时代对藩镇节帅贪赃枉法毫无底线地纵容，所以"当节度使"与"发大财"渐渐变成一对特殊的同义词）。至于枢密院那点儿事，陛下完全可以自己决断。如果需要有经验的大臣充当顾问，那苏逢吉、苏禹珪两位宰相辅佐先帝多年，从能力到忠诚都完全可以信赖。"

这份奏章，差不多可以视作十三年后"杯酒释兵权"事件的一个失败的前传，虽然在里边充满对杨邠、郭威二人的赞扬，但糖衣裹得再厚，杨、郭二人还是一眼就看穿糖衣下边藏着的是怎样的大规模杀伤性武器：不就是想把我们排挤出中央，好让政事堂那帮家伙独揽大权吗？不用说，这一定是苏逢吉那个浑蛋在背后指使的。

原来，在前一段时间，苏逢吉想增加自己这一派在朝中的影响力，打算大量补充文职官员进入中央，结果遭到杨邠的强烈抵制：文官有什么用？与其给他们发俸禄白白浪费国家钱财，还不如省下这点儿钱粮充作军费！于是苏逢吉每有推荐，杨邠都要将它搅黄，政事堂与枢密院两大权力机关之间的矛盾越来越深。而且谁都知道，李涛入相，曾经得到过苏逢吉的推荐。

杨邠、郭威马上求见李太后（李三娘），哭诉冤屈："臣等追随先帝多年，历尽艰辛，披荆斩棘，这才喜见大汉的创建。不想皇上听信小人之言，要把我们赶出京城。可如今关西大乱将至，我们又怎能忍心只贪图自己的享受，不顾国家的安危？如果认为我们资质驽钝，实在不堪大任，那也请等到先帝下葬之后，再发配我们去守陵吧！"言罢，杨邠、郭威捶胸顿足，泣不成声。

李三娘与刘知远是由贫贱夫妻一步步升到国父国母的，她与刘知远的心腹以前没少以"兄弟""嫂子"相称，此时一听，又惊又怒。她马上把皇帝刘承祐叫来，一顿训斥："杨邠、郭威都是国家的勋旧功臣，怎能因为有人说几句闲话就随便驱逐？"刘承祐不敢顶嘴，急忙把责任推出去："这都是那些宰相说的，我可还没同意。"好吧，把宰相们叫来，看看是哪个家伙离间我们的君臣关系。眼看事情闹大了，李涛只好出头把责任全部担了下来："这份奏章完全是我一个人的想法，没有受到任何人的指使。"

一人做事一人当，刘承祐下诏免去李涛的同平章事之职，让他回家闭门思过。杨邠、郭威好像胜利了，但他们用老妈来压儿子的做法让已处在年轻叛逆期的皇帝怀恨于心，为将来的爆发埋下伏笔。

更麻烦的是，他们真正的对头苏逢吉还毫发无伤，马上就用一起大案，证明了自己颠倒黑白的实力依旧。

话说在恒州起义不久，冯道、李崧、和凝三位老宰相，便离开了被改名为镇州的恒州，回到被改名为开封府的原京城汴梁。这一去一回只是几个月，但很多东西如同变化了的地名，已经回不到从前。

比如李崧，没有品级的实权官位枢密使没了，只保留了一个有位无权的虚职太子太傅。祸不单行的是，李崧被迫官升一品，还破了产。前文说过，李崧带在身边的动产全让白再荣抢走了，而他留在开封的不动产全在刘知远入京时被没收，又被后汉皇帝赏给了功臣苏逢吉。于是，这位堂堂九朝（李存勖、李嗣源、李从厚、李从珂、石敬瑭、石重贵、耶律德光、刘知远、刘承祐）元老，只能在首都租房安身。

李崧是个很理智的人，深知一朝天子一朝臣的道理，对此毫无怨言，对每一个当权的晚辈，都是低声下气，毕恭毕敬，只要没大事就尽量称病闭门不出，躲开所有的是是非非。

但李崧再好脾气，也只能管得住自己，没法管住亲戚。李崧有两个弟弟李屿、李𡙇，正好与苏逢吉的子弟在同一个政府部门任职，有一次单位聚餐，李屿、李𡙇兄弟喝醉了，大骂苏逢吉的子弟："你们凭什么抢走我家的房产！"李崧听说此事，大吃一惊，连忙前往苏家府邸（以前的李家府邸）求见，献上房产地契并赔礼道歉。如果李崧碰上的是一个通情达理的正常人，这事应该就算过去了。但苏逢吉岂是好说话的？我没有房产地契这府邸就不是我的了吗？还用得着你献？你是不是心有不甘，想提醒我这房子原本是你的啊！

于是，毫不讲理的苏逢吉更加嫉恨李崧，必欲除之而后快。当时任翰林学士的陶穀，发现当朝首席宰相要对前朝宰相下手，非常兴奋：这是一个让自己往上爬的好机会啊！李崧曾对陶穀有知遇之恩，陶穀对李崧的情况比较熟悉，现在正好利用这些情报向苏逢吉献计献策。陶穀先是大量散布有关李崧的谣言，制造出李崧心怀不轨，与李守贞叛军有牵连的舆论。李崧听到这些谣言，不禁哀叹："陶穀以前不过是个单州判官，是我看他有些才华，提拔他当集贤校理，数年内升到掌诏命，我哪里对不起他？"

但要讨好新领导，置恩公于死地，光靠散布几句谣言威力还不够，是时候使出大招了。李峤有一个叫葛延遇的家仆，长年为李峤经营生意，但手脚不干净，偷偷贪了主人的钱。事情暴露后，李峤大怒，用鞭子狠狠打了他一顿，并责令他把贪的钱全部还回来。但贪的钱早就挥霍了，葛延遇没办法，去向他一个同样做生意的朋友李澄求助。没想到，这李澄其实是苏逢吉布下的棋子，此时抓住机会对葛延遇说："有一个好办法，可以让你转祸为福，就看你愿不愿意……"

这当然愿意。葛延遇马上"大义灭主"，告发李崧、李峤密谋反叛。李峤当即被逮捕入狱，严刑拷问。对老相爷这等体面人，苏逢吉要稍微客气一点儿，将李崧召到家里，和颜悦色地告诉他："葛延遇把你们兄弟告了，你还有什么话要说？"李崧微微一怔，知道一切已无可挽回，只提了一个很低的请求：希望苏逢吉高抬贵手，放过自己无辜的幼女，其他人不敢求免。随后，李崧被押往侍卫狱，临行前仰天长叹："自古没有不亡之国，又岂会有不死之人！"

经过一番大刑逼供，李峤先招了："我和兄长李崧、弟弟李㠖，还有外甥王凝及家仆、书僮共计二十人，打算于先帝下葬之时发动叛乱！为举大事，还分别派人送密信到河中勾结李守贞叛军，到辽国煽动契丹人南侵！"谋反、通逆、卖国，都是大罪！好了，够诛九族了，收工吧！但口供呈上后，苏逢吉并不满意，他觉得就二十人造反，不足以服众，于是亲自提笔改成"五十人"。

既然"证据确凿"，刘承祐就顺着苏逢吉的心意对这起谋反大案做了判决：李崧兄弟灭门，口供中提到的所有人尽皆斩首，陈尸于街市。家仆葛延遇因举报有功，得到重赏。据说此案过后，大臣们战战兢兢，都开始畏惧自家的家仆。

李崧谋反案并不是一个孤例，只是当时后汉内政状态的缩影，实际上在苏逢吉、史弘肇这一文一武两大辅臣的主持下，后汉帝国的司法系统，正以流水线式的高效率批量生产着冤假错案。

比如当时有个叫和福殷的富商，同样是被一个帮他做买卖的家仆私吞了货款，和福殷责打家仆，勒令还钱，然后家仆就跑到京城禁军长官史弘肇那里，把他告了："我家老爷曾替赵延寿做事，利用去淮南采购茶叶的机会，送密信给南唐，要让唐军北上，配合南下的辽军，夹击大汉！"史弘肇同样不问青红皂白，马上把和福殷抓起来严刑拷打，打到认罪为止，然后将和家灭门抄家。和福殷的妻子、女儿，还有万贯家产，都被史弘肇及其心腹分了。

顺便说一句，尽管史弘肇与苏逢吉的关系一向不好，但在制造冤案方面，两人还是很有默契的。在李崧案中，史弘肇便帮了苏逢吉一把，作为报酬，大案过后李崧唯一幸存的女儿就让史弘肇收为奴婢了。

但如果和后汉王朝对民间武装的过河拆桥比起来，这些轰动一时的冤案都只能算小打小闹。

回顾一下后汉建国并驱逐契丹的历史不难发现，大部分的硬战、恶战，其实是先由民间兴起的反辽武装打的，然后是起义的各藩镇军队，最后才能轮到刘知远的嫡系人马（这主要是因为刘知远采用了尽量避免与辽军接触的郭威方案）。原各藩镇军队倒也罢了，收编后可以接着用。但民间武装大量涌现，让后汉王朝感到十分不舒服。即使这些民间武装大多承认后汉为宗主，打的也是刘知远的旗号，可也很难改变他们不受朝廷控制的事实。另外，民间武装兴起，难免鱼龙混杂，出现打家劫舍的土匪行为。

等后汉朝定鼎中原的大功告成，刘知远对待民间武装的态度就发生了一百八十度大转变，由原来的鼓励、援助，变为强力打压，甚至武力剿灭。耶律麻答刚刚被赶出恒州（镇州），刘知远即下诏，原民间武装除少数被后汉朝收编，一律解散。这还不算完，还要一并追究其存续期间犯下的罪责："四方盗贼，不论其赃物多少，一经查实，一律定为死罪。"至于具体的操作办法，由苏逢吉来制定。

苏逢吉定的实施办法看起来都杀气腾腾："凡盗贼犯案，不但其本人，连同四邻一个保（理论上十户为一保，五十户为一大保，五百户为一都保）的居民，均全族处斩。"这份公文一出，朝臣哗然，认为即使是盗贼本人，其罪过也不至全族处斩，更何况仅仅是邻居呢！经过朝臣的抗争，苏逢吉仅仅在正式诏书上去掉了"全族"二字，但邻居仍要被连坐。

根据这一诏令精神，后汉朝廷向全国各地派出"捕贼使者"，对遵旨放下武器的民间武装及其同乡、支持者等大开杀戒。其间不知有多少人无辜遇难，其中最让人震惊的惨案，是一个派往山东的捕贼使者张令柔，竟将平阴县整整十七个村庄的村民屠杀殆尽。

以前有契丹人作对比，后汉王朝的暴虐没显得那么突出，现在契丹人走了，后汉朝就将最恶劣的一面赤裸裸地暴露在天下人的面前，刷新了五代以来中原王朝的下限。

结合上述，后汉尽管立国不久，但内部矛盾极为尖锐，出点儿内乱似乎是很值得期待的事。那么第二个条件，李守贞在军队中是否有足够的威望，成为后汉内乱后摘到桃子的那个人呢？

至少在李守贞看来，舍我其谁。李守贞是有过不俗履历和出色战绩的，早早就担任大军统帅或副统帅，平定过杨光远的叛乱，取得过马家口、白团卫两次大捷。尽管比李守贞优秀的将领比比皆是，如太原五虎任何一个拎出来，都可以吊打李守贞，但那些人绝大多数都活跃在从唐末到梁晋争雄阶段，现在已经凋零干净。不算那些前辈，在和李守贞同辈的高级军官中，各方面能超过他的只有刘知远，已经死了。之前的后晋主帅杜重威也死了，就算不死，也只是个草包。符彦卿、高行周的才干、资历虽不弱于李守贞，但之前的军职都低于李守贞。总体来看，论威望，李守贞在此时还活着的中原将帅中，排名第一。

当时很多人都认为李守贞长期掌兵，厚待将士，因此深得军心。李守贞自己认为，当时的禁军都曾是自己的部下，受过自己的恩惠，早受不了后汉朝的严厉军法，相信就算来到河中城下，也会主动卸甲请降。在下有点疑惑，难道没人记得"守贞头"的典故了吗？但不管怎么说，至少在李守贞看来，自己成功的条件是充分的，胜利是不容质疑的。

但事实很快就会证明，不管是后汉的危机，还是李守贞的威望，都没有这位叛军首领自己以为的那么乐观。而且，李守贞识人用人的能力，也是非常差，这偏偏是干大事的人最不可或缺的重要素质。

就不提总伦和尚的事了，看看被他派去抢占潼关的大将王继勋。王继勋勇力过人，在军中常使用铁鞭、铁槊、铁樹三件兵器，人送外号"王三铁"。但很可惜，"王三铁"的称号只能证明他打架很猛，而指挥打仗并不是打架猛的人就一定能胜任的。

当时，后汉的各路讨伐军受命西入关中，遥知天险潼关已被叛军控制，而另一要害蒲坂渡口又在河中城边，等于入关的两大要道都被堵上了。从战略上说，李守贞起兵的第一手还是很高明的，这种情况持续下去对后汉朝廷非常不利。后汉朝刚刚立国，开国之君就死了，根基尚不稳定，如果朝廷大军长期进不了关中，不排除整个关中诸藩镇，在赵思绾甚至王景崇的煽动下，完全站到李守贞一方。另外，当时李守贞已派人带着蜡丸密信分别潜往辽国、后蜀、南唐，请这三国一道出兵伐汉。如果李守贞真能控制关中，让天下人看到他有成功的可能性，岂能不激起那三国的贪欲？只要其中契丹人一家再乘机兴师南下，强弱就完全颠倒过来了。

谁能想到，仅仅数天后，后汉军队便轻松拿下了号称"一夫当关，万夫莫开"的潼关，"王三铁"变成了"王三豆腐"，狼狈逃回河中。后汉军收复潼关的过程不详。有记载说，王继勋是被郭从义击败的，但也有记载说，郭从义的讨伐军都还没到达潼关，他就让陕州当地的地方武装打跑了。李守贞把最关键的任务交给最不靠谱的将领，现在潼关快速失守，让他和赵思绾的叛乱开局不利，早早就被分割包围，丧失了主动权。可见，如果实际操作太拉胯，即使有正确的战略也没用。

## 郭威挂帅

潼关既下，朝廷方面的各路大军纷纷入关：郭从义、王峻两军直逼长安，讨伐赵思绾（不知道谁出的馊主意，把王峻的任务更改了）；昭义节度使常思进驻潼关，把守这个咽喉要冲；赵晖开往凤翔，强行接替王景崇；老将白文珂进驻同州，与匡国节度使张彦威会合，与叛军主力李守贞部对峙。稍后，后汉朝廷又派侍卫步军都指挥使尚洪迁支援郭从义、王峻，派阆州防御使刘词支援白文珂。

战斗首先在长安打响。在这一分战场，朝廷方面有郭从义、王峻两位主将，互不统属，而且两人私交极差，一路上便相互扯皮，都不肯让自己的军队先出头打硬仗。被调来支援他们的禁军将领尚洪迁，作战积极，率先进至长安城下。赵思绾见讨伐军的先头部队兵力不强，便决定主动出击，乘尚洪迁部远来劳累，打一个下马威。

气喘吁吁的尚洪迁人马还没有列好阵形，赵思绾已挥军杀出城来！尚洪迁毫不畏缩，带头苦战，朝廷的讨伐军拼死抵挡，一番恶战，虽然勉强将赵思绾打退，但尚洪迁也身受重伤，当晚便不治而亡。

郭从义和王峻见尚洪迁战死，仗就打得更加敷衍了事，只是把军队开到长安边上把城围住，便算交差。如此一来，赵思绾的兵微将寡反而成了优势，因为这样消耗的兵粮较少，长安的围城战遂长期拖延了下去。

在更西边，王景崇见赵晖即将来到凤翔，形势的发展已经使他不能继续首鼠两端，于是决定加入叛乱。他一面派人去成都，向后蜀称臣，一面又恭迎河中派来的使节，向秦王李守贞称臣。赵晖在路上得到风声，急忙上疏朝廷："王景崇必反无疑，请现在就允许我便宜行事，出兵讨伐！"

就在河中、长安、凤翔三镇相互声援，一起叛乱之时，后汉朝的其他地方也出现了让人不安的变化。身为太原留守的皇叔刘崇，据说曾与四大辅臣之一郭威有过节，见郭威在朝中正得势，心中不安。他手下的节度判官郑珙看出端倪，乘机勾引出刘长官的雄心壮志：太原自古出天子，以前的陇西李、沙陀李，再到前朝石家，本朝高祖，都是先得太原后得天下。您占据了这么好的一块地方，经营好了，前途不可限量，还用得着担心一个小小的郭威吗？刘崇深受启发，借口要防备契丹南下与叛军联合，开始在河东进行大规模军备扩充。具体操作包括：招纳四方亡命，编成新军；打造兵器，修缮城防；停止向朝廷输送赋税，充实府库。同时，对于朝廷要求河东出兵、出粮，帮助国家平定叛乱的诏令，这位太原的刘皇叔一概置若罔闻，绝不奉诏。

连皇叔都靠不住了！此时的后汉朝廷较之叛军虽然还有优势，但夜长梦多，如果不能尽快将三镇之乱平定，局势有可能走向全面恶化。而要尽快平定三镇叛乱，就不能再让前线众将各自为战，各打各的小算盘。此时，平叛前线的情况是这样的：白文珂军与李守贞隔黄河相望，就是不敢渡河攻击；郭从义和王峻围住长安之后，就忙着彼此开撕，所有精力都用于相互间的明争暗斗；赵晖虽说要讨伐王景崇，但一直驻军咸阳，久久不向凤翔进军。反正他们之间都是平级，谁也指挥不了谁，谁也不用向谁负责。谁要是积极，就看看尚洪迁。结果就是大家都心照不宣：反正这天下也不是咱们的，混日子不好吗？

很显然，要派遣一个有分量的总司令前去统一指挥平叛各军，才能走出僵局。谁能够担当这个重任？在四大辅臣中，以往战绩最出色的，是侍卫亲军都指挥使史弘肇，让他去怎么样？不行，如今人心不稳，如果没有这个狠人在京城坐镇，万一首都再出乱子就一起完蛋了！苏逢吉表示，自己是文臣，不通军事，所以不能去。他的基本盘都在朝中，结怨又多，一离开中央很可能就让对头占了先。枢密使杨邠的想法和苏相国的一样，下定决心不去。苏逢吉一心想把我排挤出中央，我岂能遂了他的心愿？那么老郭，只有你了，替兄弟们走一趟吧。

协商一致后，刘承祐召见郭威："想麻烦郭公代朕督战，可以吗？"郭威的回答非常谦卑："臣不敢请，也不敢辞，一切都听陛下的。"于是八月六日，刘承祐正式任命郭威为西面军前招慰安抚使，开赴前线。

别看作为刘知远的心腹，郭威是后汉朝的枢密使，目前不论是位高还是权重，都在李守贞之上，但如果比历史和战功，比在军队中积累的资历和威望，李守贞比郭威要高出不止一个数量级。如果不算这次刚刚接受的任命，郭威担任统帅独自领兵的次数还是零。

由自己出马对付李守贞，到底能不能打赢？郭威心里也没有底，便决定到达前线之前，顺道拜访一下冯道。这老爷子虽然不是军人，但经历过这几十年的乱世，总能趋吉避凶，说不定会有什么超出常人的见解。

不同于留在京城而遭难的李崧，更精明的冯道此前已辞去职务，离开京城，迁到河阳隐居。听说郭威来访，冯道很坦然，知道这个人虽然也是刘知远一手提拔的心腹，但与苏逢吉、史弘肇不同，没有那些杀人如麻的暴虐事迹。冯道打开大门，笑脸相迎，从容问道："你喜欢赌博吗？"郭威一听就变了脸色，他年轻时是一个赌棍，经常把刚到手的薪饷输得干干净净。后来有幸娶到柴夫人，又收得柴夫人内侄，那个很懂事、很顾家的孩子柴荣为养子，郭威才慢慢改掉了恶习，偶尔想起也引以为恨。

郭威正想冯道是不是讥讽自己，却听冯道接着说："赌博这种事，一般来说，都是本钱多的赢，本钱少的输，输的人未必是赌技低劣，而是他没有试错的空间。如今要对付三镇叛乱，不可以平分兵力，尽可能集合诸将的兵力攻其一处，在关键局部形成绝对优势，则胜负不问可知。"郭威这才恍然，表示致谢。

冯道又说："李守贞是沙场老将，在士卒中威望很高，自以为禁军将士不能对他刀剑相向。但这也不用担心，你到了军中，不要吝啬国家钱财，对士卒要重重赏赐。人都是健忘的，拿到钱，马上就记不得李守贞带他们打仗的日子了！"冯道不愧为老江湖，一席洞察人心的高论，让郭威受益匪浅，确定了平叛的基本战略。

八月下旬，郭威抵达陕州前线，在这里发文通知众将，举行了一次军议。李守贞仍旧威名在外，众将对他多少有点畏惧，于是会议上的主流意见便是先易后难，先解决赵思绾和王景崇，最后再来解决李守贞。

但镇国节度使扈从珂有不同的看法："如今虽是三镇联手反叛，但都公推李守贞当他们的大盟主，只要灭了李守贞，另外两镇就不成气候了。如果我们舍弃近处的河中，先去攻打远处的长安、凤翔，万一王景崇、赵思绾还在前面阻截，李守贞突然出兵断我们的后路，我们可就陷入腹背受敌的危险境遇了！"

郭威同意他的看法。有了主帅拍板，于是多数服从少数，讨伐大军分三路进逼河中：郭威带来的禁军，由陕州出发，迫近河中的东面；昭义节度使常思出潼关，经风陵渡北上，逼近河中的南面；保义节度使白文珂与侍卫步军都指挥使刘词出同州，进攻西关城（蒲阪渡口的西端，与河中隔黄河相望），彻底阻断李守贞与王景崇、赵思绾联系的通道。

按照冯道的建议，郭威从进军路上开始，对手下士卒便极为恩厚，拿着国家的钱刻意收买军心。不论是谁，只要立下一点儿功劳，就能得到真金白银的奖励；如果谁犯了错，只要不是特别严重，郭威都会选择原谅，不予追究；谁要是作战受伤，郭威总是亲临探视，嘘寒问暖；士卒间起了争执，郭威一定全神贯注地倾听双方的理由，力争处理得公平公正；平常面对士卒，郭威平易近人，对谁都和颜悦色，即使受到冒犯也从不动怒，脾气好到不可思议。在这时的郭威身上，谁还能看出几十年前那个当街捅人的莽撞青年的一丝丝影子？

很快，郭威爱兵如子的美名便传遍军中，很多老兵都在感慨：我们以前打了那么多仗，跟随过那么多将军，但论爱惜将士，仗义疏财，比得上当今郭大帅的，真是一个也没有啊！如果当年一投军就能追随郭大帅这样的人就好了。不知道与这好名声的四处传扬有没有关系，就在郭威从陕州到河中的进军途中，发生了一件此时看起来无关紧要的小事。

有一个衣衫褴褛、肤色黝黑，但身材魁梧、精神饱满的青年找到军营，表示要投军，声称他是郭大帅以前一个军中同事的儿子。郭威抽了点儿时间，接见了这个仿佛来自丐帮的青年，同意了他的从军请求，让他加入自己的亲兵。反正这个青年应聘的也不是什么高级岗位，只要求从普通一兵干起，没必要进行深度考察。考虑到那段时间前来投军的人不止一个两个，郭威要处理的军务又十分繁重，他不大可能在那时就对这个青年留下太深刻的印象，甚至可能都没记住这个青年的名字——赵匡胤。

言归正传。由于兵力上的优势与不低的士气，讨伐军的二路人马进展顺利，没有遇上太大的阻碍，便扫清了李守贞叛军设在外围的各个据点，陆续进至河中城下。其中白文珂驻军于西关，常思驻军于河中城南，郭威亲领的讨伐军主力，则驻军于河中城西（史书上是这么记的，但从方位而言，郭威大军是从东面来的，且河中西面已有白文珂、刘词部，郭威似乎应该驻军城东，形成包围才对，姑且立此存疑）。

李守贞失望地发现，他期待的李从珂式奇迹压根儿没有发生，就连石敬瑭前辈造反时，来自讨伐军的那种零星响应都没有出现。围城的讨伐大军都很喜欢新主帅郭威，对于李守贞的召唤根本没人理睬。无奈，李守贞只能选择闭门固守。但"固守"一般和"待援"联系在一起才能显出一线生机。如今完全看不出有谁会出兵援救李守贞，叛军处境开始恶化。

在另一面，诸将向郭威请战：既然大军已开至城外，是不是该攻城了？郭威道："李守贞是前朝老将，深通兵法，对手下士卒又有恩，曾屡建战功，不是一个可以轻视的敌人。何况河中是著名的坚城，依黄河为屏障，城墙高厚，防御设施也很完善。面对强敌的据险而守，我们如驱赶士卒向上仰攻，这不就等于把他们投入水火，白白送命？勇气有盛有衰，作战有缓有急，天时有可有否，做事有先有后。与其现在就攻城，还不如修筑长壕围墙将城池围住，断绝内外的交通。反正我们军粮可以源源不断运来，不愁温饱，城里边的粮食可是吃一粒少一粒，等城中粮尽，再辅以云梯冲车的进攻，劝降书信的招抚。到那时，叛军必然离心离德，各求生路，就是父子都不能相顾，何况一群乌合之众？至于赵思绾、王景崇，他们实力微弱，只要以少量兵力看住就行了，用不着担心。"

确立了长期围困的方针，那接下来就是多流汗，少流血了。在河中城靠黄河的那一面，郭威沿河设置了烽火台，派兵驻守警戒，同时派水师沿河巡逻，阻止李守贞叛军偷渡；在不靠河的北、东、南三面，郭威征发了邻近州县的民夫二万余人，开始沿城挖掘长长的壕沟，并用挖出的泥土筑起土墙，切断河中城与外部的联系。

其间，郭威认为讨伐军主将之一昭义节度使常思，不通将略，难以胜任他的职责，让他返回潞州。

这件事耐人寻味。按史书记载，常思虽然是李存勖时代投军的老军人，但能力平平，没什么功绩，为人贪财又吝啬，当到节度使之后从不召手下吃饭，生怕别人占了他的便宜。常思能在后汉朝混出头，当上节度使，极可能是因为他与郭威非同一般的特殊关系。

常思与郭威是什么关系呢？一般来说，郭威见了常思，都会尊敬地喊一声"叔父"。关于这一声亲切称呼的来历，出现了两种说法：一、郭威小时父母双亡，孤苦无依，寄住常思的家里，后感念常家的恩情，就尊称常思夫妇为叔父、叔母；二、郭威原本就是常思兄长的儿子（他原先可能叫常威），幼年丧父，母亲王氏带着他改嫁给顺州刺史郭简，这才随继父改名郭威。郭威三岁时，继父郭简战死，不久母亲也死去，这才被亲叔叔常思领养。考虑到各种记载中常思那口径一致的"铁公鸡"性格，郭威如果不是他的亲侄子，他肯出钱收养的可能性似乎不大，在下认为，第二种说法估计更接近事实。

不管常思是不是郭威的亲叔叔，郭威处理常思都应该是在基本赢得军心之后做的一个姿态。毕竟军队是要用来打仗的，身为统帅不能只靠一味的宽厚，更需要恩威并施：干得好，我绝对亏待不了你们；但如果干得不好，不称职，即便是我叔父，我也不会姑息。

再说城中的李守贞，看着城外的壕沟与土墙一天天延伸成长，就像看着一条绞索一天天逼近自己的脖子。绝不能让围城的长壕完工，否则今后一粒粮食也运不进城，一封求援信也送不出去，自己就只能坐以待毙了！秉持着这一信念，李守贞不断组织军队出击，破坏讨伐军的长壕工程。郭威对李守贞的出击早有预判，不但不怕，甚至求之不得。因为叛军一旦出城，没有了高大坚固的河中城墙的保护，来主动进攻壁垒后的讨伐军，讨伐军就更有机会打出满意的交换比。

于是，李守贞的"拆迁队"每次出击，都多少有点收获，破坏一段长壕围墙，但也每次都得付出相应的代价。作为沙场老将，李守贞当然清楚这种消耗战对实力处于弱势的自己非常不利。各国的援兵还不见踪影，自己的粮库却快要见底了，城中已经有人饿死了。说实话，就目前这战况，实在看不出自己如何能够成功。

李守贞无法压制自己的忧虑，只得把总伦和尚召来，问他：老天爷究竟是什么意思？不会改主意了吧？总伦和尚总能带给他自信："大王您要成为天子，这早已是命中注定的事，不会被人力改变。但是碰巧河中的分野有火，所以要经历这一番磨难。等灾难发展到极致，只剩下最后一人一骑之时，才到了大王时来运转、龙飞九五之日！"

一人一骑得天下，这话听起来没有一点儿常识！但神仙的逻辑肯定和凡人不一样，李守贞抛弃常识，将希望寄托于最后关头的神迹，依然对总伦和尚的话深信不疑。

不过，在数次小规模的较量之后，李守贞发现，郭威带兵并非无懈可击。正如前文所说，郭威过于厚待士卒，对一些小过错直接无视，这固然让士卒很快记住了郭大帅的好，但也使得讨伐军的军纪不那么严明。比如在沿黄河一线，经常有士兵在出营巡逻时私下喝酒。李守贞觉得这是一个可乘之机，便悄悄派人出城，伪装成小商人向讨伐军的士兵卖酒，价钱极低，有时甚至免费奉送。于是，经常有一队士兵精神抖擞地出去巡逻，然后酒气冲天、东倒西歪地回营。

这样还不够，李守贞默默蛰伏，准备等待一个最好的战机，用一次全力以赴的奇袭打破封锁。

话说就在李守贞的"拆迁队"与郭威的施工队在河中城下反复拉锯之际，长安的赵思绾与凤翔的王景崇都看出来了，李大盟主就是个过河的泥菩萨，自己都保不住，岂能保别人？咱们要想活下去，最好还是另找一条大腿。于是，王景崇和赵思绾各自送了一个儿子到成都充当人质，并以此向后蜀请求援兵。

上次援救赵匡赞与侯益的记忆让人不快，但这次毕竟有人质了，记吃不记打的后蜀皇帝孟昶决定再次出兵北上，支持后汉的叛军。宰相毋昭裔是当年随孟知祥入蜀的旧臣，上疏反对说："老臣当年亲眼看见庄宗皇帝发兵西讨，以及同时前蜀后主的兴师北上。当时多少朝中大臣上疏劝阻，但他们一句也不听。结果都得到了些什么？这两位皇帝的前车之鉴，还不能让陛下警醒吗？"

孟昶是个有心进取的君主，他最不喜欢的就是听这些叔叔辈的老臣嚼舌头，这次也没有例外。在接到毋昭裔的上疏前，孟昶已命山南西道节度使安思谦统军北出大散关，援救凤翔。接到上疏后，他仿佛要和老家伙斗气似的，又追加了投资，再派雄武节度使韩保贞兵出汧阳（今陕西千阳），从西面迫近凤翔。为便于区别，我们把安思谦部称作南路军，韩保贞部称作西路军。

在此简单介绍一下孟昶派来的这两位蜀军主将。安思谦、韩保贞都是随孟知祥入蜀的太原旧人，不过在孟知祥时代，他们官微职小，不值一提。到了后主时代，才逐渐变得重要。

孟昶继位后，为排挤父亲留下的元老重臣，看中了想往上爬，为人又没有底线的安思谦。在诛灭元老李仁罕、张业集团的过程中，安思谦为后主出了不少主意，立下不少功劳。而后，安思谦又出面密告后蜀开国的第一名将赵廷隐意欲谋反，并且马上发兵包围了赵廷隐府邸。碰巧山南西道节度使李廷珪入朝，极力担保赵廷隐无罪，这才让赵廷隐幸免于难。

史书上说安思谦向赵廷隐下黑手的动机，仅仅是想取而代之。但在证实了安思谦是诬告后，他没有受到任何处罚。赵廷隐当然明白，这是新皇帝不愿自己继续留在朝中做出的暗示。于是，老将军知趣地称病，辞去军职。孟昶则拜赵廷隐为太傅，封宋王，用最高的礼遇将最后一位开国元老请出朝堂。

安思谦顺理成章升到高位，暂时成为最受后主倚重的高级将领。客观地说，安思谦在此时蜀军众将中算是比较能打的。但这不是因为他特别优秀，而是比他优秀的蜀军将领都已尘归尘，土归土，没入土的退了伍。

与安思谦相比，韩保贞的人品要好上不少。他在史书上最露脸的一次，是因孟昶想修炼房中术，准备大选民间女子入宫，韩保贞恳切进谏，阻止了后主的皇宫扩编计划。不过韩保贞的将才实在不足道，如果说安思谦是矮子中拔出的高子，那韩保贞在矮子中都平平无奇。

回到正文。当年十月间，蜀兵就要到来的消息，不管是凤翔城中的王景崇，还是城外的赵晖，都知道了。为避免蜀军到达后受到两面夹击，赵晖决定先来个兵不厌诈。

赵晖秘密派出一千余名士兵，悄悄进入南山，然后高举着蜀军的旗帜，又从南山上大张旗鼓地下来，让王景崇站在凤翔城头远远一看，欣喜异常："蜀国果然靠谱，援军这么快就来了！"

王景崇立即下令开城出击，向着"后蜀援军"到来的方向奋勇突进。

然后，王景崇的人马就毫不意外地钻进赵晖设下的埋伏，大败，折兵数千人。经此一战，王景崇不敢再轻易派军队出城，使赵晖能够比较从容地迎击蜀军。

十月二十一日，后蜀南路军主帅安思谦，终于率部越过大散关，出现在后汉军的面前。赵晖派兵驻防于宝鸡，堵住蜀军的前进通道。

安思谦派军在模壁（宝鸡西南）附近的竹林中设下埋伏，然后派数百名精兵于十月二十二日凌晨袭击宝鸡大营。后汉军队见蜀兵不多，主动出击，结果正中埋伏。安思谦乘胜追击，一举攻破宝鸡大营。

赵晖得知前方失利，忙从凤翔城下调集兵力，急援宝鸡。城中的王景崇不久前刚被蛇咬，现在看见井绳都害怕，自然不敢出动。而蜀军主帅安思谦，虽然打了胜仗，但对于战胜强大的后汉（虽然凤翔一线的后汉军不多）也没什么信心，只想立点儿小功交差了事，不想陷入太深，承担风险。安思谦得知汉军援兵要来，就主动放弃了刚刚到手的宝鸡，退回模壁。

十月二十四日，蜀、汉两军隔渭水对峙，后汉方面又向宝鸡方面增派了五千名援兵。安思谦就对手下说："我方军粮太少，对方兵力又太强，这仗打不得，最好另想办法。"他的办法就是走为上，两天后，后蜀军队在未受到任何挫折的情况下撤军，返回兴元（今陕西汉中）。

得知蜀军真的来了，但又撤走了，王景崇又急又悔，只好再接连派人潜出城，将一份又一份求救信送到成都。蜀帝孟昶其实也对安思谦不满：我军又没打败仗，你凭什么撤回来？等看到王景崇的求救信，孟昶再次下旨给安思谦：不要再找借口磨洋工了，马上给我出兵北上救援凤翔！

安思谦心里老大不愿意，率军慢腾腾地离开兴元，进驻凤州，然后上疏宣称前方军粮不足，朝廷需要先向凤州运粮四十万斛，大军才能北上。

孟昶见到这份讨债鬼式的奏疏，非常气恼，对左右道："看安思谦这口气，哪里有为国家开疆拓土的样子？"短期内运送四十万斛军粮到前线的要求，孟昶做不到，硬要凑够这些粮食，估计那时王景崇的坟头草能长到一人高了。孟昶从兴州（今陕西略阳）、兴元等地先调了数万斛粮食，送往前方，并再次催促安思谦：不要再拖了！

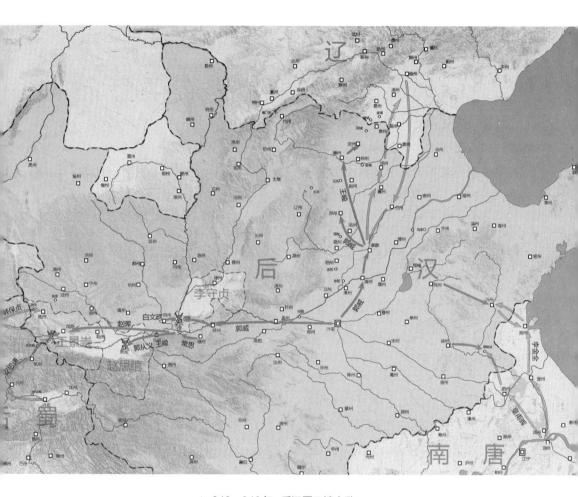

▲ 948—949年，后汉平三镇之乱

安思谦只得奉诏进军，于十二月十四日进驻大散关，随后进攻后汉军队驻扎的前方据点，旗开得胜，攻陷箭筈安都寨（今陕西千阳县南）。十二月十六日，安思谦又在宝鸡之南的玉女潭击败赵晖。赵晖退守宝鸡，安思谦进驻宝鸡西南的模壁，保持对汉军的压力。

与此同时，后蜀西路军韩保贞也从秦州出发，进至陇州城外。尽管后汉军队坚守不出，韩保贞也停下来没有进攻，但赵晖全力应对安思谦都不一定能胜，如果韩保贞或王景崇的行动再积极一些，后汉军队可能就要在凤翔这个分战场崩溃。赵晖急忙向郭威求救，郭威得知西线告急，也不敢怠慢，忙从河中的围城部队中抽出一部分兵力，亲自率领，增援赵晖。

出发之前，郭威对留下来继续围攻河中的白文珂、刘词二将说："只要能锁死叛军，使其无法突围，李守贞最终必然为我所擒。但万一让他们打破封锁，那我军就没有能力继续留在这里。成败的关键，就在于此。我一离开，叛军肯定会设法突围，你们要做好防备。"

言罢，郭威立即引兵西上，奔往凤翔。但他才走了不到三分之一的路程，就接到赵晖新的急报："蜀国军队已经撤退，不用增援了！"

## 郭威崛起

原来，安思谦虽然在孟昶的严令下勉强攻入后汉境内，却只在后汉境内停留了不到十天，就宣称军粮吃光，只能撤退。既然我要的粮，陛下您没给足，那大军缺粮不就是现成的不战理由吗？后蜀的南路军率先后撤，返回兴元。后蜀的西路军主将韩保贞，听说比自己能打的安思谦已经走了，不敢留在后汉境内，也急忙引军撤回后蜀。赵晖大概做梦都想不到：前几天看起来万分危险的战局，这么容易就得到逆转。自己什么都还没来得及做就赢了！

在那之后，安思谦自顾自回到成都，曾经对这位宠臣的将才寄予厚望的后蜀皇帝，憋住了心头怒火，没有发作。安大将军的地位至少在表面上仍然显赫（安思谦任左匡圣马步都指挥使，掌管着后蜀相当一部分驻京禁军，同时遥领山南西道节度使）。但他们在清除元老过程中共同创造出的战斗友情与君臣互信，已经荡然无存。

孟昶开始增加皇宫的护卫，安思谦马上想到：这不会是在防备自己吧？天子把我当成什么人啦？感觉失去主君信任的安大将军气恼难当，禁不住口出怨言。他想不出什么办法来挽回孟昶对他的信任，却把邪火发泄在手下身上，动不动就杀个人来立威。孟昶一次检点禁军名册，发现有不少精壮军士被无故斥退，便越过安思谦下令保留这些人的军职。隔一段时间再检查，竟发现这些人已经让安思谦另找了些不相干的罪名给杀了。

看来这个人是不能留了，虽然他曾经是自己最信任的人，曾经为自己立下大功。安思谦擅自班师的六年之后，孟昶伏力士于殿中，趁安思谦上朝的机会将其扑杀，又将他的几个儿子一并处死。后蜀国一个可能的隐患被清除，与此同时，后蜀诸将的档次又因安思谦之死下降到了一个新的低点。以后的后蜀军中，别说赵廷隐那个级别了，就连及得上安思谦的将领也不再有了。

回到正文。郭威一听到蜀军撤退的消息，立即掉头返回河中，不知何故，围城部队主要将领之一白文珂，竟离开河中前线，西上迎接郭威。李守贞等待已久的战机，终于到来了。

后汉乾祐二年（949）正月四日夜，李守贞派勇将王继勋、聂知遇率一千余名精锐悄悄出西门，沿黄河东岸向南，找到事先藏好的渡河工具，横越黄河，到达西岸一处绝壁之下。在这一路上，由于讨伐军中负责守卫烽火台与例行巡逻的士兵都喝醉了，竟然毫无察觉。

悬崖下的叛军在绝壁上挖出小坑，攀缘而上，悄无声息地出现在西关大营的南边。然后，叛军突然冲入大营，大声呐喊着大砍大杀，四处纵火，制造混乱，营中士兵一时间惊惶失措，乱作一团。

营中主将刘词处变不惊，故意做出一副胸有成竹的轻松表情，对身边人道："不过就是混进来几只小毊贼，用不着大惊小怪！"然后，他马上带身边卫士，杀向火光与混乱的最剧烈处。

大营的另一边，客省使阎晋卿对慌乱的将士大喊："叛军穿着的铠甲上都贴有黄纸，火光下很容易辩认，不难驱除，只可惜你们没有斗志！"经他这么一激，裨将李韬站出来喊道："身为军人，哪有无事时坐享君王俸禄，有事时就躲起来不敢拼命的道理！"话音未落，李韬已手持长矛，带头冲锋，在他的激励下，营中将士不再惊慌，都拿起武器，杀向叛军。

与此同时，李守贞的后续部队因为隔着黄河，没能及时增援。袭击西关大营的叛军寡不敌众，七百余人战死，王继勋负伤，和聂知遇一道抛下残兵，逃回东岸。李守贞精心策划的这次奇袭行动，就这样半途而废，宣告失败。

第二天，郭威回到大营，刘词前往马前请罪。郭威下令对昨天晚上的有功人员给予重赏，并对刘词说："我最担心的就是这种事，昨天如果不是老兄你奋力死斗，差点让这些反贼笑话。不过，李守贞的伎俩也就如此，再玩不出什么大花样了！"

有了这次差点崩盘的教训，郭威开始抓军纪，下令："除了官方举行的犒赏宴会，军人一律禁止私下饮酒。"谁知禁令下达没几天，郭威有一个叫李审的心腹部下，就酒瘾难耐，躲着人悄悄灌了两杯。早点名时，郭威闻到酒气，决定来个杀一儆百："你是我的亲信，却带头违犯军令，我如果饶了你，还怎么号令别人？"言罢，郭威下令将李审斩首示众。

先施恩，后施威，赏得慷慨，罚得有据，而且先从严要求与自己亲近的人，通过这一系列操作，郭威在军队中的形象不仅没有因开始严抓军纪而下滑，反而更得军心。郭威做的这一切，为一年多后将要发生的大事，埋下了伏笔。

且说在后蜀帝孟昶收到王景崇、赵思绾的质子，决定出兵救援凤翔后不久，南唐皇帝李璟也收到了李守贞派人千辛万苦送来的求救信。南唐的谏议大夫查文徽与兵部侍郎魏岑，都认为这是一个难得的机会，应该出兵北上，呼应三镇叛军。这事要干好了，就算不能北定中原，也可以让中原四分五裂，一段时间内不再能威胁南唐。

听起来这战略好像没错。查文徽和魏岑都是因诗词文章写得好，成为文艺青年李璟的宠臣。他们在军事上比较外行，但李璟的军事才能也和两名宠臣不相上下，比较有共同语言，他们的建议李璟自然是高度重视的。

于是，李璟决定北伐。不过，真要打仗，李璟也有了一些经验教训，知道自己的文青朋友难当大任。他在南唐现有的将军中挑出李金全为北面行营招讨使，充当主帅，清淮节度使刘彦贞为副手，好朋友查文徽出任监军，魏岑出任沿淮巡检使，共同统领大军出海州（今江苏连云港），攻沂州（今山东临沂），救援李守贞。

李金全，吐谷浑人，是后晋朝时投奔南唐的中原叛将。此人原是李嗣源的仆从，因骁勇善战，屡从征伐，积功至安远节度使。但在担任节度使时，李金全的履历极其糟糕，他自己处理不了政务，就放纵心腹胡汉荣，任由他贪赃枉法，甚至草菅人命。到了石敬瑭当政时，胡汉荣把朝廷派来取代他的廉洁干臣贾仁沼毒死了。贾仁沼的儿子进京告御状，石敬瑭便召李金全入朝。胡汉荣担心保护伞一失，自己会不得好死，便夸大其词说大帅若入京，一定没有好下场。他煽动李金全造反，而后便投奔了南唐（其实以张彦泽的故事看，李金全当时如果奉诏入京，对藩镇宽厚的石敬瑭应该不会拿他怎么样）。至此，在前吴名将凋零殆尽的南唐，李金全就成了比较拿得出手的将军。

可这位拿得出手的将军，知道南唐与中原的军力对比，对李璟和他那些文青朋友的"雄图伟略"，毫无共鸣。李金全在接到诏令后，竟忍不住出言讥笑说："攻沂州救河中？诸公知道沂州距离河中有多远吗？居然想得出这种馊主意！这个计划肯定行不通，只会无端给国家找麻烦！"

一个完全不想打仗的人担任主帅，这仗会打成什么样？乾祐元年（948）十一月，南唐北伐军缓缓越过国界，进入沂州境内，李金全当然不着急进攻，而是进到一条小河边，停下扎营，与众将聚餐。正吃吃喝喝，有斥候来报："小河北岸出现数百名汉军，都是些老弱残兵！"

南唐军众将一听，来了精神，纷纷请战。李金全不为所动，下令："有敢擅自说什么过河交战的，斩！"大家一听，只得坚守不出。

让李金全猜中了，那几百名后汉军队确实是被派来当诱饵的。到了黄昏时分，汉军伏兵见唐军不上当，纷纷出现在小河北岸，战鼓之声传出十余里。李金全不无得意地对手下众将说："瞧瞧，刚才要让你们过去，你们还能站在这儿喘气吗？"

乘着自己的先见之明被证实，李金全肆无忌惮地宣扬失败主义论调：我方士气低落，人皆厌战，河中又远在千里之外，这种仗怎么能打？做足铺垫后，李金全不战而退，率全军退回海州。南唐对李守贞的第一次救援，就这样毫无成效地结束。李金全回去后还上疏（大概是胡汉荣写的）："至少我把军队都带回来了，没让他们死在北边，这也是一项功劳啊！"

不知在看到李金全奏疏的那一刻，李璟是何心情。但生气也不是办法，人家一句"你行你上"就能让南唐天子没了脾气。李璟决定试试外交手段，致书后汉皇帝刘承祐，请求恢复两国的友好邦交，并建议赦免李守贞。

赦免李守贞？我中原大国的事，轮得到你这个江南小邦的人来插嘴吗？后汉朝廷决定对南唐的国书不予理睬。

李璟很没面子，没有武力做后盾，嘴皮子的效能一般都是很有限的。南唐方面决定再度进行北伐试探，不过这次换了个将军，还是从北方来的，就是那位曾在中原掀起过滔天巨浪，干倒了李存勖的皇甫晖，受命率军一万人北上，招安淮北。

皇甫晖最初的行动比较顺利，由于后汉朝廷对原先反辽的民间武装采取了卸磨杀驴的模式，淮北很多民间武装把投靠南唐看作一条不错的生路。出身反辽义兵的蒙城（今安徽蒙城）守将咸师朗和其部将孙朗、曹进、申屠令坚等人，主动联络皇甫晖，欲率所部数千人马投唐。

皇甫晖北上接应咸师朗。南唐军队在峒峿镇（今江苏宿迁北）遇到后汉将军成德钦的拦截，小受挫折，损兵数百，但还是成功地将咸师朗等淮北义兵接到了南唐。而后，李璟以咸师朗部为奉节都，编入南唐正规军。

南唐军队的第二次北上，不能算失败，但规模很小，很快南撤，对于缓解李守贞的燃眉之急毫无用处。到了这个时候，真正有足够武力，还有可能拯救李守贞的，就只剩下李守贞的上一任大东家辽帝国了。那么，辽国皇帝究竟收到了李守贞的求救信没有？契丹军队会不会像当年扶植石敬瑭那样，充当李守贞的天使投资人呢？

从《辽史》记载来看，耶律阮没有见到李守贞派去的求救密使（可能这些人都在半途被抓了），但对中原发生的新变故还是清楚的，因为南唐中主李璟派了使者从海路来到辽国，相约与辽军南北夹击后汉。耶律阮也确实觉得这是一个值得考虑的好建议，但在南征攘外之前，他得先在辽国把安内的事干完。

就在李守贞奇袭西关的当月，辽国国内又一起谋反大案被"破获"。据说，皇舅兼驸马萧翰，虽已被软禁，仍贼心不死，与妻子耶律阿不里（耶律阮的亲妹妹）密谋，欲勾结皇叔祖耶律安端再一次联手谋反。但天知道怎么回事，萧翰夫妇的谋反密信没送到耶律安端那里，却又一次落到了耶律阮手下负责清洗工作的重臣耶律屋质手中。证据已经确凿，萧翰随即被处死，公主阿不里被捕后不久也死于狱中。只有老资格的耶律安端以"不知情"为由，再次逃过一劫。可能耶律阮不想波及太广，毕竟小爷爷是族中长辈，也上年纪了，没必要下手太狠。

如此一来，辽国方面接到三镇告急的时间本就晚一些，接到南唐的书信后，也没有把救援李守贞当作优先的国政处理，这几番耽搁下来，李守贞可等不及了。乾祐二年（949）四月，河中存粮基本告罄，城中平民已大量饿死，士兵也忍饥挨饿，即将崩溃，李守贞无法再坚守，只好乘着士兵还剩一口气，出城一搏，拼死求生。

四月三十日，李守贞挑选出五千名精兵，携带长梯猛攻夹城的西北角，想从这里打开一个缺口。但经过长期围困，叛军的士气和力量都已是强弩之末，郭威一面坚守夹城，一面派兵从侧面横击，李守贞大败回城，攻城的长梯也全部丢弃。

五月三日，李守贞再次突围，又遭大败，部将魏延朗、郑宾等被俘。

五月九日，最得李守贞器重的大将王继勋，认定李守贞大势已去，便与将军聂知遇、周光逊等人率部众一千余人出城投降。随后，悄悄出城投降的叛军接二连三。

连王继勋都降了，郭威觉得李守贞部众离崩溃不远了。五月十七日，郭威督促各路军队对河中城发起总攻。谁知到了这个时候，李守贞依然表现出了惊人的韧性，亲自上城指挥防守。可能不坚定的人都走了，剩下的都是"死忠"吧，叛军抵抗极为顽强。讨伐军百般攻打，损失不小，竟仍未能破城。

攻城不利，郭威只得暂停强攻，继续围困，反正时间并不站在李守贞一边，没有粮食，你们就算吃人肉，又能撑得了几天？

在河中被围的最后两个月，李守贞他们是靠吃什么熬过去的，史书没说。不过，在叛乱三镇中最弱小的赵思绾，确凿无疑地在长安吃人了。

更可怕的是，赵思绾吃人的开端，竟然不是因为饥饿，而是出于对"美食"的追求。赵思绾认为，人肝，特别是新鲜的人肝，是最能让他舌尖回味的美味，在占据长安期间，赵思绾常常抓人下厨，将被害人活着剖开肚子，取出人肝，当面切成细丝。据说在赵思绾尝到新鲜人肝时，痛苦万分的被害者往往还没有断气。除了人肝，赵思绾还喜欢生吞人胆，据他宣扬，人胆有非凡的滋补作用："吃活人胆一千个，就天下无敌了！"

实践并不支持赵思绾的理论。随着长安被围的日子一天天增长，赵思绾距离"天下无敌"的目标不但没有接近，反而越来越远了。城中存粮耗尽，赵思绾就学习当年的秦宗权，把吃人的个人嗜好推广至全军，全城搜捕妇女、儿童充当军粮，举行一次犒军宴席，竟宰杀了数百人。

别看赵思绾在杀人、吃人时那样凶神恶煞，不可一世，但他其实很怕死，内心已非常恐惧，吃过人肉大餐后，最害怕自己有朝一日也变成别人的盘中餐。而且按现在的战况估计，那一天可能不会太久了。怎么办？

这时，当过赵思绾的老东家，此时在长安城中退休养老的左骁卫上将军李肃，看穿了昔日家仆的内心，乘机游说："你与朝廷本无仇无怨，仅仅是因为担心自身安危才产生的误会。现在国家同时用兵于三镇，打得都不太顺利，如果你能在此时幡然悔悟，带头归降，朝廷必然大喜。为了给另外两镇做榜样，不但能给你免罪，也不会让你失去富贵。这么做，不比困在长安城中等死强多了吗？"

赵思绾一听：对啊，就这么办！于是，三镇中第一个造反并煽动李守贞起事的混世魔王赵思绾，眼见李守贞不行了，又第一个举起白旗，向后汉朝廷请降。

后汉朝廷果然没有在第一时间要赵思绾的命，而是任命他为镇国留后，赵思绾的副手常彦卿为虢州（今河南灵宝）刺史，要他们尽快离开长安，前往华州和虢州上任。七月三日，赵思绾正式出城，向讨伐军将领郭从义、王峻投降。郭从义等进驻长安南门，允许赵思绾回城收拾行装。

谁知回城之后，赵思绾不肯马上离开长安，再三请求推迟出发的日期。至于原因，一般认为赵思绾在长安搜刮的财物太多，一时没有足够的车辆马匹运走。但郭从义不这么看，上次赵思绾可怜巴巴地请求进长安就没干好事，这次说不定也有阴谋。郭从义密报郭威，建议对赵思绾采取行动。

七月十一日，郭从义、王峻以欢送赵思绾上任华州的名义，邀请赵思绾、常彦卿等赴宴。就在宴席上将赵、常二人生擒，连同他们的父、兄及死党三百余人全部处决。

在赵思绾罪有应得的两天之后，郭威再一次对河中城发起猛攻。被饿了两个月，更加虚弱的李守贞叛军无法坚守整座河中城，只得收缩残兵，退保内城。诸将请求一鼓作气，攻下内城，打完这一仗。但郭威为了减少伤亡，很有耐心，他说："小鸟被逼到绝境都会啄人，何况里边还是一支军队呢？现在就好比在干涸的河床里抓鱼，鱼是肯定跑不掉的，我们何必着急？"

郭威不急，李守贞又苟延残喘了八天。七月二十一日，李守贞终于彻底绝望了，不再相信总伦和尚给他画的大饼，但他没有把罪责都推给总伦，杀了他泄愤，只是决定全家自焚。李守贞是个体面人，还是自己"体面"的好，不要为了多活几天去"享受"张彦泽、杜重威那样的死法。

但不愿跟李守贞一起"体面"的家人还是不少的。当李守贞叫上全家进屋准备点火时，发现有几个儿子、女儿和相士说过会"母仪天下"的儿媳符氏都不见了。他们不想死，那就算了，我们先走吧！在生命的最后一刻，李守贞显得很大度，也许这就是人之将死，其言也善。大火燃起，曾经的英雄、如今的叛贼和他一生的功罪，都随着烈焰化为四散的飞灰……

李守贞一丧命，他的手下再也没有抵抗的理由，郭威的军队没有受到阻碍，顺利攻入内城。进入大堂，士兵见到一个身着正装、正襟危坐的美丽少妇。她便是李守贞的儿媳符氏，刚才藏起来躲过了丈夫李崇训的索命，等公公一家自焚才走出来，不慌不忙地对着冲进来的士兵喝道："我是魏国公（即符彦卿，有史书记为'魏王'，但实际上此时距离符彦卿受封魏王还有六年）的女儿，我父与你们的郭大帅是老朋友，你们不可对我无礼！"

这女人是有靠山的，不能惹。士兵赶紧向郭威报告，郭威咄咄称奇，大难来临之时如此沉着有主见，不愧是将门之女。而且，符彦卿也是一个值得交好的军界元老，郭威当即决定收符氏为义女，等战事平息，再送她回父母家。被预言要"母仪天下"的女子就这样逃过一劫，不过不知道将来让这个预言应验的关键人物，此刻是否在河中看到这一幕。

除了符家女，其余不想陪李守贞一起死的人就没这好运气了。李守贞任命的国师总伦和尚，宰相靖祎、孙愿，枢密使刘芮等失败的"开国元勋"，以及李守贞的三个儿子、两个女儿，统统被俘虏。之后，这些人（可能不包括两个女儿）被押送开封，以正式刑律中最残酷的磔刑处死。

在内城，郭威还发现了大量文件，原来有许多朝中大臣和藩镇节帅，都在暗中与李守贞有联系，假如李守贞在内战中占了上风，那么这些人估计早已倒戈投效新主。郭威吃惊之余，考虑是不是应该将这些文件上报朝廷，那样的话，一场大清洗可能在所难免。

这时，秘书郎王溥劝告说："魑魅魍魉遇到黑夜，总是争相而出，但一见到阳光，马上就会消失得干干净净。这些秘密文件，还是一把火烧掉最好，让那些有过二心的人安心，免得再出乱子。"于是，郭威采纳了王溥的建议，将刘秀、曹操都干过的事又干了一遍。当然，郭威与刘、曹两位前辈多少有点不一样，他此时还不是后汉朝的一把手，擅自销毁反叛文件，有越权之嫌。郭威这一手，不知又让多少原本提心吊胆的重臣大佬，在暗中对他感恩戴德：郭枢密真是厚道的好人啊！

他们可能都没想到，接下来，郭威还会将自己的"好人"人设进一步发扬光大。赵思绾投降、李守贞覆灭后，三镇叛军大势已去，困守凤翔的王景崇残部已构不成太大威胁，有赵晖对付就足够了。郭威班师回朝。

八月十七日，郭威大军胜利回京，进宫报捷。天子刘承祐慰问辛劳，当即重赏了郭威，赐物有金帛、衣袍、玉带、鞍马等。郭威高风亮节地推辞道："臣受命出征，历时一年，仅克一城，有何功劳可言？倒是在大军出征期间，京城治安稳如泰山，供应前方的军需从无短缺，这都是朝中诸位大臣处置得力，臣怎么敢单独领赏呢？"

郭威一番推让，使人人有赏，朝中皆大欢喜。谁知新的奖励方案刚推出，郭威又谦让说："杨邠资历名位一向在臣之上，却未能兼任节度使（郭威为枢密使兼天雄节度使），史弘肇的功绩也超过臣，他虽领节度使，却又不能在宫内办公。如果臣得到的赏赐超过他们，实在不公平。"

于是，后汉朝廷更新一版奖励方案出台：朝廷九大重臣（宰相苏逢吉、窦贞固、苏禹珪，枢密使杨邠、郭威，宣徽使王峻、吴虔裕，三司使王章，侍卫马步军都指挥使史弘肇）全部荣获一等奖。朝中上下，人人拿钱领赏，个个加官晋爵。

不过不管怎么说，郭威是平叛的第一功臣，是不是该在众人之外单独给他设个奖项啊？刘承祐刚把这个想法提出来，郭威又推辞了："运筹帷幄，决胜千里，那是朝廷决断的英明；调兵遣将，供应不缺，离不了各地藩镇的积极配合；搏命沙场，克敌立功，全赖将士的忠勇报国。明明是大家一起努力平定了贼寇，却把功劳归于臣一个人，臣如何能够承当？"

于是，后汉朝廷对平叛的奖励再次扩大，天下各藩镇只要没参与叛乱的，都沾了郭威的光，全部"立功"受赏，甚至那些向后汉称臣，但实质上独立的地方势力，如吴越土钱弘俶、楚王马希广、南平王高保融、定难节度使李彝殷等，都加授了新官职。当时就有人觉得这事做得有点不对头，评价说："郭威不肯独揽功劳，而推恩给别人，固然是一件美事。但国家财富、官职、爵位都是有限的，仅仅因为一个人的功劳而赏遍天下，是不是过滥？"

说这话的人，估计不知道冯道此前与郭威见面时给他的建议。"不要吝惜国家的钱财"，郭威果然是大手笔，用国家的钱、国家的官，为自己收买了天下的人心。在这次出兵讨伐三镇叛乱之前，郭威仗着是刘知远的心腹，成为后汉的辅政大臣之一，但其实他的功绩、声望都很低微，在天下众多的军方大佬、藩镇节帅看来，郭威不过是一个突然冒出来的政坛暴发户，在军队中也没有多少影响力。但到了平定李守贞之后，郭威已经用情商爆表的一系列操作，让自己变成了后汉军界最得人心的统帅，从朝廷到藩镇中人人称颂的忠厚长者。

得到了天下的将士之心、官吏之心，也就为郭威在一年多后，下一轮改朝换代的大洗牌中胜出，奠定了坚实的基础。随着郭威胜出，历尽苦难的中原大地，总算迎来了三位难得的英明君主相继执政，配合着大势的演变，终于让血染神州的五代乱世，迈过了最漆黑的长夜，看到了新时代的曙光。这些才是在下在前文中说的后汉三镇之乱对后世影响深远的原因。

第九章

后周开国

刘知远　李三娘　冯道　郭威

# 钩心斗角

就在后汉朝廷遍赏天下之际，支援三镇叛乱的辽国大军，才在辽国皇帝耶律阮的亲自统率下，姗姗来迟，攻入后汉。虽然来晚了，但在失去了燕云之后，一望无际的河北大平原上非常适合辽国骑兵炫耀马力。他们轻轻松松便攻入后汉腹地数百里，沿途的后汉边防军队不敢与其野战，只能将兵力收缩进城池，据城而守。辽军则直接绕过大部分坚固的城池，大军南下，围攻贝州，前锋直抵邺都（魏州，今河北大名）北境，一路上烧杀抢掠"打草谷"。

又有仗要打了，既然郭威带兵大家都说好，那讨伐大军也不用解散重编，仍由郭威统率，稍事休息后北上迎敌吧。十月二十日，郭威大军离开开封，向北进发，眼看就要在辽国大军的身上检验一下自己的名将成色。谁知到十一月初，耶律阮刚得知后汉大军渡过黄河，就率领辽军掉转马头北还了，依靠辽军都是四条腿的速度优势，两军主力根本没有发生接触的机会。

郭威进至邺都，辽军已经跑没影了。郭威继续北进到邢州，同时派王峻率前锋进至镇州、定州，都没有追上，辽军已全部退回了辽国境内。史书没有记载此次辽军不战而退的原因。可能是契丹人的情报工作没跟上，进入后汉才知道李守贞已经完蛋，至少在短期内找不到合适的"儿皇帝"人选，失掉了取胜的信心。不过，辽军在这一次南征行动中抢了不少东西，还袭杀了后汉的深州刺史史万山，从战果上看只赚不赔。但如果从后汉方面看，很像是郭威不战而屈人之兵，虽然没有斩获，可一出师即吓退辽军，也是值得夸耀的战绩，进一步抬高了郭威的声望。

郭威逼退辽军后，三镇之乱也终于接近尾声。十二月二十三日，面对赵晖越来越猛烈的攻势，困守凤翔的王景崇召集部将周璨、公孙辇、张思练说："形势已到最后关头，我们只能拼死一搏了！据我观察，赵晖的精兵大多集中于城北，明天五更，公孙辇、张思练两位将军纵火烧东门，假意投降，吸引他们的注意力，但不要让他们入城。我与周璨率牙兵出北六奇袭敌营，即令战死，也好过坐以待毙！"

十二月二十四日天亮之前，公孙辇、张思练二将依计行事，点燃城门，宣称投降。谁知传来消息，节度使衙门也燃起了大火。二将很吃惊，急忙派人回去探视，却是王景崇根本没有出城奇袭，而是学习先走一步的李守贞，和家人一道自焚而亡了。原本说好的假投降，变成了真投降，周璨也跟着一道降了。三镇之乱正式结束。

转过年（后汉乾祐三年，950年），三月九日，是后汉天子刘承祐的生日——嘉庆节，后汉一大批藩镇节帅，包括邺都留守高行周、天平节度使慕容彦超、泰宁节度使符彦卿、昭义节度使常思、安远节度使杨信、安国节度使薛怀让、成德节度使武行德、彰德节度使郭谨、保大留后王饶、永安节度使折从阮（折从阮即折从远，避刘知远讳改的名）等，奉命入京朝见，向十九岁的皇帝祝寿。

且不说那时契丹骑兵还时不时骚扰北境，后蜀与南唐的威胁也没有完全消失，边防压力还很大，各镇节帅按理不该轻易离开驻地。就算是天下太平了，在当时糟糕的交通和通信条件下，把这么多地方大员同时召到京城，也绝不是一件轻松的小事。不过就是开一次生日宴会，用得着如此兴师动众吗？当然没那么简单，后汉朝廷将国家主要的节度使一起叫来，可不只是为了在皇帝的生日宴会上人多显热闹，而是要乘机给这些护卫国家的藩臣，同时也是潜在的谋反者，批量调动工作，防止他们在一个地方的任期久了，盘根错结，形成地方势力。

等十九岁大男孩儿的生日过完，进京的各位藩镇节帅也各自接到了新的委任状：高行周由邺都调任天平，符彦卿由泰宁调任平卢，慕容彦超由天平调任泰宁，折从阮由永安调任威胜，杨信由安远调任保大，刘词由镇国调任安国，王令温由永清调任安远。

在这一系列调动中，最令人关注的还不是高行周、符彦卿这两位当时的大节帅，而是不太著名的原保大留后王饶，调到河中，接替了造反丧命的李守贞，担任护国节度使。

王饶，庆州华池（今甘肃华池县东南）人，早年追随石敬瑭，在平定安重荣、安从进的叛乱中立下战功，当上深州刺史。后来在契丹人北归之际，王饶又参加李荣、何福进的恒州起义，以此功劳，被刘知远任命为保大留后。可在三镇叛乱期间，王饶差点站错了队。他大概觉得李守贞很可能成功，因此暗中与之勾结，准备时机成熟就起兵响应。只不过直到李守贞自焚，"时机成熟"这个条件一直没有出现过，王饶就勉勉强强保持了对后汉的忠诚。前文提过，在三镇叛乱之初，暗中与李守贞勾结的人其实不少，证据也让郭威销毁了，但王饶参加叛乱的准备工作做得有点明显，弄得尽人皆知，因此人人都判断王饶此次入京，肯定没有好果子吃。

谁知王饶有备而来，大力贿赂当朝武臣之首的史弘肇。史弘肇又一次见钱眼开，一高兴，王饶就同侯益前辈一样，不但没有受到任何惩罚，依旧是一方节帅，而且管辖的藩镇由保大移到了富庶的河中，职称也由代理性质的留后，变成了正儿八经的节度使。等正式的调令一发下来，举朝震惊，其中最感到愤慨难平的还不是群臣，而是群臣理论上的大领导皇帝刘承祐：这帮老家伙，当面抵制甚至驳斥自己的要求时，是那样道貌岸然，原来背过身以权谋私时，也能如此不要脸皮。

原先，太后李三娘有一个老朋友，想给儿子弄一个军官的职位，刘承祐打招呼让安排一下，一不小心让史弘肇知道了，他立即勃然大怒："将士的官职都是在战场上拼死搏杀用命换来的，岂能让闲人滥竽充数！"不同意就不同意吧，将人免职够可以了吧？可史弘肇竟下令将太后老友的儿子处死，杀一儆百。

李太后有一个最小的弟弟，名叫李业，深得姐姐和姐夫的信任与宠爱，刘知远在世时就常让他管理皇家内帑。正好碰上吴虔裕出镇郑州，宣徽北院使（职能近似大内总管）的位子空了出来，李业很想得到这个官职，就找姐姐和外甥说情，希望由自己顶替。皇帝和太后都同意了，但杨邠和史弘肇不同意，义正词严地提出，内廷官员的任命要论资排辈按顺序来，不能因为某人是外戚，就破坏规矩。两辅臣的大道理堂堂正正，皇帝和太后败下阵来，李业升职的事就没影儿了。

论资排辈轮不到李业，那该轮到谁呢？真按杨、史二人口中的规则算，接下来升任宣徽北院使的人，应该是内客省使阎晋卿。阎晋卿出身忻州富豪，刘知远坐镇太原时前往投靠，颇得信任，不久前，他还在平定李守贞的叛乱中立下了功劳，说什么也该让人家上了吧？谁知杨邠、史弘肇宁可让宣徽北院使的官职空着，也不安排阎晋卿去替补。原因嘛，往好处想可能是朝廷名器宁缺勿滥，即便有职无人，也不可所任非人；但看看侯益、王饶的事迹，还能往好处想吗？

刘承祐既然当上了皇帝，是理论上的天下第一人了，身边自然会有几个主动靠上来的谄媚宠臣，如枢密承旨聂文进、飞龙使后匡赞、翰林茶酒使郭允明等。但围绕着少年天子施展了一段时间的拍马工作后，聂文进等人才发现：敢情咱们这大汉朝的天下，不是皇帝说了算！史弘肇、杨邠、王章、郭威、苏逢吉那些先帝时代的老臣才是真正的大佬，他们不点头，聂文进等人就别想升官。

不过在这批老臣中，有一个人暂时不再是他们的阻力。辽国大军去年的南犯虽然被逼退了，但之后小规模的进犯仍时有发生，后汉朝廷不堪其扰，决定派出一个重臣长期坐镇邺都，督率北方各军抵抗契丹。此时看起来最适合担当这一重任的，非郭威莫属。谁让去年辽军见你就跑呢？

让郭威去，大家都同意，没有异议，但让郭威以什么样的身份去，却在几位大佬中产生了争议。史弘肇的意见是：郭威除担任邺都留守、天雄节度使外，枢密使的职务也应该保留。他的对头苏逢吉认为不妥：身在中央的大臣，遥领地方是可以的，但怎么能让身在地方的大臣遥领中央呢？像吴虔裕去郑州，马上解除了宣徽使。头指挥手才是常理，岂能让手指挥头？不能为了郭威一个人开启这样的先例。史弘肇大怒：让郭威去邺都又不是当一个普通的节度使，他是要统一指挥北方各藩镇军队，对抗契丹，如果不兼任枢密使，哪有足够的权威让其他藩镇听令？

杀人不眨眼的武夫发起脾气来，那是很恐怖的。虽然苏逢吉杀人也不少，但谁让你只是文官呢？这番争吵最后还是武臣一方获胜，战战兢兢的刘承祐全盘接受了史弘肇的建议，让郭威保持枢密使的职务出京，还给黄河以北的各藩镇下诏：各镇所有的武器、辎重、钱粮等物资，但凡郭威征用，你们都必须服从他的命令，火速送到，否则就是抗旨。

辅臣间的嫌隙也需要弥合一下吧？四月十六日，宰相中的老好人窦贞固，决定出面当一回和事佬，在家宴请朝中各重臣：过去有什么矛盾、误会，都让它们过去吧，朝廷还是要团结。但不是每个人都那么好说话。

宴席上，史弘肇举起大杯一面向老兄弟郭威敬酒，一面指桑骂槐挑衅道："昨天的朝会上，有些家伙硬要唱反调，非要解除老弟你的枢密使，与哥哥喝了这杯酒，别把他们当回事！"

苏逢吉一听，这来者不善啊，也举起酒杯敬郭威："既然是国家大事，就应该允许大家充分讨论，即便有不同意见，出发点也都是为了国家好，事情既已决定，过去的事就不要挂在心上了。"

这时，出现了让史弘肇不满的事：杨邠竟也附和苏逢吉，说什么过去的事就过去了，大家还是要同朝为官，一同为国家做事。仗着酒兴，史弘肇大声吼出一句五代名言："护国安邦，有长枪大剑就够了！哪用得着毛锥子（毛笔，代指文臣）那些废物！"这一下打击面太广了，在座的三司使王章天天算账也是要用笔的，你骂苏逢吉不能把我也带进来，他忍不住发言抗议："如果没有毛锥子，国家的钱粮赋税从何而来？"

站在一个月后回看四月十六日窦贞固府上的宴会，评语大概是"安详平和"，因为当朝诸公虽然坦诚地交换了意见，但至少动口不动手，离开窦府时，这些人仅仅是吼得脸红脖子粗，一个也没有挂彩。能在斗殴的悬崖边踩住刹车，也许是史弘肇多少要给他口中的老弟郭威一点儿面子吧？

四月二十五日，根据刘承祐的诏书（是不是刘承祐的本意不太好说），任命原左监门卫将军郭荣为天雄牙内都指挥使兼贵州（今广西贵港）刺史。所谓郭荣，其实是郭威之妻柴夫人兄弟柴守礼的儿子，原名叫柴荣（柴荣这个原名，在历史上的知名度远远高于他后来的名字，本文依照朱温、李嗣源等人的先例，今后都用柴荣这个名字）。

郭威成婚略晚（二十二岁，以当时的观念算晚婚），婚后很长时间无子，柴夫人便将她最喜欢的侄儿从兄弟那里要来，过继给郭威当养子。与少时无赖，喜欢喝酒、赌博、打架的郭威不同，柴荣自小就是个谨慎敦厚的模范儿童，过继到郭家的最初那些日子，因为养父常常在赌场上把当时很微薄的薪水输个精光，少年老成的柴荣开始走南闯北做些小生意，赚钱来补贴家用。有时都说不清楚他和养父究竟是谁在养谁。因此，郭威非常喜欢这个养子，后来高升了，也有了亲生儿子，但对柴荣始终高看一眼，将他引入军中充当自己的左右手。现在，任命柴荣为邺都牙兵的最高指挥官，陪养父一起去上任，可能出自郭威的请求或杨邠、史弘肇对老兄弟的照顾。

做完各项准备工作，郭威就要离开京城前往邺都了。出发前，郭威向刘承祐辞行，一番投桃报李的陈奏再次展示了晚年郭威的高情商，宫中朝中一个大佬都不得罪，隐隐有些诸葛武侯《出师表》之遗风：

"太后跟随先帝多年，经历过无数大风大浪，见识广博。陛下您虽年富力强，但还在积累治国经验，如果遇上拿不定主意的事，最好先禀告太后，照她的意见行事，一定不会出错。平时陛下要多亲近忠诚正直的君子，远离奸佞邪恶的小人，善恶之间，要谨慎分别。如苏逢吉、杨邠、史弘肇，都是先帝留下的旧部，尽忠报国的贤臣，愿陛下对他们推心置腹，委以重任，国家必无危险。至于沙场征战的事，老臣一定会竭尽驽钝之力，不辜负陛下的重托。"

平心而论，郭威这一席话，除了吹捧苏逢吉、杨邠、史弘肇都是尽忠报国的贤良那句，都很正确。虽然不正确的那部分才是整段话的重点，才是绝不能落下的关键。刘承祐会怎么想呢？这不还是把我当成小孩子教育吗？但后汉天子没有表现出不快，保持着一脸庄严，恭恭敬敬地接受了郭威的谏言，朝堂上下一派君明臣贤的和谐景象。就这样，郭威离开钩心斗角的京城是非地，踏上前往邺都的路途。此时可能谁也想不到，仅仅几个月后，郭威将再次回到京城，而眼前的一切和谐都将不复存在。

五月十六日，郭威口中尽忠报国的贤良又聚到三司使王章的府上，举行盛大的酒宴。酒喝到七八分醉时，不知谁提议大家划拳行令，以祝酒兴。划拳似乎是一种普遍的娱乐项目，但史弘肇这个大老粗竟然不会，内客省使阎晋卿正想与史弘肇攀攀交情，好解决自己不得升迁的问题，就主动靠过来，向史弘肇解释划拳行令的游戏方法。

这时，苏逢吉不知出于什么动机，凑过来开了一句"轻松"的玩笑："有阎家人在身旁，史公还担心被罚酒吗？"万没想到史弘肇的妻子也姓阎，年轻时做过陪酒的娼妓。苏逢吉言者无心，史弘肇听者有意，当时便认定苏逢吉在讥笑自己，瞬间翻脸，指着苏逢吉破口大骂。苏逢吉不敢还嘴，只得沉默不语，可史弘肇越骂越上头，抡起不擅划拳的拳头，就要来一拨擅长的打拳。众人赶紧上前拦阻劝架，苏逢吉乘机转身逃走。

史弘肇暴怒，抽出剑就要追上去杀人。杨邠急哭了，紧紧抓着史弘肇的衣襟苦劝："苏公是当朝司空，你若是一言不合便害了他的性命，把天子置于何地？老哥要好好想清楚啊！"史弘肇怒气不止，上马赌气而去，杨邠怕他再犯浑，策马赶上，与史弘肇并骑而行，将他送回家才离去。

这一天之后，后汉朝廷的文官与武臣，尤其是苏逢吉与史弘肇之间，仇深似海，水火不容，进入高强度的冷战状态。当然，对峙双方的实力并不对等，史弘肇自恃勇力过人，又兵权在握，自然是天不怕地不怕。苏逢吉则成天担惊受怕，他虽然与史弘肇一样喜欢杀人，可并不喜欢被杀。

刘承祐让王峻出面，帮二人和解，但遇上一向蛮不讲理的史大将军，自然什么用也没有。苏逢吉开始活动，想离开中央，外放当个节度使，以躲避史弘肇这个天煞星。但仔细想想，苏逢吉又放弃了这个念头，后汉不同于晚唐，节度使这个职务的自卫功能大大降低，一味躲避是躲不开的："我要是离开朝廷，史弘肇只需一纸便条，就能让我粉身碎骨！"

既然正面对抗不利，抽身躲避也不行，那该如何是好？当然是发挥自己的强项，使用借刀杀人的阴招了。以史弘肇的臭脾气，得罪的人那么多，要找一把能杀他的刀，难度真不算大。苏逢吉敏锐地挑选了一个最合适的切入点——太后的弟弟李业。

李业正因为仕途被压制，对杨邠、史弘肇充满怨气，苏逢吉就非常贴心地找他聊天，对他受到的委屈深表同情。一来二去，李业渐渐把苏逢吉视为知己，两人无话不谈。论智商，苏逢吉能够轻松碾压李业，将一个更激进的想法成功地移植给本已心怀不满的李业：继续让史弘肇那些人肆无忌惮，专横跋扈，威胁的可不仅仅是自己的进步空间，连姐姐和外甥都有可能被取代。

李业怎么想当然无足轻重，但可以将他的思想传播到姐姐和外甥那里。尤其是他的外甥，经验不足，又血气方刚，是很容易被煽动的。更何况史弘肇那帮人习惯性地不把少年天子和他的心腹放在眼里，正沿着作死的大道一路狂奔。苏逢吉让李业给他们传的话，太能激起他们的共鸣了！

只不过，与苏逢吉的想法不同，在刘承祐和他心腹小圈子的人看来，该死的人可远不止史弘肇一个，比如枢密使杨邠。

相比而言，杨邠的为人在几大辅臣中仅次于郭威，还是算相对正派，不像史弘肇那样见钱眼开。杨邠也会收受四方贿赂，但仿效前辈郭崇韬，常常一转手又将到手的贿赂上缴国库了，至于那些送钱人的游说请托，他一概不理（但他好像对于老朋友史弘肇的请求比较配合，要不也不会有侯益、王饶的事）。也就是说，他一般只拿钱不办事，非常招人恨。

更要命的是，由于自诩一心为国，杨邠行事作风强硬，屡次压制刘承祐提拔亲戚、心腹的请求，平时对这位少年天子也非常不礼貌。据说有一次，杨邠、史弘肇在刘承祐面前商议国事，后汉皇帝觉得以自己的身份，坐在上面实在是尴尬，忍不住开口："关于这件事，你们要研究仔细，不要留下什么破绽，让天下人说闲话。"谁知杨邠一张口就以长辈的身份教训之："臣等还在这里，陛下不张嘴也没人把您当哑巴！"刘承祐当时就下不了台，是可忍，孰不可忍，但刘承祐暂时忍了下来，只是把怨恨记下了。不是不报，时候未到！

除了刘承祐和他的心腹，杨邠还招来了另一个武夫的刻骨仇恨。前文说过，在三月间，后汉让原泰宁节度使符彦卿调任平卢，但没有提原来的平卢节度使干什么去了，那位被顶替的原平卢节度使，名叫刘铢。

刘铢，陕州人，是一个早在后梁年间就担任牙将的老军人，但历经梁、唐、晋三代，一直没怎么升迁，直到遇上刘知远。刘铢其人勇猛、狠毒、残忍好杀，只看性格就像是史弘肇失散的孪生兄弟。刘知远既然欣赏史弘肇，对于作风酷似史弘肇的刘铢自然也比较看重，将他提拔为亲军牙将。在后汉建国后，刘铢被任命为平卢节度使、使相，刘承祐即位，又加检校太师、兼侍中。

在平卢任上，刘铢做事仿佛史弘肇附体，一方面严刑峻法，横征暴敛，另一方面纪律严明，令行禁止。他治下的军吏、百姓，只要有过错，就会被从众从快地严厉惩罚。过错人常常被倒拖出数百步用刑，拖到用刑地点，常常体无完肤。别人打板子，都是一个行刑人打，刘铢偏要用两个行刑人，一左一右夹着受刑人一起打，还取了个名字叫"合欢杖"。同时，刘铢也比较能做事，平卢发生蝗灾，他严令全境捕杀蝗虫。全民动手，竟成功地在灾情初起之时将其扑灭，那一年平卢的庄稼未受到太大损害。

刘铢如此关心农业生产，是因为他清楚羊毛终究是长在羊身上的，帮助羊快长毛，才能让自己麻利地多剪毛。刘铢在平卢出台了土政策：秋苗一亩缴钱三千，夏苗一亩缴钱二千，催收严厉，苛政猛于虎。这本来也没什么大不了的，自后晋以来，有几个节度使不擅自给民间加税的？但刘铢加税所得的收入竟然没有纳入私囊，而是充作公用。这就太不正常了，刘铢不会是其志不在小，正为造反做准备吧？那就不能让他在平卢久待了，正好一大批节度使都受命入京，再加他一个刘铢，也不会引人注目吧？

于是朝廷派人召刘铢入京，刘铢起初不愿意离开平卢，但发现胳膊拧不过大腿之后，还是勉强入朝。离开青州（平卢总部，今山东益都）之前，刘铢还赌气把衙门库房里的食盐泼上大粪，将节度使府邸的井填了。一大把年纪的刘铢，干这种恶作剧，也不知他是要向朝廷泄愤，还是要恶心接任的符彦卿？反正符彦卿随后就把这些事迹上报朝廷，杨邠、史弘肇一听：这家伙分明就是对朝廷怀恨在心啊，那就不要给他安排新职，让他好好冷静冷静吧。

于是，别的节度使入京后，没过多久都到新的藩镇上任去了，唯独刘铢被留在了京城。旧职丢了，新职没影，只保留着荣誉虚衔混日子。但虚衔是没有权力的，没有权力就意味着不能再像当节度使那样一呼百应，也没有了收受贿赂和挪用公款的基本条件，只能靠朝廷发放的薪水过日子。雪上加霜的是，如今负责给朝廷官员发工资的三司使王章，又是出了名的"铁公鸡"。

王章虽然与史弘肇有过那次著名的争吵，但他同样是个职业歧视的坚定捍卫者，也认为国家最重要的就是军队，其次是以自己为首的财务系统，除此之外的公务员，就多是对国家毫无用处的闲人了。用王章自己的话来说，就是"手把手教他们打算盘，他们都不知道有什么用"。对这些无益于国的闲人有什么好客气的？所以给官员尤其是文官发薪，王章少发钱，多用军队挑剩下的陈粮旧布来充数，还故意把这些破烂的估价抬得很高，使少数老老实实靠俸禄过日子的部分官员叫苦不迭。

这一切，让暴脾气的刘铢出离愤怒：这么多节度使，凭什么单单针对我？难道以为我好欺负吗？恼怒之余，刘铢常常指着枢密院的方向破口大骂。光靠这种不痛不痒的远距离声波攻击，既不能对杨邠那些人造成什么实质性伤害，也不足以解恨。于是经过串联，刘铢也被李业拉入了反对杨邠、史弘肇的私密同盟，准备在动手之时充当打手。

少年天子与杨、史两位辅臣的关系在继续恶化。为父亲刘知远服的三年丧期刚刚结束，憋坏了的刘承祐召来伶人歌舞奏乐，放松一下心情。尽兴之后，皇帝大手一挥——赏。可能赏给伶人的锦袍、玉带是从禁军仓库里领的吧，所以他们又叩见禁军长官史弘肇致谢。史弘肇又一次勃然大怒："将士在边疆宿卫苦战，都还没得到赏赐，你们有什么功，也好意思领赏？"于是，皇帝说的不算，赏赐全抢回来，送回仓库。

伶人受点儿委屈倒不算什么，刘承祐最宠爱的妃子耿夫人得了病，少年皇帝想立她为皇后，说不定她一高兴，病就好了。但没等耿夫人高兴，杨邠先不高兴了：丧期才刚刚结束，您应该还处在对先帝的绵绵哀思之中，怎么就忙着立皇后了呢？传扬出去，我朝还怎么以孝治天下？所以不行。

没过多久，耿夫人去世，刘承祐深感内疚：不能让自己心爱的女人活着当上皇后，至少让她以皇后的身份下葬吧？杨邠再次一票否决：国家没这么多闲钱，不能铺张浪费！

好吧，你们这几个老东西，欺负我，欺负我舅，欺负我身边的每一个人，连我含恨死去的爱妃都不放过，这大汉的江山，究竟是谁家的天下？

## 乾祐之变

舅舅李业马上拿出苏逢吉提供的标准答案，再添油加醋地奉上："您再不当机立断，这天下就要彻底姓史、姓杨了！"刘承祐惊觉：说得对啊！他对辅政老臣的戒心猛增，越看越觉得这几个老家伙马上就要合谋篡位。一天夜里，彻夜难眠的刘承祐隐约听到远处传来铁器撞击的声音，马上脸色大变：难道造反已经发生了？其实，这只是京城的兵器作坊在连夜加班。但真相不重要，兵器作坊的扰民行为，只让他们的皇帝坚定了政变的决心：我要马上动手，绝地反击！

既然要动手给朝中来一次大清洗，那就有一个很重要的问题得先计划清楚：行动目标的范围究竟有多大，或者说杀到谁为止。

首先，史弘肇和杨邠这两名辅臣是首恶，肯定要除掉。其次，王章与杨邠交好，又肆无忌惮地克扣官员的薪水，杀他也是刘承祐心腹与广大文官的呼声。接下来，如果成功地杀掉这三人，那他们的心腹以及与他们关系密切的人恐怕也不能留，否则会有后患。

都有谁呢？经过刘承祐及其密谋集团一番商议，发现这个名单就如格林童话中杰克种下的那粒豌豆，短短的时间，四散的枝叶已越来越长，覆盖的范围越来越广。值得注意的是，有三个被牵连入内的重要目标目前不在京城，不可能在第一时间内解决。

其一，四大辅臣之一，枢密院里的另一个枢密使郭威。郭威不同于史、杨，在朝中的名声很不错，但他与杨邠、史弘肇的私交都很深，现在又统领大兵在外，如果听说杨、史二人被杀，谁能担保他不生二心？

其二，史弘肇的副手，侍卫步军都指挥使王殷。此人曾深受史弘肇器重与提拔，现在统军驻扎于澶州，作为郭威大军的后盾。史弘肇若除，这个人恐怕也不再可靠，对他该怎么处置？

其三，宣徽使王峻。他此时正在郭威军中担任监军。但平定三镇之乱以后，王峻看起来变成了郭威的拥趸，与郭威相处极融洽，根本起不到监督的作用。如果要除郭威，王峻能不能留？

年轻气盛的刘承祐有些不耐烦了：既然都是些危险分子或潜在危险分子，那统统杀掉不就没危险了！朕要当真正的天子，还能前怕狼后怕虎，犹犹豫豫一件事也办不好？在京城的乱党就在京城内诛杀，不在京城的乱党就派使臣携密诏斩于当地，看还有谁敢不服？

这方案听起来好有英雄气概，刘承祐的心腹李业、聂文进、后匡赞、郭允明等人没觉得有什么不妥。随后，刘承祐入后宫，将计划告知太后李三娘。李三娘被儿子的莽撞吓了一跳："这可是大事！你们应该找宰相们（苏逢吉、苏禹珪、窦贞固）好好商议一下，怎么能轻率决定？"

太后是大，但大不过先帝，李业搬出姐夫的语录来反驳姐姐："先帝说过，国家大事不能由文人说了算，文人都是些胆小如鼠之辈，最是误事！"太后仍然坚持，要皇帝不可妄动。可听了舅舅的言论，刘承祐更有底气，再也不把母亲的意见放在眼里了："你们女人就是头发长见识短，哪懂得什么国家大事？"然后，他衣袖一甩出了宫。

出了宫，"有见识"的李业突然想到，内客省使阎晋卿同自己一样，被杨邠、史弘肇压制，久久不能升官，一定对杨、史怀恨在心，可以把他也拉进密谋集团吧？于是，李业找到阎晋卿，告诉他这个好消息：跟我们一起干，除掉那几个老家伙，咱们扬眉吐气的日子就要来了！

阎晋卿一口答应，但等李业一走，越想越觉得刘承祐一方的胜算太小，还是站在史弘肇、杨邠一方更安全。心念一定，阎晋卿马上动身前往史弘肇的府邸求见。没想到阎晋卿高估了史弘肇的情商，史弘肇根本不把他放在眼里，闭门不见，跋扈的将军错过了最后一次让自己得救的机会。

第二天，乾祐二年（950）十一月十三日一大早，天还没有亮，杨邠、史弘肇等大臣入宫参加例行的朝会，来到宫城东侧的广政殿的殿廊下。这时，广政殿的殿门打开，埋伏于内的数十名甲士突然杀出（怀疑带队的是刘铢），由于毫无防备，杨邠、王章、史弘肇三大臣当即被砍死于廊下。

感到大仇得报的刘铢乐得向李业竖起大拇指："你们真是机灵鬼！"聂文进则急召被吓得目瞪口呆的群臣至崇元殿朝见天子。刘承祐命当众宣读诏书："杨邠、史弘肇、王章等同谋叛逆，试图危害社稷，阴谋败露，现在几个叛臣已一同被斩。这是国家的大幸事，朕与爱卿们一同庆贺。"

诏书念完，刘承祐向诸位大臣解释说："杨邠那些人，把朕当成小孩子随意欺负，朕一直忍到今天，总算真正成为你们的君主，你们再也不用担心飞来横祸了！"殿下群臣只能称赞天子盛明，拜谢而退。

刘承祐嘴上说得挺动听，好像要大赦天下、既往不咎，但其实"飞来横祸"这种东西，稍后才随着他的一道道诏令开始批量生产。史、杨、王三大臣的亲戚、朋友、侍从首先被株连。这三名大臣权大势大，门生故吏遍布朝中，一开杀戒，便血流满庭，人头横飞。全城惊恐不安，刘承祐、李业却没有收手，命刘铢去诛杀留在京城内的郭威、王峻满门，李洪建（刘承祐的另一个舅舅，李业的哥哥）去诛杀王殷满门。

郭威、王峻与刘铢无冤无仇，但他仿佛要报几辈子血海深仇似的，不放过一个女人和小孩儿，异常残忍地将二人的家属尽数虐杀。据记载，郭威的妻子张夫人（柴夫人已过世）至少有青哥、意哥（只有小名，应是未成年人）两个儿子，守筠、奉超、定哥三个侄儿被害。郭威养子柴荣也已成家，其妻子刘夫人及三个儿子同样被害（其中两个连小名都还没取，应是襁褓中的婴儿）。

相比而言，王殷的家人幸运得多，李业的这个哥哥不是刘铢那样的暴徒，对外甥的举动充满疑虑：这么做合适吗？于是，李洪建依从自己的良心，违抗刘承祐的命令，将王殷的家人软禁起来，一个也没有杀，还为他们提供饮食。

比李洪建更清醒的人是苏逢吉。苏逢吉是这次血腥政变的幕后拱火者，但原以为刘承祐要动手诛史、杨之前，会找自己当谋主，没想到少年天子这么有自信，根本没打算听一听老人言，就把事情给办了，还办得这么不计后果。郭威如今在天下军民中的声望有多高，他不知道吗？如今后汉的精兵半数归郭威调遣，他不了解吗？预感大局即将崩坏的苏逢吉气得捶胸顿足："事情就这样办砸了！主上要是在动手前肯问我一句，不至于落到今天这个地步！"

但刘承祐的自我感觉暂时良好，他漫不经心地派了一个供奉官孟业携带密诏先前往澶州，命镇宁节度使李洪义（也是刘承祐的舅舅）诛杀王殷，然后再去邺都，命行营马军都指挥使郭崇威与步军都指挥使曹威杀他们的上司郭威和王峻。拖拖拉拉，不走漏风声才怪，而且就算李洪义、郭崇威这些人都听令，成功概率显然也不会太高。

如果郭威、王峻、王殷三人没有被干掉怎么办？刘承祐似乎觉得不用担心，因为他已经有了应对的预案。刘承祐下诏命天平节度使高行周、平卢节度使符彦卿、永兴节度使郭从义、泰宁节度使慕容彦超等人，立刻率军入京勤王。郭威就算真的造了反，他是叛逆，名不正言不顺，也打不过我集结的勤王大军吧？不过，刘承祐太高估自己诏书的效力了，以上四位节度使，除了他的叔叔慕容彦超，另外三人都没来。

至于京城内部，刘承祐任命苏逢吉为权知枢密院事，代替杨邠执掌枢密；任命刘铢为权知开封府尹，代替史弘肇维持京城治安；命舅舅李洪建与内客省使阎晋卿接掌侍卫司，控制京城禁军。刘承祐安排得似乎井井有条，在那一刻，他估计对自己的决断力和实操水平充满自信。

孟业到达澶州，将天子密诏传达给李洪义。但他的脚步不够快，京城发生血腥大清洗的消息已经传到澶州。接诏的李洪义一琢磨，除非王殷是个白痴，否则现在要将他骗来杀掉的可能性不会太大。如果硬打，自己手下那点儿人，又不是王殷手下禁军的对手，这诏令叫人如何执行？没法子，只能在心里对外甥说声抱歉了！李洪义带着孟业晋见王殷，将事情和盘托出：情况就是这么个情况，一切都和我没关系。王殷知道自己算是被逼上梁山了，不过好在被逼上梁山的人不只是自己，天塌下来还有高个子顶着。王殷立即逮捕了孟业，另派人将密诏送往邺都，告知郭威。

于是，郭威提前看到了密诏，表情没有震惊，没有愤慨，没有悲痛，仿佛上面的内容和自己没有关系，只是平静地吩咐左右："去请魏主事来。"

兵部主事魏仁浦，卫州汲县人，出身贫寒，博闻强识，足智多谋。后晋年间，魏仁浦被选拔进入枢密院，充当一名低级公务员。由于他工作认真，业务能力又出众，很快在枢密院的一干同僚中脱颖而出。后晋亡国时，他与众官员一道被契丹军队裹胁北上，后乘耶律德光病死的机会南逃。逃到魏州时，因为杜重威听说过魏仁浦的名声，想留为己用。魏仁浦自视良臣，当然不能挑个举世公认的烂主公，只好又一次出逃，躲过杜重威的追兵，奔回汴梁，暂时栖身李从益的小朝廷。不久，刘知远大军逼近汴梁，魏仁浦早早奔往巩县迎降。

身为后汉两枢密使之一郭威，知道魏仁浦是后晋枢密院的能吏，就问他李从益小朝廷以及名义上从属小朝廷的东方各藩镇的军力情况。魏仁浦仿佛就是个活的数据库，马上给出总数，还将每支军队的兵力、驻防地点、带队将领等重要情报一一写清楚，交给郭威。郭威大为赏识，将魏仁浦提拔为主事，充作心腹，常与其密商大事。

魏仁浦一到，郭威就将密诏交给他看，仿佛带着暗示说："朝廷要杀我，我倒不怕死，只是麾下的将士怎么办？"

魏仁浦看一眼自己的上司。在巨变当前，郭威喜怒不形于色，果然是做大事的人，值得追随。魏仁浦便坦然道："您身为国家大臣，功名著于天下，现在又手握强兵，据守重镇，本来就容易招人猜忌。何况一群小人还有意陷害，在这种情况下，你做什么都没有用，绝不可能靠几句解释就重获清白。现在大祸已然临头，难道还能坐着等死？"

不能坐着等死，那当然就要起兵反抗了。魏仁浦提了个建议：为了让全军将士同仇敌忾，都拥护您起事，咱们不妨自制诏书，将原密诏中"诛杀郭威、王峻"的字样，改成"诛杀郭威、王峻及麾下将士"。

自制的"诏书"改好了，郭威召集诸将议事，先将京城发生的事告诉他们，又出示那份"诏书"。然后，郭威一脸悲痛地道："我与杨、史诸公追随先帝，披荆斩棘，克服万难，这才夺取天下，创建这大汉江山。先帝临终，我们数人又接受托孤的重任，竭尽全力，护卫国家。没想到会发生如此变故，如今杨、史诸公已死，我怎忍心独自偷生？你们就按照诏书所说，砍下我的人头，回报天子，或许天子一高兴，不至于连累大家！"

看过要大家死的诏书，又听到深受爱戴的主帅如此悲痛的发言，诸将已是群情激愤。郭崇威等大将都流着泪说："天子年纪尚幼，这一定是他身边那些小人的阴谋。如果让这些奸邪小人得志，国家还有太平可言吗？我等皆愿追随郭公，支持您入朝辩冤。一定要扫荡这班鼠辈，还朝廷一个清白，可千万不能听命于一介使节，束手就戮，白白蒙受千载的恶名！"

昔日劝说李守贞不要造反的翰林天文赵修已，此刻力劝郭威："郭公白白送死有什么意义，不如顺从众意，拥兵向南，这是上天在为你指路！"

很好，万众一心！郭威决计起兵，他留下养子柴荣镇守邺都，而后大军以整肃朝纲、清除奸小的名义挥师南下。

十一月十六日，刘承祐得到消息：孟业的差使搞砸了，郭威的造反大军已经在杀向京城的大道上。他急忙召集诸臣召开御前会议，讨论如何对付这些被自己逼出来的反叛大军。

前任开封府尹侯益提出一条重要建议："派驻邺都的禁军，其家属基本上都在京城，这可是我们的一大王牌。现在叛军气势正盛，官军最好不要轻率出击，只需闭门死守，挫其锐气，然后让老母妻儿登上城，召唤儿子、丈夫，那时叛军士气崩溃，官军便可不战而胜！"

刚刚赶到京城勤王的慕容彦超，仍像当初讨伐杜重威时一样，一闻此计，马上劈头盖脸一顿嘲笑："叛军来了都不敢迎战？侯益真是越老越胆小，一脑子懦夫的想法！"侯益下不了台，但又不敢发作。谁让人家是皇帝的叔叔呢？而且，自己为什么会由卅封府尹变成前府尹？不就是因为那个官是靠贿赂史弘肇得来的，人家随时可以将这段历史问题揪出来。

于是，慕容彦超赢得了廷议的胜利，刘承祐决定出兵北上，与郭威一决雌雄。他先命令侯益、阎晋卿、吴虔裕等人率前锋部队进驻澶州，切断黄河浮桥，自己则在叔叔慕容彦超的护卫下，统领大军为后继。

这又是一个迟到的计划，因为就在他们开会的这一天，郭威大军已经抵达澶州。刘承祐的舅舅李洪义，与按密诏应该被他干掉的王殷一道，大开城门，迎接郭威入城。

王殷晋见郭威，可能此时他还不知道自己的家人幸免于难。他与郭威相拥恸哭，随后将自己的军队加入郭威麾下，大军不做休整，即刻跨过黄河南下。在这里，郭威大军还俘虏了一名刘承祐派来的宦官。郭威写了一份讨贼檄文式的奏章，命这位宦官带回去上报天子：

"臣几天前得到诏书，便伸长了脖子准备领死。但不想郭崇威等人不忍杀臣，都认为这肯定是陛下身边那些贪图权力的无耻小人阴谋陷害！于是，他们逼迫臣南下，前往宫门请罪，论个是非曲直。臣想死而死不了，又控制不住群情激愤的将士，只好顺从他们的意愿，估计再过几天，就将到宫廷。到了那个时候，陛下如果认为我确实有罪，那老臣岂敢逃脱刑罚？但如果真是有小人陷害，也请陛下将那些小人交到军营，让将士快意恩仇，平息众怒！届时，臣不敢不安抚诸军，带他们退回邺都。"

十一月十七日，郭威大军迫近滑州。第二天，义成节度使宋延渥打开滑州城门，迎接郭威入城。在这里，郭威得到消息：由侯益指挥的朝廷军队正在北上，可能快要到滑州了（刘承祐的部署比现实慢了不止一拍）。

郭威继续装出一副老好人样，对部下将士说："听说侯令公已率军从南而来，一旦与他们相遇而交战，则违背了我们入京朝见的本意，如果不战又可能被他们屠杀。我思来想去，不能为了我一个人耽误你们的功名前程。这样，你们还是按照密诏行事，只要你们没事，我死也没有遗憾了。"

众将感激涕零，异口同声："是朝廷对不起郭公，郭公没有对不起朝廷！咱们万众一心，如同为自己报血海深仇！侯益那些人就算来了，又有什么了不起？"现场气氛十分感人，但在乱世中打拼多年，早已洞察人心的郭威知道，这些大兵不是善茬儿，并非仅仅靠感情就能保持对自己的忠诚，看得见的实惠也必不可少。只不过，忠孝仁义的话由郭威自己说，那些不太光鲜亮丽的话就交给别人。只见监军王峻站了出来，高声向三军宣布："郭公已经同意了，等攻克京师，允许你们放开手脚，大抢十天！"

瞬间，现场被巨大的欢呼声淹没。

与此同时，朝廷派来平叛的侯益等部兵马，一听说连滑州都丢了，不敢再往前进，都没跟郭威大军打个照面，便立即掉头折返京城。而刘承祐也在同一天，见到逃回宦官带来的郭威奏章，知道了澶州已失，郭威大军已经毫无阻碍地渡过了黄河！少年天子这才发现自己可能闯下大祸了，惊慌恐惧的神色第一次出现在刘承祐的脸上。他急忙召重臣来议事，小声地对宰相窦贞固说："现在想想，先前那件事，确实做得太过草率！"可人死不能复生，如今后悔也晚了，想想该如何善后吧？

李业提出："应该马上掏空国库，犒赏各军！"另一宰相苏禹珪不同意。国家攒下一点儿家底不容易，花出去却太简单了，花了也未必有什么用（想想当年李从厚，诚然如此）。病入膏肓之人，即使知道继续治疗的成本极高，成功率极低，大多也希望能不计代价抢救一下，毕竟那是自己的命啊！于是李业急了，当着刘承祐的面儿给苏禹珪下跪叩头："苏相公，就请你为了天子，不要吝惜国库了！"

苏禹珪不好再反对，于是朝廷方面的军队都得到了赏赐：侍卫亲军每人赏钱二十贯，其余各军每人赏钱十贯。如果士兵本人此刻正在郭威军中，也发给他的家属，并命这些家属用书信呼唤他们回来。

十一月十九日，郭威大军到达开封城北的封丘县，距离京城已不足百里。消息传至京城，人心惶恐，连太后李三娘都后悔不已，流泪哀叹道："都怪我之前不听李涛之言，现在要亡国了！"太后小叔子慕容彦超倒没这么悲观，自恃骁勇，向侄儿拍胸脯："陛下放心，在臣看来，叛军不过就是一群蠓虫而已，我一定替您把郭威逮回来！"

慕容彦超如此有信心，是因为"知己知彼，百战不殆"吗？答案马上揭晓。只见慕容彦超退出大殿，正好碰到前来奏事的右卫大将军聂文进，便问他："叛军的数量究竟有多少，有哪些主要将领？"聂文进一一道来，慕容彦超听了，脸色渐变，喃喃自语："这是大贼啊，不可轻视！"

不过，慕容彦超之所以那样吹牛皮，也许并非因为他骄傲轻敌，更可能是因为在天子面前刻意显示从容镇定，好安定京城人心。因为在了解了郭威大军的详细情况，惊叹对面是大敌之后，回到侄儿皇帝的面前，他仍然是一脸轻松。慕容彦超的表演似乎有些过分了。刘承祐重新放下心来，认为一切尽在掌握。郭威有什么了不起？兵来将挡，水来土掩，叔父，一切就交给你了！

重拾信心的刘承祐决定出兵迎击郭威，派慕容彦超统领左神武统军袁羲、前威胜节度使刘重进等出城，与从前方退下来的侯益等军会师，进驻开封城北二十里的七里店。十一月二十日，南下的郭威军与北上的朝廷军在七里店东北面的刘子陂相遇，但暂时对峙，没有发生战斗。

刘承祐得知后，准备亲自出城犒劳官军。李太后劝他说："郭威是我们家的旧人，如果不是被以死相逼，何至于走到这一步？你只要按兵守城，遣使送一份诏书去解释安慰，观察他的意愿。如果他愿意和平解决，提出的要求合理，那君臣之礼仍有可能维持。在此之前，你千万不要轻率出城。"（难道没有人告诉李太后，郭威留在京城的家人都被杀光了吗？）

刘承祐当然不同意。见皇帝儿子执意要出城，李太后只好嘱咐护驾的聂文进："千万小心，不要让皇帝有什么闪失。"聂文进也是癞蛤蟆打哈欠，好大的口气："太后放心，只要有臣在，就算来一百个郭威，臣也照样将他拿下！"

刘承祐来到刘子陂前线。整整一天，两军依旧相峙未战。一直等到天黑，刘承祐等得无聊，决定回宫。慕容彦超相送之时，慷慨激昂地道："陛下明天如果在宫中没什么事，不妨再次出城，看臣如何大破叛匪！其实我都用不着亲自出马大战，只需大喝一声，就能驱赶他们四散归营！"

这种大场面不是能经常看到的。刘承祐很兴奋，马上同意了。第二天一早，刘承祐组织了一个庞大的观战团，其中有心腹聂文进、郭允明，误以为是同伙的阎晋卿，以及宰相苏逢吉、苏禹珪、窦贞固等人，一起出城去欣赏皇叔慕容彦超即将展现的"神武英姿"。临行前，李太后再一次阻止他出城，不过这个时候的刘承祐，早不把老妈的话当回事了。

刘子陂前，两军开始列阵，但郭威还是不肯先动手，他对手下众将说道："我们这次南来，只为诛杀天子身边的一小撮奸臣，绝不是要与天子作对，所以我军不可以先动。"

慕容彦超昨天不动手，估计是对郭威大军的阵容还有点忌惮，但见对

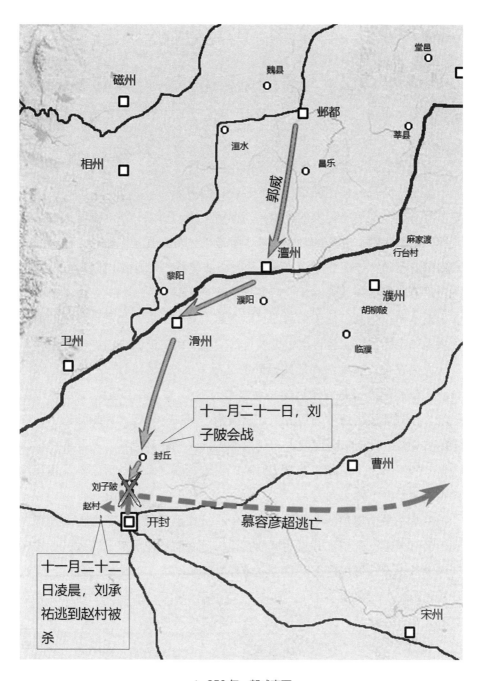

▲ 950年，郭威南下

方一直不先出手，心态渐渐放松：莫非郭威也畏惧我军？所以他才向侄儿皇帝吹牛。现在，天子带着观战团来了，慕容彦超不得不开始攻击，以兑现自己的承诺。

下午，慕容彦超亲率骑兵发起冲锋，郭威则命先锋郭崇威与恒州起义的英雄李荣率骑兵展开对攻。交战中，朝廷方面不利，战死数百人，慕容彦超的战马摔倒，他差点被郭威的军队生擒。就这么一摔，慕容彦超的自信与勇气竟然瞬间清零，他撇下了侄儿皇帝拨马先逃。

赢了，而且赢得比郭威预想的轻松，但考虑到对面是朝廷的军队，不宜赶尽杀绝，他也有足够的自信给对面留生路，所以并没有乘胜追击，朝廷军并不是大败。郭威的判断果然十分准确，对面真正准备和自己一战的只有慕容彦超，等他一跑路，剩下的将领如侯益、吴虔裕、张彦超、袁羲、刘重进等纷纷请降。郭威让他们各自回营安抚军队。

刘承祐没想到，他集结起的自以为强大的勤王大军，受到极小的损失之后立刻土崩瓦解。他再次由极度自信变成了极度惊慌，急忙转身逃走。

大局在握，郭威对在滑州投降的义成节度使宋延渥说："你是皇家近亲（宋延渥的妻子是刘知远的长女永宁公主），皇上的安全就交给你来保护吧！"刘承祐当然不知道郭威让姐夫来"保护"自己，如果知道了，肯定跑得更快。此时天色已晚，宋延渥率本部人马直奔御营。朝廷各路军队乱作一团，堵塞了道路，耽搁了时间，等宋延渥进入御营时，刘承祐和他的观战团早已不知去向。

刘承祐最初想到的是逃回京城。十一月二十二日凌晨，惶惶如丧家之犬的后汉天子，奔到了开封北城的玄化门。之前替他屠灭了郭威、王峻满门的刘铢正据守城门之上。这个人已经与郭威结下不可化解的死仇，应该比较可靠吧？谁知刘铢看见刘承祐一行的落魄样，发问道："朝廷的大军在哪儿呢？"然后，他不由分说，竟下令向天子放箭。

如此毫无逻辑的背叛，让刘承祐大惊失色，他急忙一提缰绳，往西北逃去。后汉皇帝身边的人也绝望了，大多离开了刘承祐，四散奔逃。此后，关于这位少年天子的最后结局，史书中出现了不同的记载。

　　说法一，刘承祐逃至开封西北六里外的赵村时，身边人多已走散，只剩下心腹郭允明相随。刘承祐太累了，躲进一户民家，打算稍稍休息。这时，突然听见人喊马嘶之声逼近。难道是追兵到了？郭允明心一动：我难道要陪这小子一起死吗？连刘铢都能倒戈，我就不行？他突然一刀刺向自己曾多次誓死效忠的主君。刘承祐不敢相信地看着这一切，当即毙命。郭允明马上砍下少年天子的首级，打算向追兵邀功，谁知凑近一看，这不是郭威的追兵，而是刘承祐的亲兵卫队正赶来护驾。郭允明又惊又愧，挥刀自杀，以死谢罪。这种说法很生动，很适合郭威这个胜利者的需要。

　　说法二，刘承祐逃至赵村，被追兵赶上，一阵大乱斗之后，后汉天子死于乱军之中。其随行人员苏逢吉、阎晋卿、郭允明等皆自杀。声称"有臣在，虽郭威百人，可擒也"的聂文进脱身逃走，然后在路上被追兵追上来了个"可擒也"，随后斩首。

　　不管是说法一还是说法二，有一点是确定的，刘承祐死了，这位少年天子在发动政变诛杀重臣九天之后，就成功地做掉了自己的性命。

　　刘承祐，在位两年零十一个月之后，就这样将自己的生命定格在了十九岁，死后大概以"不尸其位曰隐，不明误国曰隐"的含义，被郭威追谥"隐皇帝"，安葬于颍陵。具体地点在今河南省禹州市花石镇徐庄村东，不过今天已被破坏得一点儿痕迹都看不出来了。

　　刘承祐的失败，顺便为中国历史创下了一项新纪录：在中国所有得到公认的正统王朝中，后汉王朝以其三年零十个月的长度，雄踞王朝寿命排行榜的倒数第一位。

## "影帝"郭威

　　回到当天凌晨，郭威似乎是在第一时间就得知了刘承祐横死的消息，大仇得报的他，看上去比几天前还要痛不欲生："我稍前出营巡视，远远看到天子车驾还停在高坡之上，正想下马卸甲，前往叩拜，可才到坡上，车驾却已远去。我想天子只是回城休息，没想到竟为奸人所害！近在咫尺，却没能保护好皇上，这是老夫的罪过啊！"左右连忙安慰，都强调：您不用自责，天子的死真的不是您的过错。

当然，大家都忍住了心头的喜悦，绷着脸保持沉重的气氛，很有分寸地没把实话说出来：都走到这一步了，刘承祐如果不死，还能让我们好好地活吗？现在要做的就是进城，把胜利转化成巨额收益，大家都在盼着这一刻！郭威自然比所有人都清楚手下的想法，收住泪水，率众入城，直抵玄化门下。

没想到守门的刘铢仍然紧闭城门，又一次下令放箭。刘铢这一天的举动看起来很奇怪，既背叛刘承祐，又不肯归降郭威，究竟想干什么？他的心理可能是这样的：见到刘承祐逃归时，发现自己站错队了，又气又急，故向天子放箭发泄怨恨。但要倒戈投降，估计郭威也不可能饶过自己，所以这个暴徒便在末日将至的绝望中，歇斯底里地发作最后的无能狂怒。

郭威也不想与他纠缠，反正开封的城门多的是，率军转头改由迎春门（开封东面城墙上最靠北的城门）入城，随后，这座中原帝国的都城便又一次陷入了巨大的人祸之中。郭威手下那些急不可耐的大兵冲入城中，四面散开，开始抢劫别人的财富。重点嘛，当然是优先打劫最有钱的人。

当初在恒州靠打劫别人实现"财富自由"的前义成节度使白再荣，现在也成了别人发家致富的垫脚石。曾在白再荣手下当过差的一群大兵闯进白府，生擒昔日的白长官，然后刀剑相逼一番拷问，白长官被迫将所有钱财的存放地点都交代清楚，再被洗劫一空。

破财了能消灾吗？只见为首的军士上前说道："我们以前都是您的手下，时常奔走于左右，真想不到今天会让您蒙受如此差辱。今后我们怎么还有脸面与您老相见呢？"军士动手砍下了白再荣的人头。

吏部侍郎张允，也是京官中有名的富豪，家资巨万，却生性吝啬，将值钱的东西都存入库房，加上重锁，又将钥匙拴在自己的内裤上，连妻子都不准碰。当天，郭威的军队入城，开始到处抢劫，张允大惊失色，急忙逃走，躲藏到大相国寺大佛殿的天花板上避难。

可世间聪明人那么多，你能想到的，别人也能想到。那天晚上，大佛殿的天花板上人满为患，天花板本身又不是按承重墙设计的，终于支撑不住，塌了下来，惊动了乱兵，张允当即被生擒。不少乱兵认得这位京城守财奴，于是七手八脚扒光了他的衣服，抢走了他内裤上的钥匙。张允遂在十一月的寒风中被冻死。

在满城一片混乱中，城中也出现了反抗。右千牛卫大将军赵凤（与后唐宰相赵凤同名同姓）对坊里人说："郭侍中兴起大兵，只不过是为了清除君王身边的坏人，让国家恢复安定。而这些宵小鼠辈，却乘乱打家劫舍，就是一群盗贼！他们的所作所为，肯定不会出自郭侍中的本意！"有了这层理论依据，那就可以保卫大家的私人财产了，赵凤带人把守坊门，凡冲进来抢劫的乱兵都以箭射杀。反正能抢的地方很多，乱兵便避开此处，这个坊因此得以免祸。

当然，随郭威进城的人不都是见利忘义之辈，比如此次起兵的主要策划者魏仁浦。魏仁浦有个邻居叫贾延徽，官居作坊使，颇得刘承祐的宠信。之前，贾延徽仗着这份宠信在邻里间横行霸道，想吞并魏仁浦的房产，就诬告魏仁浦致其下狱，魏仁浦差点性命不保。现在大军进城，早有人将贾延徽抓住，五花大绑地送给魏仁浦，以讨好这位极可能马上就要高升的新贵。魏仁浦却说："乘乱报私仇，这种事，我可做不了。"然后他将贾延徽放了。从此，魏仁浦忠厚长者的美名广为传扬。

连得罪魏仁浦的贾延徽都有人主动抓捕，那杀光郭威、王峻两家的刘铢又会有什么下场呢？郭威大军进城之后，刘铢先奔回家，想带上妻子逃亡。但哪里还能逃？刘铢被乱兵从马上打倒，摔成重伤，又连同妻子一起被扒光衣服，受到军士尽情的羞辱。刘铢自知难逃一死，对妻子哀叹说："等我死之后，你恐怕也免不了沦为别人的奴婢。"妻子答道："报应！以你干的那些伤天害理的事，就该是这样的结果！"

然后，刘铢被送入大牢，郭威派人责问他："我们曾一起侍奉先帝，你就连一点儿同事之谊都没有吗？我的家人被杀，固然出自天子的诏令，但动手如此凶残，你怎么忍心？你自己也有妻儿，你就没为他们想过吗？"刘铢同元行钦一样，虽然明明不是什么忠臣，却装出一副忠臣样，死鸭子嘴硬："我为大汉诛杀叛贼时，哪还有心想其他的事！"

郭威听说了魏仁浦的选择，现在正是笼络人心的时候，何不以宽大示人呢？郭威派人给刘铢治疗，不过死罪不能免，等他伤好后再行刑，只杀他一人。他的妻子受到了赦免，没有像刘铢以为的那样沦为奴婢，还得到了一处房产养育子女，刘铢的儿子刘孝和后来在北宋中了进士。

在刘铢被抓的时候，李洪建也被抓住，关入大牢。王殷感念他对自己家人的不杀之恩，劝郭威免其一死。但不知道为什么，李洪建没得到赦免，还是被杀了。李洪建的弟弟，真正配得上称作罪魁祸首的李业，则在慕容彦超战败时急奔回内库，带上一批财宝后策马奔逃，赶在郭威进城前逃出了开封。他一路逃到陕州，想投奔哥哥保义节度使李洪信。虽是亲兄弟，大难来临时，李洪信也怕惹祸上身，拒不接纳，李业只得再往北逃，准备去投奔刘知远的弟弟河东节度使刘崇。但李业注定到不了太原，再也没有向郭威报复的机会。逃至绛州（今山西新绛）时，他遇上劫道的土匪，人被杀，财被抢。不过，除了有点冤枉的李洪建和一点也不冤枉的李业，李太后的其他兄弟都没有被牵连。

十一月二十三日，开封城内的抢劫狂欢进行了一天多，王殷、郭崇威见乱兵有点过火，便向郭威进言："再不制止他们抢劫，到今天晚上，国都就只剩下空城一座了！"郭威走到这一步，不可能再退回去仅仅当一个将军，而要当天下主就不能只考虑士兵的需求。郭威食言了，分派各将领到城中各区去传令：各军回营，接到命令后还有不服管束，继续打家劫舍者，一律处斩。到当日黄昏，城中秩序才渐渐恢复。

随着秩序恢复，刘承祐的尸体被送进城，装进棺材，暂时停放于西宫。有人提议，按照当年司马昭安葬高贵乡公曹髦的先例，废去刘承祐的帝位。郭威继续扮演忠臣，斥责说："仓促之际，我没能护住陛下的安全，罪过已经够大，怎么还能擅自贬谪君上？"

正表演间，太师冯道，这位朝中最德高望重的元老，率百官前来谒见郭威，讨论皇帝死后的善后问题。郭威见到冯道，主动下拜。冯道欣然受礼，平静如常，仿佛面前向他下拜的这个人，只是当年向自己请教平叛策略的朝中晚辈，而非即将成为天下之主的男人。

郭威抬起头，冯道才缓缓道："郭侍中来这一趟，可真不容易啊！"

郭威一愣，很明显，至少在此时，身为全体文官精神领袖的冯道，并没有明确支持自己改朝换代。十六年前，冯道就碰到过相似的情况。那时，李从厚刚刚逃走，李从珂即将进京，作为朝廷文官头牌的冯道是这么安排工作的："当务之急，是赶快写一份劝进书！"按说比起那时，现在改朝换代的进度条不是更靠后吗？刘承祐已经死了，自己已经控制京城，冯老却闭口不提劝进书，连让自己再三推让的机会都不给，这是什么道理？

难道冯道特别讨厌我郭某人？显然不是。别忘了，之前郭威受命讨伐三镇叛乱，冯道可是为其出谋划策，甚至劝他用国家公款为自己收揽军心。正是按照冯道的建议行事，郭威才可有今天，总之他们的私交是很不错的，冯道没有动机也没有必要反对郭威。

那么是不是因为士为知己者死？冯道对后唐第二王朝没有什么感情，对后汉王朝感恩戴德，忠心耿耿，不忍背弃，所以在面对李从珂与郭威这两位新领导时，表现才如此截然不同？稍稍分析一下。在五代诸帝王中，最器重冯道者，一为李嗣源，一为石敬瑭，而最不把冯道当回事的，一个是刘守光，另一个大概就是刘知远。刘知远入京后，将李崧的房产没收赐给苏逢吉，间接导致后来李崧满门被杀的冤案。冯道的房产也被刘知远没收了，赐给了另一宰相苏禹珪，只是好在苏禹珪不是苏逢吉，才没惹出祸事。两相比较，如果连李嗣源的儿子都没能让冯道恪守臣节，他凭什么为刘知远的儿子尽忠？

如果冯道不可能是后汉的忠臣，那他的那句话又是什么意思？郭侍中此行真的不容易吗？如果给历史上发生过的造反由易到难排序，郭威这次起兵的容易程度是很有潜力夺冠的，实在是太轻松了，像样的交战都没有一次就干掉了天子，拿下了京城，比李从珂那次还要容易。然后，太容易得到的东西往往根基不牢，因为大量的潜在危险被漏过，如果不加排除，一旦时势有变，就可能转化成新政权的一道道致命伤。

刘知远生前为了保卫后汉江山是布过局的。比如太原这个五代第一号王朝培养皿，现在就在刘知远的亲弟河东节度使刘崇手中。刘崇的能力一般般，但据守重镇，兵强马壮。在许州，有刘知远的另一个弟弟忠武节度使刘信，其人凶悍，距离京城开封仅二百余里。在徐州还有武宁节度使刘赟。刘赟原本是刘崇的儿子，刘知远生前很喜欢这个侄子，就让弟弟把他过继给自己。还有泰宁节度使慕容彦超，虽然败回兖州，但损失不大，作为刘知远的同母弟，也不可能轻易认同郭威的统治。

另外，郭威现在的名声虽然不错，但资历太浅，你觉得军士帮你造反主因是赞同你、崇拜你，还是为了乘乱发财？当你不能再给他们好处，他们还能对你保持多少忠诚？如果你不急于改朝换代，这些问题还能缓一缓，只是潜在危险，可以一件一件处理。但如果匆忙篡位，所有潜在的危险可能都会冒出来，那时不一定应付得了。所以郭威啊，你选择的道路可不轻松，进入京城，远不是终点，真正的考验才刚刚开始。

郭威想清楚了，既然时机还不成熟，那就再等一等。十一月二十四日，由郭威领头，文武百官前往明德门叩见太后李三娘，上奏说："军国大事十分繁重，天位不可久虚，请太后早日指定嗣君。"李太后无暇为儿子伤感，只能表示同意，下诰令称："奸臣郭允明大逆不道，公然弑君！然神器不可无主，今河东节度使刘崇、忠武节度使刘信都是高祖皇帝的弟弟，武宁节度使刘赟、开封府尹刘承勋则是高祖皇帝的爱子，就请百官共同商议，在四个人中推举一个合适人选吧。"

如果后汉王朝要延续传承，那么从血统上考虑，最合适的皇帝人选应该是刘承勋，因为他毕竟是刘承祐的亲弟弟，刘知远唯一还在世的亲儿子。但李太后并不同意，原因是刘承勋的身体太差，完全不具备执掌国家的精力。待宫中左右抬着病床上瘦弱的刘承勋出示众人后，皇帝"海选"由四选一，变成了三选一。

郭威与王峻商量了一下，于十一月二十六日代表群臣上疏，请召唤武宁节度使刘赟入京，继承大统。李太后很欣慰，刘赟正是她心目中最好的人选，这个年轻人聪明、温和，其生父河东节度使刘崇，又是此时后汉最强的藩镇，可以为其提供武力后盾。谢天谢地，在如此大难之后，大汉朝总算没有亡在自己的手里。

只是，饱经沧桑的李太后也没看出，请立刘赟的背后，含有郭威多么精深的算计。刘赟入京，不会让他带着兵来，后汉四大宗藩中的武宁镇就可解除威胁；刘赟又是刘崇之子，立他为帝，刘崇自然高兴，暂时也就可以稳住四大宗藩中最强大的河东镇。利用好这个时间差，郭威精心谋划的一系列动作，也就有了实施的空间。

将皇子接到京城当皇帝，这是一件很严肃、很隆重的大事，一定不能马虎。郭威又奏请李太后，请求派遣太师冯道、枢密直学士王度、秘书监赵上交等前往徐州，奉迎刘赟。

郭威这一番操作，连久历官场、老谋深算的冯道都有点看不明白了。临行前，冯道悄悄来问郭威："侍中此举，果然出自真心？确实要立刘赟为帝？老夫一把年纪了，不要让我去骗人。"郭威指天为誓，表示自己对大汉朝一片赤诚，绝无二心。冯道不好再耽搁，随即离去。等老宰相走远，郭威对左右叹息道："我生平不愿说谎骗人，今天还是不得不破了例。"当然了，这句话也就是说说而已，郭威以往撒谎骗人的事迹并不少，不然白承福是怎么死的？刘承祐"诛将士"的密诏又是怎么来的？

宣布立刘赟的效果立竿见影。之前，刘承祐也曾向刘崇下诏，要其出兵勤王。毕竟是刘家江山，刘崇也出了兵，但由于太原距离开封太远，河东军队还在路上刘承祐就完蛋了。刘崇正迟疑要不要继续前进，这时朝廷方面传来了将立刘赟为新皇帝的消息。刘崇大喜，真是天上掉馅儿饼啊，我儿子要当皇帝，竟有这等好事！

刘崇准备班师回太原，不过想了想，还是先派一个使者，确认一下好消息的准确性。郭威亲切地接见了刘崇的使者，指着自己脖子上的飞雀文身说："自古岂有雕青天子？请回去后告诉刘公，不用怀疑我的诚意。"

使者回报，刘崇更加对自己儿子的好运气深信不疑，遂收兵回河东。太原少尹李骧怀疑长官上当受骗了，反对说："郭威举兵犯阙，打败朝廷，杀死天子，都做到这一步，怎么还可能继续当汉朝的臣子？我敢断言，他必然不会顺顺当当地立刘氏为帝。现在不但不能收兵，反而应该继续进军，控制孟津渡口，以武力对开封的新朝廷形成威慑。这样等到刘赟公子入京，登上帝位，那时咱们再收兵回去也不晚。"

刘崇大怒，在我儿子要入京当皇帝的时候，你叫我带兵杀向京城？这不明摆着要挑拨我们父子的感情吗？想到此，刘崇禁不住大骂："李骧你个腐儒，居然敢离间我们父子！推出去，斩！"

李骧没想到刘崇的反应竟是如此，不禁叹道："我为什么要替一个笨蛋出谋划策？落得一死，也是活该！只是我妻子身患重病，全靠我养活，我死了，她怎么办？你就让我们夫妻一起死吧！"于是刘崇先杀李骧，等回到太原再把李骧的妻子也杀了。

能让刘崇如此放心，除了自古没有文身天子这句其实没什么约束力的誓言，更由于郭威此时的表现确实称得上淡泊名利，毫无野心。十一月二十七日，郭威主动率文武百官上疏李太后："距离新天子抵京，还有一段时间，其间国家不能没有主心骨，就请太后临朝听政，暂时主持大局。"这样，在形势上郭威又拱手将暂时主持朝政的权力交了出去。

不过，让刘崇放心的事，会让另外一大批人惊恐不安。跟着郭威从邺都杀到开封的广大将士傻了眼：郭公不当皇帝，这不会是真的吧？一旦一个新的刘家人上台当皇帝，会不会对我们反攻倒算？难道郭威之前的表现不是表演，而是真的忠于汉朝？真的不怕死？可我们怕啊！这可怎么办？

紧接着，发生了火上浇油的事。十一月二十九日，李太后临朝听政的第三天，开封朝廷接到了北方镇州、邢州方面送来的告急文书。原来碰巧了，就在郭威举兵自卫，决定杀向京城之前，辽主耶律阮决定进行一次大规模南犯来为自己建功立威，压一压大清洗之后不太稳定的辽国政坛。

十月，辽国皇帝亲率大军从辽上京出发，一路南行，于十一月攻入后汉境内。而这个时候，本来受命抵抗辽国的后汉军队和将帅，正跟着郭威南进，要将自家皇帝拉下马。北部诸藩镇因此防御空虚，辽军便绕过镇州，一路南下，包围了邢州北部的内丘县。内丘县城在抵抗五天之后，有五百名守军突然倒戈降敌，导致城池陷落，随后惨遭屠城。其间，辽军又接连攻破了安平、束鹿、饶阳（均隶属深州）等县城，杀死不少百姓，抢走大批财物。

李太后发下敕令，命郭威马上率军北返，回邺都主持对辽军的战事。接到命令，郭威没有二话，表示老臣责无旁贷，马上着手准备离京。十二月一日，郭威带着几天前才由他带到京城的大军，离开京城北上，开往保家卫国的北方前线。

郭威顺从地离开了京城，离开了中央，不出意外，开封城将毫无阻碍地迎来一位刘家人的新皇帝，后汉王朝仍将持续。这个看起来有些不可思议，在有些人看来甚至可怕的结果，在所有人心里发酵，稍假时日，会发生怎样的化学反应？仿佛为了等待这个变化，郭威这次北上的行军速度慢得出奇，直到十二月十五日，才进至滑州，驻军休息。不久前郭威南下时，从邺都到开封花的总时长，再算上打仗，都不到这个时间的一半。在滑州，尚未登基的新天子刘赟派来的使节追上了郭威，慰劳北征大军。郭威诚惶诚恐地跪听诏书，可诸将面面相觑，都不愿意下跪。

这几天，缓慢的进军给了将士充足的思考时间，一个生死攸关的大问题，像一柄沉重的达摩克利斯之剑，高悬在每个人的心头：我们这些人，刚刚攻入京城，逼杀天子，抢劫都市，屠杀市民，这一桩桩大罪，哪条拎出来不够砍头？刘家皇帝又向来残暴，现在让一个新的刘家皇帝上台，我们别说自己的性命，就是子孙的性命，恐怕也保不住！不行，要想自救，只能让郭公当皇帝，就算他不愿意，我们也必须逼他干！

此前将士之所以拥护郭威，是因为郭威的感情攻势与利益诱惑，现在的主因变成了对后汉王朝不死的恐惧。恐惧往往是比利益更强大的动力，他们已经自觉自愿地将自己的前途与郭威的前途绑定了。

郭威仍然跟个没事人似的，下令从滑州开拔，于十二月十九日到达澶州，自顾自住进驿馆，然后吩咐将士好好休息，养足精力，北上抗敌。咱们可不要辜负了新天子的期待啊！这还能忍吗？十二月二十日凌晨，量变终于引爆了质变。数千名士卒突然呐喊起来，冲向驿馆。郭威命关闭馆门，但将士纷纷翻墙而入，冲进郭威的卧室，急不可耐地高喊："天子只能由侍中大人做，全体将士都已和刘氏结下不共戴天之仇，绝不能再让一个刘家人登上帝位！"

也不等郭威推辞，已有人扯下黄旗，披到郭威的身上。然后众人将郭威拥到上座，高呼"万岁"。顷刻间，"万岁"之声便传遍了驿馆内外，众将士兴奋不已，齐声高喊，响彻天地。郭威则表现得悲痛万分，呼喊着"尔等不能负国"，以致伤心欲绝，昏倒数次，又被众人救醒。

这一幕，乍一看与二十四年前魏州城外后唐军大营发生的事差不多，但两者有本质的区别。魏州兵变发生时，李嗣源与配属给他的军队才相处十一天，兵不识将，将不知兵。而澶州兵变时，郭威已经统领麾下大军两年多，其间他用尽各种手段收买军心。兵变发生时，李嗣源抵抗了，以致身边数量很少的亲兵伤亡惨重。而郭威只有"痛苦"，没有"抵抗"，他身边的亲兵也没有伤亡。

没有证据能证明澶州兵变是郭威派人煽动起来的。澶州兵变与魏州兵变差不多，基本上是军队自下而上的自发行为。但魏州兵变的爆发，主要是李存勖自己惹的祸，李嗣源真的是什么都没做；而澶州兵变的爆发，每一步都离不开郭威的层层布局与精心引导。可以说，郭威不但是这次兵变大戏的领衔主演，也是未署名的编剧和导演，他用他对人情世故的精准把握与巧妙利用，让所有人自觉自愿当他的群众演员，实在是一流艺术大师水准。

## 后周开国

这幕精彩大戏，无意间让郭威身边那个叫赵匡胤的青年受益匪浅。在郭老师的言传身教之下，领会了其中精髓的好学生，将在十年后用近乎抄袭的手法，用到郭老师一手创建的王朝身上。当然，这些都是后话。

郭威到底还是悠悠醒转，终于"万般无奈"承认现实，在老将何福进的搀扶下，走上澶州城楼，在万众的欢呼声中接受了将士拥戴，没有再继续扮演后汉的忠臣。然后，郭威率领着这支士气突然高昂的军队，回师南下，再次开向开封。在路上，郭威让秘书郎王溥写了一封奏章，让人快马加鞭先带回京城，上报给李太后。

奏章是这么说的：臣郭威深受大汉两代天子的圣恩，虽肝脑涂地也不足以报答万一，谁料途经澶州，三军哗变，群情愤激，欲逼臣行大事。臣虽拼死抗拒，但独木难支。将士声言，必不容刘氏为天子，如臣不顺从众意，就另推他人代之。当是时，臣为了太后、储君及刘氏宗族的安危，不得不勉强答应，望太后能体谅臣不得已之苦心。臣担保，开国之后，保持汉室宗庙，年年祭祀，永不中断；保护刘氏子孙，永享厚禄显职；太后终生保持尊号，臣当以侍奉生母之礼，奉养太后。

李太后这才知道自己上了大当，但她空有主持朝政之名，完全没有阻止郭威的能力与实力，就连在开封城中，她也被郭威留下的枢密使王峻与侍卫马步军都指挥使王殷等人架空了。李太后无奈认命。王峻和王殷则立即派将军郭崇威南下，在宋州拦停正在向开封前进的刘赟。

这里有一个疑问：刘赟为什么来得这么慢？冯道等人是十一月二十六日离开开封前往徐州的，十二月二十日澶州兵变，传到京城肯定需要几天，王峻、王殷这才做出反应，郭崇威从开封到宋州也需要时间，粗略估算，这段时长差不多是一个月。其中冯道等人从开封到徐州迎驾约六百三十里，刘赟入京从徐州到宋州约三百五十里。也就是说，平均下来，他们每天只走约三十里。

郭威北征时走得慢，是有意让士兵的情绪发酵，但刘赟是去当皇帝，面对这等好事，怎么也这么没有积极性呢？由于缺少记载，当时的详细情况不得而知。也许刘赟并不是在见到冯道那一天就急着上路往京城赶。他可能迟疑了相当长一段时间，毕竟按照历史逻辑，一个权臣做过郭威那样的事后，还会忠于旧朝的可能性是极其微小的。即使有太后的敕令，也不能担保在开封等待着自己的是人人羡慕的至尊之位。

不过，踌躇归踌躇，迟疑归迟疑，郭威一系列奉还大权，离京北上的忠贞表演，以及德高望重的老相国的担保，最终让刘赟心中的侥幸之念，胜过了戒备之心，他终于还是离开徐州，在间接帮助郭威酝酿兵变大戏之际，也走向了郭威为他布置好的死亡大坑。

做出了伸手接馅儿饼的决定后，刘赟留下右都押衙巩廷美、都教练使杨温留守徐州，自率其余下属，随同太师冯道，在朝廷派来的护圣指挥使张令超所部禁军的护卫下，前往京城。护圣军是后汉侍卫亲军系统中的一支精锐骑兵，与郭威不存在上下级关系，应该是中立的。不过，此时张令超的直接上司，也就是护圣都指挥使，名字叫赵弘殷，而赵弘殷的儿子赵匡胤，是郭威目前比较看重、正着力培养的青年军官之一。所以，让张令超负责护卫刘赟，会不会出于郭威的有意安排？刘赟本人是没有起疑。

十二月二十五日，下榻在宋州府衙内的刘赟，突然听到一阵人喊马嘶的声音。大惊之下，刘赟急忙命令紧闭大门，然后登上城楼看看发生了什么事。来者正是郭崇威和他率领的七百名骑兵，刘赟惊问："你们来干什么？"郭崇威答道："澶州发生了一点儿小兵变，郭公已在弹压，因为担心陛下受到惊吓，所以特别派我来加强宿卫，没有别的意思。"

是吗？刘赟要郭崇威独自进来，好好说清楚。郭崇威觉得他的"保护对象"可能不怀好意，不带兵怎么能进去？刘赟基本已经猜到是怎么回事，不过还没有完全绝望，决定找个中间人再与郭崇威接触，万一这个人对大汉朝还有眷恋之情呢？

府衙大门打开了，出来的是老太师冯道，冯道见到郭崇威，经他的劝说和担保，郭崇威这才进府、上楼，晋见刘赟。刘赟握住郭崇威的手，泣不成声，可能想打动他的忠义之心吧？但郭崇威的语气还是和刚才一模一样，以郭威的名义安慰刘赟："什么事都没有，陛下只管放心。"

待郭崇威退出后，武宁判官董裔对刘赟说："我看郭崇威的言谈举止，明显居心叵测，一定有不可告人的阴谋！我听外面好多人在传言说郭威已经自立为帝。现在再去京城，就是自投罗网。请陛下马上召见张令超，向他分析祸福，晓以忠义，今夜让张令超擒拿郭崇威，解除围困府衙的军队。如果成功，明天奇袭陈州，夺取睢阳的金帛以招募军队，再绕过京城，北上太原与老大人会合，然后就安全了。如今郭威刚刚得到京城，要处理的事千头万绪，只要我们行动迅速，他一定来不及追赶，这是上策中的上策！"

刘赟听了，担心不能成功，反而早早撕破脸皮，无法善后。他犹豫再三，不能决断。其实就算刘赟有足够的果决，多半也没用了，因为到了当晚，刘赟可能想通了，采用董裔的建议召见张令超时，才发现张令超已经出府与郭崇威会合，他手下的护圣军也全体加入了围困刘赟的队伍。

十二月二十六日，等一切皆在掌握之后，一封郭威的亲笔信被送给刘赟，上面说：我因为受到诸军的逼迫，不得不如此；现朝廷召太师冯道入朝，留赵上交、王度侍奉殿下。刘赟急了，像抓住一根救命稻草似的，哀求冯道："寡人这次之所以愿意西上入京，就是认为冯公您是三十年的老相国，德高望重，一定不会骗我！可现在，我的卫兵已经让郭崇威夺走，我连府门都出不去，危急至此，我该怎么办？"

冯道很惭愧，可也没有办法，只得低着头，默默无语。见此情景，刘赟的客将贾正气愤不过，示意刘赟要不要杀掉这个大骗子。冯道一辈子行善积德的好名声救了自己，刘赟虽然懊悔此行，还是急忙制止道："你们不要胡来，这不关冯老先生的事！"这成为刘赟留在史书上的最后一句话。冯道得救了，郭崇威的人闯了进来，宣布李太后的诰令，废刘赟为湘阴公，杀掉了他的心腹董裔、贾正等人，再将他押往别馆软禁。

十二月二十七日，刘赟被废的第二天，又根据李太后的诰令，任命郭威为监国，主持朝政，结束了短暂的太后临朝。朝中文武百官像参加百米赛跑似的，纷纷上疏请求郭威上承天意，下顺人心，尽快登基为帝。

不过，就在这一片对新王朝的忠心表演之中，居然还是出现了不和谐音符：有几个步军将领喝醉了，在大庭广众之下大声嚷嚷说："在澶州的时候，骑军扶立了天子，现在我们步军，呃，也要扶立天子！"郭威听到这件事，反应又快又狠：那几个酒后乱讲话的将领马上人头搬家！他们所在的军队也被缴械，遣送到外地就粮。这件小事暴露了一个真相：郭威对军队的控制能力其实已经很强，如果某件事他真的不愿意，靠部分下层军人的自发行动，恐怕也没有能力逼迫他做。

就在郭威囚禁刘赟，控制朝廷的同时，李太后之前提出的四个皇帝候选人之一，忠武节度使刘信也迎来了自己的末日。刘信，刘知远的堂弟，因为有个好哥哥的关系，一度升任侍卫马军都指挥使，在京城禁军的名义地位仅次于史弘肇。在史书记载中，刘信继承了沙陀刘家的残暴基因，是一个没有史弘肇能力但有史弘肇脾气的废材。据说他在禁军中担任长官时，左右若有过错，他就会将犯事人的妻子召来，当着她们的面，将她们的丈夫或父亲用小刀一点儿一点儿凌剐，甚至会强令被剐的人在断气前吃自己的肉。刘信则在一旁奏乐饮酒，大呼过瘾。

除了残暴，刘信还贪财吝啬，人缘非常差。所以等刘知远一死，杨邠、史弘肇就把这个人厌狗嫌的家伙逐出朝廷，赶到许州去当节度使。刘信大哭而去，从此深恨杨、史。十一月中，杨邠、史弘肇、王章等大臣被侄儿干掉的消息传到许州，刘信大喜，马上召集手下，大摆宴席，庆祝几个对头的丧命。席间，刘信举杯大笑："我常恨老天无眼，将我放逐在这穷乡僻壤整整三年，使得主上孤立，几乎为那几个奸贼所害！今天终于大快人心，诸公要与我多喝几杯！"惊天剧变面前，刘信想到的好像也就是大快人心和多喝几杯，却没有像慕容彦超那样赶快带兵入京，帮侄儿一把。直到刘承祐败亡，他这个叔叔什么也没有做。看来史书说刘信"性昏懦"，确实没有冤枉他。也正因为刘信的无能，忠武镇在后汉宗室担任节度使的四个藩镇中是最弱的存在。

最弱，就比较好对付。澶州兵变后，王峻、王殷除了派郭崇威去拦截刘赟，还派了申州刺史马铎率军前往许州，根据情况随机应变，如有可能就解决掉刘信。十二月二十六日，刘赟被贬为湘阴公的同一天，马铎带着军队突至许州城下，向城上喊话，宣称受朝廷之命接手许州的防务。刘信大惊，他平时苛待士卒，到了关键时候自然没人替他卖命。于是没等刘信做出反应，守城士兵主动开门迎马铎入城，刘信惶惶然逃入内堂，马铎的人自然也追了进去，不一会儿，传出消息：刘信已畏罪自杀！

抓牢禁军之心，拿下预备天子刘赟，夺取忠武镇的控制权，让河东的刘崇投鼠忌器，泰宁的慕容彦超也献出逃到兖州的原刘承祐心腹后匡赞，向郭威示好，郭威改朝换代的条件越发成熟了。于是，转过年的正月五日，李太后正式将后汉的国玺转交给郭威，郭威遂在崇元殿正式登基称帝。郭威宣布：自己本是周室苗裔，虢叔（周文王的三弟，虢国的初代国君，传说是郭姓的始祖）之后，所以应定国号为大周（历史上习惯称为"后周"），改后汉乾祐四年为后周广顺元年（951），大赦天下。

紧接着，新皇帝郭威下诏为已死的杨邠、史弘肇、王章等大臣平反昭雪，追赠官职，收葬遗骸，并派人寻访他们的后人，予以任用。虽然郭威把三位大臣都捧成了盖世忠良，但新王朝的内政制度将不会重复杨、史、王三人当政时的做法。在郭威开国的公告天下的诏书中，历尽苦难的中原百姓终于有幸听到消失多年的仁义和被遗忘已久的人性。

一、不得再征收"鼠雀耗"与"省耗"（加收"省耗"是官方认定的"大忠臣"王章的规定，被郭威改了）；二、在正税之外，取消地方向朝廷进贡的其余盈余；三、对盗窃和奸淫的犯罪，恢复后唐与后晋初年的刑律，取消此后的种种加刑（后晋初年规定，盗窃额度达五匹绢时论死，后汉朝改成盗一钱以上皆死。对奸情，后汉朝的规定是，一旦男子与有夫之妇发生奸情，不管是强奸还是通奸，男女一并处死。郭威一上台，又把另一个"大忠臣"史弘肇定下的这些规矩改了）；四、除了谋反罪，其余罪名一律不得牵连家属，也不得抄没家产……

不过，不是所有人都能感受到新王朝的善意。郭威称帝仅仅两天，即正月七日，刘知远唯一在世的亲子刘承勋突然死亡。虽然刘承勋的死亡原因没有记载，虽然大家都知道这位前朝皇子的身体很差，一直卧床不起，但这时间实在太巧了，再加上之前刘信自杀，很难不让人产生联想：刘承勋真的是自然死亡吗？

这个时代的人们，见惯了城头变换大王旗，对短暂且施政严暴的后汉王朝自然不会有什么感情，就算知道了此事，也不过当作私下的谈资，不会太在意。但有人不一样，比如河东节度使刘崇，毕竟他的儿子刘赟还在郭威手中，郭威如果连病恹恹的刘承勋都不肯放过，还能对自己的儿子高抬贵手吗？

情急之下，刘崇急遣使者到开封，请求郭威不要害了刘赟的性命，如能将刘赟送到太原来，自己感恩不尽。郭威和颜悦色地下诏安慰说："刘赟暂时留在宋州，现正派人接他到京城来，一定会给他安排一个合适的职位，刘公不必担心。如果刘公能同心协力，辅佐我治理好国家，我当封刘公以王爵，永镇河东！"

那句"自古岂有雕青天子"的名言才说了几天？现在怎么样啦？刘崇虽然笨，可也不能在同一条阴沟里跌倒两次。他不敢再相信郭威的花言巧语，指望能把儿子要回来，准备亲自上阵，对抗奸臣郭威，承继刘氏的正统，将自己由后汉的皇弟变后汉的皇帝。

实际上，刘赟此时还活着，可能与刘崇关系不大，而是因为郭威还需要他做点儿事。前文说过，刘赟起程赴京之时，留下巩廷美与杨温守卫徐州。等刘赟被扣，后周开国的消息传到徐州，巩廷美与杨温决定不承认新王朝，假称受刘赟之妻董氏的命令，闭门死守，等待依旧忠于后汉朝的藩镇援军，尤其是刘赟之父刘崇。他总不会不救自己的儿媳与孙儿吧？

于是郭威命刘赟写信劝二将投降。巩廷美、杨温答复刘赟：他们也想投降，但只怕投降也免不了一死。郭威只好耐下性子，再写信给刘赟："我非常佩服那些尽忠报主的忠义之士，褒赏还来不及，怎么可能责罚他们呢？只要新的节度使到任之后（郭威已任命王彦超为武宁节度使，取代刘赟），就安排他们出任州刺史。湘阴公可以将我的这番意思，告诉他们。"

刘赟不敢抗拒，又顺从郭威的旨意，再给巩、杨两位老部下写去第二封劝降信。但巩廷美、杨温仍然不肯投降，估计他们之前说什么"愿意投降只是怕死的话"根本是缓兵之计。既然对武宁的下属劝降无效，那这位卸任的前武宁节度使也就不用留了。（郭威不让刘赟当人质以制衡刘崇，是担心有人营救他吗？）正月十六日，郭威登基后第十一天，刘赟在宋州遇害，负责动手的是刚刚到任的归德节度使，最早倒向郭威的后汉国舅李洪义。

就在刘赟被杀的当天，刘崇在太原登基称帝，继续用乾祐年号，任命了一套新的朝廷班子：原河东镇判官郑珙、赵华为同平章事，次子刘承钧为侍卫亲军都指挥使兼太原尹，原节度副使李存瓌为代州防御使，手下勇将张元徽为侍卫马步军都指挥使，原都衙押陈光裕为宣徽使。

尽管在刘崇看来，他的所作所为是兄长事业的重建，但史书通常不把他创建的这个新政权视为后汉王朝的延续，而是单独算作一国。于是，十国中的最后一国"北汉"就算建立起来了。河东虽是强藩，但毕竟只是一个藩镇，北汉的控制区只有十二个州府（太原、汾、忻、代、岚、宪、隆、蔚、沁、辽、麟、石），与同时期郭威统治下后周的九十八个州府相比，仅为八分之一。

这种强弱的悬殊，刘崇自己也非常清楚，所以在开国登基，大量封官之际，他也不无伤感地对李存瓌、张元徽等人说："我是因为不忍看到高祖开创的基业就这样一朝坠地，才万不得已建号称帝。其实看看，我哪里算得上什么天子？你们又怎么算得上节度使？非常时期，一切从简，皇室祭祀就用平常的家人礼，等将来恢复中原，再正式设立宗庙。"从简的当然不仅仅是宗庙，还有各级官员的薪水。此时河东民风剽悍，军力还算强劲，但地狭民贫，经济实力不行，所以北汉宰相的月薪只有一百贯，节度使只有三十贯（五代时宰相的通常月薪为二百贯，节度使的月薪缺少记载，但副使都有四十贯）。正式的薪俸不够用，自然也穷不倒各级官员，后汉国很快贪腐成风，建国后就没有丁点儿中兴气象。

国小力弱，治理也不上档次，刘崇又没有当年李存勖的雄才武略，如何才能以一隅挡天下，抗拒后周的压力，甚至平定中原呢？当然只能学习石敬瑭前辈去契丹认爹了。刘崇让皇子刘承钧寄信给辽国的西南面招讨使潘聿捻：本朝沦亡，我父不得不承袭帝位，愿意按照晋朝的故事，与北朝联合，共取中原。

潘聿捻是辽国驸马，辽主耶律阮的妹夫，耶律德光和耶律阮的南犯他都曾参与，一度被任命为横海节度使，在辽国也算个说得上话的人物。经过潘驸马的沟通，辽主也觉得北汉很有当走狗的潜质，于是同意帮助刘崇。刘崇复国心切，也不等辽国实质援助到达，即出动万余兵马，南下进攻晋州（今山西临汾）。

就在向晋州进军的途中，刘崇得知了刘赟被杀的消息，北汉皇帝悲痛欲绝："都怪我不听忠臣之言，以至于此！"然后，刘崇下令为被他杀掉的李骧立祠，岁岁祭祀。现在，刘崇与郭威之间，既有国仇又有家恨，已然不共戴天。新的战乱，又要来了。

北汉军队在皇子刘承钧的指挥下对晋州发动了进攻，建雄节度使王晏闭门不出，刘承钧认为这代表了敌将的胆怯，晋州可以轻松拿下，就采用了《孙子兵法》中最笨的攻城方法，命军士"蚁附登城"，用堆人命的方式强攻。刘承钧可能没有打听过，城中这个王晏，就是几年前与赵晖一道在陕州发动起义，斩杀了辽国节度使和辽国监军的那个王晏。此人出身农家，后梁末年时造反，率乡邻伙伴到处劫富，梁军官兵都拿他没办法，后唐灭梁时他受招安成为禁军，积功渐渐升至指挥使。论战斗经验，王晏可能比不上梁晋争雄时代的名将，但肯定远超刘承钧。

结果刘承钧一攻击，就中了王晏的伏击。因为记载不清楚，不知道王晏是在城内设伏还是城外设伏，反正北汉军队在大乱中伤亡千余人，慌忙撤退。王晏派儿子王汉伦出城追击，又斩敌百余人。刘承钧稳住阵脚后，派部将安元宝夜袭晋州西城，没想到安元宝一出大营，直接去向王晏投降。一再失利之下，刘承钧没有能力再进攻晋州，只好掉头往西，去进攻小一点的隰州（今山西隰县），结果又被隰州守军打败，只得收兵北归。

北汉开国后的第一战就这样输了，不过没关系，刘崇本来也没指望光靠自己的实力取天下，咱们的坚强后盾辽国还没出兵。不过，辽国的大军什么时候会来呢？

这就得说说辽国方面了。辽国皇帝耶律阮此时并没有马上发兵南下的意思。首先，南征不一定能取胜。不久前，由耶律阮亲自发动的那一次南犯情况就不太明了。按《辽史》的说法，是耶律阮横扫中原，"大获而还"。但如果按照中原史料的记载，尽管正好碰上后汉到后周的改朝换代，辽军没有与中原军队的主力交锋，但损失依然不小，正好又碰上月食，辽军上下皆以为大不吉利，便主动撤军了。辽军未经大战而先退，这也是郭威敢于以辽军入侵为口实北上，却又策划澶州兵变，而不怕辽国扩大侵略战争的原因。由此看来，《辽史》中关于辽军大获全胜的记载是被夸大了。

而且，就算联合刘崇得手，他反咬主人怎么办？先帝扶持石家可是有过惨痛教训的。相反，只要使中原长期维持分裂，对辽国安全形势就极为有利。而且只要利用好刘崇，让郭威在感受到足够强大威胁的同时，愿意花钱买平安，那即使不动刀兵，也有可能让后周成为辽国的长期饭票，从此国安民乐，岂不美哉？

那么，号称"抗辽名将"的郭威建立的后周会和辽国打交道吗？当然会，其实就在刘崇遣使赴辽之际，郭威的使臣左千牛卫大将军朱宪也来到辽国，向辽主献上金器、玉带作为礼物。献礼之际，朱宪顺便按照后周朝的官方口径，解释中原从汉朝变成周朝的原因，同时提出：以前汉与辽之间的恩怨都过去了，中原新朝与辽国之间没有什么仇怨，应该友好相处，结为"兄弟之国"。

辽国皇帝很满意，不错，知道我瞌睡就有枕头送上来，就看看能不能躺着把钱挣了。耶律阮欣然受礼，然后派梅里（辽国官名）裹骨支为使，回送四匹良马给郭威，恭喜后周开国，同时开出辽国方面与后周实现和平的条件：尔国要知道，我大辽幅员万里，部族众多，除本朝国人契丹外，还有奚人、渤海人、室韦人、女真人、阻卜人等，这些人都很野蛮，都想南下发财，不给点儿好处，哪里约束得住？这样吧，就仿效当年后晋石敬瑭与我太宗皇帝开创的先例，辽与周可结为"父子之国"，作为"子国"的后周每年向"父国"大辽缴纳绢帛三十万匹以为岁币。注意，这可不是我贪图尔国的钱财，完全是为了两国和平，更是为了你们免遭荼毒，只有得到这些钱发下去，各部人马才不会心心念念，时时想着南犯。怎么样？

郭威几乎给气笑了，后周既没有打败仗，也不是在契丹人帮助下建立的保护国，哪有仅凭你几句空话，就签订这种不平等条约的道理？而且，就算后周真的打了败仗，需要赔款买和平，现在一时也拿不出这笔钱来。刘承祐败亡前已经把国库的钱全拿去犒赏军队了。因此，郭威不愿意也不可能接受这个屈辱的和平条件，当辽国的提款机。

不过新生的后周此时几面受敌，在安定内部之前，不能马上与辽国撕破脸，于是郭威不说同意也不说不同意，表示一切都好商量，再派一个使节送裹骨支回辽国，慢慢商量。等将裹骨支送走，郭威马上派人指示包围徐州的王彦超，不能再拖时间了，要不惜代价，将徐州给我打下来。

要顺利拿下徐州，除了前方将士用命，另一大关键还在于断绝徐州守军可能得到的外援。谁会去救援徐州？最有出兵动机的自然还是北汉刘崇，但太原距离徐州太远，北汉军队又刚刚在晋州、隰州接连失利，所以对于救徐州，刘崇纵然有心，奈何无力。

除了刘崇，第二个有可能出兵徐州的，就要数泰宁节度使慕容彦超了。同为后汉宗亲，慕容彦超的实力虽不及刘崇，但也不弱，而且他的大本营兖州距离徐州不足四百里，到京城开封也不过五百四十里，都是平坦大道，没有山川阻隔，急行军四五天均可到达。

不过，慕容彦超毕竟不姓刘，在后汉皇室中的身份非常尴尬。之前推选新皇帝候选人时，连刘知远无才无德的族弟刘信都有，也没有他这个立下过战功的刘知远的亲弟。因此，郭威认为，至少暂时争取慕容彦超中立，不加入刘崇阵营，是完全可能做到的。

郭威刚刚称帝时，慕容彦超即派使节到京城入贡。郭威亲切接待了使节，回诏写得掏心掏肺，与慕容彦超称兄道弟："今天愚兄被迫走到这一步，其间经历实在是一言难尽，多余的话就不说了，望贤弟好好辅佐我，让咱哥儿俩一道守护好这天下的亿兆之民！"

等送走辽国使臣，郭威又赶紧给慕容彦超加官晋爵，并写了一份"情真意切"的诏书，表达新朝对他的高度褒扬和绝对信任：

"之前，由于前朝失德，少主听信谗言，惹出祸乱。仓促之间，你接到勤王诏书，立即飞驰来京，都不曾在路上休息片刻。为了拯救国家，就忘记自己的生死！一听到君王的召唤，不待车马便只身赴难！这是何等的忠贞啊！无奈天意亡汉，大军崩溃于京郊，降将败军相继倒戈，只有你掉转马头，奔回兖州，不论忠君主，还是面对时局，都做到了有始有终。正所谓危乱见忠臣之节，疾风知劲草之心。如果为人臣者都能像你一样，哪个当国之人能不重用？

"至于你说你未能辩识天意，早点派人来觐见，其实事主之道，何必如此？假如你在汉朝时就三心二意，朕又怎会相信你对周朝的赤胆忠心？

为了这点儿小事而担忧，反应不是太过度了吗？你只要与朝廷坦诚相待，安抚百姓的辛劳，体念国家的不易，用侍奉故君的忠诚来侍奉朕，不但万民平安，社稷也将倚仗你为栋梁。期待你不忘初心，为天下百官树立一个表率。另外，朝廷可从来没有想过要调你离开兖州。以上这些话，全都是朕的肺腑之言，就说到这儿吧！"

虽然慕容彦超不大可能相信大忽悠郭威的这些"肺腑之言"，但后周皇帝的一番表演，至少让前朝皇叔觉得自己在后周朝暂时不会有危险，可以苟安。至于起兵，刘子陂战败的阴影还未散去，辽兵与刘崇距离兖州都很远，自己何必急着当出头鸟去找死呢？唉，等有更好的机会再说。

除了刘崇、慕容彦超，其实还有一支更强大的势力，也有支援徐州的可能，那就是李璟统治下的南唐帝国，它的边境重镇寿州、濠州距离徐州不过四百余里。

南唐是此时的南方霸主，若只看纸面上的兵力，就算徐州守军、慕容彦超、北汉刘崇三方加起来也远远不及；若论经济实力，那更是连大辽国都得甘拜下风。而且，掌控着这个富庶国度的李璟，此时还没有失去一统华夏的梦想，如果碰上能给中原王朝放血的机会，他凭什么不干？

李金全北伐无果后，李璟并不甘心，改变了淮南政权以往的外交政策，数次遣使渡海前往辽国，赠送整船整船的江南物产，有吃的，有穿的，有玩的，更有高档奢侈品。无事献殷勤，目的自然不会太单纯，中心思想就是一条：请求大辽与南唐联手，收拾后汉（当然，现在改后周了）。而巩廷美在起事之初，就已派使者奔赴南唐，向唐主李璟求救。虽然郭威一上台就对南唐采取了睦邻友好政策，开放商旅往来，禁止军队进入唐境等，但仅凭单方面示好就能让南唐军队不出兵吗？

能，郭威心里有把握，李璟暂时是不会出兵的。这当然不是因为李璟珍惜后周方面的和平诚意，而是南唐正有一场大战在进行中，一时腾不出手来。关于那场战争，后文介绍。总之，只要后周方面行动迅速，就可以在南唐插手之前解决问题。

稳住慕容彦超，南唐的援军一时又不会来，围攻徐州的后周军队算是没有了后顾之忧，可以放开手脚。三月十二日，郭威收到王彦超的奏报：徐州已被攻克，斩巩廷美、杨温等反抗军头目。

## 火神淀之乱

后周军队攻克徐州的时候，后周派往北边的第二位使臣尚书左丞田敏抵达辽国，向辽主耶律阮献上了郭威的还价：辽与周应为平等邦交，恢复和好，辽国方面如果同意，后周可以每年赠予辽国十万贯钱（或十万匹绢）。可以说，为了在后周建国初期稳住辽国，郭威虽然没有接受辽国的全盘讹诈，可也做出了很大让步。只不过，以郭威自邺都起兵以来的诚信度，一旦后周渡过危机站稳脚跟，他还会这么爽快地履行给辽国送钱的承诺吗？

辽主耶律阮深知要让"中原两儿常孝"，就得不断利用其中一个来威胁另一个，讹诈也不是一蹴而就的。所以，郭威遣使访辽的消息，马上被他派南院枢密使高勋捅给了北汉方面：周朝愿纳岁币十万贯于我大辽，怎么样，如果你们不能拿出更大的诚意来侍奉大辽，我们也很为难啊！

刘崇慌了，他下意识地认为：如果辽国转而帮助后周，北汉哪还有一线生机？在暗骂契丹人不讲信用之际，刘崇急忙派北汉两宰相之一郑珙出使辽国，希望他能像昔日桑维翰见耶律德光一样，力挽狂澜，保住辽国与北汉的盟约关系。

郑珙带来了北汉方面新的让步：一、五十六岁的刘崇认三十四岁的耶律阮为叔，辽与汉结为"叔侄之国"；二、之前刘崇称帝的事不算数了，恳请年轻的"叔叔"正式册封老"侄儿"为帝，让大辽成为北汉的宗主国；三、北汉每年向辽国缴纳岁币十五万贯。

耶律阮大为欣慰：只有小小十二州之地的北汉，稍微吓唬吓唬，掏钱的速度就比拥有九十八州的后周还快了百分之五十。这果然是个好办法啊！郭威我儿，连刘崇都愿意出十五万了，你的竞拍价怎么能比他少呢？

耶律阮命令辽国上下热情款待郑珙，每天大宴小宴接连不断，目的是要让在辽国的后周使臣看清楚北汉与大辽之间的关系是如何亲密无间。

在一次盛大的宴会上，辽国各位大臣频频向郑珙劝酒。郑珙代表北汉，有求于辽，当然不敢拒绝辽人的好意，一杯接一杯地猛灌，即便大醉也不敢停口，终于喝到人事不省，被抬回住处。第二天，旁人发现郑珙没有起床，入内一看，才发现这位北汉宰相已因公酒殉职，死在了床上。

虽然发生了一点儿小意外，但并不妨碍辽汉亲善的表演效果。借着戏瘾，辽国皇帝再次遣使赴周，送给郭威马六十匹、貂裘一领、雕弓一副、涂金马鞍一套。送东西当然是次要的，重点是提醒郭威：瞧瞧人家刘崇，好好学习学习。

但此时徐州已平，慕容彦超看来暂时也不会有异动，郭威便对辽使的要挟装聋作哑，绝不肯再提高报价，只是再派左金吾卫将军姚汉英使辽，继续与耶律阮虚与委蛇。

耶律阮见郭威拒绝当儿子和增加岁币，觉得这大概是因为恐吓的力度不够大，决定扣押姚汉英，并且遣使去北汉，正式册封刘崇为帝。当年六月，辽国的南京留守燕王耶律述轧（《辽史》叫耶律牒蜡）和南枢密使高勋来到太原城外，北汉以极隆重的礼遇接待了上国来使。另一宰相赵华率文武官员出城三十里相迎，沿路修整拓宽，洒扫干净，城中更是张灯结彩，极尽粉饰。随后，燕王耶律述轧以当年册封石敬瑭的礼节，代表辽主封已经当了半年皇帝的刘崇为"大汉神武皇帝"，封王妃为皇后，并赐给刘崇一个新名字——刘旻（本书继续用刘崇原名）。

至此，刘崇才放下心来，觉得辽国的大腿终于算是抱紧了，接着就派翰林学士卫融前往辽国谢恩，并正式请求与辽军联手南犯，讨伐后周。

郭威也认为与辽国的和平关系看来是无法维持了，为加强北方防务，特地派开国功臣，侍卫亲军都指挥使王殷出镇邺都，代替自己起兵之前的职务，统筹对辽国的防御。原本留守邺都的柴荣，则调任镇宁节度使，防守黄河上的要冲澶州（从这个安排来看，郭威对柴荣极为信任，但对这个养子的军事才能并不算看好）。

郭威又派血战兴教门的义士，澶州兵变的功臣，六十二岁的老将何福进出任成德节度使，驻守边防重镇镇州。另外，对于成德旁边另一边防重镇义武，郭威则将它的节度使孙方谏调到华州，改任镇国节度使，义武节度使的职务改由其弟孙行友接替。

这个孙方谏，就是那个从民间武装中起家的孙方简，后周建国后，为避郭威之父郭简的讳而改名孙方谏。对于孙方谏的军事能力，郭威还是信任的。但孙家势力在中原与契丹之间曾反复横跳，现在辽国大军极有可能再次大举南犯，危急时刻孙方谏会不会又倒向契丹？虽说这个可能性不太大，但防人之心不可无，郭威打算将他替换。

正好，孙方谏的弟弟孙行友不知是不是那天喝多了，一时慷慨激昂，给郭威上了一份请战书。请战书上说：他已派人探听到契丹的虚实，辽国内部矛盾激化，大乱在即，只要给他三千名精兵，他就能乘虚进兵，一举收复幽州。郭威见书而喜，大大地褒扬了孙行友一番，顺势提升他为义武节度使，同时名正言顺地将孙方谏调到内地，充当隐形的人质。

从之后发生的事来看，孙行友没有收复幽州，但他提供的辽国内部要出大乱子的情报不是凭空捏造。这一年的七八月，已是辽国领土的幽州一带发生严重天灾（史书没说是什么灾），引发大饥荒，多达数十万百姓越过边界，向后周境内逃荒。后周皇帝郭威得知这个消息，命令横海、义武两镇尽全力安置好辽国来的灾民：大开仓廪，给每个灾民先发粟米一斗救急，然后按户分拨土地（由于长期战乱，后周在靠近辽国的众多州县都有很多无主田地），三年内免征赋税，帮助他们在后周境内重新安家。面对如此优惠的条件，辽国灾民纷纷相告，更多的百姓逃离辽国，投奔后周。

与此同时，辽国官方在干什么呢？他们不知道应该救灾吗？答案是：他们现在有更重要的事要做，对于救灾这种小事，确实有些忙不过来。鉴于刘崇恭敬孝顺，再对比郭威桀骜不驯，辽主耶律阮认定光靠恐吓，不足以使后周臣服，所以有必要来次大的，叫上刘崇、李璟一起发兵，让郭威真正认识大辽及其同盟的强大兵威，然后他才可能变得比较好说话。

耶律阮通知南唐来的使臣，大辽至迟将在十一月发兵攻周，届时请南唐军队一并北上，南北夹击，共同征服中原，如此，李璟能够亲赴长安，

第九章 后周开国

凭吊大唐列祖列宗的陵寝了。辽国皇帝的许诺虽然诱人，但这个联合出兵的计划未及实施就失败了。南唐使臣在坐船返回时，遭遇风浪，误入登州沙门岛（今山东烟台庙岛群岛），被岛上的后周水师拦截，辽国送往南唐的国书也被截获。

时任平卢节度使符彦卿，与新朝廷的关系十分密切。郭威让自己丧偶的养子柴荣迎娶了符彦卿正守寡的女儿（李守贞那个有皇后命的儿媳），又加封他为淮阳王（郭威在称帝当月，连封三位军界元老为王，以取悦天下诸军诸镇，即天平节度使高行周为齐王，忠义节度使安审琦为南阳王，以及符彦卿这个淮阳王），他也决定效忠后周，便立即将辽国与南唐正在勾结的情况上报朝廷，提醒郭威注意。

当年七月，辽国皇帝耶律阮统领皮室、属珊等辽国近卫军，以及大批蕃汉重臣抵达位于太原正北方向的九十九泉（位于今内蒙古自治区乌兰察布市辉腾锡勒草原上，因火山喷发而形成的九十九个湖泊而得名，是塞外著名的风景区），宣布在此地安置"夏捺钵"（契丹语，皇帝行宫的意思，春夏秋冬各不相同，号称"四时捺钵"）。然后耶律阮杀青牛白马祭天，谕令臣服大辽的奚、渤海、女真各部，以及燕云汉军，都要抽选精锐，赶到九十九泉会合，准备大举伐周。

虽说是要准备打仗，但耶律阮在九十九泉的表现更像是来度假的，因为他还带来了老母妻儿一家老小，好像准备好了让人家一锅端似的。为了说明接下来发生的事件的背景，这里简单介绍一下聚集于此的大辽皇帝的几位家庭成员。

耶律阮的生母萧氏，是原东丹王耶律倍的小妾，不是契丹人，也不姓萧，而姓克，是被契丹俘虏的奚人奴隶之后。成为耶律倍侧室的克氏，一连生下三个儿子，地位直线上升，仅次于无子的正妃萧氏。当上次妃，再用奴隶的姓氏就不太好了，所以她和她的家族也被赐姓萧。等耶律阮当上皇帝，尊生母为柔贞皇太后，又任命舅舅萧塔剌葛为北府宰相。昔日的奚人奴隶家族，出人下人转而成为人上人。自然，很多守旧的契丹贵族对此是有怨言的，只是耶律阮暂时听不见。

可能是受生母的影响，耶律阮最喜欢的女人是一个姓甄的汉人女子。甄氏原为后唐宫人，姿色过人，"严明端重，风神闲雅"，自从耶律阮得到她后，再看本族女子，包括耶律德光为他安排的原配萧撒葛只在内，顿时都不入法眼了。耶律阮一称帝，便越过萧撒葛只，强行立甄氏为皇后（这也是辽朝历史上唯一的汉人皇后）。这皇帝是什么意思？竟让一个汉人当大辽的皇后，是可忍孰不可忍！无法接受的契丹贵族向皇帝集体施压，耶律阮只得再立萧撒葛只为皇后，但甄氏的皇后之位仍然保持，这样耶律阮就同时有了两个皇后。

耶律阮的第二皇后萧撒葛只，是述律平老太太的亲侄女，正宗的契丹贵胄，她的上位表面上缓和了契丹贵族的不满，但背地里认为耶律阮过于亲汉的契丹贵族大有人在，并且在秘密串联。到本年，耶律阮至少有了三个儿子和三个女儿，其中萧撒葛只至少生有一子一女，为耶律贤、耶律和古典，甄皇后至少生有一子，为耶律只没。

除了辽国皇帝一家子，还有皇帝的堂弟寿安王耶律璟（又名耶律述律），以及一大班朝臣。其中包括皇帝最亲近的三个心腹臣子。这三个心腹臣子的来历，都与耶律阮登上帝位的过程有一定关系。耶律阮从永康王升级为大辽皇帝的过程中，作用最大的，有四个人。

一是拥立耶律阮的主谋耶律安抟，此时任北院枢密使，极受辽主信任，是目前耶律阮的三大心腹之一。

二是耶律阮的叔祖耶律安端，正是他作为宗室长辈，在关键时刻站队耶律阮，才让耶律阮能够战胜祖母述律平与小叔耶律李胡。

三是耶律阮的堂叔耶律刘哥，正是经他力劝，耶律安端才决定站队耶律阮，又在关键性的泰德泉会战中立下战功。

四是耶律皇室的远宗耶律屋质，经他沟通劝说，述律平与耶律李胡才在泰德泉之战失败后，放弃抵抗，结束内战，承认耶律阮的帝位。耶律屋质足智多谋，之后帮助耶律阮发起内部清洗，巩固权位，做出了很大功绩，此时身任右皮室详稳（皮室是辽国皇帝的禁卫军，详稳即将军，大致对应中原的侍卫亲军都指挥使，也就是史弘肇被杀前的职务），也是耶律阮的三大心腹之一。

帮助耶律阮登位的四大功臣全是耶律家的宗室，但其中两个谱系比较疏远，即耶律安抟和耶律屋质，因为从礼法上就对皇位威胁小，现在仍然是辽国皇帝的心腹；而谱系比较亲近的两人，即耶律安端与耶律刘哥，就没这好运气了，他们先后成了被清洗对象。耶律刘哥已在流放地死亡，老前辈耶律安端的处境好一点儿，但也被远远打发出中央，不再对朝政有发言权。那耶律阮三大心腹中的第三个人是谁？

那个人就是耶律安端的儿子，名叫耶律察割，同时与耶律刘哥的私交很好。耶律察割平日给人的印象是温顺柔弱，对谁都赔笑脸，很懂得讨人喜欢。但在泰德泉会战中，这个"柔弱"的王子跨马驰射，英勇非常，为耶律阮军立下战功。耶律阮得位后，论功封他为泰宁王。

本来，耶律察割作为安端的儿子，刘哥的铁哥们儿，是应该逐渐被皇帝冷落的人，但意外发生了。耶律察割发觉皇帝的用意后，果断与父、兄划清界限，悄悄派人上报皇帝：不知为什么，父亲现在非常厌恶自己，请皇上给自己做主。耶律阮正想瓦解潜在的对手，便召见了耶律察割。耶律察割在堂侄面前哭得万分委屈，好像他就是因为绝对忠于皇帝，而遭到了父亲和原好友的唾弃。耶律察割平时表现极好，此番表演又十分动情，把耶律阮也感动了，便安排他参与统领禁卫军，可以出入宫禁，不用再受其父耶律安端的指挥。此后，每逢耶律阮出猎，耶律察割常常自称手有伤，不带弓箭，毫无杀伤力地侍奉在天子左右，时不时还将父亲有什么不规矩的可能及时告知皇帝。耶律阮越发认为耶律察割非常忠心可靠，允许他平常将居住的帐篷安置在御帐旁边。

天子第三心腹的崛起，引起第二心腹耶律屋质的警惕，他提醒自己的皇帝：耶律察割此人，外表恭顺，内心险恶，最好不要亲近。耶律阮不以为然，竟直接将耶律屋质的奏章拿给耶律察割看。耶律察割又一次发挥传统艺能，哭得梨花带雨："皇上还是不要对微臣太好，不然连屋质都嫉恨微臣了，这可让微臣怎么办？"耶律阮见状连忙安慰说："我是相信你的，就知道没有那些事，你又何必哭呢？"辽天子的第一心腹耶律安抟也替耶律察割说话，耶律阮更加不把屋质的警告当回事。

耶律屋质见奏章不起作用，便找了个机会当面向耶律阮提及此事。耶律阮道："察割为了大义，背弃亲生父亲来侍奉我，我可以担保他没有二心！"耶律屋质急了："察割连对自己的父亲都没有孝心，怎么可能对您有忠心？"但耶律阮已经先入为主，认定第二心腹攻击第三心腹，纯粹就是出于嫉妒。我信任他也信任你，你们都是忠臣，不要相互猜疑。

回到九十九泉，在宠臣与妻儿的陪伴下，快乐等待各路大军的耶律阮，等来了一个让人不快的消息：后周竟然乘着辽国遭灾，大规模接纳辽国难民。耶律阮大怒：暂时没去收拾你，你竟然先抢起大国的税源来了，好大的胆子！这简直是对大辽朝赤裸裸的挑衅！如果不给予强硬回击，大辽作为天下霸主的颜面何以保存？

于是耶律阮下令，南犯提前，各部军马不等全部会合便启程南下。九月四日，耶律阮和大军来到一个叫详古山的地方，驻军休息。详古山的具体位置今已不详，只知在今河北宣化的西边。当地还有一个名称，叫火神淀，从这两个地名来看，这个地方应该是有山有水，风景不错，所以辽国在此建有一处行宫。

不知是为了祈祷即将开始的南犯顺利，还是当天是什么纪念日，耶律阮命在行宫祭祀"让国皇帝"，也就是他的父亲耶律倍。等隆重的祭祀大典完毕，耶律阮又举办了盛大的宴会，犒劳群臣：马上就是你们发扬武功，建功立业的好日子了，好好努力吧！

这一天，辽国皇帝的心情不错，兴致很高，开怀畅饮，完全没有注意到宴席上很多契丹贵族，没有和他一样放松。酩酊大醉之后，耶律阮沉沉睡去，做梦也想不到，他这一醉，就像前不久被他灌死的北汉宰相郑珙一样，真的解了千愁。他再也没有醒来，再也见不到第二天的太阳，再也没有什么事需要他操心了。

不过，耶律阮并非死于酒精中毒。当天宴席上有很多人没有喝醉，其中就有被耶律阮认为绝对忠诚、绝对可靠，可以直接安排住在御帐旁的耶律察割。宴席结束后，耶律察割离开住处，悄悄见了先帝耶律德光的嫡子寿安王耶律璟，一改往日的柔弱恭顺，张口就是够诛九族的猛话："大辽原本是太宗皇帝的天下，今上擅自篡位，大王就不想把大位夺回来吗？"

半醉的耶律璟大惊，这种玩笑可开不得，连忙拒绝。耶律察割见一时争取不到寿安王的支持，立即退出。此时已是箭在弦上，即使这位最合礼法的皇帝备胎不合作，耶律察割也不可能终止政变计划。其实在私下里，耶律察割已联络了一些对当今皇帝不满的契丹大贵族，如耶律刘哥的弟弟耶律盆都，不久前代表辽国册封北汉刘崇的燕王耶律述轧等，他们组成了一个阴谋同盟。按《辽史》的说法，在两个月之前，耶律察割一伙就打算要动手，因时机不成熟而推迟，耶律阮也没有察觉。现在阴谋集团认为时机已然成熟，为了报仇，为了泄愤，为了夺权，为了这一天，他们已经准备了太久！

由于察割的特殊身份，政变分子轻而易举地闯进了耶律阮的卧室，将熟睡的大辽皇帝斩杀于卧榻之上。耶律阮死时年仅三十四岁，在位共四年零五个月，死后谥"孝和皇帝"，庙号"世宗"。耶律察割等人要杀的不仅是一个世宗皇帝，还有柔贞皇太后。一个奚人女奴，也敢妄称太后？杀！北府宰相萧塔刺葛，靠裙带关系上位的下贱奴仆，杀！甄皇后，一个卑贱的汉女，居然僭越国母，杀！让大辽皇帝一家人头滚滚之际，耶律察割想起来：对了，还有那个几次三番和自己作对的耶律屋质，也必须杀！

耶律屋质当晚没有喝醉，听到皇帝行宫处传来异常的响动，惊觉不妙，接着听见远处的喊声："注意别让穿紫衣的家伙逃了！"耶律屋质立即脱掉外衣，乘乱奔出，乱兵大概不认识他，竟然让屋质成功逃出。这情节让人想起《三国演义》中马超的那句名言："杀曹贼，穿红袍的是曹贼！"他和察割就都没想起来要让衣服之类的特征消失是很容易的吗？

耶律察割得知没有拿下耶律屋质，又派人去控制住耶律璟，谁知耶律璟也不见了。原来，耶律屋质刚刚脱险，并没有想着逃得越远越好，而是马上着手反击。屋质利用自己担任右皮室详稳的身份，直入皮室军中召唤心腹，迅速夺回一部分兵权，暂时退到南山，同时派弟弟将寿安王耶律璟接了出来，预先抢占了最有分量的一个大义名分。可叹察割谋划在屋质之先，算计却落屋质之后。

耶律璟被强行接到南山的屋质军营时，不知道发生了什么事，还嘀咕着要回去。耶律屋质警告他说："大王是太宗皇帝的嫡子，如果被反贼得到，他们一定不能容您！万一您要出了事，群臣将侍奉谁？社稷又靠谁来安？您现在还要回去？一旦落入贼手，后悔还来得及吗？"耶律璟终于反应过来，原来屋质是要拥立自己为帝。虽然察割之前也表露过类似的意思，但与那个弑君者合作，显然太危险了，还是屋质比较可靠，这才欣然同意。耶律屋质立即以耶律璟的名义，连夜给火神淀的各军各大臣秘密传令，让他们脱离叛党，赶往南山会合，准备讨逆。

回到火神淀行宫，没等耶律察割等人想清楚耶律璟是怎么不见的，却见耶律阮的另一个皇后萧撒葛只乘着凤辇，以国母之姿出现在他们面前。因为萧撒葛只出身高贵，政变分子一开始没有将她纳入清除名单。在得知一门惨祸后，这个有情有义的女子让人将三岁的儿子耶律贤藏起来，然后不顾安危来见耶律察割，请求为自己的婆婆萧氏、丈夫耶律阮以及自己的情敌甄皇后等人收尸安葬。

天堂有路你不走，地狱无门自来投，耶律察割也不客气，当即将萧皇后扣下当人质。然后，几个发动政变的头面人物，聚一起讨论当前最重要的议题：既然耶律璟跑了，那谁来当大辽的新皇帝？

这次讨论出现了一个罗生门式的结果。中原史书如《资治通鉴》《契丹国志》都说燕王耶律述轧自立为帝，《辽史》则称耶律察割自立为帝。《辽史》的质量不高，但是，燕王耶律述轧是阿保机的叔祖蒲古只的曾孙，在辽国皇族中的谱系比察割更偏远，且不是主谋，所以在这件事上应该还是契丹人留下的记录更可靠吧？

不管那个人是察割还是述轧，反正政变集团的新皇帝推举出来，立即通告了还在火神淀没跑脱的百官或官员家属（其中可能包括耶律阮的第一心腹北枢密使耶律安抟，《辽史》说他在察割叛乱时不能讨贼，以其身份和对世宗的关系看，大概是被扣押了），同时善意地提醒他们：谁要敢不服从新天子，等全家下狱时，别怪我们事先没打招呼！

此时已是深夜，但数年隐忍、一朝爆发的耶律察割过于兴奋，没有一点儿倦意，又进入皇室库藏准备挑点儿喜欢的东西。他见到一个精致的玛瑙碗，拿起来交给妻子，夸耀道："这可是稀世珍宝，今天归我所有了！"

察割的妻子没有那么乐观："寿安王和耶律屋质都跑了，我们能不能渡过这次大劫还不知道。等死到临头，这些珍玩宝物再多又有什么用？"

耶律察割觉得妻子就是头发长见识短，笑道："寿安王还年幼（当年耶律璟已经二十岁），屋质单身逃走，顶多能叫上几个奴隶。我敢担保，等明天一早，他们就会入朝请罪，根本不用担忧！"

然而，接下来发生的事证明察割错了，头发的长短与见识的高下之间，并不存在反比关系。次日天明时分，有同党前来报急：耶律璟和耶律屋质已统领着一支大军，将火神淀行宫围住了！

被急报惊醒的耶律察割顿时失色，为防有变，他先派人去杀皇后。于是，勇敢的萧撒葛只求仁得仁，在丈夫的灵前被害。

随后，耶律察割等率军开出行宫，准备与死对头耶律屋质决一死战。耶律璟让人在阵前高喊："你们弑君篡逆还不够吗，还想再犯下什么大罪？"见此情景，耶律察割一方军心瓦解，还未开战，有个夷离堇首先投降。接着，越来越多的军队倒戈，归顺耶律璟和耶律屋质一方。

耶律察割见情势如此，知道这仗肯定是打不赢了，急忙在军队彻底崩溃前退回行宫固守。临近灭亡，耶律察割变得更加疯狂，将留在行宫内的官员及其家属全部抓起来，发狠道："要我死，那就谁也别活，大不了把他们全杀光！"

在被扣押的官员中，有个名叫耶律敌猎的林牙（辽国官名，职能近似翰林学士），眼见自己要遭池鱼之殃，急忙向耶律察割献计："不要自暴自弃啊，如果不是您杀掉昏君耶律阮，寿安王又怎么可能继承大统？只要把这个道理说给寿安王听，让他知道您对新君有功，仍然可以免罪！"

耶律察割猛然听到这番说辞，像看到了救命稻草，赶紧抓住："你说得也有道理，谁可以担当使者？"这样逃出生大的幸事当然要自告奋勇，耶律敌猎便请求由自己出马，带上耶律璟的弟弟耶律罨撒葛一同出去，劝说其兄长赦免察割。

对死亡的恐惧，让耶律察割的智商猛降到及格线以下，他立即让耶律敌猎与耶律罨撒葛走出行宫，去见耶律璟。耶律敌猎一离开宫内的新天子，马上就把察割派给他的使命扔到了一边，倒向了宫外的新天子。敌猎与屋质经过短暂商议，定下计谋，让耶律敌猎反身回宫，告诉察割：新天子同意赦免他，但为表示诚意，要察割解除武装出宫朝见，以明君臣之分。

虽然是如此直截了当、不加掩饰的鱼钩，怀着侥幸心理的耶律察割还是一口叼了上去。他一出来自然就中了伏，被耶律阮的弟弟武定节度使耶律娄国亲手斩杀。随后，辽国新君耶律璟下令将耶律察割碎尸万段，剁成了肉酱。稍后，耶律璟又下令诛杀察割满门。察割的妻子猜对了他们夫妻的结局。

叛乱的大头目察割被杀，这次叛乱也就接近尾声了。拥护耶律璟的军队乘势攻入行宫，行宫内的叛军纷纷放下武器投降。叛乱头目之一燕王耶律述轧拒不投降，拼死抵抗，终究还是力尽被擒，之后被凌迟处死，其妻与子也尽皆被诛，另一头目耶律盆都突围未成，同样被凌迟处决。

辽朝历史上有名的"火神淀之乱"，或者叫"详古山之变"，就这样结束了。关于这次变乱发生的原因，中原史书的说法，是当时辽军上下都不愿意南侵，辽世宗却不顾所有反对意见，强令各部人马南下，这才激起的反弹。如果这种说法正确的话，那么辽国新皇帝上台，是不是应该吸取教训，停止南侵？但实际上，即使发生了这么大的动乱，辽国的此次南侵行动也没有终止，只不过是规模缩小了，由原本计划中的皇帝亲征，改为由彰国节度使萧禹厥率五万辽军南下（就数量来说也不少了，当年耶律德光南下帮石敬瑭建立后晋，也就出动了五万辽军），与北汉的两万军队联合南侵。对此，史书中再没找到有哪个辽国将领或大臣反对南侵的记载。因此个人认为：关于辽军上下不愿南侵的说法，即使不能断言完全没有，也肯定不可能是火神淀之乱发生的主因。

也许从发动叛乱的几个主要头目身上，更可以看出端倪。耶律察割是耶律安端的儿子，耶律盆都是耶律刘哥的亲弟，他们的父亲与兄长为耶律阮的登位立下了汗马功劳，之后却遭到清洗，他们也一度受到波及，这种仇恨才是实实在在的吧？只不过耶律阮并不是暴君，虽然进行了清洗，奈何心不够狠，手不够毒，使得察割与盆都都顺利过关，察割更是跻身于他的心腹之列。所以对于这两人发动叛乱的主因，个人认为可以用一句话概括：清洗不彻底，等于彻底没清洗。

燕王耶律述轧参与叛乱的原因不是太清楚，可能与契丹贵族守旧派的反弹有一定关系。耶律述轧是偏远的宗室，但直到他这一代还能封王，是因他所代表的蒲古只一系在宗室中仍有强大的影响力。毕竟蒲古只一系曾与阿保机的祖父匀德实一系，轮流出任契丹的大夷里堇，如果按照辽国建立前的契丹传统，他们并不比阿保机的子孙低。另外，在变乱发生时，叛乱分子在第一时间内就杀掉了奚人出身的萧太后与汉人出身的甄皇后，却暂时饶过了契丹豪门出身的萧撒葛只，也可以看出这次叛乱带有一定的契丹本位思想。他们也许就是想：杀掉辽世宗后，恢复一切都只能由契丹贵族说了算的"好日子"。

由于"火神淀之乱"结束后上台的新皇帝耶律璟，是辽朝第一位有名的昏君，辽国初年那充满侵略性的咄咄逼人的强横期也暂时结束，进入了一个相对倒退的中衰期。自后唐第三王朝，辽国在整体武力上超越了中原王朝，使如何应对辽国的威胁成为后晋、后汉两朝军事、内政、外交诸政策的绝对核心，挤占了两朝拥有的大量战略资源。现在，辽国相对衰退，在一定程度上缓解了后周王朝面对的外患压力，使中原的新统治者能有余力推行较长远的富国强兵的战略，将国家拨回正轨。正好，中原接下来的几位统治者都比较优秀，让古老的中原大地重新充满希望的"三贤帝时代"，就此真正拉开序幕。

刘知远　李三娘　冯道　郭威

## 闽国内乱

在讲中原的变化之前，让我们移动一下时空，看看这些年南方各国发生的一些重要事件。因为这些事件的影响，雄心万丈的南唐主李璟，每次宣称要北伐时，都是雷声大雨点小，间接影响了中原的历史进程。

先来看看位于今福建省的闽国。自934年的建州之战，痛失宠臣薛文杰之后，闽惠宗王延钧并没有太难过，因为他身边很快又聚集起一批新宠，顶替了薛文杰的缺，从而成功保持闽国从内廷到朝堂，那种乌烟瘴气的污染浓度。

王延钧新宠的核心人物，是他的第二任皇后。据说，在王氏兄弟入主福建之前的福建观察使陈岩，有个很得宠的手下叫侯伦，生得年轻英俊，风姿过人，得到陈岩的喜爱，有了自由出入陈府的资格，让陈岩的小妾陆氏怀上了孩子。没等这个孩子出生，陈岩病逝，死前打算将福建让给王潮，但陈岩的妻弟范晖拒绝姐夫的遗命，自称福建留后，不许王潮进入福州（详见第三部《朱温称霸》的《王潮据闽》一节）。于是王、范开战，其间陆氏梦飞凤入怀，产下一女。这个孩子在名义上是陈岩的遗腹女，故取名陈金凤。

范晖被灭后，幼女陈金凤流落民间，幸得陈岩的族人陈匡胜收养，在相对贫苦的日子中慢慢长大。后梁开平三年（909），王审知受封为闽王，他虽然比较俭朴，但既然是王爷了，多少得有点王爷的架子，也征集了一批良家女充入王宫。其中，十六岁的陈金凤因为姿色出众，又善歌舞，通音律，再加上家世不错，便被选入宫封为才人。

接下来的情节似曾相识。陈才人在王审知的宫中没什么进步空间，但一次偶遇，她引起了王审知次子王延钧的注意，从此，王延钧就对她念念不忘。然后王审知死了，长子王延翰继任闽王，陈金凤为躲避王延翰彪悍的王妃崔氏，出家为尼。王延翰被王延钧、王延禀联手做掉，又由于内侍李倣的推荐，当上闽王的王延钧将陈金凤从尼姑庵中接出来，封为淑妃，特地建"长春宫"为其居所，在王延钧的嫔妃群中排行第三。没等太长时间，原本排行第一的刘氏（南汉清远公主，刘隐之女）去世，排行第二的金氏在陈金凤的强大攻势面前节节败退，逐渐失宠。陈金凤顺势爬上了后宫第一把交椅，大约在四十岁高龄时升级为皇后。

并不年轻的陈金凤靠什么拿捏王延钧对女性的审美呢？她能够想出许多新奇的点子去满足王延钧。比如，她在长春宫内定做了一张超级大床，长宽达数丈，又让绣工织了配套的五彩大帐，上绣八条金龙，号称"九龙帐"，意思是帐内还有一条"真龙"。又据说某年端午，王延钧造彩舫龙舟数十艘，每艘由数十名宫女驾驭，在西湖举行龙舟大赛，陈皇后亲作《渔歌子·乐游曲》助兴，使宫女同时唱和：

> 龙舟摇曳东复东，采莲湖上红更红。波澹澹，水溶溶，奴隔荷花路不通。 西湖南湖斗彩舟，青蒲紫蓼满中洲。波渺渺，水悠悠，长奉君王万岁游。

凭借这一首词，陈金凤成为《全唐五代词》中唯一入选的闽地女词人，大大秀了一把她出众的文采，证明她的魅力可能是在于高雅。

不过，即使陈金凤先天得到的颜值再高，后天修养的文才再好，也改变不了她青春不再、韶华渐去的事实。这为后来的竞争者提供了在宫斗中战胜她而成为君王新宠的信心，其中最突出的是王延钧的妃子李春燕。

原本陈金凤得以上位，内侍李倣帮了大忙，可等陈氏荣升皇后，李倣并没有得到期待中的高回报。更让李倣不满的是，陈皇后还推荐族叔陈匡胜、陈守恩为殿使，分割了李倣的权力。于是，李倣推荐自己的妹妹（可能是名义上的妹妹）李春燕入宫，与陈金凤争宠。虽然都是美女，但年轻的优势不容忽视，王延钧见之又神魂颠倒，特地为李春燕修了"东华宫"。

东华宫"以珊瑚为梲楡，琉璃为棋瓦，檀楠为梁栋，珍珠为帘幕，范金为柱础"，豪华程度不在皇后的长春宫之下。

陈金凤意识到了危险，可要怎么应对呢？正为难间，没想到今天的小辈又重复了昨天的故事。王延钧的长子王继鹏迷上了李春燕，两人很快勾搭上了，王继鹏向继母陈金凤提出请求，希望她能说服父亲把李春燕赐给自己。这个忙当然是帮的！在陈金凤的软磨硬泡之下，王延钧最终有些心不甘情不愿地将李春燕赏给了儿子。

王延钧肯忍痛割爱，主要原因可能是他的健康状况恶化。说好要当六十年皇帝的王延钧，在成为福建之主八年后（其中当闽王六年，当闽帝两年），突发中风，以致半身不遂。

虽然闽国皇帝的身体不行了，但闽国皇后的身体非常健康。王延钧有一个叫归守明的下属，生得英俊潇洒，各方面都酷似陈金凤传说中的生父侯伦。于是，陈金凤也做了传说中生母做过的事，与归守明在长春宫内勾搭成奸。陈金凤胆子很大，仗着自己完全掌控了后宫，将这段大逆不道的婚外恋弄得异常高调，宫廷内外人人都知道，好事者还给此事作了一则纪实性歌谣："谁谓九龙帐，只贮一归郎！"

不久，经归守明推荐，百工院使李可殷加入陈金凤的男宠行列，这名九龙帐的监造者，也钻进了他当初为皇帝打造的大床上。此时，以皇后陈金凤为核心，包括其亲族陈守恩、陈匡胜，情夫归守明、李可殷等，组成了一个腐朽堕落的权贵集团，在闽国政坛作威作福，甚至连默认皇位继承人王继鹏都受到欺压。王氏皇族对陈皇后一伙痛恨不已，但敢怒不敢言。

对政局极度不满的还有皇城使李倣。挤走李春燕的旧仇先不论，就说皇后的新情夫李可殷，此人早年陷害过李倣，他如果得势，自己是不是迟早要大难临头？李倣决定要做点儿什么拯救自己。正好，李倣在身边收养了一批勇士，都是骁勇敢死之人，绝对忠于李倣，必要时可以一搏。后唐清泰二年（935）初冬，宫里传出消息，说王延钧的病情加重了，可能不久于人世。李倣大喜，陈皇后的权力是依附于王延钧的，皇帝如果不能理政，皇后就没什么可怕的了。

十月十八日，李倣派出他的死士，直接闯进李可殷的家，将其乱棍打死。陈金凤得知情夫被杀，又惊又怒，向皇帝举报：咱们堂堂大闽，竟然有大臣在自己家里被谋害，如果不能查明真相，严惩凶手，何以告慰忠魂？十月十九日，王延钧拖着病体勉强上朝，召见百官，下旨要严厉追查李可殷究竟是怎么死的。

李倣没想到卧床多日的老病号居然能为这件事出头，看陈皇后的样子，不能善了，那就只有拼个鱼死网破。李倣急退宫门，找到皇子王继鹏：怎么样，咱们一起动手，成功了你当皇帝，我妹当皇后，陈匡胜那些人就再也不可能欺负你了！

两人一拍即合，为了自救，为了报仇，为了取而代之，豁出去了！

当天，李倣与王继鹏发动了叛乱，乱兵直接冲击长春宫，行动惊人地顺利，竟然没有遇上任何有力的抵抗。等乱兵杀到那张著名的大床边，见九龙帐内隐约有人影，便毫不客气地用长枪向帐内一阵乱刺。惨叫声随之响起，只见大闽国的皇帝王延钧拖着血肉模糊的躯体，哀号着爬出锦帐，在地上痛苦地翻滚。旁边的宫女不忍看君王继续受罪，补刀将他杀死。一代昏君王延钧就这样轻而易举地死了，共在位八年零十个月，死后追谥"齐肃明孝皇帝"，庙号"惠宗"。

紧接着叛军在宫内展开大搜捕，皇后陈金凤，殿使陈守恩、陈匡胜，男宠归守明，还有平日与王继鹏关系不好的弟弟王继韬等人，都被搜出来杀掉，之前在闽国呼风唤雨的陈皇后集团被一锅端了。

十月二十日，王继鹏宣布奉太后（王延钧之母黄蕨）之令监国，随即登基称帝，更名王昶（本书继续用原名王继鹏）。大功臣李倣被王继鹏加授判六军诸卫事，全权指挥禁军，一时权倾八闽。拱宸都指挥使林延皓来晋见新上司，卑躬屈膝。李倣很是得意，就将林延皓引为心腹。

一个月后，十一月二十一日，李倣进宫朝见，突然中伏，不知有无喊"我儿延皓何在"，反正林延皓冲了出来，将李倣生擒，立即斩首，将人头悬于宫门。原来，王继鹏在登基第一天就对李倣深为畏惧。这个人能杀掉自己的父亲，当然也能杀自己！所以他安排林延皓假意投靠李倣，伺机杀掉这个威名震主之臣。然后，王继鹏宣布李傲大逆不道，弑杀先帝，还害死了自己亲爱的弟弟王继韬，实属罪大恶极，死有余辜。

李傲收养的一千余名死士得知主公被杀，马上集合起来，手持木棒进攻应天门，在禁军的抵抗下未能得手。于是，他们纵火焚烧宫门，抢下李傲的首级，逃奔吴越国而去。王继鹏总算清除了李傲的势力，任命弟弟王继严为权判六军诸卫事（加个"权"字，意为代理），代替李傲，又让自己的老师六军判官叶翘出任内宣徽使、参知政事。

叶翘学识渊博，为人正派，有他出任宰相，闽国似乎有了重新走上正轨的迹象。但好景不长，叶翘很快和他高贵的学生起了冲突。

闽国新皇帝的正妻姓李，是他亲姑姑的女儿，按正常程序成为新的皇后。但即使发生了李傲被诛的事件，王继鹏仍然只宠爱李春燕一人，对父亲安排给自己的表妹一点儿兴趣也没有，只想立李春燕为皇后。

叶翘发现这个苗头，上疏劝阻说："当今皇后是先帝的外甥女，又是明媒正娶，岂能因为有了新欢，就将她冷落。"

王继鹏见老师居然干涉自己的后宫事，大为不满，对老师不再理睬。叶老师没有发现学生的情绪变化，仍然尽心尽责地上疏议论国事。不耐烦的学生便在他的奏章上批了一首诗：

春色曾看紫陌头，乱红飞尽不禁愁。

人情自愿芳华歇，一叶随风落御沟。

十二月，叶翘被罢相并逐出朝堂，返回家乡永泰，距离他入相仅仅过去一个月。稍稍打了个小弯儿，闽国的国政又回到了长期坚持的下行线。

第二年正月，李春燕被立为皇后。也就在这一年末，耶律德光与石敬瑭的联军攻入洛阳，李从珂带着全家自焚于玄武楼，后唐第三王朝灭亡。这件大事传到闽国，百姓多悄悄议论："潞王（李从珂）有什么罪，我们不知道。我们的君王有什么罪，倒是清清楚楚，可又能怎么样？"仅仅在位一年，王继鹏就在百姓中赢得如此"好口碑"，那他究竟做了些什么呢？

首先，虽然赶跑了叶老师，王继鹏还是需要人来辅佐朝政的，让谁干呢？谁也没想到，他看中的是"洞真先生"陈守元，就是当初那位预言他爹王延钧能先当六十年皇帝，再升级当"大罗仙人"的大忽悠。按说只要看看他爹怎么死的，王继鹏就应该清楚这道士就是个大骗子，但警铃再响，也架不住新闽帝掩耳盗铃。于是，陈守元被封"天师"，此后闽国无论是将相更易，还是刑罚选举，王继鹏都要征求"陈天师"的意见，问问怎么做最有利于自己的长寿与修仙。

在陈天师的建议下，王继鹏在宫内建"三清殿"，又征收了大量黄金，由陈天师监工筑造宝皇及元始天尊像，陈天师不知捞了多少回扣。等三清殿建成，王继鹏与陈天师常常在殿内昼夜狂欢，凡有政事，都祈请宝皇决断。凭借着宝皇代言人的显赫身份，陈守元大肆收受四方贿赂，成了当时最有钱的道士。

王继鹏为政轻佻，毫无原则。有一次，他得到了五匹好马，一时兴起，就给五匹马都封了官，分别是金鞍使者、千里将军、致远侯、渥洼郎、骥国公。原来封侯封公就是这么简单，但如果你不是奇蹄目动物，又想当官怎么办？王继鹏为高级灵长目同类提供了方案。

有一次，王继鹏问吏部侍郎蔡守蒙："听说吏部在委任官员时，经常收受贿赂，有这样的事吗？"蔡守蒙当然矢口否认："那些是流言蜚语，根本不足为信。"王继鹏嘿嘿一笑，干脆打开天窗说亮话："朕了解这些情况很久了，委任官员的事，交给你们吏部来做，当然是要你们选贤任能。不过那些没有能力或冒名顶替的人也不要一味拒绝，只要他们肯出钱，也好商量，你就将他们编好名册报上来！"蔡守蒙原本并不是个贪官，认为这样做不妥，但王继鹏一发怒，他只好依旨行事。从此，卖官鬻爵在闽国不再是非法行为，不用再偷偷摸摸，完全正大光明地公开定价。

王继鹏这么关心捞钱的工作，是因为自他上台以来，闽国的国库就仿佛漏了似的，花钱如同无底洞。如为支持陈天师及其道士同行，连建三清殿、紫微宫、白龙寺等工程，处处极尽奢华，其中仅紫微宫一处，工程规模就两倍于皇宫。这些宫观建成后，每天作法事，国家的钱财又化为龙脑、薰陆等名贵香料，在各个焚香炉中化为袅袅青烟。

鉴于闽国前两任君主，伯父王延翰与父亲王延钧都死于宗室发动的兵变，为了不让自己成为第三个，王继鹏觉得应该从两方面防患于未然。

第一个防范目标是宗室，重点打击那些看起来有潜在危险的王家宗族。他的叔叔王延武和王延望第一批中招，连同五个儿子一道被诛。然后王继鹏在长春宫召宗室、群臣作长夜饮，将众人灌醉，找他们的错处。族弟王继隆便这样以酒后失礼之罪被斩首。王继鹏的另一个叔叔王延羲被吓得不轻，佯装精神失常想避祸。王继鹏先是度其为道士，流放武夷山，后来想想不放心，又将王延羲召回福州加以软禁。

另一个重点防范目标当然是军队了。王继鹏感到祖父王审知留下的控宸、控鹤等禁卫亲军已经不足以信任，又亲见李倣收养死士的成果，决定加以仿效，便以数倍于原禁军的高薪厚饷招募勇士二千人，另外成立了一支新的亲军宸卫都。宸卫都的组建带来了不少麻烦，其中最好解决的一个居然是新增的军费开支。反正一算下来，王继鹏挖出的这些"天坑"，仅靠卖官鬻爵的额外收入远不够填。

于是，在王继鹏的统治下，闽国各项苛捐杂费纷纷冒出。如王继鹏出台规定：闽国的山川湖泊全部收归国有，以后不管打柴、捕鱼、捡野菜统统要交税，所有缴过税的东西如果上市买卖，又要再缴一遍。这还是小头，王继鹏下诏规定：各州县男丁要缴纳身丁钱（《十国春秋》说是"计日笄钱"，如果是每天一收，显然太多，每年一收则太少，不知究竟多长时间收一次）。为了多赚一点儿，王继鹏还下了一个特别不合情理的规定：在贸易不发达、物贱钱贵的州县要缴钱，在海上贸易发达、物贵钱贱的漳、泉二州反而不收钱，让每丁缴米五斗代替。又在收粮的斗上做手脚，说的是五斗，其实折合七斗三升。为防止百姓逃避身丁钱，王继鹏还出台了补充规定：百姓有瞒报年龄者，处以鞭打之刑；有隐瞒户口者，处死；有出逃者，全族连坐。

通过一系列捞钱手段，闽国暂时实现了"财政平衡"，王继鹏寻思着自己现在兵强马壮，又有神仙保护，该向天下炫耀一下武功了。闽国皇帝召集群臣，宣称要讨伐吴国（这个时候可能已经是南唐了）。要如何展示自己的勇武呢？王继鹏的想法与安重荣、李守贞差不多，无奈他没有那两个老军头的技术，不过没关系，他可以"开挂"。王继鹏命人特制了一个巨大的靶子，对众人道："如果我一箭中靶，当平定江南！"然后，他站在距离巨靶仅几十步的地方拉马搭箭，嗖的一箭，果然上靶了！群臣一阵欢呼："神射啊！陛下这一箭，岂止平定江南，必然能平定天下！"

不过，在虚荣心得到满足之后，王继鹏也没有完全丧失自知之明，在口头上取得平定天下的胜利后就满足了，没有真的出兵南唐。他在南唐国内被引为笑谈："闽国国主好远大的志向啊，怎么不动手试试？"

前面说组建宸卫都带来的小麻烦是军费的增加，那它带来的大麻烦是什么呢？那就是激怒了原先的亲卫禁军控宸都与控鹤都。在五代十国时期，激怒百姓通常不是大事，因为这个时期的君主一般都活不到百姓造反的时候（辽主耶律德光可能算例外，只是辽国又不属于五代十国），但如果激怒军队，连百战百胜的李存勖都可以拉下马，何况你连射个箭都要靠作弊才能上靶的王继鹏呢？

原先忠于王继鹏的控宸都指挥使林延皓已去世，继任者叫朱文进，而控鹤都的指挥使叫连重遇，二人都是王继鹏不喜欢的，经常受到闽国皇帝的辱骂与处罚，他们在私下自然也对皇帝极为不满，常常在士卒面前数落：天子欺压我们两都将士，有点钱统统赏给宸卫都那些地痞流氓去了！时间一久，两都士气不振，人怀二心。

渐渐地，王继鹏也听说控宸、控鹤两都人马可能会造反，打算将他们调出福州，发配到漳、泉二州去充当地方部队。消息传出，两都军人怨气更盛。后晋天福四年（939）七月，就在迁移控宸、控鹤两都人马的计划还没来得及实施时，闽国北宫发生火灾，将宫殿烧得干干净净。清理和重建的工作都需要人手啊，于是王继鹏暂停迁移两都的计划，让两都将士先到北宫的废墟上充当一下廉价的苦力。

发生一起重大火灾，当然不能仅仅是清埋重建了事，火灾原因总得弄清楚吧？相关的责任人必须得接受处罚吧？不然怎么惩前毖后，亡羊补牢？结果这一调查，虽然没有找到确凿证据，但王继鹏怀疑是连重遇暗中纵火，准备将他杀掉。

但王继鹏实在太不得人心了，还没等他动手，已有人悄悄将这个消息告诉了连重遇。当月十二日夜，连重遇联合朱文进，率控宸、控鹤两都人马发动叛乱，他们一面猛攻长春宫，一面派人将软禁中的王延羲接出来。王延羲见一伙大兵突然闯进来，还以为是侄儿来要自己的命，吓得逃进厕所中躲藏。过了一会儿，王延羲被叛军找到带了出来。腿肚子打抖的王延羲被带到连重遇、朱文进的面前，叛军一起向他跪拜，并高呼万岁。

再说二都造反，并已拥立新君的消息传出，福州城内外的闽国军队纷纷加入造反阵营，还忠于王继鹏的只剩下一个宸卫都。

叛军纵火焚烧长春宫，王继鹏带着皇后李春燕，冒着烟火仓皇逃出宫，奔入宸卫都军营避难。但叛军实在是人多势众，宸卫都也顶不住了，残余的一千余名兵众保护着王继鹏与李春燕出北关而逃。看来至少在收养死士方面，这位昏庸的闽国皇帝还是做出了一点儿成绩的。

叛军拥立的新君王延羲，命另一个侄儿王继业，去追击逃走的侄儿皇帝王继鹏。王继鹏身边的护卫逐渐溃散，最终他在福州城北梧桐岭的一个村庄内被追兵团团围住。王继鹏知道不可能逃脱，只得扔弓束手就擒。王继鹏看到来抓他的人是堂兄弟王继业，恨恨地道："你身为臣子的节操何在？"王继业的回答义正词严："为君之人自己没有君主的德行，还能要求为臣者尽臣子的节操吗？何况旧君是堂兄，新君是叔父，谁亲谁疏？"

王继鹏哑口无言。稍后，他被王继业灌醉之后用绳子勒死，李春燕与所有皇子也一同被杀。王继鹏在位共三年零十个月，虽然生前为祸一方，死后得到的谥号却极尽褒扬——"圣神英睿文明广武应道大弘孝皇帝"，庙号"康宗"。一般来说，被政变干翻的君主死后的评价通常不会太高，如果出现反常，那意味着新上台的统治者已为弑君之罪找到了"背锅侠"。

果然，新君王延羲下诏："忘恩负义的宸卫都，不顾皇恩浩荡，竟悍然发动叛乱，杀害了贤明的先君！对于这样一支邪恶的叛军，人人得而诛之！"这样一来，宸卫都的残众再也不可能在闽国生存，只能像之前李做的死士一样，向北越过国境，投奔吴越。闽本来就是小国，精兵不多，这回又减少了一批。

在政变中倒霉的不仅仅是宸卫都。之前得到王延钧、王继鹏父子两代闽帝极度宠信，并乘机大肆敛财的"天师"陈守元，在叛乱发生后忙脱下道袍逃命。可他实在太有名，被叛军认出，马上一命呜呼。陈守元的同党，另一个道士林兴，此前帮忙陷害过王延羲，在泉州被赐死。另外，奉旨卖官的吏部侍郎蔡守蒙也被叛军逮捕，连重遇指责他卖官鬻爵，罪不可恕，于是也被杀掉。王继鹏死了，他的心腹们也遭到了大清洗，那闽国的国政是不是能有所好转呢？当然没那么简单。

新君王延羲采取的第一项重大措施还是比较理智的，他放弃了皇帝的称号，重新改称闽国王，并以闽王的身份，遣使向后晋称藩。在政变之前，王继鹏也曾派遣使臣出访后晋，但因为他的头衔是皇帝，要求与后晋实现平等邦交。使节到达汴梁时，王继鹏已死，中原方面还不知道，晋主石敬瑭大怒，断绝双边关系，并将闽国使臣逮捕下狱，构成了外交危机。

不过闽也遣使向辽国示好，于是辽主耶律德光决定派人敲打一下石敬瑭："闽国的贡物都交给乔荣（辽国派驻后晋的回图使），把闽国的使臣放了，送他们回国！"石敬瑭自然不敢违抗父皇帝的圣旨，只好乖乖放人。正好闽国君主的更替也给了后晋一个台阶，双方的交往才又恢复正常。

不过，除了外交上这一点成绩，闽国的新君再没做过有人样儿的事了。骄奢淫逸，苛刻暴虐，就是史书对其执政风格的简单总结。按《十国春秋》的说法，王延羲是王审知的第二十八子（有记载说是第八子）。这么多兄弟，你排行又这么靠后，凭什么闽王的位置由你来坐？想到这些，王延羲决定对还活着的兄弟多加防范，王氏宗族人人自危。

## 福建内战

有一个兄弟特别不好收拾，那就是当初王延禀战败被杀后，被王延钧派去出镇建州（今福建建瓯）的"十三郎"王延政。王延政身为建州刺史，长期坐镇一方，手里有地盘、有军队，不是王延羲能轻松掌控的。王延政听说了王延羲上台之后的种种行为，便上疏劝谏，要求兄弟改邪归正，不要重蹈前三任的覆辙。王延羲看到上疏，勃然大怒，回信大骂王延政：我今天已经是闽王了，你还把我当成普通兄弟？

为了让王延政了解触怒君王的代价，王延羲派心腹邺翘前往建州，担任王延政的监军，又派将军杜汉崇率军进驻建州南面的南镇（今福建古田），以威慑建州之兵。邺翘和杜汉崇对主子的意图心领神会，到任后马上积极行动，到处搜集王延政的过错、隐私，准备编辑完备后兴起大狱。

知道王延羲迟早要对自己下手，王延政自然又急又气，屡次与监军邺翘起争议。一天，双方终于撕破脸，大吵起来。邺翘大吼道："你要造反吗？"王延政暴怒：老子原本不反，你们非要逼老子反，老子就真的反给你们看！他当即喝令：拿下邺翘！邺翘急忙在卫士保护下逃出建州，奔至南镇与杜汉崇会合。王延政随后出动建州军队进攻南镇，大败福州来的邺翘与杜汉崇。邺翘与杜汉崇逃回福州，向王延羲报告：陛下您真是神算，王延政果然造反了！

至此，小小的闽国一分为二，开始内斗，因为交战双方一方以福州为中心，一方以建州为中心，姑且称接下来的战争为第一次"福建内战"。此时是后晋天福五年（940）正月，距离王延羲登上闽王之位，才过去短短半年。

福建内战刚开始时，优势看起来在福州一方。二月，闽王王延羲命统军使潘师逵、吴行真率领四万大军讨伐王延政。王延政自觉兵力不敌，决定一面收缩军马固守建州，一面派出使节向北面的吴越国求救。沿途没有抵抗，福州军队轻松进至建州城下，潘师逵在城西扎营，吴行真在城南扎营，放火焚烧城外的民房，对建州城形成一个松散的包围圈，准备攻城。

王延政的求救信送到杭州时，吴越国的掌舵人仍然是钱镠之子文穆王钱元瓘。他随父征战过多年，虽然过了很多年和平安逸的日子，但看闽国内乱，平静已久的雄心还是被触动了：也许扩大吴越疆域的机会到了呢？钱元瓘召集众臣，讨论如何处置福建的事。

在会议上，吴越丞相林鼎从天时谈到地利，又从地利谈到人和，坚持认为现在不是出兵的好时机。虽然他说的听起来很有道理，但有权拍板的人毕竟不是他，经过几轮讨论，钱元瓘还是决定出兵，派内牙统军使仰仁诠与都监使薛万忠率大军四万人南下，以救援王延政的名义进入闽国。

承平日久，吴越此次出征的动员效率不高，二月二十六日决定出征，军队迟迟没有完成集结，行动迟缓。在吴越军到达前，建州城下的战事开始了。三月二日，王延政派将军林汉彻出击，打败福州军潘师逵部，杀一千余人。受到这次小胜的鼓舞，王延政信心大增，决定来次大的。

三月十一日，建州军派出一千多人的敢死队，乘夜渡河，悄悄潜入潘师逵大营。潘师逵吃一堑不长一智，毫无防备。混入营中的敢死队遂抓住机会，利用风势纵火烧营，营中军马顿时大乱，失去了应战能力。建州军乘机大出，一面擂鼓呐喊壮大声势，一面杀向福州军。混战中，潘师逵被建州军将领陈海斩杀，潘师逵部全师崩溃。

次日一早，王延政亲自统军出城，进攻城南的吴行真部，吴行真的大营与建州城隔着一条河，按说可以据险而守。但昨晚潘师逵部溃败，让吴行真部变成了惊弓之鸟，一见到建州军开始渡河，吓破胆的福州军便势如山崩，扔掉兵器，丢弃营垒，掉头往南逃去。

此役，福州军损兵一万余人，王延政乘胜追击，又拿下永平（今福建南平）、顺昌（今福建顺昌），军威大振。王延政开始有点后悔了：早知道福州军这么好打，我要什么吴越援兵啊？

又过了一个多月，姗姗来迟的吴越援军才进至建州城外，王延政奉上酒肉犒赏吴越军队，同时善意提醒：福州方面的军队已经被打败了，所以你们可以平安回师了。但吴越军来这一趟，主要目的又不是救人急难，你叫我来我就来，还能你叫我回去我就回去不成？仰仁诠等人表示：福州方面的军队暂时退走了，但还有可能回来，咱们这次既然来了，就一定要保护好建州的安全。所以，吴越军就在城西北扎下大营，准备长驻。

王延政从吴越兵的身上感到了比好兄弟王延羲更大的威胁。怎么办？福州那个闽王再不好，也还是自己兄弟吧？王延政居然将自己的外交战略来了个一百八十度的大转折，秘密遣使到福州，请求王延羲拉兄弟一把，把不怀好意的吴越兵赶走。

刚刚战败的王延羲，正担心建州与吴越联军进犯时自己如何抵挡，接到密信，自然大喜过望，一口答应。王延羲马上寄书杭州，对吴越国侵入闽国边界的行为进行严厉警告。同时，福州方面派泉州刺史王继业（杀掉闽康宗王继鹏的那个王继业）为主将，率军二万人救援建州。在王延政表面上还是吴越军盟友的前提下，王继业的援军在兵力上处于明显劣势，所以他并没有直接与吴越军主力交战，而是分出很多轻锐小队，翻山越岭，不断袭扰吴越军队的后方粮道，但效果不是很显著。

吴越与闽国的边界地带布满了仙霞岭、鹫峰山、雁荡山等山岭，本来道路就不好走，吴越出兵的时机选择也有问题。进入五月，东南的梅雨季节开始，各条山间道路泥泞不堪，军粮运输几近中断，而王延政自然找尽借口不给吴越军供粮。随着时间推移，吴越军士气渐渐低落。

王延政感觉时机差不多了，突然变脸，与王延羲派来的援军里应外合，大破吴越军于建州城下，斩俘万余。仰仁诠等人只得率残兵败将连夜北逃，吴越染指福建的第一次图谋就此失败。王延政两战全胜，俨然成为王家第二代中的头号将才。这次戏剧性的会战，还让福、建双方有了和好的余地。于是，等闽国的一个邻居败走，另一个邻居乘机出头做好人。

就在当月，南唐烈祖李昪派客省使尚全恭出使闽国，为王延羲与王延政两兄弟说和。在南唐方面的调停下，第一次福建内战结束。王延政派遣使者，携带着自己的誓书前往福州，与王延羲在宣陵（王审知墓，位于今福州市晋安区斗顶村）对着父王的灵位盟誓：从此尽释前嫌，友爱互助，一心一意，共同守护好父亲留下的基业！

发下誓言的第二个月，王延羲就做出了第一项"亲善举动"：在福州城西兴建外廓城，以防备建州军队可能的偷袭。王延政得到这个消息后，觉得来而不往非礼也，也开始扩建建州外城，新城的周长达二十里，建成后能大大强化城防。王延政还寄书于汀州（今福建长汀）刺史王延喜与泉州刺史王继业，同王氏宗族联络感情，如果福、建再度开战，争取这些兄弟子侄能重新站队。

王延羲自然也紧盯着王延政的一举一动，这家伙只有一个建州已经不好打，怎么能让他有任何扩大势力的机会呢？所以只要发现一点儿危险的苗头，都要立即掐灭！

后晋天福六年（941）三月，王延羲派兵突袭汀州，生擒毫无防备的刺史王延喜，抓回福州关押。六月，又召王继业入朝。王继业大概自恃对王延羲有大功，没有多想就来了，结果他刚到福州城外，甚至没能进门，就在南郊被叔父赐死。当初他反问王继鹏："旧君是堂兄，新君是叔父，谁亲谁疏？"现在他知道答案了，可惜晚了。

经过调查，王延羲怀疑宰相杨沂丰是王继业的同党，于是顺手将杨沂丰满门抄斩。随后，王延羲派人至泉州，又将王继业的儿子杀光，再任命另一个侄子王继严为泉州刺史。一个月后，王延羲听说新上任的刺史王继严在泉州广施恩惠，很得人心，立即又将王继严召回罢免，以毒酒鸩杀。

王延羲大概也想开了，自己将来估计也不会有什么好结果，还不如乘权力尚在手，彻底放飞自我，过把瘾就死也值了。十月，王延羲宣布登基即皇帝位，闽国又重新升级为帝国。

残害忠良，妄自尊大，这样的人谁和你是兄弟？王延政给自己毁约找足了借口，当即在建州自称兵马大元帅，严厉谴责王延羲的倒行逆施，厉兵秣马，准备开打，第二次福建战争随之爆发。

后晋天福七年（942）六月（石敬瑭病死，石重贵继位这个月），建州军在王延政的亲自统领下，南下包围了汀州。选汀州，王延政可能指望着王延喜旧部会积极响应吧，但显然此前王延羲的清洗非常有效，汀州守军顽强坚守，绝不向建州方面投降。王延政又不敢离开建州太久，只好下令强攻，结果连攻了四十二轮，拖到七月，汀州城仍未能攻下。

得知建州军主动开战，王延羲调集了三路军队应战：第一路，从漳、泉二州调兵五千人，就近救援汀州，阻止汀州失守；第二路兵力无记载，但应该是福州军的主力，由将军林守亮、黄敬忠率禁军西进尤溪，做出支援汀州的佯动，在确定汀州没有危险后掉头向北，进驻尤口（尤溪注入闽江处），准备乘着王延政不在家，沿闽江逆流而上，端掉他的老巢建州；第三路，由国计使黄绍颇率步卒八千人为预备队，相机支援前两路军队。

但不知什么地方出了纰漏，王延政很快得知了福州方面的计划，见形势不妙，迅速从汀州撤军，抢先封锁闽江，派部将包洪实、陈望进占尤口。七月十五日，福、建两军相遇于尤口。福州军大将黄敬忠正准备出击，军中有个术士告诫他说：时机未到，应该按兵不动。闽国还真不愧是出过陈守元天师的地方，道爷说话就是特别管用，黄敬忠一听就停手了。但问题是建州军那边没有一个对应的道爷配合，包洪实等率战船登陆，对什么也不做的福州军发起猛攻。于是福州军大败，相信"时机未到"的黄敬忠被当阵斩杀。

得知尤口大败，跟在后面的林守亮、黄绍颇慌忙逃回福州。王延羲很头疼，为什么优势在我的福州军老打败仗？八月，闽国皇帝又一次派遣使臣，带着金器九百件、钱一万贯、空白的官员委任状六百四十份前往建州，向王延政请求和解停战。连战连胜的王延政当然不同意，第二次福建内战还将延续。只不过，区区建州一地薄弱的人力物力也支撑不起长期战争，所以虽然没有达成和议，但战斗暂停了，一时间双方没有大规模战事。

于是，对挽救危局毫无办法的王延羲，钻进宫中，用醉生梦死来打发烦闷的时光。被王延政拒绝的当月，王延羲在九龙殿大宴群臣，他一个侄儿王继柔酒量小，实在喝不下去，悄悄把酒倒掉。王延羲一见大怒，将王继柔与倒酒的礼宾官一并斩首。

当然，王延羲的宴会也不是一定要见血才能罢休。一次夜宴，王延羲与同平章事李光准都喝醉了，言语间就起了冲突。王延羲大怒，口齿不清地下令：将李光准绑赴集市斩首。相关官员见皇帝醉得厉害，不敢轻易执行，便只将李光准押入大牢，等第二天有了正式诏书再说。第二天早朝，王延羲感到奇怪：李光准怎么没来？等问清昨晚发生的事，他立即下令：昨晚的圣旨不算数，让李光准官复原职。

当天晚上，王延羲又举行宴会，又喝得大醉，又发酒疯说要杀掉翰林学士周维岳。然后牢房中的看守清理了一张床，对被押进来的周维岳说：

"昨晚李相爷就是在这里过的夜，所以尚书大人不用担心。"果然，第三天一早，周维岳同样被释放，同样官复原职。

但周维岳的历险记还没有结束。没过几天，他又被王延羲召去陪酒，大醉之后，王延羲突然想到了一个问题："周维岳个子如此矮小，怎么酒量会这么大？"左右侍从不知道答案，只好编瞎话糊弄老大："听说善饮的人有一条酒肠，酒都流入酒肠，所以不会醉。"王延羲一听，好奇心大起，命将周维岳的肚子剖开，要看一看那条神奇的酒肠。左右慌了，连忙劝告说：有酒肠的珍稀物种太少，如果杀了，以后就没人能陪陛下痛饮了！王延羲觉得有理，周维岳才又捡了一条命。

李光准和周维岳的故事大概能告诉我们两件事：一、王继柔和那位礼宾官真是死得太冤；二、王延羲的闽国就快没救了。

随着王延羲的各种倒行逆施传遍全闽，王延政更觉得自己有责任挽救伯父与父亲留下的基业。为了不在名位上落下风，到后晋天福八年（943）二月（南唐烈祖李昪逝世当月），王延政以区区建州一州五县之地，称帝建国，并大赦境内。在中国历史上，比王延政还要弱小的称帝建国者也不乏其人，但都是上不了台面、得不到正史承认的草头王，因此王延政此举，创下五代时期甚至可能整个中国历史上最小帝国的纪录。王延政的国号叫作"大殷"。

闽地发生的事，让刚刚登上帝位的南唐中主李璟非常不快：你们王家两兄弟可是在我父皇的调停下，发誓和解过的，现在我父皇刚死，你们就把国家一分为二，这不等于变相打了我父皇的脸吗？自视大国之君的李璟决定给两兄弟提个醒，免得他们目无尊长。于是，南唐派出了两拨使节，分别前往福州和建州，要求他们停止内斗，重新遵守当初在南唐监督下达成的和平协议。

南唐使者到达福州，王延羲不同意和解，解释说，贤德如周公也曾诛管叔、蔡叔，圣明如太宗皇帝也曾杀建成、元吉，所以责任全在王延政一方，自己的行为是正义的。南唐使者到建州，又碰了更硬的钉子。两拨使臣回报后，李璟大怒，开始有了对王氏兄弟用兵的想法。

不过，王氏兄弟暂时都没把南唐可能带来的威胁放在心上，他们都在扩军，准备着新一轮的较量。扩军当然是一件非常烧钱的事，所以闽、殷两国都有足够的理由，使用各种手段大肆敛财。

如王延羲在闽国铸造了"永隆通宝"大钱，规定一枚大钱相当于原来的一百枚小钱；王延政马上在殷国铸造"天德通宝"大钱，规定的币值同样是一当一百。王延羲重用刮民有术的大贪官余廷英为同平章事兼泉州刺史，让他重征商税以供奉宫廷，余廷英一时宠信无二。王延政同样让绰号"杨剥皮"的酷吏杨思恭出任宰相，使殷国从田亩山泽到鱼盐蔬果，无地没有苛捐，处处都有重税！当然，从记载来看，这两兄弟多少还是有点区别的：王延政收上来的钱，可能大部分真的是用来养兵了，而王延羲收上来的钱，肯定主要还是用于自身的穷奢极欲。

知道自己不孚众望，王延羲对群臣的猜忌之心也越来越严重，甚至到了荒谬的程度。比如有一次，王延羲又在举行宴会，有人向他献上一柄宝剑，骤然使他想起了好几年前的一件往事。当时还是王继鹏当皇帝，有新罗国使臣（新罗王朝的灭亡与王继鹏的继位在同一年，可能是高丽使臣被误记为新罗）到福州献上宝剑一柄。王继鹏举起宝剑，与当时的宰相王倓同观，问王倓："你说这宝剑应该用在谁身上？"王倓答："应该用来斩杀那些为臣不忠之人！"当时在一旁的王延羲怀疑王倓说的是自己，现在回想往事，不禁大怒。但王倓已经过世，王延羲便下诏将王倓的墓刨开，砍下尸体的头颅示众。

校书郎陈光逸见到这一幕，痛心疾首，便做了一件与后世海瑞很相似的事，他对自己的朋友说："如今主上失德，国家亡在旦夕。我愿以死相谏，只希望主上能够醒悟。"随后他上疏王延羲，列举了王延羲做过的五十项大恶，请求自己的君主痛改前非。但陈光逸遇上的并不是嘉靖皇帝，王延羲毫不意外地暴怒了，他命武士将陈光逸拿下，狠狠地抽打了几百鞭子，然后将遍体鳞伤的谏臣用绳子勒着脖子吊起来，又故意留一丝气，让自己的忠臣在大树上挂了很久才最终断气。

陈光逸的死虽然惨烈，但触动不了王延羲分毫，可稍后被杀的另一个人，情况就大不一样了。后晋开运元年（944）三月，王延羲据说在又一次大醉之时，斩了控鹤都指挥使魏从朗，震动了当初拥护他上台的禁卫亲军。

如前文所述，王延羲能成为闽国之主，最大的两个功臣分别是控鹤都指挥使连重遇与控宸都指挥使朱文进。虽然没有他们就没有王延羲的帝位，但想想李倣前辈的故事，连重遇与朱文进还是很没有安全感，说不定在哪一天就会被他们一手扶起的皇帝以谋反之罪干掉呢！为此，连、朱结成了儿女亲家，并在禁军安插党羽，用以自保。后来，连重遇转任阁门使，控鹤都指挥使一职改由他们信任的部将魏从朗接任，使控鹤都依然在二人的控制之中。可现在，魏从朗居然毫无征兆地被杀了！连重遇、朱文进皆大惊：这个家伙是什么意思？要对我们下手了吗？

惊魂未定中，王延羲又举行宴会了，还把连重遇、朱文进二人都召去参加。按常规推想，王延羲这么做，可能是安抚二人的情绪，告诉他们魏从朗的死与他们毫无关系。如果他有把握控制禁军，或者就像王继鹏对付李倣那样，干脆埋伏下几十个刀斧手，为二人来个杯酒释命权，也不失另一种可行方案。但事实上，王延羲两种办法都没有采用，他只是举着酒杯，自言自语地缓缓吟诵了两句白居易的诗："惟有人心相对间，咫尺之情不能料！"（史书是这样记的，但白居易的原诗是"惟有人心相对时，咫尺之间不能料"。）

吟罢，王延羲给这两位大功臣敬酒，两人吓得离座而起，跪拜于地，痛哭流涕："臣等一心一意侍奉君父，岂敢有其他想法！"王延羲也不答话，只是将头斜四十五度望向苍穹，露出一脸高深莫测。朱文进、连重遇大惧，看来只有把五年前干过的事再干一遍了！

正好，王延羲此时正宠爱尚贤妃，冷落了原配李皇后，有可能更换皇储。这李皇后也是个"大聪明"，在自己什么也不能掌控的情况下，竟想出一个利用禁军，干掉丈夫，立自己儿子王亚澄为帝的好主意。于是她派人悄悄告诉朱文进和连重遇："皇上不满意你们二人很久了，你们打算怎么办？"这个问题并不需要二人回答，皇后同时还向二人透露了一个情报：皇帝最近要出宫去看望皇后的父亲李真，那时他身边带的卫士不多。

三月十三日，王延羲在前往岳父家的路上，被控鹤都军官钱达刺杀身亡。王延羲在位共四年零八个月，死后追谥"睿文广武明圣元德隆道大孝皇帝"，庙号"景宗"。闽景宗的帝王生涯，可以说给何谓亡国之君这个问题，提供了一个很全面的标准答案。反复作死，终是求仁得仁了。

李皇后计划的第一步大获成功，然而，接下来的事情就再没有朝着这个女人设想的方向发展。朱文进、连重遇迅速调兵占领全城，然后在皇宫召集百官，向他们训话："太祖昭武皇帝（王延钧称帝时给王审知追加的庙号与谥号）开创了我们闽国的基业，但想不到他老人家的后代子孙个个荒淫无道，将国家祸害成这样。如今上天已厌倦了王氏，我们应该另外挑选有德之人立之！"

看着身旁大兵明晃晃的刀剑，闽国群臣无人敢发一言。见没人说话，连重遇便推荐亲家朱文进为天子，朱文进于是登上御座，戴上皇冠，身披龙袍，群臣无奈，只得跟在连重遇的身后，向御座上的朱文进山呼万岁。朱文进宣布，他的国号仍旧是"大闽"。虽然国号不改，但不代表他对创建闽国的王氏家族还有那么一丁点儿感情，因为朱文进称帝后办的第一件大事，就是下旨将在福州城中的王氏宗族五十余人尽数诛杀。这其中不但有早被软禁的王延喜，连李皇后和王亚澄都未能幸免。

为了证明自己的确是有德之人，新君朱文进下令放大批宫女回家，同时停止还在兴建的很多宫殿工程，塑造新天子关心民生的形象。当然，比起这些虚的，更重要的还是重组政府，朱氏闽国的朝堂，马上涌进很多禁卫军出身的同事，挤走大批王氏闽国的臣子，组成一届标准的军政府。那些不甘向朱文进臣服之人，如以忠诚正直闻名的原三司使郑元弼，逃出福州想前往建州投奔王延政，结果被朱文时抓到诛杀。

然后，朱文进的铁哥们儿连重遇被任命为六军总指挥，统领全国军队；原枢密使鲍思润出任同平章事；原羽林统军使黄绍颇出任泉州刺史；原左军使程文纬出任漳州刺史。汀州刺史许文稹得知福州发生的事，急忙向朱文进宣誓效忠。这样一来，除去殷国的建州，原王氏闽国的另外四个州暂时归顺新建立的朱氏闽国。

# 南唐灭闽

殷帝王延政得知福州兵变，兄弟被杀，这还了得？他马上派统军使吴成义率军讨伐朱文进，但殷国毕竟国小力弱，仓促出兵，反被朱文进的闽军击败，这是福建内战以来，福州军第一次在野战中打败建州军，值得朱文进等骄傲一下。

不过，朱氏闽国看似良好的开局只维持了不太长的时间。殷军失利后，王延政吸取教训，经过几个月的准备，再次出兵讨闽，由将军陈敬仝率三千人进驻尤溪，卢溪率二千人进驻长溪。就在闽、殷两军对峙期间，闽国最富庶的泉州出事了。

说起来，泉州是王潮入闽时打下的第一块根据地，而担任过泉州刺史的不少王氏宗族，如王审邽、王继严都以得人心闻名，所以王家在这个地方还是很有根基的。

当时在泉州的地方军队中，一个叫留从效的军官。留从效，字元范，泉州桃林人，其人好读书，尤好读兵书，有一定军事才能。另外，留从效的名声不错，他自幼丧父，以孝顺母亲，敬爱兄长闻名乡里。儒家学说中有一条经典理论："求忠臣于孝子之门。"这说法虽然有点形而上学，但在实践中还是有一定合理性的，留从效就对朱文进篡夺王氏极为不满，暗中与其好友王忠顺、董思安、苏光诲等串联密谋反正。

做了一些准备工作后，留从效找了个由头，将军中的几个同事召到一起，对他们说："朱文进屠灭王氏，又派他的心腹占据各州，我们这些人可都世受王氏厚恩，如果这么轻易便拱手事贼，等有朝一日富沙王（王延政称帝前的爵位）攻下福州，我们就算一死也逃不了万世悔恨！"众人皆以为然，于是开始行动。

当年十一月，众人各在属下中挑选了五十二名勇士，以饮宴为名在留从效家集合。在这批勇士中，有一个叫陈洪进的人，颇有勇略，在稍后的历史中比较重要。回到宴席上，待酒喝到一半，留从效像透露什么机密似的，一脸真诚地对这些军士撒谎说："刚刚得到消息，叛军大败！富沙王已经拿下了福州，并发密诏让我们讨伐黄绍颇。我看诸位的相貌，都不是长期贫贱的命，愿意听从我的话搏一搏，则荣华富贵，就在眼前！如果不从，那大祸临头，也别怪我事先没提醒！"

众人欢呼起来，当晚，这支小小的队伍乘夜翻城墙而入，一举擒杀了朱文进派来的泉州刺史黄绍颇。然后，留从效等人找到了一个叫王继勋的王氏宗亲，拥护他当泉州刺史，再派陈洪进带着黄绍颇的首级前往建州，向王延政称臣。

陈洪进走到半路，遇上数千名闽军挡住去路，他仿效留从效的撒谎大法，向闽军大喊道："讨贼义师已经诛杀了反贼朱文进。我日夜赶路，就是为了到建州迎接咱们的新君，你们这些人还傻待在这里干什么？"喊罢，陈洪进举起黄绍颇的人头给他们看，这数千闽军竟然信了，一哄而散。为首的几个将领甚至干脆跟着陈洪进，一起到建州朝见新君。得到这意外的胜利，王延政大喜，立即任命王继勋为侍中领泉州刺史，留从效、王忠顺、董思安、陈洪进等皆升职为都指挥使。

泉州的事传到漳州，漳州将军程谟也发动兵变，杀掉朱文进派来的刺史程文纬，拥立了另一个王氏宗亲王继成来主持州事。汀州刺史许文稹得知泉州、漳州都发生了兵变，赶紧又做了一次识时务的俊杰，与朱文进划清界限，也遣使向王延政称臣。于是朱文进的地盘只剩下福州，闽国与殷国的强弱对比，在数月间完全掉了个儿。

闽王（朱文进在八月间将自己降级为王，向后晋称臣）朱文进听说泉州兵变，黄绍颇被杀，也非常惊恐，但他的主力正与殷军对峙，抽不出多少人手，只好大量花钱募人当兵，临时凑齐了两万人马，由统军使林守谅、内客省使李廷锷指挥，讨伐泉州，打算先打掉这只出头鸟，再收复其余各州。殷帝王延政得知，也派将军杜进率军支援泉州。得到援助的留从效底气倍增，主动出城迎战，大破闽军，阵斩林守谅，生擒李廷锷。

泉州大败的同时，在另一战场，殷军统军使吴成义率战船沿闽江而下，同样突破了闽军的防御，直抵福州城下。朱文进只好乘合围尚未形成，送儿子去吴越国充当人质，请求吴越军队的救援。且不说吴越愿不愿意救援他这个弑君者，就算愿意，也是远水救不了近火，因为根基脆弱的朱氏闽国已经亡在旦夕！

不过，就在王延政螳螂捕蝉之际，有志于天下的南唐主李璟，正打算扮演他们身后的黄雀。经过多年休养生息，南唐在纸面上的国力非常可观，再加上去年发生的一件事，让二十八岁的南唐皇帝对自己和自己的军队都充满了信心。

那事的源起，在后晋天福七年（942）七月间，南唐的邻国南汉发生了一次有点规模的暴动。在祯州（今广东惠州）博罗县有个叫张遇贤的小吏，不知经历了怎样的奇遇，竟然和一位神仙交上了朋友。当然从记载来看，这位县小吏还交不到吕洞宾、铁拐李之类上档次的神仙，他的朋友更像是大众仙人。这个"神仙"住在张遇贤家，大家可以听见"神仙"的声音，预测吉凶，据说还颇为灵验，但谁也看不见"神仙"的样子，只有张遇贤例外。

当时南汉的政治清明程度，与同时期的闽国相差不大，所以民间出现不少小股的造反武装，几股武装的头目听说了"神仙"的事迹，齐聚张遇贤家，请求"神仙"给他们指明道路。"神仙"又一次在不露真身的前提下开了金口："让张遇贤做你们的王。"

于是，几股武装合并一处，推举张遇贤为王，称号建国。也不知道是张遇贤很有创意，还是他的神仙朋友很有想法，他们定下的国号叫作"中天八国"，年号则在后世大名鼎鼎，叫作"永乐"。中天八国的永乐王在"神仙"的帮助下，整合了一大批造反力量，他们全都身穿红衣，达数万人，马上将南汉的东部各州县搅得鸡犬不宁。

南汉主刘玢急忙派了两个兄弟——越王刘弘昌和循王刘弘杲，统领大军前去镇压。刘弘杲在刘家二代兄弟中有勇武善战的名声，觉得区区草寇不足挂齿，毫不在意地奋勇前进，结果就中了中天八国红衣军的埋伏，被打得大败，如果不是几个下级将领拼了老命突出重围，刘家两位王爷差点性命不保。

本来中天八国在南汉境内纵横一时，发展形势不错，但到了第二年，吃了一场小败之后，"神仙"又显灵指示大家："应该北上取虔州（今江西赣州），则大事可成！"于是张遇贤的人马越过南岭，进入南唐境内。南唐的地方官完全没想到邻国的民变会波及自己，因此毫无防备，使中天八国在南唐境内打下好几座县城。乘着暂时得手，张遇贤还在虔州东面的白云洞修筑宫殿，准备久居。但他们都没有想清楚两件事：一、南唐的政治远比南汉清明，百姓的造反意愿很低，也就意味着中天八国在新的地盘上兵源不足；二、南唐的国力比南汉强得多，可以投入镇压的兵力远比南汉强大。他们离开岭南来到这个地方，其实是被"神仙"带坑里了。

果然，李璟大怒，南唐军队在洪州都虞候严恩与通事舍人边镐的指挥下，开赴虔州。一经交手，张遇贤的红衣军屡战屡败，众头领又向"神仙"请示，谁知以前只是看不见的"神仙"，现在连话也不说了。南唐军队翻山越岭，直取白云洞，张遇贤的手下见"神仙"已经不灵，干脆将这位永乐王绑了，献给唐军，后押赴金陵斩首，中天八国灭亡。

就这样，李璟即位后南唐军队的首秀取得了成功，也别说张遇贤的人都是些草寇好对付，这些人在岭南不是还海扁过南汉的正规军吗？因此，李璟自我感觉国富兵强，是该干一番大事了！

福州兵变发生后，朱文进派遣使者到南唐，告知李璟：闽国老大换人了，希望与唐国建设新的友好关系。李璟一听，这不就是弑君之贼吗？人人得而诛之！马上下令将朱文进的使者拿下关入大牢，准备出兵讨闽。

枢密副使查文徽提出异议，认为扰乱闽地的祸首是王延政，要出兵的话也应该先讨殷。这个提议，让李璟想起了自己继位之初，王延政对南唐立国合法性的灵魂拷问："江南不是杨氏之国吗？为何会是李氏派来的使者？"没错，王延政这小子着实可恶，是应该先讨。于是李璟又将刚刚关进大牢的闽国使者放出来，让其回国告知朱文进：南唐大军将讨伐王延政，要其好好配合。但战乱导致道路阻隔，这个使者并未能及时回到福州。

再说查文徽的想法，其实源于一个同乡——翰林院待诏臧循。臧循在走上仕途之前，曾到闽地经商，对当地的山川地势比较熟悉，觉得如果让自己带兵攻取建州，一定能手到擒来。不过，臧循在李璟面前说不上话，于是他求助于和自己私交不错，又极得李璟宠信的查文徽。

在此简单介绍这位南唐的枢密副使。查文徽，字光慎，出身歙州休宁县一个富户之家。如果不看后来发生的事，这个人身上优点不少。他刻苦好学，曾手抄经史数百卷，打下良好的文学功底，又仗义疏财，听到哪家穷困，总是出手相助，即便让自家返贫也不后悔。另外，查文徽还是位资深军迷，自认有将帅之才，只差一个一鸣惊人的机会。平日纸上谈兵，查文徽雄辩滔滔，有赵括之风范。

正好，李璟是个喜好诗词，文采过人，又雄心勃勃，有志于一统天下的年青君主，查文徽这样的人才正对其胃口，因此成为其心腹宠臣之一。但宠臣的日子不一定好过，查文徽与另外四个宠臣冯延巳、冯延鲁、陈觉、魏岑一道，被政坛失意的南唐群臣斥为"五鬼"，指责他们结党营私，贪赃枉法，谄媚惑主，危害国家。

论结党营私，贪赃枉法，另外四个人多少有些"实绩"，但加到很看重自己名声的查文徽身上，着实有些冤枉。他觉得要想摆脱这些污名，最好是实实在在做出一项开疆拓土的大功绩，于是臧循的提议正中查文徽下怀：就让建州成为我迈向天下名将的第一步吧！

虽然查文徽强烈主张开战，但南唐国内反对的声音也不小，李璟没有贸然行事，命查文徽先到南唐与殷国的边界考察闽地的实际情况，再决定是否出兵。让馋到半死的饿猫去调查食盆的咸鱼是否可口，这调查结果还用问吗？查文徽一到信州（今江西上饶）就急匆匆上报，王延政倒行逆施，闽地百姓对我大唐王师无不翘首以盼，此次征伐必然大获全胜。

这人概也是李璟期待的调查结果。当年十二月，踌躇满志的南唐军队攻入闽地。查文徽率军从信州出发，越过武夷山，一举攻占建州之北没什么防备的建阳县，并继续向建州推进。另一路唐军在臧循的指挥下攻占了建州之西的邵武县。得知南唐兵至，殷帝王延政急命将军张汉卿从镛州（今福建将乐）调兵八千人，反攻建阳。

查文徽之前力主放过朱文进，讨伐王延政，原因很可能是他觉得殷国弱小，比闽国好打。可等他率军开进闽地，才知就在这一月间，泉、漳、汀三州都归顺了王延政，强弱已经易位。失算了！查文徽虽然好谈兵，但没有真正经历过战阵，发现战况与预测的不一样，立即露出了叶公本色，不敢与迎上来的殷军野战，急忙退回建阳固守，连连向后方请求援兵。

殷将张汉卿来到建阳城下。入境的南唐军军纪败坏，有几个邵武的百姓代表来向殷军求救，表示愿意充当内应，驱逐唐军。于是，张汉卿虚晃一枪，掉头向西奇袭邵武。百姓打开城门，南唐军大败，出兵的始作俑者臧循被生擒，随后被押赴建州斩首。南唐军队的第一轮攻势，在主要将领的无能指挥下，遭受重挫。

与此同时，南唐出兵闽地的消息隐隐传到了福州，只是城中还不知道唐军是来干什么的。围城的殷军主将吴成义乘机向城中大肆宣扬：南唐皇帝听说朱文进弑君篡位，非常愤怒，因此派出大军帮助我们讨伐叛逆，估计马上就要到了！

帮助自己的吴越兵还不见影子，帮助对手的南唐兵却要到了！城中人大多信以为真，对抵抗的前景完全绝望，朱文进只得在闰十二月二十七日，派同平章事李光准带着国玺出城，向王延政请求有条件投降。但两天后，投降谈判还没有任何结果，福州城内又一次发生兵变，军官林仁翰带着三十名手下先击杀连重遇，又带着倒戈的连重遇部属攻入王宫，斩杀了朱文进，然后打开城门迎接吴成义入城。

就这样，第二次福建内战结束了，朱氏闽国仅仅存在了十个月就迅速崩溃，闽地重新统一。当初朱文进、连重遇如果按照李皇后的想法拥立王亚澄，估计也不会死得这么快。

王延政得到这个好消息，宣布将国号由"大殷"重新改回"大闽"，但因为南唐军队逼近，王延政和他的小朝廷仍然留在建州，福州则改称南都，由皇侄王继昌与飞捷指挥使黄仁讽镇守。王延政还命将福州的控宸、控鹤两都禁军共一万五千人调往建州，准备与南唐作战。

控宸、控鹤两都是朱文进、连重遇的起家部队，现在朱、连二人刚亡，就调他们去建州，难免军心生疑。而且由于粮草辎重一时配不齐，这些军队只能分两批走，第一批八千人先上路，第二批七千人暂时等待。就在等待期间，南唐与闽国的战局发生了重大变化。

原本由于邵武小胜，闽军稍占上风，一部将唐军查文徽部围困于建阳城内，又分兵一万人，由仆射杨思恭任监军、统军使陈望指挥，于建阳北面的赤岭阻截南唐方面的援军。接到查文徽的败报，李璟虽然气恼，但既然已经开战，岂能在小挫后就收手？肯定要追加投资。

后晋开运二年（945）二月，第二批南唐军队在何敬洙、祖全恩、姚凤等人的率领下，越过武夷山，救援建阳。两军在赤岭隔着一条河对峙，一连十多天，没有发生交火。

监军杨思恭很不满意，要求陈望赶快渡河决战。陈望认为第二批唐军都是精锐，将领也比查文徽、臧循更专业，不可以轻敌。而且此战胜负关系重大，没有万全的把握，不能轻率决战。

杨思恭不愧"杨剥皮"的美誉，见陈望胆敢不乖乖听自己号令，立即咆哮起来："唐军深入国境，陛下晚上都睡不着觉，才把国家安危寄于将军。现在河对面的唐军不过几千人，将军拥兵一万人，优势在我！不乘他们扎营未定主动出击，还等什么？如果唐军因为畏惧我军，主动撤走，而我军追之不及，将军还有脸回去见陛下吗？"

陈望无奈，只得出击，在敌前强行渡河。唐将祖全恩一面用河道的有利地形顽强阻击，一面分出奇兵绕到闽军之后，袭击了杨思恭驻守的对岸闽军大营。别看杨思恭在收税和骂人时都无比英勇，真遇到敌军，便吓得弃营而逃，他的逃跑使正在渡河的闽军陷入腹背受敌的绝境。激战过后，闽军大败，陈望战死，只有杨思恭跑得快，遁回建州。获胜的南唐军队乘胜南下，解了建阳之围，又与查文徽部会帅，继续南下，直抵王延政的都城建州。

赤岭大败，唐军已经攻到建州的消息传到了福州，顿时让这座刚刚易手的城市人心惶惶。在此混沌不明的前景下，一位在五代乱世中颇为少见的搅局奇人，走到了历史的聚光灯下。

闽军中有个资颇深但位不显的军官，名叫李仁达，他可能是当初跟着王潮兄弟从河南一路走到福建的老兵后代，继承前辈的军职担任元从指挥使。然后这仿佛就到头了，有才干有野心无节操的李仁达，一连熬死了几代闽君，在元从指挥使的位置干了十五年。

等福建内战开打，对自身现状不满的李仁达，觉得比较会打仗的王延政应该更重视军人，于是背叛了闽景宗王延羲，到建州投奔富沙王王延政。王延政让李仁达充当将领，但对他并不特别重视。稍后，福州兵变爆发，控宸、控鹤两都禁军杀掉了王延羲，拥立朱文进为帝。听到这件事，李仁达的想法与留从效那帮兄弟恰恰相反，觉得朱文进和自己都是老同事，投靠老同事比跟着王延政更有前途，于是李仁达第二次叛变，悄悄离开建州，奔回福州。

到了福州，李仁达向朱文进夸口，表示自己对王延政一方的各种内情了如指掌，如果按自己建议行事，那么取建州易如反掌。万没想到正因为是军中同行，朱文进对李仁达很了解：不就是那个反复无常的小人吗？他能一叛王延羲，二叛王延政，一旦形势稍微不利，当然也会背叛我。因此，朱文进将李仁达贬官，押送福清安置。

这还不是最糟糕的。没过几个月，李仁达意识到站错了队。朱文进竟然输了，对自己的看押是消除了，但闽地统一到了王延政的治下，那他会怎么收拾背叛自己的人呢？李仁达不寒而栗。好在南唐军队进犯，使王延政一时顾不上追究叛徒的事，给了李仁达一个死中求生的机会。

李仁达没有错过这稍纵即逝的机会，拉上同样背叛过王延政的著作郎陈继珣，偷偷潜入福州，劝说负责城防的飞捷指挥使黄仁讽："唐可是大国，其大军大举南下，建州一座孤城，如何守得住？我看富沙王这次凶多吉少，他连自己的建州都守不住，又怎么可能保得了福州？想当初，王潮兄弟不过光州的一介小民，论身份还不如今天的你我，一旦抓住机会，就轻取福建，开基创业。现在机会来到我们的面前，乘着天下大乱，博取富贵荣华，还怕不如王潮兄弟吗？"

黄仁讽被说动了心，他自认才干不如李仁达，就将军队交给李仁达指挥。三月二日夜，福州又兵变了，李仁达、黄仁讽等率军突袭南都府衙，杀掉皇侄王继昌与忠于王延政的将军吴成义，彻底夺取了福州的控制权。

王延政的势力被驱逐，福州需要有个新主人，作为兵变的主谋，李仁达本想由自己当头，但考虑自己名声不好，决定找个有名望的人过渡一下。当时在福州城外雪峰寺中，有个叫卓严明的和尚，很受信徒敬重，李仁达便对众人说："这位大师目有重瞳，垂手过膝，是真正的天子之相！"

重瞳，指的是一个眼珠里有两个瞳孔，确实存在，属于一种比较少见的眼病，被古人认为很高贵，多是圣人。传说中造字的仓颉、禅让的虞舜、晋文公重耳、西楚霸王项羽等都是重瞳，另外就在同时代，南唐主李璟的第六子李从嘉据说也是重瞳。相比重瞳，垂手过膝的异相在史书中更加常见，也是更有名的帝王之相。但从现代医学的角度看，垂手过膝的人不是少见，而是根本没有，天知道古人是怎么想的。

三月三日，卓和尚被接进城，这位没有出家人智慧的出家人，没有意识到此行有多凶险，高高兴兴地脱掉袈裟，穿上皇袍，在李仁达、黄仁讽、陈继珣等人的簇拥下登基称帝。卓严明的国号没有记载，可能还是闽国。他们又派出使臣，准备渡海前往中原，向后晋称臣。

王延政听说福州又出事了，带头的还是自己派去的黄仁讽，不禁大怒，命令将黄仁讽全家处斩。即使唐军就在城外，王延政还是派了将军张汉真率水军五千人，会同泉、漳两州的军队，共讨福州的皇帝卓严明。敌军将至，当上皇帝的卓和尚并没有表现出一丝一毫的治国能力。他除了派人去老家莆田，把老父亲接来，尊为太上皇，共享富贵，就只会在殿上作法，喷水撒豆，号称召集了多少鬼兵。不过，反正福州的兵权也不掌握在卓和尚手中，所以他的无能并不会影响战局。

四月，建州来的讨伐军攻抵福州，得知全家被杀的黄仁讽大开城门，率军迎头痛击，大破建州之兵，擒斩主将张汉真。仗虽然打赢了，但黄仁讽实在高兴不起来。

一天，黄仁讽找到陈继珣聊天，说着说着，悲从中来："生于天地间者，要有忠信仁义才配叫人！我以前追随富沙王，中途背叛他，这是不忠！人家把侄子托付给我，我却串通别人把那孩子杀了，这是不信！前不久与建州的军队交战，杀死的都是同乡故人，这是不仁！抛弃妻儿，让他们惨遭杀害，这是不义！我这辈子没有一点儿可取，死有余辜！"言罢，他号啕大哭。陈继珣劝解他说："大丈夫博取功名，妻儿本就是该被牺牲的耗材，还顾得了吗？这种话千万不要再说，会惹祸的！"

陈继珣的乌鸦嘴又快又准，李仁达不知从哪里听到了这段对话，认为黄仁讽与陈继珣不会与自己一条心，便指使人向卓和尚告发黄、陈二人谋反，然后出其不意将二人逮捕，立即处死。从此，福州大权尽归李仁达。

五月十二日，感到地位已经巩固的李仁达举行阅兵，邀请皇帝卓和尚主持仪式。就在阅兵过程中，李仁达安排好的伏兵冲上检阅台，杀掉了卓和尚，将李仁达扶上大位。卓氏闽国仅仅存在了两个月就完蛋了，那位刚刚被儿子接到福州享福的"太上皇"也被杀了。

李仁达就这样成了一方之主。他判断了一下福建的局势，不敢贸然称帝，自称威武留后，使用南唐的"保大"年号，派人向南唐称臣。见到福州派来的使者，南唐主李璟大悦，正式任命李仁达为威武节度使，并加授同平章事，并赐名"李弘义"。虽然得到了南唐的承认封官，但李仁达在私下又同时向后晋、吴越都派去使臣，脚踩三条船。

随着李仁达割据福州，王氏闽国中兴的幻梦迅速破灭，建州政权的处境急剧恶化。南唐军队抵达建州，分兵四出，攻取周边各州县。在接下来的交战中，闽军败多胜少，建州的军粮补给日渐困难。

危急之际，又有人告密说，之前从福州调来的那八千人马（控宸、控鹤两都）有异心，正准备造反。王延政顿时警惕：这些人是朱文进、连重遇的旧部，他们留在福州的战友又参加了李仁达的叛乱，所以他们想谋反，的确合情合理。在愤怒与焦虑中煎熬的王延政做出了一个残酷的决定：宁可信其有，不可信其无。宁可错杀一千，不可放过一个。

王延政先摆出一副通情达理的样子，向这八千名福州兵宣布：只要他们缴出盔甲武器，就允许他们回家。福州兵信以为真，都上缴了装备，结果他们一出城就落入了埋伏，王延政设下的伏兵，将手无寸铁的八千人全部杀光，又将尸体带回，制成肉干，充作军粮。

王家第二代中原本最像样的王延政，至此形象彻底黑化。此时强敌就在城外，城中人有的选择，如果王家人残暴，我们还可以去投李家人。仅靠屠杀是吓不住人的。无奈，王延政只好厚着脸皮再一次派使节出使吴越，表示只要吴越不计前嫌，出兵相救，今后闽国就是吴越的小弟，钱家人指到哪儿，我们王家人就跟到哪儿！

不清楚王延政的使者究竟有没有到达杭州，有没有见到吴越王（此时是忠献王钱弘佐），但很清楚的是，吴越国对此事毫无反应。毕竟上次应王延政之邀出兵建州的结果还历历在目。

外援不至，建州城坚守了数月，终被南唐军队攻陷。之前各州中只有王忠顺与董思安（和留从效一同起兵的同事）率泉州兵来建州勤王，不管战况多么不利，都对王家保持忠诚。等城破，王忠顺英勇战死，董思安收拾败兵逃回泉州。王延政虽然在南唐兵锋之下坚守建州，做到了"天子守国门"，城陷之时还是没能更进一步，来个"国君死社稷"，而是向唐军投降了，时为后晋开运二年（945）八月二十四日。王氏闽国又一次亡国，这次是死透了。不久，汀州刺史许文稹、泉州刺史王继勋、漳州刺史王继成都献出了城池，向南唐投降，闽国各州县暂时全部打上了南唐的旗号。

如果不考虑中间闽与殷的复杂波折，从后梁开平三年（909）四月王审知受封闽王算起，王氏闽国共存在三十五年零四个月。如果从唐景福二年（893）十月王潮占据福建五州算起，王家统治闽地共五十年零十个月。

## 福州之战

回到当天，建州人以为苦日子到头了，没想到这是另一场灾难的开始。南唐军队是打着吊民伐罪的旗号来的，但攻进城后没有表现出仁义之师的样子，多年无战事的大兵好容易得到一个纵欲的机会，迫不及待地在城中抢掠奸淫，完事后杀人放火，掩盖罪证。零星的火点越烧越大，波及全城，一日之间，建州的大半城区化为灰烬。入夜，天降大雨，气温骤降，大量城中百姓因无家可归在雨中哭泣，接二连三被冻死。

建州焚城事件传扬开来，使闽地百姓对新来的征服者大失所望，为南唐虽能灭闽，却无力全取福建埋下伏笔。李璟也听说了这件事，但他认为查文徽、何敬洙等灭国有功，所以统统不予追究。

十月，闽国的亡国君臣被押解至金陵献俘。李璟对王延政比较宽大。王延政被任命为羽林大将军，后来又出任安化节度使，封鄱阳王，镇守饶州，在南唐至少又活了六年，死后赠爵"福王"，谥"恭懿"。至于在建州民愤极大的杨思恭，李璟正好借他的脑袋以安民心。稍后，李璟调自己的姑父，在南唐国内以治绩优异著称的百胜节度使王崇文，前往建州，出任建安节度使，新占领区的局势才稍稍好转。

但南唐对闽地的统治仍然极不稳固，除了一个建州是被南唐军队打下来的，福建其余四州都是主动请降，其原有的权力格局变化不大，刺史还是原来的刺史，军队还是原来的军队，仅仅是换了个旗号，变成了一个个半独立的小军阀。这种局面，如果不出意外，迟早要出意外。

果然，仅仅过了几个月，闽地小军阀中最强大的李仁达率先挑事，命弟弟李弘通率军一万人，南下进攻泉州，理由是：泉州本是威武镇的支州，泉州刺史王继勋不听号令，妄想与自己这个威武节度使平起平坐。

面对福州来敌，刺史王继勋完全不知道如何应对。泉州军队的实际首领留从效觉得，闽国已亡，自己也没必要维持对王氏的忠诚了。他劝告自己一手扶植起来的王继勋："李弘通兵力很强，咱们的士气却不行，士卒认为你赏罚不公，不愿作战，你不如辞去刺史，闭门思过，还能避过此祸。"说罢，也不管王继勋愿不愿意，他强行送他回家，泉州的军政权力从此完全由留从效接管。

接过权力后的留从效率军出击，大败李弘通，然后将李仁达擅自兴兵，以及泉州更换刺史的事，上报给南唐皇帝李璟。李璟这才痛感情况严重，如果不对闽国留下的地方实力派做一番大手术，不知还要闹出多大的乱子。既然留从效已经把生米做成了熟饭，李璟只好顺水推舟，调王继勋回金陵，正式任命留从效为泉州刺史。然后，李璟再以保护泉州免遭福州的攻击为由，派南唐军队进驻泉州，盯住留从效。与此同时，李璟调原漳州刺史王继成为和州刺史，调原汀州刺史许文稹任蕲州刺史，另派南唐来的人接替，消除这几个弱小的实力派。

当然，要清除闽地的割据势力，真正将灭闽的战果完全消化，最关键的一步，还是要解决福州李仁达这个第一号大刺头。其实，早在攻克建州的时候，前方诸将就曾向李璟请求：干脆乘胜东进，把福州也一起推掉算了！但鉴于南唐军队在灭闽战争中并不完美的表现，李璟没有同意，他想先试试能不能采取和平的手段，用最低成本让李仁达放弃割据。

正好，李璟的宠臣、"五鬼"之一枢密使陈觉自告奋勇，表示愿意去一趟福州，用三寸不烂之舌，不战而屈李仁达之兵。陈觉本是当朝第一元老宋齐丘的门客，宋齐丘自然也替他吹牛，夸陈觉辩才无双，让他出马，陛下可以不费一寸刀兵，端坐金陵，等待李仁达乖乖入朝就行了。

李璟不喜欢宋齐丘，但觉得这位叔叔辈的老臣还是比较有能力的，判断应该不会错吧？李璟便先封李仁达的母亲和妻子为国夫人，给李仁达的四个弟弟都升了官，制造出良好的谈判氛围，然后再任命陈觉为福州宣谕使，带着大量金银绢帛，以犒军为名前往福州。

见南唐天子无事献殷勤，对自己又是加官，又是赏赐，李仁达马上猜出陈觉是来干什么的。野心勃勃的他可不想从此放弃权力，去金陵做个富家翁，于是他一手领印，一手拿钱，却连一张好脸都不给陈觉看到。两人会面之时，李仁达态度极为傲慢，仿佛他是征服者，而陈觉是战败后来求和的。如此不友好的气氛，让陈觉感受到了李仁达的杀气。他不敢停留，发完钱财就赶紧离开。至于劝李仁达入朝的事，陈觉连一个字都没敢提。

等匆匆逃出李仁达的辖区，感觉脱离了生命危险的陈觉，才有机会回味在李仁达面前受到的羞辱，以及事情办砸后自己回去如何交差。陈觉越想越羞愤，心一横，豁出去了，一定要把李仁达弄掉。

陈觉想到的非常手段，是伪造南唐皇帝的圣旨。第一份假圣旨，交给侍卫官带到福州（侍卫官的命不算命），命李仁达马上入朝。第二份假圣旨，宣布自己就任权福州军府事，代替李仁达。第三份假圣旨，调动汀州、建州、抚州、信州等州的驻防军队，由自己的好友、建州监军冯延鲁指挥，前往福州强行"迎接"李仁达。

冯延鲁是唐末小军阀冯弘驿的孙子,当朝宰相冯延巳的弟弟。冯延巳、冯延鲁兄弟都是出色的文人,与陈觉、查文徽、魏岑一道名列"五鬼"。冯延鲁对陈觉的要求极为配合,一面聚兵,一面写信给李仁达,晓以祸福,劝其听诏入朝,不要妄想同大军对抗。李仁达铁了心,宁为鸡口,不当牛后,复信冯延鲁:你想来就来,别以为我是吓大的!

如此一来,陈觉和冯延鲁无路可退,被迫在没有得到李璟授权的前提下,擅自发动了讨伐福州的战争。对于矫诏,陈觉也有点心虚,只好用最乐观的口气补了一份报告,希望平息李璟可能的愤怒:"福州一座孤城,危如累卵,旦夕之间便可攻破,陛下只管静候捷音,不用担心。"

李璟当然大怒。之前你们吹牛说不费一兵一卒让李仁达入朝,做不到也就罢了,居然还敢假传圣旨调动军队,知不知道这是砍头的大罪?但事已至此,南唐军队已开向福州,此时如果公开宣布陈觉矫诏,难道还能赦免李仁达不成?那让南唐大国的面子往哪儿搁?在群臣的劝告下,李璟忍下这口气,为陈觉、冯延鲁的行为背书。

八月十九日,唐军进至福州外围,击败李仁达的部将杨崇保。但还没来得及庆功,第二天,李仁达亲自出城迎战唐军。唐军大败,左神威指挥使杨匡邺被俘,陈觉、冯延鲁只好再厚着脸皮请求援军。李璟骑虎难下,为了不让已投入的沉没成本彻底沉没,只好追加投资,命建安节度使王崇文出任东南面都招讨使、谏议大夫魏岑为东面监军使、冯延鲁为南面监军使,会合南唐几路大军,进攻福州。

围攻福州的南唐大军数量没有记载,但肯定比李仁达的军队多得多,唐军克服了几个主将都不擅长军事的缺陷,李仁达不敢再出城迎战,唐军获得了战场上的主动权。脸已经撕破,李仁达正式背叛南唐,宣布重建闽国,自己任威武节度使,权知闽国事。也就是说,这个新的闽国暂时没有国王,李仁达以摄政的身份代理国事。但这个重建的闽国,只剩下福州孤城一座,城墙外皆被唐军控制,形势危急。

九月十四日,李仁达的一个部下马捷叛降南唐,引导唐军冲入福州外城。李仁达巷战不胜,被迫收缩兵力,退保内城。很明显,李仁达仅靠自己的力量已经无法解围，于是将现用名由"李弘达"（背叛南唐时将南唐赐名"李弘义"改为"李弘达"）改为"李达"（避吴越王钱弘佐的讳），向吴越称臣，请求救援。

福州的事还没有解决，漳州又出事了。当地有个叫林赞尧的军官发动叛乱，杀掉刺史与监军，闹独立。泉州刺史留从效应对神速，不待南唐驻军做出反应，便出兵漳州，"帮助"南唐平定了叛乱，然后让老朋友董思安代理漳州刺史。等李璟得到消息时，泉、漳二州都已在留从效手中，为了不转移先解决李仁达的大方向，南唐皇帝再一次皱着眉头任命董思安为漳州刺史。不过，对于这个任命，李璟也提出了条件，要求留从效、董思安马上率领本部兵马前往福州，参与对李仁达的讨伐。

这时，李仁达的求援使节已到达杭州，吴越王钱弘佐召集诸将，讨论要不要救李仁达。很多将领都说："前往福州的道路遥远，又崎岖难行，很难救援。"唯有内都监使水丘昭券（钱镠的生母和外婆都姓水丘，所以他可能是吴越的外戚）认为应该出兵。钱弘佐同意他的见解，对众将说："唇亡齿寒的道理，你们不明白吗？何况我身为天下兵马都元帅（从钱镠开始，每一代吴越王都被中原王朝授予天下兵马大元帅、副元帅、都元帅等虚衔），如果连邻居的灾难都不能救，那要这个职务何用？你们就只管吃好睡好一动不动吧！"

吴越决定出兵。实际上，在李仁达求救之前，钱弘佐便认为闽地的新形势有可能将吴越带入战争，所以早就开始招募青壮，扩充军队。但自从无锡之战后与吴国议和以来，吴越军队有二十多年没打过大战，国内经济比较繁荣，百姓从军的意愿很低，募兵榜文贴出多日，也没几个人投军。钱弘佐见此情况，放出风声：再过几天，还募不够兵员，就要强行征兵了。凡强征来的兵丁，军饷赏赐将只有募兵的一半。结果，第二天，各募兵处便挤满了前来投军的青年。

因为准备工作做得早，吴越的救援行动比较迅速，十月二十五日，三万名吴越军已在统军使张筠、赵承泰的率领下，分水、陆两路驰援福州，不过距离到达还有一个月。南唐军主帅王崇文善于治理地方，但没有指挥大军的经验，也没有说一不二的威信。陈觉、冯延鲁、魏岑都不把他这个主帅当回事，更不用说从泉州、漳州跑来"打酱油"的留从效、董思安这些人了。于是，人数众多，但离心离德、配合极差的南唐军队，在小小的福州内城城墙下，一次又一次被李仁达打得灰头土脸，久久不能破城。

十一月，吴越援军抵达福州，从福州东南的荟浦上岸，在李仁达接应下进入福州。随后，李仁达与吴越联军反击，与南唐军战于东武门，反被南唐军击败，只得退回内城继续固守。守军兵力增加了，但作战态势毫无好转。在另一方，李璟得知吴越出兵，便再一次追加投资，命信州刺史王建封率军增援福州前线。

兵力进一步加强的南唐军队这次彻底围死了福州，王崇文建大军主营于城北，冯延鲁设营于城南，王建封部设营于城东南，留从效设营于城西。这次，吴越就算再派援军来，也绝不可能不经战斗，就与福州守军取得联系。但尽管如此，占尽上风的唐军仍然攻不下福州，战事迟迟不能结束。吴越方面发现第一批援军没能挽回战局，钱弘佐这个颇有英锐之气的少年君主不肯放手，也开始筹备第二批援军。

就在漫长的福州攻防战持续期间，北方的中原大地正在发生急剧的变化。吴越援军到达的当月，后晋派杜重威北伐不利，十几万大军被辽军围困于中渡桥。十二月，杜重威率晋军主力叛降辽国，辽国以降兵为先锋，攻入汴梁，后晋王朝灭亡。次年一月，耶律德光对中原几乎所有藩镇进行大洗牌，以辽官取代汉官，又放纵辽兵无节制"打草谷"，中原的民生急剧恶化，皇甫晖等大批中原人逃入南唐或向南唐请兵求救。次年二月，耶律德光在汴梁二次登基，明确不再扶植傀儡，要将中原纳入辽国版图。随后刘知远在太原登基称帝，建立后汉朝，中原兴起的反辽武装遍地开花，其中兴起于淮北的反辽武装多向南唐称臣，寻求支援。如果不考虑自身状况，此时就是整个五代南方政权北伐、攻取中原最有利的时机。

问题是李璟不可能不考虑自身状况。由于陈觉、冯延鲁这些人惹的事，南唐的大量人力物力陷在福建的大泥潭中无法抽身，李璟虽然看着中原眼红，却真是有心无力。

后汉天福十二年（947）三月（耶律德光仓皇北归的那个月），吴越国的第二批援军由将军余安指挥，进入闽江口，直抵福州城南的白虾浦。内城守军站在城头，已经可以看到闽江中的吴越舰队，士气为之一振。

但白虾浦是一片非常泥泞的滩涂，人一踩上去会陷入很深，移动极其困难，并不是登陆的好地点。吴越军准备了大量竹席，打算在滩涂上铺出一条道路。但白虾浦就在南唐军营的眼皮底下，铺路谈何容易？余安发起几次抢滩登陆的尝试，都在唐军的万箭齐发下失败。

就在这时，南唐军南大营的主将冯延鲁心里突然冒出一个一击必杀、结束这旷日持久的攻城战的计划。他得意地向手下诸将说出心中妙计："城中守军总不投降，顽抗到现在，就是寄希望于这支援军。现在，隔着滩涂，他们打不上来，我们也消灭不了他们，何时是个头？不如干脆放他们上岸，我再用大军几面围攻，杀个干净！到那时，城上守军见援兵全军覆没，不用攻打，也会乖乖开城投降！"

手下诸将惊呆了，好像以前有个叫苻坚的人，就和冯长官的想法很一致。为了不重蹈淝水秦军的覆辙，将军孟坚反对说："吴越军队已经到了几天，始终进不能进，退不能退，做梦都想与我们决一死战。如果现在放他们上岸，定会不顾一切与我军拼命，其势难当，如何能担保必胜？"

冯延鲁不听，喝道："等吴越兵上来，我当亲自率军冲杀！难道你们还怕死吗？"

诸将无话可说，只得按照冯延鲁的计划，不用弓箭压制，使吴越兵顺利通过滩涂，登陆成功。接下来战况就不再遵从冯延鲁的剧本了，吴越军有进无退，勇不可当，压得南唐军节节后退。这时，城中守军打开南门杀了出来，与援军夹击南唐南大营。在一片喊杀声中，之前说要亲自冲杀的冯延鲁吓坏了，抛下大军拨马先逃。南唐南大营随之崩溃，孟坚战死。

南唐军主帅王崇文听说南边已和吴越军打起来，急带数百名亲兵赶来督战，正撞上南营的败兵和吴越的追兵，忙且战且退，险遭不测，好在北大营的唐军主力及时赶到，这才制止了溃退，吴越军也停止了追击。

这一天的会战打下来，南唐军伤亡惨重，但败的是南大营，其余几大营大军主力尚存,总兵力仍居于优势,坚持下去,还有转败为胜的可能。可是,已有割据之心,只想保存实力的留从效,以及与陈觉结怨的王建封都不想打了。他们说:"我们已经输了,哪还有力量与人争夺城池?"

当天晚上,两人都不跟王崇文打招呼,各自烧营退兵。北营的唐军主力发现远处东营与西营都起了大火,不知道发生了什么事,军心大乱,随即也烧营跑路。之前,南唐往前线输送的大批军粮辎重,逃心似箭的溃兵自然不可能带走,全都付之一炬。

第一次福州会战就这样荒唐地结束了。南唐的高级军官集体不称职,相互拆台,虽开局拿着一手好牌,硬是输得干干净净。南唐方面有两万多人阵亡,钱粮物资的损失高得吓人,多年积累的库府为之一空。

如此彻底一场大败,肯定得有人为此负责吧?第一责任人应该是唐军主帅王崇文,但南唐的皇姑父比较幸运,李璟认为此役的失败不是主帅的责任,所以没有处罚王崇文。细察交战经过,李璟的看法还是有道理的,王崇文在主帅任上没做对什么,至少也没做错什么。那么主要责任人是谁?很明显,矫诏兴兵、挑起战祸的陈觉,以及不懂军事,偏要瞎指挥,还临阵脱逃的冯延鲁,难辞其咎。

其实,就在大军崩溃的那个晚上,冯延鲁也感到自己罪无可恕,气急之下欲拔刀自刎,在左右的救护下没能成功。南唐朝议的最初结果,证实了冯延鲁的预感:陈觉和冯延鲁就不用回来了,在军中斩首,带首级回来示众。这个结果急坏了两个人。一个是太傅宋齐丘,陈觉是他最得意的门客,出使福州又是他推荐的,杀陈觉就等于清除他的羽翼。另一个是同平章事冯延巳,他用尽了包括苦肉计在内的手段,引咎辞职,只为救弟弟一命。等怒气稍过,南唐皇帝也舍不得让陈、冯两位优秀的文友去死,于是调整了对二人的惩治:陈觉流放蕲州(今湖北蕲春),冯延鲁流放舒州(今安徽潜山)。只过了一年,两人都起复为官,重入朝堂。

除去陈觉、冯延鲁,对战败负有重大责任者,自然要算在关键时刻不战而退的王建封和留从效。王建封在南唐方参战的高级将领中,本是一员悍将,此前在攻克建州时,曾率先登城,立下首功。但身为一个粗人,王建封平时并不招李璟待见，因为和陈觉、魏岑赌气跑回来，想想也有些后怕。但李璟并未追究他的责任，还调他入京任天威军都虞候，进入皇家禁军。王建封大喜，以为没事了。正好，有朝臣弹劾魏岑，王建封想起旧恨，一时兴起，也加入弹劾的行列，指责魏岑是陈觉、冯延鲁的同党，为朝中奸臣，不能放过。李璟顿时大怒，当即痛斥王建封手握兵柄，干预朝政，罢黜大臣，是何居心，然后将王建封就地免职，流放池州（今安徽贵池）。王建封根本就没有到达池州，在押送途中即被处决。

王建封死了，那留从效呢？那就是输家中的人生大赢家了！留从效带着完好无损的泉州兵返回泉州，与南唐派驻泉州的军队将领见面，对其言道："泉州的情况你是知道的。北边与福州结仇，南边是依山沿海的疠瘴之乡，地形险恶，土壤贫瘠，最近又不断打败仗，农桑皆废。勉强征来的冬夏两税，只供养当地都十分困难，怎敢劳烦大军久驻？"然后，他也不管唐军将领同不同意，强行设宴，"欢送"南唐军队离开泉州。

福州战败让南唐的威信降到纸老虎级别，唐军将领只得率军返国。李璟吃了个哑巴亏，只能忍了，还加授留从效为检校太傅，只求他不变成第二个李仁达。从此，留从效割据漳、泉二州，实质上成为一支独立势力。

看看这几个人的结局，南唐对文臣武将的"一视同仁"，对功绩过错的"赏罚严明"，对藩属诸侯的"得力管控"，都跃然纸上。以这样的国家，这样的军力，要想北定中原，甚至一统天下，估计有点难度。

有输家中的赢家，也有赢家中的输家。大捷之后，吴越援军开进福州，城内的兵权全被援军主将余安接管，有名无实的李氏闽国连个水泡都没冒，就不声不响地结束了。随后，钱弘佐任命吴越开国功臣鲍君福之子鲍修让为东南安抚使，镇守福州，正式剥夺了李仁达割据福州的法理依据。在鲍修让的劝说下，李仁达"主动"请求前往杭州，朝见钱弘佐。

不过，没等李仁达到达杭州，吴越王钱弘佐便于当年六月因病逝世，追谥"忠献王"，在位五年零十个月，享年仅十九岁。钱弘佐是文穆王钱元瓘的第六子，少年老成，喜读书，善诗文，礼贤下士，平时谦恭有礼，关键时刻又能杀伐果断。

钱弘佐在位期间，吴越对外参与福州争夺战，使疆土扩展到最大，对内铲除了擅权的重臣杜昭达、阚璠、程昭悦等，将大权牢牢夺回。对吴越百姓而言，钱弘佐是吴越历代君主中税收最少的一个，他查问相关官员，得知国库充盈，足够十年正常开销，便下令免征三年的赋税。总之，除了因为寿命太短，有些后事没安排好，钱弘佐算得上比较优秀的守成之君。有点可惜了，他太过短命，没有继承南唐这样本该强大的国家。

钱弘佐死后，他的弟弟、文穆王第七子钱弘倧继位。当年七月，李仁达来到杭州觐见钱弘倧，钱弘倧为他加官侍中，并赐名"李孺赟"。名义上的官位升了，但手中的实际权力没了，李仁达自然并不满意。在杭州住了不久，李仁达感到吴越新主并不像他哥那么精明，便用二十支金笋贿赂了吴越内牙统军使胡进思，请胡进思为他说情，放他回福州。

前面说钱弘佐生前有些事没安排好，说的正是这位胡进思。胡进思是从钱镠时代留下来的开国老将，钱弘佐在对付阚璠时就借助他的力量，胡进思对钱弘佐好像也忠诚。但随着杜昭达、阚璠、程昭悦等被清除，钱弘佐去世，胡进思活成了吴越军界无可争议的第一号元老，也渐渐跋扈起来。得到贿赂后，胡进思拿钱就办事，让李仁达返回福州。

返回福州当然不是李仁达的最终目的，他要重新成为这一方的土皇帝，但鲍修让和他的驻军还在，要怎样将吴越军队赶走呢？李仁达再派人秘密送信给南唐，表示自己后悔了，愿意弃暗投明，杀掉吴越的贼将，重做大唐的忠臣，希望南唐能派军队来配合自己。

常走夜路终遇鬼，李仁达这次终于失了手，信件未能送到南唐，在半途被吴越军队截获。鲍修让先下手为强，动用军队包围了李仁达的住宅，将李仁达及其兄弟一族全部杀光，首级送往杭州。福州至此稳稳地留在了吴越的手中。

吴越的新王钱弘倧很懊恼，这颗脑袋就是那位"忠诚可用"的"李孺赟"，你胡老将军老糊涂了？不仅如此，胡进思插手的地方越来越多，钱弘倧对这个爷爷辈的老军头越来越不满，时常当面驳斥，让胡进思下不来台，幼主与老将间的关系快速恶化。内衙指挥使何承训和都监使水丘昭券都劝钱弘倧早下决断，诛杀胡进思。钱弘倧犹豫再三，没有决断。何承训见钱弘倧不动手，担心事败会牵连自己，竟反过来向胡进思告密，说大王策划要杀你。胡进思立即发动政变，杀掉水丘昭券，废黜了继位刚六个月的钱弘倧，软禁于义和院。

然后，胡进思拥立文穆王第九子，十九岁的钱弘俶为新王，钱弘俶提出要求，一定要保住哥哥钱弘倧的性命，否则他不当这个王！胡进思同意了。钱弘俶一登位，便将钱弘倧及妻儿迁到衣锦军旧宅（钱镠故居），派匡武都头薛温率亲兵负责保护，并悄悄吩咐说："如果有非常处分，肯定不是我的意思，你当以死相抗！"

果然不久，胡进思请求杀掉钱弘倧，以绝后患。钱弘俶坚决不答应，胡进思不安心，便假传钱弘俶的令旨，命薛温杀钱弘倧，自然又被拒。胡进思仍不罢休，又从亲兵中挑选了两名勇士充当刺客，潜入衣锦军，结果被薛温带着卫队干掉。钱弘倧终于逃过胡进思的杀心，被废之后又活了二十七年，活到四十六岁，追谥"忠逊王"。对比闽国王家兄弟和楚国马家兄弟，吴越钱家到第三代仍能保持兄弟友爱，实属不易。再说屡屡受挫的胡进思，极为不安，但要再发动一次政变，又没有勇气了，终究算不上一个合格的奸雄。数年后，胡进思去世，高寿达九十七岁。

回到南唐。很多官员对福州之战的结果很不服气，觉得失败纯属偶然，如果有机会再打一次，吴越小国定然不是对手。等待中，机会还是来了。后汉乾祐三年（950）二月，自认在灭亡闽国中立下大功的查文徽，正担任永安留后坐镇建州，突然有福州来人向其告密说："李仁达的旧部为了给老师报仇造反了，吴越驻军压不住局面，已弃城而逃！唐军及时出兵，则福州唾手可得！"查文徽大喜，立即命令剑州刺史陈海、泉州刺史留从效分率水军从两路进逼福州，自己率步骑跟进，发起了第二次福州会战。

查文徽的命令，对留从效跟没说一样，但对陈海还是很管用的。这陈海原是末代闽王王延政的部将，建州被攻克时为王建封所擒，本来是要处斩的，他居然在临砍头前从刑场上挣脱逃跑，几百名唐兵围追堵截竟然都追不上他。查文徽大感惊奇，将他招降，成为自己的心腹爱将。

陈海接令，乘船顺闽江而下，正好遇上大雨，水流湍急，陈海船队一夜之间便从剑州漂至福州，击败城外的吴越军，擒敌将马先进，但未能一举克城。明显，查文徽收到的情报并不准确。实际上，早在南唐军出动之前，吴越王钱弘俶已先派将军潘审燔率援军秘密进驻福州，那份情报极可能是吴越方面的诱敌之计。

几天后，查文徽率领的唐军步骑也进至城外，大军刚到，城中的吴越守将吴程就表示愿意投降，派几百人出城迎接查文徽。陈海见状，对查文徽说："闽地之人大多奸诈（别这样骂自己啊），不管他们说什么都不可轻信。请您先扎好大营，再慢慢考虑如何攻城。"查文徽却信心十足："他们慑于我军声威，想要投降，如果我们不接受，使他们又不想投降了，怎么办？不乘这个机会一举克城，还待何时？"

于是查文徽也不让军队稍事休整，便在那几百人的引导下欣然入城。刚刚走进西门，吴程、潘审燔突然率大量吴越伏兵涌出。查文徽大惊，从马上摔了下来，当即被生擒。南唐的步兵、骑兵一路行军至城下，本已疲惫，才看见敌人，主帅就被拿下，顿时大溃。吴越军乘机追杀，唐军战死和掉到闽江溺死者达万余人，第二次福州会战又输了！

两战两败，让看似强大的南唐对卧榻之侧的吴越彻底没了脾气，李璟又舍不得查文徽的文才，于是主动遣使到杭州，请求和解，并用马先进交换查文徽。史书记载，钱弘俶同意讲和，亲自赐酒送查文徽回国，却又在酒中下了慢性毒药。查文徽一回到南唐，就得了病，一直好不了，十年后于七十高龄去世。这条记载的真实性让人怀疑：查文徽并非能臣良将，吴越为何非要杀他，而且当时有让人十年后才死的毒药吗？

南唐在福州两次战败的主要原因都不是南唐国力不足，兵力不够，而是李璟选拔的那些将帅水平差。杨行密时代的那些淮南名将，李神福、安仁义、台濛、周本等，如果看到如今南唐军的表现，还不得气得踢飞棺材板？按说这些缺陷好像不难克服，至少应该比治理国家，积蓄国力容易，但终南唐之世，挑选能战之将，编练勇锐精兵这些事，就是做不到。

# 第十一章

# 湖南之乱

刘知远　李三娘　冯道　郭威

# 昏君马希范

虽然南唐对闽地的攻略，是投入甚大，所得甚小，但至少还是有所得的，将建州和汀州纳入了版图。相较之下，稍后南唐乘马楚内乱，对其发动的灭国之战，才真正赔得血本无归，也才让李璟从雄才大略的幻梦中清醒过来：原来自己连软柿子都捏不好，真不是能一统天下的那块料。

马氏楚国退化为软柿子的过程，是从其第三代君主文昭王马希范开始的。论品质之恶劣，马希范与二哥马希声不相上下，但他在位长达十四年零九个月，比起在位不足两年的马希声，有足够的时间祸害一方，并让恶政的效果充分反馈。

相较于看重"食"的二哥，马希范的爱好更广泛，在"住"和"行"方面的排场都玩出了新高度。他在位期间，接二连三大兴土木，先后建起会春园、嘉宴堂、九龙殿、天策府等宫殿，在规模上和装修上都极尽奢华，以楚国财力所能承受的上限为标准。为了出行时威风摆谱，马希范挑选了身材高大、相貌端正的富家子弟八千人，组成亲军仪仗队"银枪都"，所有的盔甲武器全部饰以金银，当然战斗力和北边杨师厚的银枪都没法比。

楚王豪奢的名声传到了境外，马希范的邻居，第二代南平王高从诲闻之，十分羡慕，对左右说："人生一世，能活成马王那样，才算是真正的大丈夫了！"掌书记孙光宪听到这句话，感觉不妥。孙光宪本是蜀人，亲眼见证了前蜀王衍因奢靡无度而国破身亡，前蜀亡后逃亡到江陵，并在梁震的推荐下出仕南平。见新主君又有了这种学坏的苗头，他马上劝诫说："天子与诸侯，各种待遇应该按照礼制各有等差，像马希范那个乳臭未干的无知小子，骄奢淫逸，僭越礼制，只图一时快乐，不为长远考虑，不惧危亡的来临，这种蠢人，有什么值得羡慕？"

高从海马上醒悟："孙公说得对。"第二天，高从海找来老前辈梁震，自我反省说："我想想平日自奉，其实已经有些过分，当引以为戒。"然后下令削减王室开支，去掉一切珍玩和享受，节省的开支通过减税的形式返还民间。梁震大为欣慰，对高从海说："我与先王（高季兴）是布衣之交，先王过世前，将嗣王（高从海）托付于我，今见嗣王已能自立，不会让基业衰落，我就放心了。老朽已老，可以退隐山林了。"说罢，他举荐孙光宪代替自己。而后，孙光宪被任命为荆南节度副使，负责全部日常政事。小小南平国，不足以因此强大，但至少政事清明，百姓得以安居乐业。

不知马希范是否了解邻国对他的评价，估计知道也不会当回事，因为至少在他统治的前期，马殷、高郁留下的底子还没有祸害完，楚国似乎还比较强盛，甚至有一次开疆拓土，使楚国名义领土深入湘西以至贵州。

事情要从马希范的外戚彭家说起。马希范的正妻，号称顺贤夫人的彭氏是郴州刺史彭玕之女。彭玕本是唐末崛起于江西吉州（今江西吉安）的小军阀，在危全讽的号召下参与了对杨氏吴国的战争，结果被吴将周本大败于象牙潭，被迫率吉州军民一千余户逃入湖南，投奔马殷，之后彭氏遂为湖南大族。

彭玕有个叫彭瑊的弟弟，被马殷分到偏远的辰州（今湖南沅陵）任刺史。辰州地处湘西，诸苗多，彭瑊因地制宜，使用各种手段与一些部落交好，孤立并击灭苗民首领吴著冲，征服五溪之地，又将溪州（今湖南古丈）作为大本营，渐渐自立一方，不再受马家控制。彭瑊死后，其子彭士愁（又被叫作"彭彦晞"或"彭仕然"）继为溪州之主，彭家势力扩大到龙赐、天赐、忠顺、保靖等二十余个羁縻州，原为汉人的彭氏从此在诸苗部中牢牢扎根，成为湘西最强大的少数族群首领。

马殷让马希范娶彭氏女，脱不了政治联姻的嫌疑。史载，彭氏夫人的长相一般，但为人庄重，治家有法，连马希范都忌惮三分。不过到了后晋天福三年（938年，李昪宣布自己是李唐后裔，将国号由"齐"改为"唐"的那一年），顺贤夫人病逝，马希范以厚礼隆重安葬了妻子，显得十分情重。之后，马希范开始遍选美女，纵情声色。这些消息传到溪州，彭士愁怀疑堂姐之死有问题，气愤不已，兴起了向堂姐夫报复的念头。

除了联姻纽带的断裂，直接利益冲突可能是关键。马希范奢侈放纵，导致钱总不够花，于是派人进入马楚无力管辖的湘西诸苗境内征收赋税。各部苗民极为不满。在彭士愁的号召之下，后晋天福四年（939）八月，溪州、奖州、锦州诸苗联军一万余人大举进攻楚国，杀入辰州和沣州境内，击破二州的驻军，烧毁大量的官衙、军营。

马希范得知溪州彭家造反，马上派左静江指挥使刘勍为主将，决胜指挥使廖匡齐为副将，率领有山地战经验的衡山精兵五千人讨伐彭士愁。彭士愁清楚光靠自己拉起来的装备和训练都不够专业的蛮兵，多半不是马楚精兵的对手，所以马上退回主场，并派人去后蜀请求蜀军出兵支援。

但后蜀朝堂对本国疆域的看法，与当年的蜀主王建差不多：秦岭之北、三峡之外的地方，就算了吧，得到了也守不住，白白浪费军力和钱粮。于是，后蜀皇帝答复道：溪州那地方，路程太远，蜀军去不了。

蜀军嫌远来不了，楚军可不在乎这点儿距离。十一月，楚军与诸苗兵在一个叫望城的地方发生交战，诸苗兵大败，彭士愁被迫退守溪州。溪州是山城，其形制接近于一个山寨，城据山顶，四面险峻，易守难攻。楚军围城之后，刘勍让士卒建高梯架栈道，克服万难发起强攻，没能克城，反而损失不小，副将廖匡齐中箭阵亡。

楚军伤亡较大，久攻不下，形势发生了反转。彭士愁利用自己在诸苗部中的威信，四处求援，各部苗军渐渐向溪州会集，对孤军深入的楚军形成松散的反包围，只不过他们组织差，慑于楚军在望城战胜的声威，只是骚扰楚军粮道，不敢轻易决战。刘勍来了个狠招，在苗军取水点的水源上方大量投毒，苗军以为是触怒了鬼神，中毒后死的死，逃的逃，楚军粮道重新被打通。

然后，刘勍不再强攻，而是带人登上旁边一座更高的山，居高临下，向溪州山寨发射火箭。彭士愁大败，弃溪州突围而走，向南退入奖州。刘勍继续追击，但楚军越深入蛮区，面临的困难越大，彭士愁也意识到很难打得过楚军，双方都有了讲和的意愿。

后晋天福五年（940）正月，彭士愁派骁勇善战的次子彭师暠及诸部酋长田洪斌、覃行方、向存枯、罗君富等携带溪州、奖州、锦州等地的印信、地图，向楚国请求有条件投降。经过谈判，彭士愁及诸部酋长的地盘在名义上归入楚国，但享有高度自治权。

协议的主要条款如下：一、楚国人不能随意进入彭士愁的辖区；二、诸部酋长、部民如有冒犯楚国的，由彭士愁负责惩处；三、蛮区内官吏由彭士愁任免；四、楚国不向蛮区征兵收税；五、将溪州城由山城迁至平地，接受楚国的监督；六、彭师暠留在楚国，充当人质。见楚国对彭士愁比较优待，宁州酋长莫彦殊、都匀酋长尹怀昌、牂牁酋长张万濬等不在彭士愁势力范围内的西南诸蛮部酋长，也先后向楚国表示臣服。彭士愁与诸蛮部的归附，使楚国的名义疆域达到最大，但其实国力没有明显提升。

和平达成后，马希范与彭士愁在溪州边境上立起一根铜柱，将事件的前因后果和双方的盟约誓词刻于柱上，以昭告天下，垂示永久。这根铜柱非常长寿，今天依然屹立于湘西。立铜柱的双方，之后的历史走向则大不相同。彭士愁及其子子孙孙的运势，比那根铜柱差不了多少，此后长期担任溪州地区的土司，形如一个独立小王朝，传承了足足二十八代，其部民的汉化程度高于周边诸苗部，渐渐演变成了今天的土家族。清雍正年间，国家推行"改土归流"，彭氏家族才结束对湘西长达八百一十八年的统治。而马家的楚国再过十一年就将迎来自己的终结。

讨伐溪州的胜利让马希范赢得了面子，但毫无进账，财政赤字问题依旧严峻。对外开源不成功，骄奢的楚王又不愿意节流，那就只能对内开源，加大剥削强度。于是，楚国的各种加税不断增多。自耕农辛劳一年，所得却交不起皇粮，为了躲避如狼似虎的税吏，不得不抛下微薄的田产，逃往他乡，很多赋税因此成了坏账，收不上来。

马希范认为，这有什么大不了？田地还在，百姓也没死绝，何必担心收不上粮？原田主逃走了，楚国官方就顺势将这些田地收归官有，再招募异乡逃来的农夫耕种。没过多久，楚国的自耕农大多破产，沦为国家或富豪的佃农。这么一来，百姓成了穷鬼，没多少油水可捞了，怎么办？对此，楚王出台了新规定：凡州县官员入京述职，都得根据地方的肥瘠，向楚王缴纳一大笔相应数量的贡献，比如大县贡米二千斛、中县千斛、小县七百斛，敢不缴或少缴的，等着瞧。

司法部门也不能闲着，马希范规定，以后对犯法之人的惩处，也要纳入经济考核：钱多者可以用钱赎罪，只要交足了银子，爱干什么就干什么；钱交少的，发配充军，为国效力；实在是没钱交的，公事公办，大刑伺候。

这样的执法政策一经实行，官家收入便与发案率实现正相关了。那怎么增加案件数量呢？马希范想到了武则天用过的方法，鼓励民间相互揭发，允许匿名检举。于是，很多民间私怨变成了重大案件，被诬告送命甚至灭族者大有人在，楚国的社会风气由此大大恶化，三湘之地人人自危。

眼看楚国朝政越来越黑化，忧心时局的天策府首席学士（从马殷开始，马楚君主被中原王朝授予"天策上将"之职，马希范遂仿照唐朝那位天策上将，开天策府，设天策府十八学士）拓跋恒犯颜进谏，他先指出楚国的内忧："陛下您长于深宫，坐享先王留下的基业，不清楚农夫耕作的艰辛，不听闻征战杀伐的战鼓，整日就知道四处游乐，修宫室享美食。您是否了解，国库已经快要见底，无益的开支却越来越多，百姓已经很穷困，加在他们身上的税收却越来越重？"

拓跋恒又点明楚国的外患："如今，淮南（南唐）是我们的世仇，番禺（南汉）早对我们怀有领土野心，荆渚（南平）日夜等待我们露出破绽，一旦有事，对溪州蛮族的姑息同样靠不住。谚语说'足寒伤心，民怨伤国'，愿大王赶快废除向地方索要贡米的规定，诛杀提出这些馊主意的奸臣，停止不必要的兴建，免除百姓过多劳役，这样做，国家还有救。千万不要执迷不悟，一意孤行，否则有朝一日国破家亡，沦为四方笑柄！"

可惜此天策上将非彼天策上将，马希范没有那位唐朝前辈的胸襟度量，他闻过则怒。第二天上朝，气恨难消的楚王命人将拓跋恒挡在宫门之外，并传令终生不允许拓跋恒入见，将这位老臣强制退休。

对楚国朝政充满愤懑和忧虑的，既有居庙堂之高的大臣，也有处江湖之远的文人。当时有个诗人叫戴偃，本是金陵人氏，以文才名重一时。他在马殷时代为避战乱而逃入湖南定居，原以为楚国是乱世的桃花源，可以在此平安终老。没想到等马殷一死，猛于虎的苛政，赶走了曾经的小康，楚国绝大多数百姓的生活质量都直线下降。作为一个没有入仕，亲身品尝民间疾苦的知识分子，戴偓忍不住以笔为刀，创作了百余首讽刺诗歌，对身处的黑暗世道大加挞伐。其中《渔父》中的两句"总把咽喉吞世界，尽因奢侈致危亡"几乎是指着鼻子骂马希范贪婪与放纵。

因为戴偓的诗与楚国的现实太贴近，又说出很多人藏在心里不敢说的话，很快传扬开来，稍后，连马希范本人都看到了。马希范很不高兴，但也不想直接杀掉这个在民间很有声望的文人，便说："他不是喜欢当渔父吗？我就给他安排个钓鱼的好地方。"然后，戴偓全家被送到长沙碧湘湖中的一个无人孤岛上，撤走船只，任其自生自灭。戴偓全家在岛上开始野外求生的艰难历程，受尽饥寒，后来据说他与妻儿分头逃出孤岛，逃往岭南，直到听说马希范死了，才停住脚步。另一种说法称戴偓被关押，最终饿死于狱中。

947年初，辽国大举南下攻灭后晋的消息传到湖南，天策副都军使丁思觐（又记作"丁思瑾"或"丁思僅"）上疏道："先王起自行伍，靠一刀一枪打下这份基业，如今已传国三世，有地方数千里，养精兵十余万。今天子蒙尘，中原无主，正是效法先王再创大业的良机。大王如能发倾国之兵北上，出荆襄以逼向京师，倡大义以布于天下，驱逐契丹，恢复中原，这是齐桓公、晋文公的功业啊！奈何大王拿着这样的本钱，不去干一番轰轰烈烈的大事，却用来大兴土木，纵情酒色，像极了没出息的愚妇孺子！"马希范一看上疏，自然大怒，削去了丁思觐的官职。

马希范的怒还是有理由的。大举北伐，驱逐契丹，恢复中原，喊起来豪迈，可做起来呢？你是不是把楚国的国力与楚军的战斗力都估计过高啦？而且，从稍后发生的事来看，马希范就算有那个实力，也没那个精力了。不过，可能丁思觐的中心思想，并不在奏疏的前半截，而在最后的灵魂拷问：你个堂堂楚王怎么能这么没出息呢？就凭这一问的大逆不道，只革你的职，那算是楚王的宅心仁厚，你就好好谢恩吧！

但性格刚烈的武人丁思觐不这么看，他听到楚王对他的处罚，再也不讲什么君臣礼仪，抬起头，眼睛直瞪着马希范，怒道："孺子，终不可教！"然后他就在朝堂之上"扼喉"自尽。

丁思觐自尽后没多久，这一年五月（刘知远从太原出发，向汴梁进军的那个月）五日端午节，马希范到湘江边观看一年一度的龙舟赛。就在众目睽睽之下，这位楚王突然大叫起来："高郁，那是高郁来了！"众人一脸蒙，一旁的武安节度副使马希广提醒他说："高郁死了很久了，您看错了吧？"但心虚的楚王害怕再见到老臣的冤魂，不敢在江边停留，匆匆回宫。当晚，马希范的鼻子出血不止，病情急剧恶化，不多时，已是大限将至的样子。安排继承人已刻不容缓。

按照马殷对诸子兄终弟及的遗命，马希范死后的第一法定继承人，应该是他还活着的年纪最大的弟弟武平节度使马希萼。（按一般的说法，马希萼是马殷第三十子，马希范是老四，这一年才四十八岁，中间的二十五个弟弟呢？）但马希范不喜欢马希萼，最喜欢他同母的第三十五弟马希广，所以决定传位于马希广。

可让马希广继位合法性不足，而且这个弟弟懦弱无能，让他当楚王，他镇得住场子吗？马希范思索良久，觉得拓跋恒虽然讨厌，但毕竟是有资望的国之忠臣，于是他自己违反了"终身不许入见"的规定，召拓跋恒入宫，将弟弟马希广托付给他。随后，马希范任命马希广为判内外诸司事，代替自己处理国政。五月八日，马希范病死，后追谥"文昭王"。从最后的安排来看，马希范并不傻，也知道什么是忠，什么是奸，什么是对，什么是错，只是知易行难，他没有控制自己欲望的能力罢了。

## 弱主马希广

大王已逝，谁来当新一任楚王？出于对国家的责任感，虽有马希范的遗命，还是有人提出了异议。都指挥使张少敌与都押牙袁友恭认为，马希萼在先王诸弟中最为年长，立他为王，引起的争议最小。但长直都指挥使刘彦瑫、天策府学士李弘皋、邓懿文、小门使杨涤等都表示，必须尊重先王遗命，拥立马希广为王。

张少敌急了，提醒刘彦瑫等："马希萼年纪最大，脾气又刚烈暴躁，绝不可能心甘情愿居于弟弟之下。如果要拥立马希广，就要考虑周全，先行控制马希萼，不使他有异动。否则，国家的大难马上就要开始了！"

拓跋恒虽受托孤，但他认为社稷重于君，也站在张少敌一方："三十五郎虽已主持军国大事，但三十郎毕竟是兄长，最好派使节去朗州（今湖南常德，马希萼的驻地），将王位让给他。不然湖南一定会爆发内战！"

刘彦瑫等干脆甩开张少敌、拓跋恒，直接警告马希广说："如今国家的军政大权都在您手中，天予不取，必遭其祸！一旦这个位子让他人得了去，我们还有可能活得下去吗？"

五月十一日，迟疑了好几天的马希广终于接受刘彦瑫等人拥立，继任新一代楚王。张少敌仰天长叹："大祸就要临头了！"

从事后来看，张少敌的叹息稍显过早，楚国其实完全有机会避免内战。马希范死后三个月，马希萼也没有做出让张少敌等人担心的过激反应，仅从那时看，楚国好像能够平平安安地实现权力过渡。但也许是马家气数将尽，此后"小马"的选择都严格遵守墨菲定律，没有最糟，只有更糟。

马希萼有个同母弟弟叫马希崇，正在潭州任天策府左司马，见马希萼不动手，比兄长还急，悄悄寄了一封密信到朗州，煽动道："其实按先王遗命，继位的应该是哥哥，只是那刘彦瑫为了独揽大权，这才违背先王遗命，废长立幼，哥哥你甘心咽下这口气？"

这下子，马希萼积压的怒气被点燃了，不过没有马上起兵，而是决定去潭州奔丧。可能他是想弄清马希崇说的究竟是不是实话。八月二十四日，马希萼一行乘船到达距离潭州城还有三十里的跌石，遇上了侍从都指挥使周廷诲率领的水师船队。周廷诲是奉刘彦瑫之命来的，他堵住航道，规定马希萼及其卫士必须解除武装，才能继续前进。

马希萼服从了，随后他在周廷诲的"保护"下被迎到城外的碧湘宫，换上丧服为马希范守灵。至于进城与新王马希广见面的要求，则被完全驳回。马希萼被困在城外，根本不可能打探情报，能给他通消息的只有胞弟马希崇。身处这样的环境中，马希萼越来越相信马希崇的蛊惑，越来越相信自己的宝座是被人作弊窃取的。又气又恼的马希萼，等马希范的灵柩正式下葬后，请求让自己返回朗州。

周廷诲建议马希广：难得马希萼自投罗网，还不乘此良机将他除掉？张少敌也对马希广说："大王如果能把楚王之位让给他，那就让，如果不能，就请尽快将他杀掉。"马希广大为悲伤，我们可是同一个父亲的亲兄弟啊，至于吗？他流着眼泪对二人说："马希萼是我的哥哥，我怎忍心下此毒手？如果万不得已，宁愿与我兄分国而治！"然后，马希广重重赏赐了马希萼，并送他回朗州。以最小代价消除危险的机会就这样错过了，楚国向着内战往前又迈出了一大步。

回到朗州的马希萼决定从马希广手中抢回楚王之位。不过，他一时实力不济，要做些准备。准备分为两方面：一方面自然是招兵买马，积蓄军力；另一方面则是争取中原的外交承认，为自己发动叛乱增加合法性。后汉乾祐元年（948）八月（郭威就任后汉军主帅，讨伐李守贞等三镇叛乱的那个月），马希萼的使者来到京师开封，请求与楚王马希广平等的待遇，各自分别向后汉朝廷进贡，同时也希望后汉封自己一个王爵。

潭州方面得知朗州方面的不轨举动，急忙派人重贿苏逢吉、史弘肇等后汉重臣，请他们出力阻止马希萼的要求。于是，后汉隐帝刘承祐下诏给马家这对"卧龙凤雏"说："兄弟之间，要相互友爱，还要恪守君臣之道。马希萼要效忠朝廷的心意虽然可嘉，但应该附在马希广的名下。"后汉皇帝的诏书送到朗州，马希萼非常恼火，拒不奉诏。

恰巧在同一个月，马希广也在潭州接待了一位使臣。这位使臣是南汉的知诰制钟允章，他代表南汉皇帝刘晟（原名刘弘熙，南汉高祖刘龑的第四子），来向楚国求婚。这是在延续双方的友好传统，毕竟刘晟的嫡母就是马殷的女儿，在某种程度上说，刘晟也可以算马希广的外甥。但这个友好请求被马希广一口回绝了，原因史书上没有记载，很可能是马希广已经听说过这个外甥干过的那些狠事。

前文说过，汉主刘龑逝世后，继承其皇位的是他的三子刘玢（原名刘弘度），并不是刘晟。但对野心勃勃的刘晟来说，这不算什么大问题，刘玢在位一年后，刘晟与弟弟刘弘昌、刘弘杲，以及指挥使陈道庠等定下密谋，请三哥来王府观看勇士徒手搏斗。刘玢来了，然后就被陈道庠精心挑选的刘思潮等五名勇士当成拔河给拉断了气。刘晟顺势在刘弘昌等人拥戴下登基称帝，任命刘弘昌为兵马元帅，总管政事，刘弘杲为副元帅，参与国政，另外，陈道庠、刘思潮等弑君"功臣"也都加官晋爵，至于被弑的刘玢，则得到一个"殇皇帝"的可悲谥号。

不过，弑君"功臣"的好日子很短暂，因为当上皇帝的刘晟刚过河，就开始了拆桥工作。刘玢丧命两个月后，副元帅刘弘杲率先被杀；第二年，元帅刘弘昌，以及在邕州治绩良好的皇弟刘弘泽被杀；第三年，皇弟刘弘雅被杀，刘思潮等五人相继被杀。陈道庠惊慌不安，他的朋友邓伸送给他一本《汉纪》，陈道庠不明所以，邓伸说："笨蛋，诛韩信、醢彭越的事上边都有，你该好好读。"刘晟得知，下令将陈道庠、邓伸灭族。

到了向楚国求婚的前一年，刘晟干脆来了把大的：将诸弟齐王刘弘弼、贵王刘弘道、定王刘弘益、辨王刘弘济、同王刘弘简、益王刘弘建、恩王刘弘伟、宜王刘弘照一并处死。至此，除了刘晟自己，以及被吴权干掉的刘弘操，刘龑的儿子们都被刘晟杀光了。不仅如此，刘晟的侄儿同样一个不留，至于那些侄女，则全收入后宫。

将马家女儿嫁给这样一个人，不是羊入虎口吗？让温和善良的马希广如何舍得？但楚王的拒绝马上惹怒了南汉的魔头，刘晟问钟允章："马家还有能力侵犯南方吗？"钟允章答："马家兄弟正忙着窝里斗，国家危亡在即，自顾尚且不暇，哪里还有能力威胁我们？"刘晟大笑："说得对极了！马希广又胆小又吝啬，他们的军队早忘记了怎么打仗，这正是我们大举扩张的好时机！"

刘晟说到做到，当年十二月，就命内常侍开府仪同三司吴怀恩为西北面招讨使，巨象指挥使吴恂为副，率南汉军队北伐，进攻楚国的贺州（今广西贺州）。这吴怀恩虽然是一个宦官，但为人较为正派，曾对刘玢的荒淫恳切劝谏，而且带兵有法，治军森严，令行禁止，很像唐末的杨复光，在此时南汉军界有名将之称。

马希广接到告急，急忙派决胜指挥使徐知新率五千名楚军南下，救援贺州。但贺州距广州近，离潭州远，楚国的援军尚未抵达前线，贺州城已被南汉军队攻陷。为了对付楚国即将到来的援军，南汉军副帅吴恂带人在城北挖了个巨大的陷阱，里面设置木架机关，以竹席覆盖，上面再铺上一层薄土。

等南汉军准备停当，楚军也到了。贺州丢了，总得夺回来吧？徐知新马上挥军攻城，正好经过陷阱上方。南汉军乘机引发机关，只听一声巨响，一大片楚军掉坑里了！遭到意外打击的楚军阵势大乱，吴怀恩、吴恂顺势开城出击，楚军大败，抛下一千多具尸体匆匆逃走。

打赢了贺州会战，吴怀恩乘胜进军，又攻陷了昭州（今广西平乐），为进一步攻夺楚国在岭南的土地，取得了良好的出发阵地。但之后，南汉军队就暂停了军事行动，观望楚军的后续反应，也许是为了防止"两马"在外部压力下团结起来吧？

在另一方，败将徐知新仓皇逃回，被马希广斩首，但马希广一时也没有能力派兵夺回昭、贺二州，只得默认与南汉的停火。

希广无能，丧权辱国啊！马希萼觉得自己更有责任把弟弟拉下马了。后汉乾祐二年（949）八月，经过了将近两年的扩军备战，自觉羽翼已丰的马希萼终于在朗州誓师，率先挑起了楚国内战。

马希萼将自己辖区内的男丁全部征发为兵，乘坐着七百余艘战船，沿水路攻向潭州。出发前，马希萼的妻子苑夫人还想阻止丈夫的冲动，劝谏说："兄弟相争，不论谁胜谁败，都只能让外人笑话！"但马希萼已经被现实的私欲与虚伪的责任感迷住了心窍，对妻子的话充耳不闻。

马希广得知马希萼起兵叛乱的消息，说了一句不知道是真心还是假意的话："马希萼是我的兄长，我不能和他争，还是把楚王之位让给他好了。"刘彦瑫等人一听全急了。大王你不想要命，我们还想留住脑袋呢！于是众人都坚决反对，最终在朝堂上商量出决策，以岳州刺史王赟为主帅，刘彦瑶任监军，率水师迎击马希萼的叛军。

这王赟是马楚的开国名将王环之子，骁勇果敢，有其父之风，马希广这次很难得地选对了人。马希萼军的战船长驱直入，直抵潭州西面的仆射洲（今长沙橘子洲），并在此与王赟的水师相遇。这一战的过程没有记载，但结果很清楚，王赟大破马希萼，缴获战船三百余艘。

马希萼见势不妙，急率败兵沿着湘江北逃，王赟便率军在后面追赶，两队战船一前一后，一直追进了洞庭湖。在潭州水师的压迫下，马希萼慌不择路，错过了逃回朗州的水路，只剩下很少的残部被逼到洞庭湖西北角一个叫赤沙湖的地方，眼看就要束手就擒。

就在这个关键时刻，一道楚王马希广的令旨紧急传至王赟军前："大军即刻班师，千万不要伤到我哥哥！"不知王赟、刘彦瑶看到这份楚王令是什么感觉，在下读史至此，有点相信转世之说了：可能马希广的上辈子叫刘守文，下辈子叫朱允炆。

王赟、刘彦瑶最终没有违抗马希广的旨意，放弃了唾手可得的胜利，引兵而还。马希萼死里逃生，包围一解除，便急乘一只小船奔回朗州。苑夫人见不久前的那支大军已不见踪影，只有丈夫一人孤身逃回，以为朗州的陷落已经不可避免，流泪长叹，道："大祸将至，我不忍心亲眼见到啊！"言罢，她投井自尽。

马希萼刚经兵败之祸，又尝丧妻之殇，痛定思痛。不过，他不会反省自己做错了什么，只是把这两笔账记在了马希广的头上。光记账自然不够，更重要的是总结经验，吸取教训。那自己这次出征为什么失败？肯定不是马希广更能打，而是自己的兵没他多，实力没他强。

当时的楚国疆域大致可以分为四部分：本土的武安、武贞、静江三个藩镇，以及以溪州彭氏为代表的湘西、黔东诸蛮部。三镇中最重要的是武安镇，占据了楚国的中心最富庶的大部分地区，治所就在潭州长沙府，节度使通常由楚王本人兼任；武贞镇位于楚国北部，地方狭小，人力物力远不及武安镇，治所在朗州，节度使就是马希萼；静江镇位于楚国南部，处五岭之间，多山地少平原，治所在桂州，节度使是马希萼与马希广的弟弟马希瞻。静江镇前不久曾遭到南汉进犯，对潭州中央的依赖度很高。

这么一分析好像就清楚了，西部诸蛮族基本上不参战，自己起兵就是以一个弱小武贞对抗强大的武安加静江，打输也是非战之罪。不过，凭什么西部诸蛮族不参战呢？马希萼发现自己好像找到了转败为胜的契机。

实际上，在溪州会盟之后，西部诸蛮与马楚中央的矛盾并未因此消失，时不时仍会激化，甚至溅出火花。就在马希萼起兵五个月前，马希广的楚军还与某个苗蛮部落打了一仗，杀死苗民五千余人。那么，只要送出足够多的利益，那些本来就有异心的西部诸蛮，是可以变成自己帮手的。

马希萼派出多路使节，访遍湘西各苗蛮部落，向他们煽动说："楚王欺负你们这么久，你们就不思报仇吗？而且，长沙城最是富庶，里面的金银财帛堆积如山！只要打下来，你们几辈子都花不完！"

就在马希萼为引狼入室的大业而忘我工作的时候，他的弟弟静江节度使马希瞻非常着急，连续派人给两位兄长说和：先王打下这份基业不容易，二位哥哥要团结，不可内斗，才能守住它！这么浅显的道理谁不明白，这种说辞要有用的话，当初这内战根本就打不起来。所以马希瞻的劝和就什么用也没有，马希广没有答复，马希萼嗤之以鼻，大家继续该干啥干啥。马希瞻又急又气，忧虑过度，得了急病，不久便去世。

后汉乾祐三年（950）六月，卧薪尝胆快一年的马希萼，成功获得了多支苗蛮部落（有"辰州蛮""溆州蛮""梅山蛮"等，但溪州彭氏似乎没有参与）的响应支持，再次挑起内战。诸蛮部联军带着发大财的美好愿望，会集朗州，与马希萼军会师。鉴于蛮兵不善水战，而长于翻山越岭，这次叛军没有再沿水路进军，改走陆路，首先攻向潭州西北面的益阳。益阳守将陈璠出城迎击，战败身死。随后马希萼与诸蛮联军又攻向迪田（位于今湖南韶山附近），守将张延嗣战败被杀。迪田距离潭州已经不远，马希广急派指挥使黄处超救援迪田，结果再次战败，黄处超战死。

楚军三战三败，潭州举城震恐，马希广急调七千军马在潭州城西的玉潭布防，陷入被动挨打的境地。在内战中占到一时优势的马希萼，觉得中原王朝应该承认现状了，再次派使节前往开封，向后汉朝廷请求开设自己

424

的进奏务（相当于诸侯国的驻京办事处）。后汉朝廷答复说，楚国在京城已经设有进奏务，没必要再设置一个。

对中原的外交努力再次受挫，让马希萼大怒：这后汉朝看来是铁了心拉偏架，但如今天下又不是只有开封这一个天子，你不承认我，我不会另投高明吗？马希萼不再指望中原王朝的认可，转而派使节前往金陵，向马家的世仇南唐称臣，并请求唐军出兵，与叛军一道会攻潭州。至于南唐军队如果真的来了，楚国还是不是他马希萼的，好像他都不在乎了。

突如其来的称臣，让有心扩张的南唐皇帝李璟喜出望外，他下诏将当年鄂州的全部赋税赐给马希萼，为其充作军费，同时又命在灭闽战争中立下战功的楚州刺史何敬洙为主将，率南唐军增援马希萼。

楚王马希广的处境迅速恶化，他急派使臣前往开封，向后汉朝紧急求救："荆南（南平）、岭南（南汉）、江南（南唐）正在联手，打算瓜分湖南。如果朝廷不赶快派大军干预，湖南就保不住了！"史书中没有南平出兵的记载，不知道马希广这么说是什么意思。

求救信虽然送出去了，但后汉朝会不会出兵？就算出兵又是否来得及？马希广心里都没有底，懦弱的楚王只能在宫中不停地长吁短叹，辗转反侧，忧虑之情溢于言表。造成现在这一切的重要责任人刘彦瑫，不好意思干站着了，只得假装乐观地主动请战："朗州经过上次的大败，现在兵不到万人，马不过千匹，而我们有精兵十万人，还怕他不成？现在他们的军队都在陆路，水路自然空虚，大王只要给我精兵一万人，战船一百五十艘，我这就直取朗州，把马希萼抓来！"

刘彦瑫的话让马希广重拾信心，他很欣慰，经过筹划，潭州中央开始实施一个水陆并进的反攻计划。

水路是该计划的重点，马希广任命刘彦瑫为战棹都指挥使兼朗州行营都统，统率水军长驱直入，攻向朗州。大概为了牵制叛军的行动，马希广又派了马军指挥使张晖反攻益阳。稍后发生的事，证明了马希广在上一次会战中任用王赟，实属瞎猫碰到死耗子，而绝非他知人善任。

可能有读者会问：那马希广为什么不让已经被实战证明了将才的王赟

继续担任主帅呢？那是因为王赟身为岳州刺史，正在驻防岳州。南唐军队如果要增援马希萼，最便利的道路就是沿长江而上，入洞庭湖，卡住洞庭湖口的岳州将是其必经之地。所以岳州的防御是不能放松的。

中央军方面的良将就这样缺席了，叛军主帅马希萼却是吃一堑后长了一智，不像上次那么冲动自负。得知马希广发动两路反攻，马希萼决定采用先示弱于敌，诱敌深入，再聚而歼之的方案应对。

于是，刘彦瑫惊喜地发现：叛军在水路的布防果然空虚！中央军没费什么劲儿，就出湘江，越洞庭湖，进入沅江。进入沅江，两岸就是朗州的辖区了，刘彦瑫更加惊讶地发现，当地的父老竟然非常支持中央军，他们争先恐后地献上牛羊美酒，并且诉苦说："咱们都不愿意跟随叛军作乱，日盼月盼，就盼着楚王的大军快点儿到来！"

刘彦瑫信以为真，不禁大喜，不再担心后路的危险，不留后卫，全军开进相对狭窄的沅江，向朗州全速前进。刘彦瑫不知道的是，他的军队才一离开，刚刚还对楚王大军笑脸相迎的父老，就马上用竹木堵塞了河道，断绝了刘彦瑫军的退路。

刘彦瑫继续前进，行至一个叫湄洲的江中小岛附近，突遇马希萼亲自率领的叛军伏击。由于这一段河道较窄，军队施展不开，刘彦瑫难以发挥本方船多人多的优势，便下令以火攻制敌。没想到刚开始放火时，刮的还是东风，火一烧起来风向陡转，竟变成西风，刘彦瑫的火攻反而烧到了自己！楚国的中央军大乱，手忙脚乱地紧急撤退，退不多远却发现归路已断。于是，在叛军追击下，中央军彻底崩溃，几千人战死或溺死，剩下的逃的逃，降的降，基本上全军覆没。刘彦瑫倒是命大，他竟然从乱军中逃了出来，奔回潭州。

与水路的情况类似，张晖率领的陆路起初进展十分顺利。才到益阳，就发现叛军早已撤走，于是张晖率军继续向朗州前进。等走到距离湄洲仅数里的龙阳时，得知刘彦瑫部已被歼灭的事，张晖大惊失色，急忙让全军掉头撤回益阳。

在湄洲得胜的马希萼立即反攻益阳，先锋朱进忠率三千精锐部队冲至城下，马上对北门发起进攻。此时，城中守军要比城外叛军多得多，完全有一战的能力。张晖留下九千军队守城，对他们说："我率军从南门出去，然后绕到叛军背后，再内外夹攻，打败他们！"计划听起来不错，然而，张晖只是说说罢了，他一出城便撒腿狂奔，逃回潭州去了！城中守军士气顿时崩溃，没有了组织抵抗的主将，益阳随即被叛军攻陷，九千名守军全被屠杀。

湄洲、益阳两次大败的消息传回潭州，楚王马希广急得号啕大哭，他这才想到：是不是应该犒赏军队，提振一下士气？马希广平时比较小气，几乎不会给手下发奖金，这时一反常态，打开国库，重赏三军。然而，到了这个人人都觉得他可能撑不住的时候才发钱，效果自然非常有限。

这时，马希崇暗中为马希萼充当内应的事暴露了，有关部门逮捕了马希崇，请求将他以谋反罪处决。结果马希广一口否决："我如果杀了弟弟，将来到了地下，有何面目去见父亲？"

马希广想到的另一个应对措施，是向马希萼求和。楚王府的幕僚孟骈来到朗州，劝诫说："公忘记父兄之仇了吗？竟然向唐国称臣求援，这与当年袁谭求救于曹操有什么区别？"马希萼想不出反驳的话，但他可以用物理方法让孟骈闭嘴。孟骈眼看性命不保，急忙高呼："自古交兵，不杀来使。我如果怕死，就不会到这里来了！我到这里，并不只为了潭州，更是为了公。公难道不知袁谭是什么下场吗？"

马希萼一想，刚才确实不够风度，这才下令放了孟骈，让他回去告诉马希广："你我兄弟已经恩断义绝，除非死了埋入地下，否则再不相见！"

十一月八日，乘着水、陆大胜之威，马希萼自称顺天王，让儿子马光赞留守朗州，然后动员了所能动员的最大兵力，也是兵分水陆两路，再次向潭州进军。其中陆路由打下益阳的朱进忠会同诸蛮部联军组成，水路则由马希萼亲自指挥。

马希广听说叛军主力尽出，大惊之下再遣使节奔赴后汉，请求后汉军紧急救援。后汉朝廷最初是打算救援马希广的，然而，就在这个月，后汉隐帝刘承祐发动政变，诛杀史、杨、王三大臣，紧接着郭威起兵，刘承祐被杀，中原刹那间天翻地覆，谁还顾得上湖南那点儿事？

没有了后汉的干预，马希萼从容用兵，首先进攻岳州，王赟登城守御，激战五天，叛军无法克城。马希萼便派人进城，劝降王赟："你不是马家的臣子吗？不来侍奉我，难道要去侍奉异国？身为人臣，却怀二心，不怕辱没先人吗？"看得出，马希萼完全把自己当成合法的楚王了，话说得如此强词夺理。

王赟从容答道："臣父王环，为先王六次击破淮南兵，保卫了楚国的社稷。而今，大王兄弟互不相容，鹬蚌相争，就怕淮南会乘机坐收渔翁之利！真到了那一天，我们都被迫当淮南的臣子，那才是真正辱没祖先！"

接下来王赟的答话，在不同的史书中有很大出入。在《十国春秋》中，王赟默认了马希萼即将打赢内战："我只希望大王这次去长沙，不要伤害同胞，能和睦兄弟，治理好国家，则臣当尽忠尽节，绝不敢有二心！"但在《资治通鉴》中，王赟坚定地忠于马希广，希望马家兄弟保持分治："大王如果能消除积怨，罢兵休战，让兄弟感情和睦如初，则臣当誓死效忠大王兄弟，绝不敢有二心！"在下认为《十国春秋》的记载更接近真相，毕竟让马希萼在胜利后饶马希广一命，比让马希萼放弃即将到手的胜利，要现实得多。

马希萼放过了岳州城不再攻打，掉头南下，王赟也没有出城追击。与此同时，朱进忠与诸蛮部联军攻下玉潭，大败马希广派来的驻防军，打破了陆路通向潭州的最后屏障。于是，两路朗州军水陆并进，于十一月底在潭州城下会师。其中，马希萼的水师在湘江西岸扎下水寨，朱进忠与诸蛮部兵马则在岳麓山设下大营。

## "群马"争槽

兵临城下，马希广也只得振作精神，准备最后的决战。五百条战船被集中起来，首尾相接，从长沙城北码头一直连到城南码头，组成一道水上防线，屏蔽都城。潭州的守军仍然不算弱，但咱们这位懦弱的楚王毫无军事才能，不能像城外的兄长一样直接指挥军队，所以必须找个人担任主帅，谁能担此重任呢？马希广总结了之前任用王赟、刘彦瑫等人的成败经历，看来打仗还是得靠将门之子啊！按照这个思路，马希广选择了马楚开国名将许德勋的儿子，水军指挥使许可琼担任主帅。

大军作战除了有主帅，通常还得设置一个监军，以防止主帅有二心。能猜到马希广给许可琼安排的监军是谁吗？马希崇！是的，就是马希萼的同母胞弟马希崇！就是力劝哥哥马希萼造反，又主动充当内应，并且已经暴露，刚刚得到赦免的马希崇！读史至此，在下彻底无语了：马希广啊，你就这么想不开？

很可能就是靠着监军的穿针引线，守城方主帅许可琼马上便与攻城方首领马希萼秘密接上了关系，开始暗中谈判。谈判的内容很现实：我如果率全军倒戈投降，把楚王卖给你，你能给我多少好处？

马希广身边还是有一些真正忠于他的人，比如前文说过的溪州大酋长彭士愁之子彭师暠。彭师暠是作为溪州蛮的人质来到潭州的，在楚国朝堂上下受到歧视，天性善良的马希广很欣赏他的粗犷与正直，任命他为强弩指挥使，没把彭师暠当外人看。彭师暠非常感激，常常表示愿以一死来报答楚王的大恩。

马希萼的水陆大军到达湘江西岸后，彭师暠前去侦察了敌情，回报马希广说："朗州的军队刚刚打了胜仗，正骄傲轻敌，里面又掺杂了大量纪律散漫的蛮族军队，上下号令不一，并不难打败。我愿率步卒三千人出城，从巴溪（潭州西北）悄悄渡江，绕到岳麓山的背后埋伏。等时机到达，大王可命许可琼率大军从正面渡江，吸引朗州军的注意力，我再从背后发动，两面夹击，一定可以将他们打败！"

马希广听罢，觉得这个计划很好，便找来许可琼商议。许可琼昨天得到了马希萼极其丰厚的还价：只要许可琼拿下马希广，率军来降，那事成之后，马希萼可以与他分国而治。一想到自己也可以成为一国之君，许可琼昨晚估计睡着都得笑醒，谁知道今天就得到这个让人讨厌的消息。你一个蛮族人质，也想来坏我的好事？

于是，许可琼马上提醒马希广："非我族类，其心必异！彭师暠与造反的梅山蛮那是同族啊，他说的话怎么可以相信？哪里比得了我许可琼，正牌的大楚忠良之后，绝对不会辜负大王！大王只要完全信任我，把指挥大权完全交给我，那就不用担心马希萼，他蹦跶不了几天的！"

马希广大感欣慰，不愧是名将之子啊，说出话来就是这么让人放心！下定决心用人不疑的楚王，马上下令：每天给许可琼白银五百两，让他支配赏赐。另外，潭州的各级将领都要服从许可琼的指挥，不得有违。

等把军权完全下放之后，马希广有时又会想：许可琼究竟是怎样指挥军队的呢？还是去看看吧。于是他离开王宫，前往许可琼的中军大帐。没想到在营门外就被拦住了，守门的卫兵威风凛凛地道："军中没有大帅的命令，任何人不能入营！"马希广大概想起了汉文帝与周亚夫的典故，不怒反喜："这才是真正的名将之风啊！有许可琼在，我还有什么好忧虑？"

许可琼的所作所为，瞒住了马希广，但没瞒住彭师暠。某天早上，许可琼乘小舟到湘江西岸与马希萼会面，被彭师暠发现了。等许可琼回来，彭师暠对他怒目而视，大骂他忘恩负义，然后一甩袖回去，急告马希广："许可琼要叛国，下面的人都知道，只有大王您不知！请赶快将他除掉，不要遗留祸根！"马希广不信："不会的，不会的，许可琼可是大忠臣许德勋的儿子，怎么可能背叛呢！"不过，马希广也不因此怪罪彭师暠，只是让他尽快回到自己岗位上。彭师暠被迫退下，出宫门时长叹道："大王只知道仁慈，不懂得决断，败亡就在眼前了！"

马希广当然没有死到临头的自觉，为保卫自己的生命和地位，还是要努力一下的。只不过，指挥作战的事已经交给许可琼，他什么手也插不上，只好在其他方面出力。马希广请来了法师，按他们的指点，在湘江东岸竖起了两尊巨像，都是面目狰狞的鬼怪金刚。一尊举手前推，做阻挡对岸来船的模样；另一尊手指对岸，怒目圆睁。在巨像之下，一大群法师昼夜诵经，马希广也身披袈裟，参与作法。

双方沿着湘江对峙了十多天，十二月十一日，马希萼终于对东岸发起了进攻。潭州军韩礼部首先被击溃，危急时刻，潭州方面的小将吴宏、杨

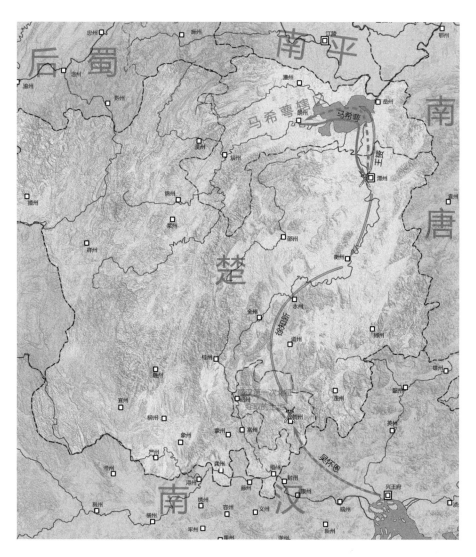

▲ 949 年，南汉攻楚与马希萼挑起内战

涤相互激励："咱们以死报国，就在今日！"二人率所部奋力死战，吴宏先发，士卒疲惫后暂退，杨涤接上，在他们的奋战之下，朗州军的攻势暂时被阻止，杨涤部也是又饥又疲，急需生力军顶上。但许可琼见又有人要坏自己好事，便严令各军不得救援。

虽有彭师暠不理睬许可琼的将令，却因兵少被阻止在城东北隅。杨涤部被迫后撤，朗州兵在后追赶。这时，诸蛮部兵马已经绕到潭州城东，开始纵火烧东门。看到后方火起，许可琼拒绝了东门守军的求援，乘机对士卒说："城池已破，我们除了投降，别无生路！"于是，许可琼率领的潭州军主力，大开城门，迎朗州军入城，潭州随之陷落。

如狼似虎的诸部蛮兵与朗州兵兴奋地冲入城中，开始了为期三天的烧杀屠戮与自由大抢劫。尤其是诸部蛮兵，他们带着复仇与发财两种强烈的执念，连马希萼的面子都不给，将马楚自建国以来兴建的宫殿和库府洗劫一空，又一把火烧成灰烬。

在混乱中，当初拥立马希广的主谋刘彦瑫，带着马希广的一个儿子突围出城，投奔南唐袁州而去。之后，这个人就从历史记载中消失了。刘彦瑫是个有野心、没能力，成事不足败事有余的废材，但好歹没当叛徒。另外，他在最后关头的遁走神功也让他的同伙望尘莫及。

城破之时，刘彦瑫的同伙都很倒霉。马希广也想出城，但试了试根本做不到，只得带着妻儿，与掌书记李弘皋、李弘节，判官唐昭胤，小将杨涤等心腹到处躲藏。最后，这个胆小的佛门信徒躲进一间佛堂，祈求那传说中无边的佛法庇佑他这个不曾作恶的人。

另一边，由监军马希崇领头（许可琼刚投降就被冷落），率领投降的将领觐见兄长马希萼，恳请马希萼尽快登位称王。不肯投降的吴宏和彭师暠力竭不敌，被带到马希萼的面前。吴宏毫无惧色，朗声道："不幸被许可琼这畜牲所卖，今日受死，对得起先王！"彭师暠则将长槊扔在地上，大声求死。看着这两个满身血污仍不屈服的硬汉，马希萼赞道："真是铁骨铮铮的好男儿！"他没有杀二人，仅将他们打了一顿板子，罢官为民。

第二天，在马希崇组织的全城大搜捕之下，楚王马希广及其王后、王子、亲信全部在佛堂被捕，关入大牢。马希萼这个哥哥算是放心了。他去见了马希广，斥道："按父亲定下的规矩，继承大业，长幼有序，怎么可以乱来！"马希广答："不是我想争，只是诸将推戴，又得到朝廷任命，身不由己罢了。"诸将推戴吗？好吧，会找他们算账的！

十二月十四日，马希萼宣布就任楚王，同时身兼天策上将军，以及武安、武贞、静江、宁远（此时属于南汉）四镇节度使。帮自己夺位，出力最大的弟弟马希崇则为四镇副使，主持军政。其余各个重要职位，差不多都由朗州来的人占据。短时间内，楚国新的政治体系匆匆建立。

等等，要职肥缺都分完了，另外一个"大功臣"许可琼怎么安排，真要"分国而治"吗？怎么可能！新楚王的一纸调令下来，许可琼被任命为蒙州（今广西蒙山县）刺史。许可琼很愤怒，但他在军队中名声扫地，无力反抗，只得服从。

就在这一天，李弘皋、李弘节、唐昭胤、杨涤（当初都参与了拥戴马希广为王，杨涤虽然和吴宏、彭师暠一样英勇奋战，但未能幸免）四人被凌迟处死，尸体被当场吃掉。

杀掉了拥立者，对马希广该怎么处置呢？马希萼好像突发善心，向众将征求意见："马希广只是个胆小的懦夫，所作所为不过被左右挟持，我想饶他一命，可以吗？"大将朱进忠据说以前受过马希广的责打，故发言反对："大王血战三年才拿下长沙，能让这样的事再次发生吗？一国不容二主，如果不杀了他，将来您一定会后悔！"

当日，马希广诵读着佛经，被马希萼安排的人缢杀。马希广在位三年零七个月，死时寿数不详，死后没有谥号，通称为"废王"。废王自然也没有享受君王葬礼的资格，旧日臣子多对死去的故主避之不及，好像他会带来瘟疫。只有彭师暠不避嫌疑，将马希广的尸体收殓，安葬于潭州城东的浏阳门外。

在下认为，马希萼说要赦免马希广的话，多半不是出自真心，只是做个姿态而已。就在前楚王马希广被害同一天，前楚王后就被拖到集市上，当着无数人的面被用木杖活活打死。古代的连坐一般不杀女眷，这位王后又不是刘玉娘，在史书上没有留下任何劣迹，王后的惨死让很多潭州百姓伤心落泪，可见她平日的名声应该不坏。马希萼为什么要虐杀一个对自己没什么威胁的女人呢？站在马希萼的角度，在下能想得到的理由好像只有一条：我的妻子苑夫人投井而死，岂能让马希广的女人还活在世上？连与自己无冤无仇的弟媳都不能容，又岂会放过夺自己大位的弟弟？

"卧薪尝胆"这么些年，现在大志得逞，大仇得报，马希萼觉得自己到了可以享受的时候。马希萼将日常时务交给马希崇处理，自己纵情酒色。马希萼手下有个叫谢彦颙的家奴，生得面容姣好，极得他的宠爱。每次举行酒宴，因地方狭小，地位稍低的军官只能站在门外，毫无军功的谢彦颙却高居上座，位次与马希崇相等。于是，每次赴宴，众将领都备感羞耻：我们出生入死拎着脑袋打下功劳，还不如你一个家奴吗？马希崇更是恼火，只不过表面上暂不显露。

虽然纵情声色，马希萼对生活质量还是非常不满。比如堂堂楚王举行宴会的地方，为什么会狭小？还不是因为在攻陷潭州的时候，楚国的都城遭到惨烈的洗劫与破坏，等诸部蛮兵兴奋而来，满意而去，楚王的王宫和国库只剩下一地残砖碎瓦和大量木质构件的灰烬。这些既帮了他大忙，又非常讨厌的蛮兵，给新楚王马希萼带来了两个大麻烦。

首先，三年的内战打赢，马希萼的部下都在等着他论功行赏，但钱财都被掠走了，他这个地主家也真的没余粮了。马希萼只好借鉴这些年北方常用的经验，在正规税收之外，强征民间财物来犒赏军队。只要看到哪户人家好像没怎么被抢，可能还有余财，立即查封，关闭大门，原主人不得带走一文钱，等待官方没收。即便如此，强征的财物也不够赏军之用，追随马希萼打了几年仗的朗州旧部怨声载道，认为老大说话不算话。

其次，可能是让马希萼感受更深的：自己的家居生活品质怎么随着地位的提高反而下降了呢？怎么能让堂堂一个楚王住破屋呢？所以，重建王宫，刻不容缓。重建王宫，自然需要动用大量的物力、人力。物力方面，可先从赏金中挪一挪，征上来的财物就不要都用来赏军了。至于人力方面，现在不是有这么多军队吗？既然不打仗了，正好给他们找点儿事做。

　　于是，马希萼命静江军一千余人充当劳工，上缴武器后，为自己盖房子。这里的静江军，与静江镇没有关系，是马希萼为了打内战从朗州丁壮中征发的新军。马希萼应该没有想到，他这个小小的决定，为下一位湖南之主的出场铺平了道路。

　　此时，这支静江军的主将（指挥使）名叫王逵（又作"王进逵"），而王逵的副手在将来更重要，名叫周行逢。周行逢出生在传说中的桃花源所在地朗州武陵县一个农家，少年时是个无赖，因犯法而刺配辰州铜矿，充当苦役。因马希萼需要人手补充兵额，就将大量苦役犯补入军队，周行逢因此加入静江军。在军队中，周行逢既心狠手辣，又足智多谋，很快崭露头角，被提拔为军官，位在同乡王逵之下。

　　大家都是被旧军看低一头的新军，为了抱团儿取暖，静江军中的军官王逵、周行逢、何敬真、张仿、蒲公益、朱全琇、宇文琼、彭万和、潘叔嗣、张文表等十人，彼此结拜为异姓兄弟，号称"十兄弟"，成为马希萼手下一个隐藏的秘密团体。"十兄弟"聚起一股不小的势能，就像火山口薄薄的石壳下正在积蓄能量的岩浆。

　　马希萼一道命令，让石壳破碎了。在攻占潭州的战斗中，王逵、周行逢的静江军被当作打头的"炮灰部队"使用，好在许可琼"配合"，静江军没有太大损伤就打下了城池，人人都指望着赏赐。谁料赏赐没等到不说，还被下放当苦力。士卒义愤填膺："只有被判了罪的囚犯才做苦工，我们可是追随着大王，冒着九死一生打下了长沙，这叫犯的什么罪？凭什么让我们做苦力？""大王现在就知道从早到晚饮酒高歌，尽情享乐，哪里能看见我们受的苦？"

　　王逵、周行逢见军心不稳，私下秘密商议："士兵积怨已深，如果我们不顺势领着他们造反，就只能等着他们自发造反，然后把我们干掉！"

　　三月十一日凌晨，静江军兵变，王逵、周行逢率领部众，以施工用的斧头、木棍为武器，离开工地，奔回朗州。这时，马希萼正喝得酩酊大醉，左右无人敢将他叫醒。日上三竿，马希萼总算醒了过来，突然听说给自己盖房子的工程队竟然不告而别，不禁大怒，用半迷糊的大脑做出决策：指挥使唐师翥，你马上给我带一千名精兵追击，把叛兵解决掉。

然而，这群叛兵可不是那么好解决的。王逵、周行逢早料到会有追兵，在靠近朗州的地方设伏等待。唐师翥的追兵一路跋涉，始终不见叛逃的静江军，临近朗州，已是筋疲力尽，急于进城休息，一头便撞进了伏击圈。王逵、周行逢收网，装备精良的追兵，让只拿着斧头、木棍的静江军打得大败，唐师翥只身逃脱。

靠着这次胜利，王逵、周行逢未遇抵抗便进入朗州，罢免了马希萼留守朗州的儿子马光赞，另立马家宗室马光惠为朗州之主。这个马光惠，是素有贤名的马殷嫡长子马希振的儿子，在湖南有一定的号召力。当然了，马光惠是招牌，朗州的实权还是在王逵等人手中。

马希萼得知老家朗州丢了，儿子也不知是死是活，不敢再轻易动手。不知什么原因，马希萼一拍脑袋之后，竟想出了一个主意：你们就算不听我这个楚王的号令，难道连大唐天子的面子也不给吗？

不久前，马希萼曾派掌书记刘光辅出使南唐，再次明确了楚国向南唐的称藩。唐中主李璟也很慷慨，承认了马希萼自封的那一堆头衔，并派使臣前往潭州正式册封。双方表面上的关系正处于融洽期，南唐应该会帮自己吧？马希萼再派使者前往金陵，请求南唐皇帝出面搞定王逵。

马希萼不知道的是，上次刘光辅出使南唐时，除了为楚王请封，私下还对唐主李璟说："湖南现在民生疲敝，君主骄纵，正是大国攻取的良机！"李璟一听，与七年前相似的冲动又涌上心头。湖南可比闽地更大，更有油水啊！于是，李璟调兵遣将，准备再次大举进军湖南。至于册封马希萼，不过是在动手前麻痹对手的策略而已。

前面说过，在马楚内战时，李璟曾派何敬洙为主将增援马希萼，但之后史书上就找不到此事的下文了。何敬洙可能受阻于守卫岳州的王赟，未能突破。所以这一次，南唐军队将兵分两路，同时在袁州（今江西宜春）与鄂州（今湖北武昌）秘密集结军队。其中派往袁州的主将，是在灭闽之战中立下过战功的边镐；而派往鄂州的主将，后来更有名，他是淮南元老"三十六英雄"之一刘金之子，名叫刘仁赡。可以说，在识将用将方面，

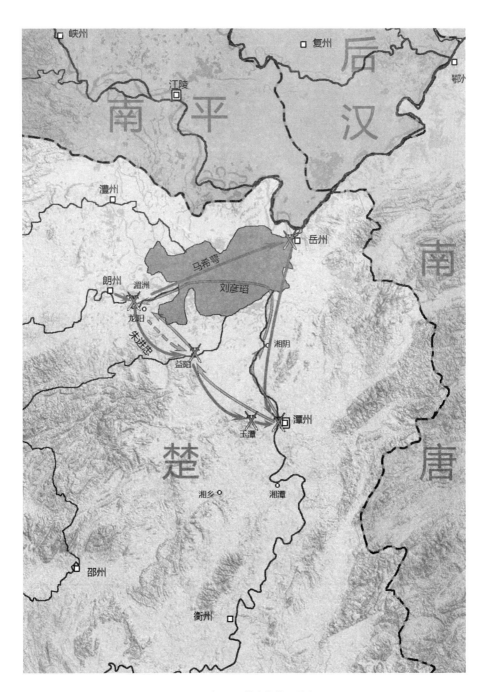

▲ 950 年，马楚内战第二阶段

李璟的眼光比马希广高明有限，不过这一次他这只瞎猫碰到了死耗子。

南唐新的军事行动一时还没有准备好，更何况，如果能不战而屈人之兵就更好。于是李璟回应了马希萼的请求，派使节携带着大量的赏赐来到朗州，以上国天子的身份征召王逵入朝。这一着，李璟以前就对李仁达使用过，没有成功，这次也一样。王逵很高兴地收下了赏赐，送使节回去，至于召他去金陵的诏书，全当没看见。

稍后，王逵、周行逢、何敬真等人发现马光惠虽然是马希振的儿子，却没有继承其父的优点，整天酗酒，望之不似人君，于是商量着换个老大。王逵等人选择的新老大叫刘言，此时任辰州刺史。刘言原是彭氏旧部，既骁勇，又在湘西诸蛮部中很有名声（这可能才是王逵等人拥立刘言的主要原因，而非马光惠有多么不堪，毕竟哪个权臣会嫌手中的傀儡无能？而马希萼的成功，至少一半来自诸蛮部联军）。

看到天上掉下馅儿饼，刘言迟疑了一阵子，决定伸手接住，他对左右说："我如果不接受的话，王逵会把我当作敌人来攻打我！"随后，刘言单骑入朗州，在王逵、周行逢、何敬真的拥戴下，宣布就任武平留后。马光惠被罢免——南唐皇帝不是要朗州的长官入朝吗？就让他去——同时请求南唐方面承认朗州政权的新变化。

李璟也是有脾气的：朕的诏书你们置若罔闻，你们的要求还要朕答应？当然不行！刘言、王逵也不客气，不再承认南唐的宗主地位，转而向北方的后周称臣。对此，李璟一时也毫无办法。

事实证明，刘言、王逵这些人确实连大唐天子的面子都不给。与此同时，马希萼能够调动的军力大减：他自己组建的静江军造反就不说了，之前的盟友诸部蛮兵也不再将他这个新楚王的话当回事。可以大致认为，此时的湘黔诸蛮部再次脱离了楚国的羁縻统治。

既然没有能力进攻，那就不得不加强防御。马希萼派马步都指挥使徐威、左右军马步使陈敬迁、水军都指挥使鲁公绾、牙内指挥使陆孟俊等，各率其本部军队，在潭州西北的主要路口、水道设防，抵抗朗州方面可能发动的进攻。如此示弱于人，让楚王的威信大减。更糟糕的是，可能出于对局势失控的绝望，曾经在朗州励精图治的马希萼，在醉生梦死中混日子，似乎做什么事都漫不经心。

比如说，徐威等人原本是跟着许可琼一起投降的，许可琼被打发到偏远的蒙州，他们本就有些兔死狐悲之感。这次徐威等人受命离京驻防，担当楚王身前的挡箭牌，楚王却忙着纵酒淫乐，没给他们任何奖励，连召见一下说几句好话的心理安慰都没有。既要人家为你拼命，又不给这批兵大爷任何好处，甚至透出一股"你们就是炮灰"的傲慢，放在五代这个大环境下，如果不出意外的话，肯定要出意外了。

已经对兄长怀恨在心的马希崇，觉得这是个翻身的好机会，于是又一次发挥强项，轻车熟路地当起了内奸。马希崇一方面秘密与徐威等人建立了联系，煽动他们对新楚王的仇恨；另一方面又将潭州城内的实时情报传递出去，为准备中的造反者寻找一个最好的造反机会。

没等太久，这个机会就到了。九月十九日，马希萼在端阳门大宴文武百官。那天人来了很多，守卫没有平时严。怎么样？动手吧！为免遭池鱼之殃，马希崇说自己生病了，没来参加。徐威、陈敬迁、鲁公绾、陆孟俊则按照惯例，不配得到邀请，但这当然挡不住他们不请自来。

当天，徐威在军中挑了十几匹烈马，在宴会正热闹时将马放出，冲进宴会场。然后徐威、陆孟俊带着政变士卒谎称马匹受惊，赶来抓马，守卫已被奔马弄得焦头烂额，不及细察就放他们进来。于是，造反的军卒轻而易举地冲入宴会大厅。看到眼前高官显贵吃喝玩乐的放纵场景，在野外喝了几个月西北风的乱兵大怒，开始大开杀戒。顿时，豪华的宴会厅成了凶残的修罗场，大批马楚的官员身首异处。

马希萼见势不妙，想翻墙逃走，但还是被乱兵捉住。乱兵还抓住了马希萼身边最遭人痛恨的谢彦颙，然后当着这位楚王的面，将他心爱的小情人从头开始，一小块肉一小块肉地割下来，一直割到脚。

在惨叫哀号声的"伴奏"下，"生病"的马希崇病好了，来到这片屠宰场，得意地看看被自己的阴谋打倒的兄长。徐威等政变将领随即宣布罢免马希萼，拥护马希崇就任武平留后以及新的楚王。马希崇则投桃报李，宣布了自己为王后的第一项"德政"：允许参加政变的士卒在国都大抢三天。还没有从上一次劫难中恢复过来的潭州居民又一次迎来灭顶之灾。

马希萼就以这样一种荒唐的方式，结束了自己仅仅十个月的楚王任期，死后被追谥为"恭孝王"，虽然他这辈子，既不恭，也不孝。说起来，马希萼在打倒弟弟马希广之前，虽说算不上什么好人，但至少算得上一个能人，怎么一当上楚王就彻底变废材了呢？先坑了兄弟，又坑了自己，早知如此，这个仿佛被诅咒的楚王位，争它做甚？

马希崇没有自己动手杀掉马希萼，而是抖了个机灵，将他押送衡山县，交给住在那里的彭师暠：你不是马希广的忠臣吗？来，给你一个为故主报仇的机会！马希崇没想到这是他办的一件极其愚蠢的事。彭师暠一眼便看穿了新楚王的意图："这就是想让我成为弑君之贼！"结果彭师暠不但不配合马希崇的期待，反而将马希萼保护了起来，并且对这位刚刚下台的前楚王保持着对君王的恭敬。

驻守此地的衡山指挥使廖偃、节度巡使廖匡凝相互商议说："我们廖家世代受马家的恩惠。马希萼在马家诸兄弟中最为年长，是合法的楚王，现在遭到罢黜，看情形终难逃一死。我们何不拥戴他起兵复位，报答我们世受的国恩！"于是，廖氏叔侄找到彭师暠，大家一拍即合，宣布拥戴马希萼为"衡山王"，将县衙门腾出来充作临时王宫，又召集乡里子弟，聚众为兵，几天内就组建了一支一万多人的军队，临时建立了一个武清镇，以彭师暠为武清节度使，指挥全军。已经被缩小的楚国，再次分裂。


# 南唐灭楚

不过，马希崇更大的麻烦，还是来自北边。已割据朗州的刘言、王逵听说潭州发生了政变，于是突然又变成了马希萼的"忠臣"，马上发兵南下，宣称要讨伐篡位之贼马希崇。

马希崇大惊，他的上位完全靠的是阴谋诡计，从未指挥军队打过一仗，在军队中威信浅薄，他虽然也派了两千军队出去意思意思，但对胜利毫无信心，所以重点还是求和。他派出的使臣前往求见刘言：咱们以后和平相处，互为邻邦，从此国安民乐，岂不美哉？

见到马希崇派来的使节，刘言的掌书记李观象悄悄建议说："马希萼的很多旧将如今还在长沙，有他们在，怎么能和平相处？不如告诉马希崇，想和平也可以，必须杀掉那几个人以显诚意。只要马希崇将能打的将领都杀了，我们轻取潭州，统一湖南，指日可待！"

刘言觉得这办法不错，于是接见马希崇的使者："想要和平吗？那就要看看你们的诚意了，嘿嘿……"

使者一回来，胆怯的马希崇立即展现了诚意：都军判官杨仲敏、掌书记刘光辅、牙内指挥使魏师进、都押牙黄勍等人被突然逮捕、斩首，当初跟着马希萼打赢三年内战的将领基本上被清扫一空。然后，马希崇再派辰阳县令李翊为使，将他们的首级送到朗州，请刘言查看。没想到这些人头送达朗州时，已经有些腐烂，与生前样貌大不相同。根本不想履约的刘言、王逵，便抓住这一点大作文章，说这些人头是假冒的，马希崇没有按照约定杀掉杨仲敏等人，所以休想停战。可怜的使臣李翊被骂得狗血喷头，又无法完成使命，被迫自杀。

马希崇上台不到一个月，出手两个大动作就输得一塌糊涂，把他的荒腔走板与懦弱无能暴露无遗。这下子轮到徐威等人傻眼了：这位新楚王怎么能这么差劲呢？现在北有朗州兵，南有衡山兵，潭州的军力又遭到清洗，前途渺茫啊！要不咱们再发动一次兵变，杀马希崇以自救？

马希崇也发现徐威等人似有异动，彻底慌了：没有能力，没有威信，内外皆敌，他这个新楚王还有活路吗？马希崇突然开了天眼：降了吧，让唐军来保护自己的安全。

请降也是件大事，需要一位德高望重的重臣，为此，马希崇亲自去请出了拓跋恒。当初，拓跋恒与张少敌主张立马希萼以避免内战，失败后二人都称病辞职，闭门不出，躲过了几轮大难。现在，拓跋恒不禁长叹："我为什么该死的时候不死，落了个为小孩子呈递降表的下场！"

在楚王的主动请降下，早在袁州集结军队的南唐大将边镐立即下令进军，十月五日，越过罗霄山，进驻醴陵。十月十五日，南唐军队在没有受到任何抵抗的情况下，顺利开进潭州。马希崇率马家宗族，在入城的大道两旁跪迎世仇唐军，一见远处尘土起，便叩头不止，把马家的脸丢了个干净。这时距离马希崇政变上台才过去二十六天。

边镐下马，扶起马希崇，以唐帝李璟的名义安慰再三：今后，你们就都是大唐的臣子了，大唐天子宽和仁厚，不用担心。

十国中的马楚，就此灭亡。如果从后梁开平元年（907）四月马殷受封楚王算起，马楚王国共存在四十四年零六个月；如果从唐乾宁三年（896）马殷就任武安留后算起，湖南马家势力共存在五十五年零六个月。

马希崇出降后的第十天，南唐另一路大军在武昌节度使刘仁赡的指挥下攻克岳州。大厦已倾，王赟这一根独木到底没能撑住。唐军入城，秋毫无犯，岳州百姓欢欣鼓舞：楚国总算亡了！大家不用再受战乱之苦了！

只有王赟痛心疾首。他被迫出降，预言过的耻辱变成了现实，思之泪下。稍后，南唐命楚国投降的文武官员前往金陵朝见，王赟想方设法拖延时间，不肯起程。李璟得知后，命人将王赟毒杀。

去金陵朝见的事，马家兄弟当然是首先要去的。马希崇想出钱贿赂边镐，请边镐上疏准许马家人继续住在长沙。边镐笑道：“我们淮南与你们湖南世为仇敌，到今天都六十多年了！本来也没指望能灭掉你们楚国，可你们兄弟偏要关起门来窝里斗，落得今天的下场还能怪谁？现在投降了就老老实实听话，再要三心二意，恐有不测之灾！”

马希崇不敢再坚持，王赟的结局证明了“不测之灾”可不是一句空话。十一月三日，马家宗族与投降的文武官员共一千余人，在一片号哭声中，坐上南唐派来接引他们的船只，仓皇辞庙。相传此前湖南有童谣唱：“鞭打马，马急走。”现在应验了。

不过，此时还有一些马氏宗族并不在潭州，如彭师暠、廖偃等拥戴的衡山王马希萼，以及驻扎于桂州（今广西桂林）的静江节度副使马希隐。

之前马希广在位时，曾派将军彭彦晖驻军桂州之南的龙峒，防备南汉。这彭彦晖是彭玕的儿子，彭师暠的堂叔，马希萼在衡山重新称王后，想利

▲ 951 年，马楚亡国

用这层关系将静江镇纳入控制范围。于是，马希萼以衡山王的身份，升彭彦晖为桂州都监、判军府事，在权力上架空马希隐。

马希隐很不高兴，但他手中的武力不是彭彦晖的对手，他想到蒙州刺史许可琼正对马希萼怀恨在心，手里也有一支军队，于是秘密派人告知许可琼，召他来对付彭彦晖。

正巧，南汉方面也得知了楚国的内乱，汉主刘晟再次让吴怀恩统军，准备发动二次北伐，夺取静江。如果南汉军打过来，蒙州首当其冲，许可琼正愁怎么脱身，收到马希隐的密信，正中下怀，忙不迭地抛弃蒙州，率所部急奔桂州。彭彦晖见来的是本国军队，毫不防备便开城放许可琼部进城。不想许可琼一进城，立即对彭彦晖部发动袭击，马希隐也率自己的人里应外合，攻击彭彦晖。彭彦晖大败，只得突围出城，逃往衡山。

然而，马希隐与许可琼还没来得及享受打败友军的喜悦，南汉军队就来了。吴怀恩兵不血刃地占领了蒙州，随后一路推进，静江各城纷纷投降。马希隐与许可琼不知如何是好，只能相对流泪，然后拼命灌酒。

乘着破竹之势，刘晟亲自写信劝降马希隐："昔日武穆王（马殷）占据全楚，国富兵强五十余年。就因为三十五舅（马希广）与三十舅（马希萼）兄弟操戈，自相残杀，将这先人打下的基业，白白送给了仇敌！听说唐军已经占领长沙，我估计桂州就是他们的下一个目标，舅舅如何打算？正巧，我们两国世代友好，又是姻亲，看到你们有难，我怎能忍心不救？现已出动大军，水陆并进。舅舅放心，我会让你位居节帅，永镇一方。"

接到劝降信，马希隐动摇了，召集手下商议：我们是否投降南汉？或者说，反正都要投降，是降唐好，还是降汉好？支使潘玄珪坚决反对投降南汉。唐主李璟好歹还像个人，汉主刘晟那是什么妖魔鬼怪？

十一月八日，吴怀恩率军攻抵桂州城下，当天深夜，马希隐与许可琼砍开北门，夺路而逃。吴怀恩轻取桂州，随后分兵四出，又非常轻松地拿下了宜州、连州、梧州、严州、富州、昭州、柳州、龚州、象州等地，马楚残余势力在岭南的统治就此告终，南汉达到了它的最大疆域。

视角往北调。衡山王马希萼在得知马希崇降唐后，产生了一种幻想：

自己早早便向南唐称臣，交情深厚，现在马希崇被拿掉，那是否该让自己重回潭州，重镇湖南？

唐军主将边镐的答复是派了一支军队直抵衡山县城，通知马希萼：别想多了，还是赶快去金陵朝见吧！经过一番纠结，马希萼只得承认现实：楚国已亡，凭自己这点儿人恢复不了。十一月二十二日，马希萼、彭师暠、廖偃等人献出衡山，同样乘船前往金陵。短命的衡山政权和平消亡。

到达南唐都城之后，李璟给予了马氏宗族很高的礼遇。马希萼被封为江南西道观察使、镇洪州、守中书令、楚王；马希崇被封为永泰节度使、镇舒州、侍中。不过，这些官职都是虚的，马希萼被安置于金陵，马希崇被安置于扬州，从未真正去上任。两年后，马希萼在金陵病逝，马希崇还要再活一些年，直到南唐与后周开战，他率宗族兄弟十七人投奔后周，最终以右羽林统军的身份在北方终老。

再说南唐方面，以如此微不足道的成本灭掉楚国，金陵朝堂在意外之余一片欢腾，文武百官纷纷向李璟祝贺南唐开国以来的空前大捷，李璟也一扫福州战败的晦气，又有了豪迈之气。

李璟自继位以来，还不曾到南郊祭天。于是礼部官员提议，值此大捷，应该行南郊之礼，以答谢天地。李璟笑道："等将来天下一家，万国一统，我再去答谢上天！"乘着李璟兴致正高，福州之战的败将魏岑，拐着弯儿拍马屁："臣年少时曾去过元城（魏州州治所在，此时称邺都），很喜欢那里的风土人情。等陛下扫清中原，可不可以让臣当魏博节度使？"李璟听着，那是说不出的舒服，一口答应下来。魏岑立即下拜谢恩，君臣上下喜气洋洋，好像南唐已经一统天下。

南唐朝堂也不是所有人都被这便宜的胜利冲昏了头脑，还是有清醒的人。起居郎高远议论说："我们乘着楚国内乱，攻取它的确十分容易。但看看我军诸将的才干，要想守住它恐怕就难了。"已经退休的司徒李建勋，更是在私下感叹："我们国家的大难，莫非就要从这次胜利开始吗？"

同时，李璟正式任命边镐为武安节度使，让他经营刚刚到手的湖南。肩负重任的边镐是个怎样的将军？他会让高远、李建勋的预言成真吗？

边镐是南唐都城金陵人。金陵在他出生时还叫昇州。相传，边镐出生那一天，其父梦见南朝大诗人谢灵运来访，相约为父子，理由是这个崇信佛教的前朝才子上辈子有一桩心愿未了，想出家为僧，翻译完《金刚经》，向世间传达佛陀的真意。等边父梦醒，小边镐也呱呱坠地，边父觉得儿子与梦中的谢灵运有几分相似，便将儿子的小字定为"康乐"（谢灵运的爵位为康乐公）。仿佛为了验证边康乐确系谢康乐转世，边镐长大后，以通达聪慧著称，对佛教表现出异乎寻常的喜爱。但他没入佛门，而是入仕徐知诰手下，任通事舍人，而后又阴错阳差得到重用，投身将门。

边镐先是平定了张遇贤的"中天八国"，又在击灭闽国的战争中表现出色，且为人谦让，绝不争功。难能可贵的是，边镐领兵时注意减少杀戮，闽地军民只要被军队俘虏，肯定能活命。闽地人感激边镐仁善，尊称他"边佛子"。可以说，在灭楚之前，边镐的实际战绩在南唐诸将领中算是最出色的一档，自然是李璟能够看到的坐镇一方的最优人选。虽然后来我们知道了，边镐之前的"出色"，只是因为他还没有遇上真正的强敌。

这一次，就在边镐以零伤亡夺取潭州之时，楚地正因为马家兄弟的内战与盘剥而闹饥荒。边镐入城的第一件大事，就是打开楚国库府，赈济灾民。经受多年苦难的湖南百姓欣喜万分，尊称边镐为"边菩萨"，就差焚香祷告和顶礼膜拜了！这一刻，一切看起来都是那么美好，对南唐抱有善良期待的人们，以为这是幸福的开始，却不知这已是巅峰。

南唐统治湖南受到的第一次挑战来自南汉。虽然吴怀恩乘着马楚灭亡，尽取岭南各州，但南汉主刘晟还是有点意犹未尽，还想乘乱再多捞一点儿。此时前线汉军主帅吴怀恩已经受召还朝，其军职改由内侍省丞潘崇彻顶替。从"内侍省丞"这个职务看，潘崇彻应该也是个宦官，而且难得的是，他同吴怀恩一样，也是个能打的宦官。潘崇彻一上任，便出兵越过南岭，进攻已经并入南唐的郴州。

接到郴州的告急，边镐开始并没有把南汉的军事力量放在眼里，他们不是连自己的手下败将张遇贤都摆不平吗？因为轻视敌人，边镐只是向郴州随便派了一支援军。潘崇彻见南唐的援军到达，假装不敌，放弃攻城南撤，南唐军队以为南汉军队好欺负，便在后面紧紧追赶。不承想，潘崇彻早在义章（今湖南宜章）设下埋伏，南唐援军如愣头儿青般钻了进去，被南汉军队打得大败。唐军溃败，汉军乘势反攻，一举攻克了郴州。

边镐这才惊觉，原来南汉军队的战斗力也是不能低估的。亡了羊，边镐忙着补牢，他上疏李璟，请求在全州、道州部署军队，并选拔有军事经验的人担任刺史，防备南汉军队可能的北犯。随后，南唐方面命衡山降将廖偃为道州刺史、黑云指挥使张峦为全州刺史，分兵进驻。这样一来，坏处是南唐在潭州的驻军因此相应削弱，但好处是南汉军队没再继续北犯。

再说李璟虽然让边镐坐镇湖南，但南唐毕竟是已经实现中央集权的国家，所以边镐在湖南并没有全权，度支、税收这些事另有专人负责。之前南唐灭闽，所得甚少，所费甚多，这次顺利灭掉了楚国，当然应该把上次的亏损补回来。于是按照李璟的意思，南唐来的军队、税吏马上在都官郎中杨继勋的领导下，在湖南刮起了地皮。各种金帛、珍玩自不必说，开始没几天的赈济也被叫停，好省下粮食运往南唐。更有甚者，连湖南好一点儿的船只、花石、果木都被南唐来的接收大员无偿收缴，然后一船接着一船从水路送往金陵，为后世的"花石纲"开了"好"头。

湖南百姓对新来的征服者大失所望。这时爱民如子的"边菩萨"在干什么，不该站出来为百姓说句话吗？边镐也让楚人失望了，什么也不管。不知是为了避嫌，让皇帝相信自己没有割据一方的野心，还是他本来就不关心俗事，反正当上武安节度使之后，边镐每天都设斋招待僧尼，经常安排法会请禅师讲经，自己也常常伴随在众僧之中，诵读佛经。

这一幕，对潭州人来说似曾相识，就在一年前，废主马希广也是这样不问人事问佛事，成功地把自己送上西天。边镐也要重蹈覆辙吗？大家不知道，但大家不再叫他"边菩萨"，而改口叫他"边和尚"。

## 南唐失楚

边和尚是不管事，但有些事还是必须有人管。比如南唐来的占领军，到了该发饷的时候，总得有人负责发军饷吧？这个负责人是行营粮料使王绍颜。眼看钱、粮等好东西都往回送，王绍颜手头越来越紧，没办法，只好削减军饷，取消赏赐，大不了苦一苦将士，这锅我来背。南唐将士也是分成三六九等的，所以削减的幅度各不相同，王绍颜最看不上眼的还不是楚国的降兵，而是唐军中的奉节都。

奉节都这支军队，原本是在中原军民的反辽大起义中，兴起于淮北的一支民间武装，首领叫咸师朗，重要将领有孙朗、曹进、申屠令坚等。后汉统一北方后，过河拆桥，大力打压民间反辽武装，使这支军队惶惶不安。正好遇上南唐派皇甫晖北伐，咸师朗便率军投奔皇甫晖，南唐将这支从北方流亡而来的军队收编，改称奉节都。这次出征楚国，南唐将奉节都拆分，让孙朗、曹进率一部分奉节都士卒随边镐出征。可能因为奉节都在南唐军中是缺少靠山的新人，还是北方来的粗人，文官政府中的王绍颜克扣起他们的薪水也就特别狠。

这一下引起了奉节都的极度不满。孙朗与曹进商议说："当初我们追随咸公投唐，唐国待我们哪有待楚国降兵这么优厚？而今我们立了功，不见涨薪水，反而减饷银，这还有什么天理？咱们不如杀了王绍颜和边镐，占据湖南，向中原称臣，以对抗唐国，则富贵可图！"

后周广顺元年（951）正月三日夜，孙朗、曹进发动兵变，推来大量柴草，准备火攻节度使衙门。不料那些柴草太湿，火一时点不起来，耽搁了时间。边镐发现不对，急忙调兵镇压，同时让打更人提前鸣响钟鼓。孙朗、曹进以为天快要亮了，他们人少，天一亮便再无胜算，于是放弃了对节度使衙门的进攻，砍开城门，往北投奔朗州而去。

刘言、王逵得知南唐在占领区的倒行逆施，以及潭州又发生兵变，不禁大喜，看来夺取湖南的计划仍然是可行的。王逵接见了孙朗，向他征求意见："我以前追随武穆王，多次与淮南兵作战，屡战屡胜。淮南兵真的很好对付。我们现在打算以朗州之众，复取湖南，你认为可以做到吗？"

【作者按：《九国志》《十国春秋》都称王逵一投军便加入马希萼组建

的静江军，所以他声称曾追随马殷屡败淮南兵的历史，可能只是吹牛。】

孙朗对自己上一任东家的评价十分之低："我在金陵住了几年，很清楚他们的朝政状况，一句话概括：唐国朝无贤臣，军无良将，忠奸无别，赏罚不当。像他们那样搞，能保住自己已经很幸运了，哪有能力兼并别人？王公如果决定用兵，我孙朗愿为前锋。不是我夸口，现在取湖南，就和捡起一根稻草一样容易！"

其实，就在孙朗将南唐的军事力量贬得一文不值之际，没有自知之明的南唐还在进行着南征南汉、西讨朗州两项军事计划，企图将马楚留下的遗产全部接收。讨伐刘言的计划，由边镐负责，但边镐忙着念佛，只派了一支军队进驻益阳，敷衍了事。征伐南汉的计划，由全州刺史张峦负责，张峦也认为这不是个好干的差事，所以能拖就拖。

眼看两项军事计划只是空耗钱粮，没什么进展，李璟便与两位宰相孙晟（又名孙凤、孙忌）、冯延巳商议："湖南之人长期苦于马楚之暴政，希望我能解救他们，给他们休养生息的机会。可惜我得到湖南后，没能抚治好他们的创伤，反而虐用民力，这实在违逆了他们向化大唐的心愿。我打算停止攻伐桂林的计划，罢去益阳的驻军，把节度使的旌节赐给刘言，安抚朗州，你们认为如何？"

孙晟认为很对。兵者凶器嘛，打仗不是什么好事。

但冯延巳反对："本来我军只派出一员偏将，就一举灭楚，声威震动天下。可现在呢？楚国的地盘，我们只拿到三分之一，三分之二都被别人窃取。如果我们对此听之任之，显得毫无办法，那各国人都将看扁我们。所以不能轻易停手，至于具体指挥，交给前方将领相机行事便可。"

李璟想想也是，自己不久前夸下一统天下的海口，如果遇上困难就退缩，那面子往哪儿搁？于是，南唐皇帝又改了主意，派统军使侯训率禁军五千人奔赴全州，支援张峦，希望张峦能尽快做出点儿成绩。张峦得到援兵，不好意思退缩不战，只得与侯训一道向桂州进军。

南汉主将潘崇彻利用岭南多山的地形，故意放开关隘，引诱唐军深入，待其进至桂州城下，疲惫不堪之时，伏兵合击。于是，南唐军队又一次大败于南汉之兵，侯训阵亡，张峦带着残兵数百人逃回全州。南唐军队又丢了一次底，这要是还不能勾起朗州那群凶悍饿狼的野心都说不过去。

不过，在准备工作完成之前，刘言暂时隐忍。边镐数次派人来朗州，刘言都好好相待，还说了不少吹捧边镐的话。这些人回报边镐，边镐竟真的以为刘言不过因乱为人所推，本人没什么野心，不用防备。

跟着边镐入湖南的吉州人欧阳广感觉不妙，上疏李璟说："边镐非将帅之才，一定会断送湖南。最好赶快另选合适的将帅接替他，那么迫在眉睫的溃败，还有机会避免！"看到这份急奏，李璟只觉得某些人危言耸听，边镐如此良将都有人说坏话。不过，把刘言留在朗州，确实是个隐患。李璟于是下诏征刘言入朝。

接到南唐的诏书，刘言自然不愿意去，他召来王逵、周行逢商议道："唐军迟早要来讨伐我们，怎么办？"王逵早在心中接受了孙朗的看法，充满豪气地道："我们武陵（朗州州治）地负江湖之险，有带甲数万，岂能拱手受制于人？再说边镐在潭州，治理无方，人心不附，只要一战便可生擒！"刘言还有些迟疑。以朗州一隅之地，对抗南方诸国中最强大的南唐，有胜算吗？周行逢见刘老大还在犹豫，便警告他说："对于机密大事，必须迅速行动！稍有迟疑，让他们有了准备，再想成功就难了！"

出兵的决定，就这样被定了下来。刘言还担心兵力不足，有人建议说，我们可以学习马希萼的做法，邀请溆州蛮酋长符彦通率部前来助战。

符彦通是新近在湘西诸蛮部中崛起的部族首领，不知在何时取代了原溆州蛮首领昌师益，据地一方。当上首领的符彦通，自称十六国时代的前秦王苻坚之后，屡屡兴兵，四处开火。在溪州彭氏与楚国会盟之后，凡诸蛮部与汉区发生冲突，十次有八次是符彦通打头。马希萼邀请诸蛮部参加内战时，符彦通是诸蛮部的绝对主力，攻入潭州之时，抢劫财富最凶最狠的也是符彦通。将半个楚国的国库搬到溆州之后，符彦通的势力更加膨胀，他自称"溆王"，俨然成为湘西诸蛮部中的老大。

把符彦通的蛮兵招来，仗应该会更好打吧？反之，如果不叫上他，万一在我们进攻潭州的时候，他带人来掏我们的朗州就麻烦了！听起来很有道理，但周行逢不赞成："溆州蛮又贪婪又不讲道义，前年跟着马希萼入潭州，把潭州祸害成什么惨样？这次我们是以大义举兵，定能无往不克，怎么可以借助这些野蛮人的力量，让他们去残害百姓？"

周行逢的意见得到了采纳，反正诸蛮部又没有统一，朗州政权就采用了拉一派打一派的方法，送给另一蛮部首领刘瑝一个"西疆镇遏使"的头衔，让他帮忙看着苻彦通。待一切准备工作完成，到冬十月，朗州军以孙朗、曹进为先锋，王逵为主帅正式大举出动，攻向潭州。

十月五日，朗州军首战告捷，攻克沅江，擒南唐都监刘承遇，唐军五百余人投降。边镐闻报，急忙向益阳派去援军，但估计兵力太少，没产生作用。十月九日，朗州军乘着轻快小艇突进至唐军寨墙下，用大斧砍开木栅，然后一拥而入。唐军大败，被斩首两千余人，益阳失守。接到败报，边镐大惊，急忙向金陵的朝廷求救，但都到了这个时候，哪里还来得及？

朗州军连战连胜，于十月十二日进至潭州城下。此时由于分兵讨伐南汉、奉节都兵变等，潭州城中的南唐军队兵力微弱，而援兵天知道什么时候才能到。本非良将的边和尚登上城墙，看见了外面军容强大的朗州军，心一下子就凉了，抵抗的勇气顿时灰飞烟灭。

第二天晚上，乘人不备，边镐打开东面的醴陵门，弃城而逃。顷刻间，节度使逃跑的消息传遍全城。可能是害怕马希萼进城时烧杀抢掠的历史重演，听到这个消息的官兵和百姓不顾一切地奔向醴陵门，都想城破之前出城避难。然而，护城河上的吊桥无法承受超负荷的重量，轰然断裂。黑夜之中谁也不知道发生了什么事，只是出于本能更加疯狂地向城外涌去，桥上的人掉入了河中，还没上桥的人也被后面的人挤入河中。很快，哭号声震天动地，溺死和自相践踏而死的尸体塞满了醴陵门内外以及护城河道。据说那一天的遇难人数多达万人。

凌晨时分，一头蒙的朗州军总算弄清楚发生了什么事。王逵随即率军进城，自称武平节度副使、权知军府事，再派何敬真追击边镐。但边镐已经逃远，何敬真没能追上，只击杀了掉队的唐军五百余人。

在另一个分战场，朗州军的大将蒲公益进攻岳州，南唐的岳州刺史宋德权也是弃城而逃，蒲公益进城，被刘言任命为岳州刺史。唐军在潭州、岳州两大重镇的迅速溃败产生了强大的连锁反应，驻防湖南其余各州的唐军将领，还不待朗州兵杀到，纷纷弃城逃跑，果然应验了孙朗的那句话："现在取湖南，就和捡起一根稻草一样容易！"

也有没逃的，如道州刺史廖偃，他本就是楚国降将，生于湖南，长于湖南，还能逃到哪里？但南唐大势已去，你身为刺史，既不逃又不降，想带着我们送死吗？道州守军马上发生兵变，廖偃率少数亲兵奋力死挡，最终不支被擒，大骂而死，成为南唐在丢失湖南的过程中唯一死节的高级将领。李璟闻讯，追赠廖偃为右领卫大将军、宁州刺史，谥号节。至此，南唐灭楚所得地盘，在半个月内丢了个精光，朗州集团成为湖南的新主人。

胜利对于朗州集团的大部分头目来说，不是好事。朗州集团是仓促形成的，没有一个众望所归的首领，偏有一堆野心勃勃的狠人，他们可以有难同当，却无法有福同享，集团获得重大发展之后，内部矛盾迅速激化。

首先，王逵开始对自己拥立的上司不满。如果不是考虑自己当初名望尚浅，主动推让，你一个毫无功绩的刘言，何德何能当上武平节度使？但现在王逵取得了平定湖南的武功，"十兄弟"又是朗州集团的核心，凭什么还要让刘言压一头？王逵越想越觉得是这个理，没过几天，就不经刘言同意升自己为武安节度使，去掉了那个讨厌的"副"字。然后，王逵得寸进尺，任命"十兄弟"中的周行逢为武安行军司马、朱全琇为武安节度副使，帮自己治理潭州；再派何敬真为静江节度副使，不承认南汉对静江的占领；让张文表回朗州任武平节度副使，帮自己监视原老大刘言。

王逵这一番操作，点燃了朗州集团内爆的导火线。刘言以朗州集团首领之尊，惨遭王逵骑脸，自然高兴不起来；何敬真只得到一个空头官职，很是不满，他不去南边找南汉的麻烦，反而将静江节度使衙门开在潭州，与王逵分庭抗礼；朱全琇因与何敬真的私交比较好，竟也帮着何敬真与王逵唱对台戏；周行逢原是与王逵一同起事的朗州元老，至此地位反在何敬真、朱全琇之下，肯定也不会高兴，虽然他表面上对王逵毕恭毕敬。

一个潭州两个节度使衙门，官民听谁的？矛盾越来越激化，几乎发展到火并。后周广顺三年（953）正月，何敬真退了一步让出潭州，带着自己的人返回朗州。随后，朱全琇也退出潭州，与何敬真会合。何敬真大喜，与朱全琇商议自立门户。刘言见何敬真、朱全琇返回朗州，担心这是王逵的阴谋，要出其不意对自己下手，便一面严加防备，一面准备讨伐王逵。

何敬真、朱全琇不顾结义之情回朗州，这让王逵很担心，周行逢便向他进言说："刘言和我们从来就不是一条心，何敬真、朱全琇又一向不愿屈居王公之下，让他们联合在一起可不是好事。王公别忘了，先下手为强！"怎么先下手呢？周行逢说出了一条计谋，王逵连连称妙："等铲除了乱党，我与你共治湖南，还有何可虑？"

第二天，周行逢动身前往朗州，向刘言报告说："南汉发兵北侵，正在攻打全、道、永三州，潭州兵力不足，请调何敬真、朱全琇二部增援。"刘言正担心何敬真、朱全琇会突然对自己下手，对此求之不得，马上同意。何敬真、朱全琇无奈，只得再率部南下，当他们到达潭州郊外时，却见王逵亲自出城相迎，带着一脸的诚恳和说不尽的兄弟情谊，殷切相邀：过去的就过去吧，有什么误会，是一杯酒不能解开的呢？

何敬真、朱全琇被接进城中，一连几天大宴不断，何、朱二将快活得忘记了他们是来干什么的。这一天，酒宴正在进行中，突然闯进一个人，自称刘言派来的使臣，怒斥何、朱二将："南寇已侵入国土，边关万分紧急！二将还在吃喝玩乐，贻误军机，罪不可赦，着令逮捕！"何敬真已经醉倒，被轻松拿下；朱全琇跳起来逃走，但在王逵、周行逢的全城搜捕下也没能跑掉。二月一日，何敬真、朱全琇及其心腹十余人被全部斩首。

杀掉朱全琇之后，武安节度副使的职务由"十兄弟"中的张仿接替。周行逢不悦，又秘密对王逵说："张仿是何敬真的亲戚，我听说何敬真死的时候，把后事托付给张仿。您让张仿当您的副使，遇上什么紧急情况，可真让人担心。"王逵信以为真，四月十一日，在衙门设宴款待张仿，将他灌醉后杀死。至此，周行逢才确凿无疑地成为潭州的二把手。

王逵、周行逢都做到这一步，好像就没有必要继续留着刘言了。六月，王逵留周行逢守潭州，率军进攻朗州，一举克城，生擒武平节度使刘言。随后，王逵上疏后周皇帝郭威，声称刘言企图重新投靠南唐，部下发现其不良企图，发动兵变将他废黜，我闻讯到朗州安抚，目前事态已平息。

郭威未必知道湖南究竟发生了什么事，就算知道，也没有义务为刘言主持公道，便顺水推舟地同意了王逵的全部请求。于是王逵取代刘言，成为新的湖南之主。

再来看看南唐的情况。湖南得而复失，还丢得那么迅速而难看，让不久前踌躇满志的李璟既震惊又悲痛。必须得有人对此负责吧？

首先是边镐，但看在他往日有功的分儿上，李璟只是将他革职拿办，暂时流放饶州，不久仍起用。冯延巳、孙晟两个同平章事都引咎辞职，李璟挽留再三，最终只是免去二人的相位，仍保留同平章事以外的官职。李璟对责任官员也不是都如此宽大，其他弃城逃回的刺史级官员就全部斩首了。另外，李璟想起欧阳广的谏言，任命他为吉水县令。

贬了大官、砍了小官，李璟愤懑稍解，只剩下无尽的懊悔：连个湖南都摆不平，还说什么收复山河、一统天下？有大臣进言道："愿陛下数十年不用兵，国家就可以重现小康。"李璟答道："我将终生不再用兵，岂止数十年！"实际上别说数十年，就算把"数"字去掉，对于李璟剩下的"终生"而言，也是心有余而力不足了。南唐能否不用兵，并不是李璟单方面能够决定的：你不再出去打人，就能保证不会有人来打你吗？

唐军从湖南败退的第二年（后周广顺三年，953年），南唐境内发生了严重的旱灾，很多水井、泉眼都干涸见底，淮河水位大降，可徒步过河。由于福建、湖南的两次失败，淮南的仓库损失惨重，再加上南唐的政治生态已渐渐腐朽，其救灾表现很差。为了自救，大量淮南百姓拥入淮北，越过唐周边界，到后周求食。此时南唐与后周关系并不友好，李璟出于北定中原的幻想，多次资助中原的反叛势力，甚至直接出兵攻入后周，只是受湖南事变的影响，这些军事行动的规模有限，战果更是可怜。后周边防军看到这么多南唐人越界，自然前往弹压，与淮南百姓发生了多次冲突。

后周皇帝郭威得知这一情况，吩咐前方官吏说："不论南北，都是一样的百姓，他们有困难需要渡河买粮的，不要阻拦。"南唐的前方军队也正缺粮，就派人佯装百姓向后周买粮。郭威得到报告，又追加批示："淮南百姓自己背粮或用牲口驮粮的，都不加禁止。但如果是赶着车、驾着船来的，那就不是难民，不许卖给他们粮食。"有了后周的大量粮食流入和精准帮扶，南唐这次大灾才得以平缓地渡过。

这次救助敌国百姓的事，除了展现郭威的博大胸怀和爱民之心，也隐隐让人感到诧异。自唐末以来，中原大地经历了无数次尸横遍野的残酷大战，又在频繁的王朝更替中惨遭数不清的大灾大难，尤其是在契丹雄起之后，外敌进犯，暴徒横行，经济崩溃，民生凋敝，怎么后周立国还没几年，就有相当数量的余粮，能够对顺义改革之后号称富庶的南唐提供救助？

面对这种北升南降的反差，南唐方面的有识之士不禁忧心忡忡。南唐老臣李建勋在病逝前，对家人说："时局已然如此糟糕，我还能落个好死，已经很幸运了。我死之后，千万不要为我起坟，更不要立碑，任由农家在上面耕种，免得将来被人掘坟掘墓，尸骨无存。"后来南唐亡国，贵族高官的高坟大冢几乎被挖遍，李建勋墓没人知道在哪儿，免以被盗。

又有个叫邵棠的平民，非常关心时政，在游历淮上后上疏朝堂："北朝这几年恭敬俭朴，推行德政，国势日盛。而我们刚刚遭遇了湖南的大败，我消彼长，周人恐生南征之志，我们不能不早做准备！"李璟知道邵棠之言很有道理，但没有好办法应对，只是徒增烦恼。于是，南唐皇帝学习盗铃之人，掩住耳朵，不准把此类奏疏送给自己看。

那个对好友李穀夸口"吴人若用我为相，当统率大军北定中原"的户部侍郎兼中书舍人韩熙载，也对南唐的前景渐渐绝望。一次，有人在朝中聊起北伐中原的方略，韩熙载叹道："北伐，一直是我最大的心愿，但今天已经不可能了！郭威一代奸雄，虽然立国的时间还不长，其根基已经很稳固，我兵如若轻举妄动，后果可不只徒劳无功这么轻松！"

那么，韩熙载口中的"一代奸雄"郭威，在这几年究竟都做了些什么？接下来，让我们把视角重新调回北方。